民事再生実践マニュアル

[第2版]

[監修]
木内道祥

[編著]
軸丸欣哉
野村剛司
木村真也
山形康郎
中西敏彰

青林書院

第 2 版はしがき

　約 8 年ぶりの改訂版として,『民事再生実践マニュアル』の第 2 版をお送りします。

　本書の初版は、リーマンショック後の再度の民事再生事件の増加に伴い、適正・迅速で、かつよりよい民事再生手続が実現するよう、主に申立代理人向けに作成しました。申立代理人、監督委員、裁判所、そして再生債務者の担当者に同じ本を使っていただくことで、通常再生における共通言語化を目指したところ、幸いにも多くの方々にご利用いただきました。感謝申し上げます。

　ただ、この間、中小企業金融円滑化法（二度延長され、平成25年3月末に期限到来）、その後の中小企業再生支援協議会における暫定リスケの多用といった政策的な対応もあり、法的整理は激減しました。その間に、準則のある再建型私的整理手続が整備され、積極的に利用されるようになり、民事再生手続が選択される前段階としての私的整理の存在がクローズアップされてきました（詳細は、編集者のうち軸丸と野村が関与した野村剛司編集代表『多様化する事業再生』（商事法務, 2017年）参照）。

　そこで、今回の改訂では、手続選択における再建型私的整理手続を念頭に、私的整理から民事再生手続への移行も意識した内容にしました。また、昨今話題の事業譲渡型（スポンサー型）におけるスポンサー選定手続のあり方も意識しています。さらには、債権者の目線を意識し、民事再生手続に対する信頼の維持につき検討しています。

　第 3 編のテーマ解説では、既存のテーマのブラッシュアップ（例えば、[1]手続選択、[14]少額債権の弁済許可、[32]別除権協定④—集合動産・集合債権、[36]担保権実行手続の中止命令、[45]会社分割、[49]再生手続から破産手続への移行・手続廃止後の事業譲渡、等）だけでなく、[2]私的整理から民事再生手続への移行、[3]商取引債権の保護、[4]業種別の留意点、[23]債権者に対する情報開示、[50]国際事案の取扱い、[51]債権者による DIP 型再生手続の是正、[52]経営者保証ガイドラインの活用、という 7 つのテーマを新設しました。また、この間の重要判例を紹介し、平成29年の民法（債権法）改正も意識した内容となっています。

さらに，今回，新たに野村祥子弁護士，野城大介弁護士，渡邊一誠弁護士，林祐樹弁護士の4名に執筆者として加わっていただき，層を厚くしました。

　また，初版の監修者であった木内道祥先生は，その後，平成25年4月に最高裁判所判事となられましたが，平成30年1月，定年退官され，弁護士に復帰されましたので，今回も引き続き監修者をお引き受けいただきました。感謝申し上げます。

　今回の改訂で頁数は1割ほど増えましたが，情報量はそれ以上に入っていますし，初版同様コンパクトさを維持し，持ち歩けるものとしました。第2版も引き続きご利用いただけますと幸いです。

　最後に，今回の改訂を快くお引き受けいただいた株式会社青林書院及び編集長の宮根茂樹氏に感謝申し上げます。

　　平成30年12月

編集者

弁護士　軸　丸　欣　哉
同　　野　村　剛　司
同　　木　村　真　也
同　　山　形　康　郎
同　　中　西　敏　彰

はしがき（初版）

　民事再生手続の最も重要な担い手は申立代理人であり，本書は，申立代理人のために作成されている。

　第1編「ストーリーによる民事再生手続の流れ」によって，収益弁済型，事業譲渡型，再生手続廃止・牽連破産という3タイプの事例設定と大きな流れを理解してもらい，第2編「申立代理人のための民事再生手続の実務」によって，3タイプ別に，申立代理人が何をしなければならないかを解説した。ここまでを通読すれば，ごく要領よく，法人の民事再生（通常再生）とは何であり，申立代理人はどういう存在なのかを理解することができる。

　ただ，通常再生では，一通りの理解をしただけではこなせない難局・重要ポイントがある。そのような重要なポイントとなる事項について，第3編「テーマ解説」で事項ごとにピンポイントの解説を加えた。実務のためということをいかに重視しているかを示すシンボルが第3編「テーマ解説」の中の「資金繰り表の作成」「債権者説明会」であり，それぞれに7頁を費やして微に入り細をうがった記述がなされている。

　第4編「書式・資料集」に収められた書式・資料も，実務の工夫が盛り込まれて実際に用いられているものを基にしたものであり，従来の類書には見られないものである。【資料1】民事再生申立てのための委任契約書には，申立代理人の報酬の定めが事細かに決められている。【資料4】申立前後の社内外対応スケジュール・人員配置等も類書に見ないものである。そして，圧巻というべきなのは，申立てから債権者説明会を乗り切るまでを想定した銀行宛，債権者宛，取引先宛，従業員宛書面から始まり，申立直後の対応マニュアル，債権者説明会議事録要旨までの【資料12〜21】，通常再生の出口についての，スポンサー募集，デューディリジェンス，スポンサー契約，事業譲渡契約，事業譲渡の許可申請という一連の【資料42〜51】（編注：第2版では，【資料43〜52】）である。

　本年は民事再生法が平成12年4月に施行されて丸10年であり，施行の年に弁護士となったのが司法研修所52期である。本書の執筆者は司法研修所45期から

57期まで平均49期の弁護士16名である。民事再生の現場に誰が精通しているかというと，実は，この層に属する弁護士である。

執筆者である16名の弁護士の中には，申立代理人の経験が多い弁護士，監督委員の経験が多い弁護士がおり，執筆の途上では，申立代理人経験者からは監督委員に対する不満，監督委員経験者からは申立代理人に対する不満が呈せられた。どちらが多いかと言えば後者であった。冒頭に記したように，本書は，申立代理人のために作成されている。そこで，第2編「申立代理人のための民事再生手続の実務」に「☆監督委員の視点から☆」というコラムを設けて，このコラムをいわば監督委員と申立代理人の意見交換の場とした。

本書は，そのような弁護士16名が集まり，一つ一つの事件で身につけてきたノウハウを惜しみなく提供して作成したものである。一人一人の執筆部分が示されていないのは，共同執筆であるからであり，当初原稿に対する繰り返し繰り返しの共同の討議，加筆がなされたからである。第1編が「流れ」，第2編が「申立代理人の実務」，第3編が「重要ポイント解説」，第4編が「書式・資料」という編立てにしても，本書の構想段階で決まっていた訳ではなく，共同討議の中で出来てきたものである。

結語として，忌憚なくいえば，本書が普及すれば，民事再生の申立代理人の実務は，数段向上すると思われる。

平成22年8月

弁護士　木　内　道　祥

推薦の辞（初版）

　民事再生法が施行されて10年が経過した。その間に実務運用は安定をみせ，一定の「マニュアル」化の時代を迎えつつある。また，和議時代に比べて事件数は圧倒的に増加し，経済的社会的にみても重要な事件で再生手続の活用が図られている。必然的に再生事件に関わる関係者も多くなっている。弁護士だけに限っても，申立代理人の層は多様化し，また債権者等の代理人として関係する者も多い。他方で，近時の若手弁護士の顕著な増加がある。

　以上のような与件の中で実務の理解の重要性は増しており，実務を正確に，かつ分かりやすく理解できる書物のニーズは大きい。しかし，実務は，その性質上「生き物」であり，なかなか見えにくい部分もある。正確であり，しかし分かりやすい（この両者を両立させることはしばしば困難であるが）実務の手引書が不可欠とされる所以である。本書はまさにそのようなニーズに最も的確に応えるものと評価できる。

　まず何よりも信頼できる執筆陣が集まった点である。編者を含めて執筆者はいずれも倒産実務に精通し，今最も脂の乗り切っている関西を代表する中堅若手の倒産処理弁護士である。そして，監修として大御所ともいえる木内道祥弁護士を迎え，正確な実務の現状を紹介するには最適の布陣となっている。

　次いで内容の分かりやすさである。まずストーリーによって再生手続全体の流れを概観し，初心者にも民事再生の意義が理解できるようにしている。次いで申立代理人の観点から，再生手法ごとに，収益弁済型と事業譲渡（スポンサー）型に分けて，注意すべき点を網羅している（監督委員の視点も加えて，観点を立体化している）。さらにテーマ解説として具体的なトピックごとに解説を加える。これにより，全体を通読すれば再生手続の実務の現状が分かりやすく浮かび上がる仕掛けとなっている。問題となるトピックごとの拾い読みとして活用しても有益である。また巻末に書式・資料集も掲載されている。この中には，従来あまり公刊物として見かけないような従業員用対応Ｑ＆Ａや債権者対応マニュアル，スポンサー募集概要なども含まれていて有用である。

　以上のように，本書はまさに実務で待ち望まれていた待望の一書といえる。

既に破産手続に関して『破産管財実践マニュアル』が発刊されて，洛陽の紙価を高からしめていると仄聞するが，本書はさらに江湖の期待に応えるものといえよう。本書が普及して再生手続がさらに適切に活用されることを期待し，衷心より本書を推薦するものである。

　平成22年8月

　　　　　　　　　　　　　　　　　　　一橋大学教授　山　本　和　彦

凡　　例

I　叙述の仕方
(1) 叙述は，原文引用の場合を除いて，原則として常用漢字，現代仮名遣いによった。ただし，数字は原文引用中においても算用数字を用いた。
(2) 見出し記号は，原文引用の場合を除き，原則として，(1)(2)(3)…，(a)(b)(c)…，(イ)(ロ)(ハ)…，(ⅰ)(ⅱ)(ⅲ)…の順とした。
　　ただし，本文中の列記事項には，①②③…の記号を用いた。

II　法令の表記
　法令名の表記は，原文引用の場合を除き，原則として，次のように行った。
(1) 民事再生法は条文番号だけで，民事再生規則は「規則」という略語を用いて表した。
(2) カッコ内表記は次のように行った。
　(a) 主要な法令は慣例に従い略語で表し，それ以外の頻度の少ないものは正式名称で表した。
　(b) 多数の法令条項を引用する場合，同一法令の条項は「・」で，異なる法令の条項は「，」で併記した。それぞれ条・項・号を付し，原則として「第」の文字は省いた。

III　文献の表記
(1) 書籍の出典表示は，原則として，次のように行った。
　(a) 略語書名のもの
　①伊藤眞『破産法・民事再生法』〔第3版〕（有斐閣，2014年）
　　　→　伊藤○○頁
　②伊藤眞＝田原睦夫監修／全国倒産処理弁護士ネットワーク編『新注釈民事再生法（上）（下）』〔第2版〕（金融財政事情研究会，2010年）
　　　→　新注釈上○○頁，新注釈下○○頁
　③全国倒産処理弁護士ネットワーク編『通常再生の実務Q＆A120問──全倒ネットメーリングリストの質疑から』（金融財政事情研究会，2010年）
　　　→　Q＆A○○頁

④園尾隆司＝小林秀之編『条解民事再生法』〔第3版〕（弘文堂，2013年）
　　　　→　条解○○頁
　⑤東京地裁破産再生実務研究会著『破産・民事再生の実務（民事再生・個人再生編）』〔第3版〕（金融財政事情研究会，2014年）
　　　　→　実務○○頁
　⑥民事再生実務合同研究会編『民事再生手続と監督委員』（商事法務，2008年）
　　　　→　監督○○頁
　⑦山本和彦＝中西正＝笠井正俊＝沖野眞已＝水元宏典『倒産法概説』〔第2版補訂版〕（弘文堂，2015年）
　　　　→　概説○○頁
　⑧森純子＝川畑正文編著『民事再生の実務』（商事法務，2017年）
　　　　→　6民実務○○頁
　⑨舘内比佐志＝永谷典雄＝堀田次郎＝上拂大作編『民事再生の運用指針』（金融財政事情研究会，2018年）
　　　　→　運用指針○○頁
　⑩鹿子木康編著『民事再生の手引』〔第2版〕（商事法務，2017年）
　　　　→　手引○○頁
　（b）　正式書名のもの
　　　①著者名『正式書名』頁数
　　　②編者名　編『正式書名』頁数〔執筆者名〕
(2)　雑誌のうち頻度の高いものは，慣例に従い，略語で表した。
(3)　論文の出典表示は，原則として，次のように行った。
　　〔例〕執筆者名「論文タイトル」掲載書誌　頁数
　　　　　執筆者名・掲載書誌　頁数

Ⅳ　判例の表記
(1)　判例集のうち頻度の高いものは，慣例に従い，略語で表した。
(2)　カッコ内における判例の出典表示は，原則として，次のように行った。
　　〔例〕平成20年12月16日，最高裁判所判決，最高裁判所民事判例集62巻10号2561頁
　　　　　　→最判平成20年12月16日民集62巻10号2561頁

著者紹介

■監 修 者

木内　道祥（弁護士・元最高裁判事）
〒530-0005　大阪市北区中之島2－2－7　中之島セントラルタワー24階
弁護士法人第一法律事務所　TEL：06-6227-1951　FAX：06-6227-1950

■編集者兼執筆者

軸丸　欣哉（弁護士）
〒541-0046　大阪市中央区平野町4－2－3　オービック御堂筋ビル9階
弁護士法人淀屋橋・山上合同　TEL：06-6202-3355　FAX：06-6202-3375

野村　剛司（弁護士）
〒530-0047　大阪市北区西天満4－3－4　御影ビル2階
なのはな法律事務所　TEL：06-6311-7087　FAX：06-6311-7086

木村　真也（弁護士）
〒541-0043　大阪市中央区高麗橋4－6－14　SI横堀ビル1階
木村総合法律事務所　TEL：06-4963-3813　FAX：06-4963-3816

山形　康郎（弁護士）
〒541-0041　大阪市中央区北浜2－5－23　小寺プラザ12階
弁護士法人関西法律特許事務所　TEL：06-6231-3210　FAX：06-6231-3377

中西　敏彰（弁護士）
〒541-0041　大阪市中央区北浜1－8－16　大阪証券取引所ビル
北浜法律事務所・外国法共同事業　TEL：06-6202-1088　FAX：06-6202-1080

■執 筆 者

加藤　清和（弁護士）
〒530-0003　大阪市北区堂島1－1－5　関電不動産梅田新道ビル12階
梅田総合法律事務所　TEL：06-6348-5566　FAX：06-6348-5516

原田　裕彦（大阪公立大学大学院法学研究科教授・弁護士）
〒530-0047　大阪市北区西天満1－7－20　JIN・ORIXビル3階
親和法律事務所　TEL：06-6363-6377　FAX：06-6363-6397

密　　克行（弁護士）
〒541-0043　大阪市中央区高麗橋2－5－10　アイケイビル3階
密総合法律事務所　TEL：06-6221-0460　FAX：06-6221-0461

野上　昌樹（弁護士）
〒530-0005　大阪市北区中之島2－3－18　中之島フェスティバルタワー27階
弁護士法人大江橋法律事務所　TEL：06-6208-1500　FAX：06-6226-3055

著者紹介

中森　亘（弁護士）
　〒541-0041　大阪市中央区北浜１−８−16　大阪証券取引所ビル
　北浜法律事務所・外国法共同事業　TEL：06-6202-1088　FAX：06-6202-1080

小谷　隆幸（弁護士）
　〒530-0047　大阪市北区西天満１−７−４　協和中之島ビル５階
　小谷隆幸法律事務所　TEL：06-6363-3328　FAX：06-6363-1328

廣政　純一郎（弁護士）
　〒530-0047　大阪市北区西天満４−６−８　OLCビル２階
　摂津総合法律事務所　TEL：06-6363-8177　FAX：06-6363-8178

豊浦　伸隆（弁護士）
　〒530-0017　大阪市北区角田町８−１　大阪梅田ツインタワーズ・ノース34階
　協和綜合法律事務所　TEL：06-6311-8800　FAX：06-6311-8806

柴野　高之（弁護士）
　〒101-0051　東京都千代田区神田神保町３−２　高橋ビル８階
　弁護士法人堂島法律事務所東京事務所　TEL：03-6272-6847　FAX：03-6272-6848

稲田　正毅（弁護士・関西学院大学大学院司法研究科教授）
　〒542-0081　大阪市中央区南船場４−３−２　ヒューリック心斎橋ビル５階
　共栄法律事務所　TEL：06-6222-5755　FAX：06-6222-5788

野村　祥子（弁護士）
　〒541-0041　大阪市中央区北浜２−３−９　入商八木ビル２階
　堂島法律事務所　TEL：06-6201-0444　FAX：06-6201-0404

野城　大介（弁護士）
　〒530-0005　大阪市北区中之島３−２−４
　中之島フェスティバルタワー・ウエスト11階
　きっかわ法律事務所　TEL：06-6201-2970　FAX：06-6201-2980

清水　良寛（弁護士）
　〒541-0046　大阪市中央区平野町４−２−３　オービック御堂筋ビル９階
　弁護士法人淀屋橋・山上合同　TEL：06-6202-3355　FAX：06-6202-3375

渡邊　一誠（弁護士）
　〒530-0005　大阪市北区中之島２−３−18　中之島フェスティバルタワー27階
　弁護士法人大江橋法律事務所　TEL：06-6208-1500　FAX：06-6226-3055

林　祐樹（弁護士）
　〒542-0081　大阪市中央区南船場４−３−２　ヒューリック心斎橋ビル５階
　共栄法律事務所　TEL：06-6222-5755　FAX：06-6222-5788

目　　次

第2版はしがき
はしがき（初版）
推薦の辞（初版）
凡　例
著者紹介
目　次
本書の使い方

第1編　ストーリーによる民事再生手続の流れ

第1章　収益弁済型の事案 …………………………………………… 3
- 1　事案の概要 (3)
  - (1) 会社概要 (3)　(2) 窮境原因 (4)　(3) スケジュール (4)
- 2　申立前 (5)
  - (1) 相談 (5)　(2) 申立準備 (5)
- 3　申立後 (6)
  - (1) 申立て (6)　(2) 債権者説明会 (7)　(3) 再生手続開始決定 (8)　(4) 取引関係 (8)
- 4　再生手続開始後 (9)
  - (1) 双方未履行双務契約の解除 (9)　(2) 財産評定・125条報告書 (9)　(3) 債権届出と債権調査 (9)　(4) 月次報告 (10)　(5) 事業の建て直し (10)　(6) 再生計画案立案 (10)　(7) 別除権協定 (11)　(8) 債権者集会 (12)
- 5　再生計画認可決定確定後 (13)
  - (1) 第1回弁済 (13)　(2) 終結 (13)

第2章　事業譲渡型の事案 ………………………………………… 14
- 1　事案の概要 (14)
  - (1) 会社概要 (14)　(2) 窮境原因 (14)　(3) スケジュール (15)
- 2　申立前 (16)
  - (1) 相談 (16)　(2) 申立準備 (16)
- 3　申立後 (17)
- 4　再生手続開始後 (17)
  - (1) スポンサー選定 (17)　(2) 事業譲渡 (18)　(3) 再生計画案立案 (19)

⑤　再生計画認可決定確定後 (20)
第3章　再生手続廃止・牽連破産の事案……………………………………21
　①　事案の概要 (21)
　　⑴　会社概要 (21)　　⑵　窮境原因 (21)　　⑶　スケジュール (22)
　②　申立前 (22)
　③　再生手続開始後 (24)
　④　再生計画案立案断念，上申書提出 (25)
　⑤　再生手続廃止決定，保全管理命令 (26)
　⑥　破産手続開始決定 (26)

第2編　申立代理人のための民事再生手続の実務

第1章　収益弁済型の民事再生手続……………………………………29
　①　申立ての準備 (29)
　　⑴　相談段階その1 (29)　　⑵　相談段階その2 (36)　　⑶　裁判所との事前協議（事前相談）(41)　　⑷　申立書類の作成 (42)　　⑸　主要債権者等との協議 (43)　　⑹　手続申立後の手続に関する段取り (43)　　⑺　申立代理人としての心構え (45)
　②　手続申立前後 (45)
　　⑴　申立前日 (45)　　⑵　申立当日 (46)
　③　申立直後〜保全期間中 (50)
　　⑴　債権者対応 (50)　　⑵　得意先対応 (51)　　⑶　社内対応 (52)
　　⑷　共益債権化の承認 (52)　　⑸　スポンサー選定 (53)
　④　再生手続開始決定 (53)
　　⑴　再生手続開始決定と関係者への通知 (53)　　⑵　再生手続開始決定の効果 (54)　　⑶　定例ミーティング（定例会議）(56)　　⑷　同意申請 (56)　　⑸　月次報告 (57)
　⑤　本業の建て直し (58)
　⑥　財産評定書と125条報告書の作成と提出 (59)
　　⑴　意義と提出期限 (59)　　⑵　財産評定 (59)　　⑶　125条報告書 (60)
　⑦　再生債権の届出，債権調査，確定 (60)
　　⑴　債権届出 (60)　　⑵　債権調査 (60)　　⑶　認否書提出後 (61)
　⑧　別除権者対応（別除権協定等）(61)
　　⑴　別除権者との協議 (61)　　⑵　不動産の別除権協定 (62)　　⑶　リース物件の取扱い (62)　　⑷　非典型担保の取扱い (62)　　⑸　商事留置権の取扱い (62)　　⑹　質権の取扱い (62)　　⑺　不動産の任

意売却（63）　(8)　担保権消滅の許可の申立て（63）
- 9 　再生計画案の作成と提出（63）
  - (1) 　再生計画案と事業計画案（63）　(2) 　再生計画案の作成（64）　(3) 　再生計画案提出前面談（65）　(4) 　提出期限の伸長の可能性（65）　(5) 　再生計画案の提出（66）　(6) 　再生計画案の修正（66）　(7) 　付議決定（66）
- 10 　債権者集会による再生計画案の決議（67）
  - (1) 　付議決定後の債権者への通知（67）　(2) 　債権者集会に向けた準備（67）　(3) 　債権者集会直前の作業（68）　(4) 　再生計画案の変更（68）　(5) 　債権者集会当日（69）　(6) 　決　議（69）　(7) 　続行集会（70）
- 11 　再生計画認可決定とその後の履行（70）
  - (1) 　再生計画認可決定とその確定（70）　(2) 　再生計画の履行（70）　(3) 　定期報告（71）　(4) 　再生手続の終結（71）

第2章　事業譲渡型（スポンサー型）の民事再生手続 …………… 72

- 1 　申立準備の段階（72）
  - (1) 　総　論（72）　(2) 　相談段階での聴き取り・確認事項（72）　(3) 　スポンサー候補との協議（73）　(4) 　スポンサー候補との協議内容と注意点（74）　(5) 　事前準備段階におけるスポンサー契約の締結（75）　(6) 　申立書の作成段階（77）
- 2 　手続申立後再生計画案提出まで（77）
  - (1) 　総　論（78）　(2) 　スポンサー選定の方法（78）　(3) 　フィナンシャル・アドバイザーの導入（79）　(4) 　スポンサー選定手続の実施（80）
- 3 　再生計画案の作成・提出（92）
- 4 　再生計画認可決定確定後（93）

第3章　再生手続廃止・牽連破産の場合 …………… 95

- 1 　総論——再生計画案の認可決定前を中心に（95）
  - (1) 　事業継続断念の検討（95）　(2) 　申立代理人の役割（95）　(3) 　具体的選択肢（96）　(4) 　選択の考慮要素（96）
- 2 　再生計画認可前の手続廃止（98）
  - (1) 　事業継続が困難となった場合（98）　(2) 　再生計画案が否決された場合（99）
- 3 　再生計画認可後の手続廃止（99）
- 4 　再生手続廃止後の保全管理人あるいは破産管財人による事業譲渡（100）

xiv 目　次

第3編　テーマ解説

1 手続選択 ……………………………………………………………… 103
　Ⅰ　再建型整理手続の概要（103）
　Ⅱ　債務者企業から相談を受けた際の各種手続選択上のポイント（103）
　　(1)　再建型私的整理手続を選択するケース（103）　(2)　法的整理手続を選択するケース（103）
　Ⅲ　再建型私的整理手続の選択上の留意点（104）
　　(1)　私的整理手続の特徴（104）　(2)　純粋な私的整理を選択する場合のポイント（105）　(3)　裁判所以外の第三者機関を介在させた調整手続を選択する場合のポイント（105）　(4)　特定調停手続を選択する場合のポイント（106）
　Ⅳ　法的再建型整理手続を選択する上での留意点（107）
　　(1)　法的再建型整理手続を検討するにあたって（107）　(2)　民事再生手続を選択する場合のポイント（107）　(3)　会社更生手続を選択する場合のポイント（108）

2 私的整理から民事再生手続への移行 ………………………………… 110
　Ⅰ　法的整理への移行の検討（110）
　　(1)　私的整理が行き詰まる理由（110）　(2)　民事再生を選択するメリット（110）
　Ⅱ　迅速な申立て（111）
　Ⅲ　資金繰りの検討（112）
　Ⅳ　簡易再生の利用（112）
　Ⅴ　情報の開示について（113）

3 商取引債権の保護 …………………………………………………… 114
　Ⅰ　商取引債権の保護の必要性（114）
　Ⅱ　再生手続における商取引債権の取扱い（114）
　Ⅲ　商取引債権の保護の手段（115）
　　(1)　再生手続開始申立後・開始決定前（115）　(2)　再生手続開始後（116）　(3)　私的整理から民事再生手続への移行（117）

4 業種別の留意点 ……………………………………………………… 118
　Ⅰ　申立前の準備段階での検討の重要性（118）
　Ⅱ　業種別の留意点（118）
　　(1)　製造業・メーカー（119）　(2)　小売業・流通業（119）　(3)　建築請負業者・ゼネコン（120）　(4)　不動産デベロッパー（120）　(5)　ゴルフ場（121）　(6)　ホテル・旅館（121）　(7)　病院（122）　(8)　学校（123）

5 申立書の作成……………………………………………………124
Ⅰ　はじめに（124）
Ⅱ　申立書作成の留意事項（124）
　(1)　再生債務者の事業の内容及び状況等（125）　(2)　再生手続開始の原因となる事実等（125）　(3)　再生債務者の資産，負債の状況等（125）　(4)　再生計画案の作成の方針（126）
Ⅲ　添付書類の準備に関する留意事項（127）
　(1)　債権者一覧表（127）　(2)　貸借対照表及び損益計算書（128）　(3)　その他の書類（128）

6 資金繰り表の作成…………………………………………………129
Ⅰ　資金繰り表の重要性（129）
Ⅱ　相談段階で作成する資金繰り表（129）
　(1)　2種類の資金繰り表の作成（129）　(2)　資金繰り実績の分析（130）
Ⅲ　申立時に必要な資金繰り表（130）
　(1)　添付書類としての資金繰り表（130）　(2)　事前相談の資料（130）　(3)　資金繰り表のひな型（131）
Ⅳ　資金繰り表作成上の注意点（131）
　(1)　手持ち現預金残高の確認（131）　(2)　収入欄の記入（131）　(3)　支出欄の記入（132）　(4)　月次資金繰り表の作成（134）
Ⅴ　再生手続開始申立後における資金繰り表の更新と検証（134）
　(1)　資金繰り表の更新（134）　(2)　月次報告書の作成場面（134）　(3)　資金繰り表の検証（134）　(4)　資金繰り予測の安定化（135）　(5)　事業計画案の作成場面（135）

7 保全処分………………………………………………………136
Ⅰ　はじめに（136）
Ⅱ　弁済禁止等の保全処分（定型的保全処分）（136）
　(1)　内　容（136）　(2)　申立手続と準備事項（136）　(3)　保全処分の発令とこれに係る対応（137）
Ⅲ　その他の保全処分（137）
　(1)　他の手続の中止命令（137）　(2)　包括的禁止命令（137）　(3)　対抗要件具備禁止の保全処分（138）　(4)　否認権の保全処分（138）　(5)　役員査定申立てに係る保全処分（138）

8 債権者説明会…………………………………………………139
Ⅰ　債権者説明会の意義（139）
Ⅱ　申立直後の債権者説明会のための準備事項と留意事項（140）
　(1)　会場の確保（140）　(2)　日程の確定（141）　(3)　通　知（141）

(4)　説明会の進行（142）　　(5)　債権者説明会後の業務（144）
　Ⅲ　再生手続中の債権者説明会（145）

⑨　従業員対応 …………………………………………………………… 146
　Ⅰ　事前準備（146）
　　(1)　事前準備の必要性（146）　(2)　事前準備の内容（146）
　Ⅱ　告知のタイミング（147）
　Ⅲ　告知の方法（147）
　Ⅳ　告知・説明内容（148）
　　(1)　再生手続の趣旨（148）　(2)　申立代理人の立場（148）　(3)　従業員の立場（148）　(4)　対外的な説明（149）　(5)　意見の聴取（149）
　Ⅴ　開始後における従業員への対応（149）
　　(1)　はじめに（149）　(2)　コミュニケーション（149）　(3)　賞与（150）　(4)　労働組合への対応（150）　(5)　リストラについて（150）　(6)　事業譲渡と従業員の処遇（151）

⑩　労働債権の取扱い ……………………………………………………… 152
　Ⅰ　再生手続と労働契約（152）
　Ⅱ　労働債権（152）
　　(1)　賃金債権等（152）　(2)　社内預金等（153）

⑪　再生手続開始決定の効果 …………………………………………… 155
　Ⅰ　再生手続開始決定（155）
　Ⅱ　再生債権の弁済禁止（155）
　　(1)　原則——弁済禁止（155）　(2)　弁済禁止の例外（156）
　Ⅲ　再生債務者に対する影響（156）
　　(1)　業務遂行権，財産の管理処分権（156）　(2)　再生債務者の第三者性（157）
　Ⅳ　法律関係の処理（157）
　Ⅴ　他の手続への影響（157）
　　(1)　破産手続や会社更生手続との関係（157）　(2)　強制執行の禁止等（157）　(3)　訴訟の中断（158）

⑫　再生債権と共益債権の区分 …………………………………………… 159
　Ⅰ　債権ごとの弁済可否の整理（159）
　　(1)　再生手続開始決定前の原因に基づく債権（159）　(2)　再生手続開始後の原因に基づく債権（161）
　Ⅱ　再生手続開始決定前の原因に基づく債権の弁済禁止の例外（161）
　　(1)　弁済禁止の保全処分の例外（161）　(2)　再生手続開始決定による弁済禁止の例外（162）

Ⅲ 再生債権と共益債権の区分に関する最高裁判例 (164)
　　(1) 予備的債権届出に関するもの (164)　(2) 共益債権の弁済による代位に関するもの (164)

13 共益債権化の承認 …………………………………………………… 165
Ⅰ 共益債権化の承認 (165)
Ⅱ 承認手続時における留意点 (166)
　　(1) 対象債権 (166)　(2) 承認申請書作成上の留意点 (166)

14 少額債権の弁済許可 ………………………………………………… 168
Ⅰ 少額債権の弁済許可 (168)
Ⅱ 少額債権の弁済許可の要件 (168)
　　(1) 手続の円滑な進行のための少額債権の弁済（85条5項前段）(168)
　　(2) 事業の継続に著しい支障を来す場合の少額債権の弁済（85条5項後段）(170)　(3) 具体的手続等 (171)　(4) 事業再生 ADR 手続との関連での弁済許可 (172)

15 双方未履行双務契約（総論）………………………………………… 173
Ⅰ 趣　　旨 (173)
Ⅱ 選択基準 (173)
Ⅲ 一部未履行の場合 (174)
Ⅳ いわゆる倒産解約条項について (174)
Ⅴ 相手方の催告権 (174)

16 継続的供給契約 ……………………………………………………… 176
Ⅰ 趣　　旨 (176)
Ⅱ 適用範囲 (176)
Ⅲ 留意すべき点 (177)

17 契約関係の処理①──売買契約 …………………………………… 178
Ⅰ 保全段階 (178)
　　(1) 黙示の新契約 (178)　(2) 返品の要請に対して (178)　(3) 商品状況の確認の要請に対して (179)
Ⅱ 再生手続開始決定後 (179)
　　(1) 総　　論 (179)　(2) 再生債務者が受領した手付金の取扱い (179)
　　(3) 再生債務者が預託した手付金の取扱い（手付金没収条項）(179)

18 契約関係の処理②──賃貸借契約 ………………………………… 180
Ⅰ 保全段階 (180)
Ⅱ 再生手続開始決定後 (180)
Ⅲ 再生債務者が賃貸人の場合（賃貸人の民事再生）(180)
　　(1) 賃貸借契約の帰趨 (180)　(2) 担保権者との関係 (181)　(3) 賃借人との関係 (181)　(4) 借地上の建物の場合 (183)

Ⅳ　再生債務者が賃借人の場合（賃借人の民事再生）（183）
　　⑴　賃貸借契約の帰趨（183）　⑵　原状回復義務について（183）
　　⑶　違約金条項について（184）　⑷　敷金返還請求権の質権者との関係（184）

19　契約関係の処理③——請負契約 …………………………………………… 185
　Ⅰ　請負契約の処理が問題となる場面（185）
　Ⅱ　請負人と注文者の立場の併存（185）
　Ⅲ　現場保全と出来高査定（185）
　　⑴　現場保全（185）　⑵　出来高査定（186）
　Ⅳ　再生手続開始決定後の契約関係（187）
　　⑴　下請契約の処理（187）　⑵　元請契約の処理（187）　⑶　瑕疵修補請求権（188）
　Ⅴ　デベロッパーの再生手続（189）

20　相殺権と相殺禁止 ………………………………………………………………… 190
　Ⅰ　民事再生法における相殺の特徴（190）
　Ⅱ　民事再生法上の相殺に関しての留意点（190）
　　⑴　破産との相違点（190）　⑵　相殺禁止の確認（191）　⑶　賃料債務と敷金の相殺は不可（191）
　Ⅲ　相殺権と相殺禁止に関する近年の最高裁判例（192）
　　⑴　無委託保証人の事後求償権（192）　⑵　投資信託の解約金支払債務（192）　⑶　三角相殺（192）

21　同意申請 …………………………………………………………………………………… 193
　Ⅰ　監督委員の同意を要する行為の指定（193）
　Ⅱ　同意申請の要否（193）
　Ⅲ　同意申請書の作成（194）
　　⑴　同意申請書の記載事項・作成通数（194）　⑵　同意申請の時期（194）　⑶　同意申請書作成上の注意点（195）　⑷　裁判所への報告（195）
　Ⅳ　同意のない行為の効果（196）
　　⑴　実体法上の効果（196）　⑵　再生手続上の効果（196）　⑶　同意申請を失念した場合の対応（196）

22　裁判所・監督委員への報告 ……………………………………………………… 197
　Ⅰ　裁判所・監督委員とのコミュニケーション（197）
　　⑴　コミュニケーションの重要性（197）　⑵　報告すべき重要事項（197）
　Ⅱ　月次報告書（197）
　　⑴　月次報告書の提出とその内容（197）　⑵　作成時の留意点（198）

⑶　月次報告書の提出期限（198）
23　債権者に対する情報開示 ……………………………………… 199
　Ⅰ　情報開示の必要性（199）
　Ⅱ　再生手続の各場面における情報開示の制度（200）
　　⑴　文書等の閲覧・謄写（200）　⑵　文書等の写しの備置き及び周知措置（200）　⑶　債権者説明会（200）　⑷　再生計画案及び再生計画案補足説明書（201）　⑸　債権者委員会（202）
24　閲覧制限 ……………………………………………………………… 203
　Ⅰ　閲覧請求（203）
　Ⅱ　閲覧制限（203）
　　⑴　閲覧制限（203）　⑵　閲覧等の制限の対象となる文書（203）　⑶　閲覧等の制限の申立ての方法（204）　⑷　閲覧等の制限決定（204）　⑸　不服申立て（204）
25　財産評定 ……………………………………………………………… 205
　Ⅰ　財産評定の意義・機能（205）
　Ⅱ　評価基準（205）
　　⑴　早期処分価額（205）　⑵　継続企業価値（206）
　Ⅲ　評定の方法等（206）
　　⑴　基本的観点（206）　⑵　財産目録等（207）　⑶　具体的な評価方法（207）　⑷　債権者によるチェック（208）
　Ⅳ　清算価値基準時の考え方（208）
　　⑴　開始後の清算価値の変動との関係（208）　⑵　清算価値保障の判断（209）
26　125条報告書 ………………………………………………………… 210
　Ⅰ　125条報告書の意義（210）
　Ⅱ　125条報告書の記載事項（210）
　　⑴　再生債務者の基本情報（210）　⑵　再生手続開始に至った事情（125条1項1号）（211）　⑶　再生債務者の業務及び財産に関する経過及び現状（125条1項2号）（211）　⑷　民事再生法142条1項の規定による保全処分又は同法143条1項の規定による査定の裁判を必要とする事情の有無（125条1項3号）（211）　⑸　その他再生手続に関し必要な事項（125条1項4号）（211）
27　役員責任の追及 …………………………………………………… 212
　Ⅰ　総　　論（212）
　Ⅱ　役員責任追及の対象者及び対象行為（212）
　　⑴　対象者（212）　⑵　対象行為（212）
　Ⅲ　役員責任の調査（213）

Ⅳ　役員責任の確定（214）
Ⅴ　役員責任の履行等（214）
　（1）　役員財産の保全等（214）　　（2）　役員責任の有無及び追及の可否に関する判断（215）　　（3）　役員責任の履行（215）

28　否認権の行使　………………………………………………………………… 217
Ⅰ　民事再生法における否認権の特徴（217）
　（1）　特　徴（217）　　（2）　否認権行使にあたっての留意点（217）
Ⅱ　否認該当行為の調査（218）
　（1）　否認該当行為発覚の端緒（218）　　（2）　否認該当行為の調査・検討（218）
Ⅲ　否認権行使に至る前段階での解決（219）
　（1）　和解による解決が望まれることについて（219）　　（2）　和解交渉における説得活動（219）　　（3）　基本的合意成立後の手続（220）
Ⅳ　否認の請求・否認訴訟，費用の予納等について（220）
　（1）　法的手続への移行（220）　　（2）　手続実施時における留意点（221）

29　別除権協定①――不動産　……………………………………………………… 222
Ⅰ　別除権協定とは（222）
Ⅱ　別除権協定の対象物件の選別等（222）
Ⅲ　別除権協定の交渉の進め方（223）
　（1）　申立前後（223）　　（2）　申立直後（223）　　（3）　交渉開始（223）　　（4）　交渉材料（224）　　（5）　評価方法に関する考え方等（225）　　（6）　協定書の作成（225）　　（7）　協定の締結時期（226）
Ⅳ　別除権協定による予定不足額の確定と登記（227）
Ⅴ　不動産の任意売却（227）

30　別除権協定②――リース物件　………………………………………………… 228
Ⅰ　リース料債権の法的性質（228）
　（1）　別除権付再生債権（228）　　（2）　担保の目的（229）
Ⅱ　リース料債権者対応（229）
　（1）　支払停止（229）　　（2）　リース料債権者からの物件引揚げ要求について（230）
Ⅲ　別除権協定の交渉（231）
　（1）　物件の評価（231）　　（2）　リース料債権者の対応（231）　　（3）　交渉方法の工夫等（231）
Ⅳ　別除権協定の締結上の留意点（232）
Ⅴ　自動車の所有権留保について（233）

31　別除権協定③――在庫品　……………………………………………………… 234
Ⅰ　はじめに（234）

II　譲渡担保，所有権留保について（234）
　　　（1）権利関係，取引関係の把握（234）　（2）処分権限の有無（235）
　　　（3）対抗要件についての検討（235）　（4）在庫品を転売済みである場合（236）
　　III　別除権協定の交渉方針と要領（236）
　　IV　交渉が難航した場合の対応（237）
　　V　動産売買先取特権について（237）
　　　（1）権利関係の把握（237）　（2）動産売買先取特権の対象物の転売可能性について（237）　（3）動産売買先取特権が現実に行使される可能性について（238）　（4）円滑な仕入の確保について（238）

32　別除権協定④――集合動産・集合債権……………………………………239
　　I　はじめに（239）
　　II　権利関係の把握（239）
　　III　対抗要件の具備の検討（240）
　　IV　否認の可否の検討（240）
　　V　担保権の効力の範囲等の検討と別除権協定の交渉方針の策定（240）
　　　（1）被担保債権，担保対象の範囲について（240）　（2）後順位担保権が設定された場合について（241）　（3）担保権の効力の及ぶ範囲等について（241）
　　VI　別除権交渉に向けての準備作業（242）
　　VII　別除権協定の内容（242）

33　別除権協定⑤――商事留置権・質権………………………………………244
　　I　商事留置権（244）
　　　（1）商事留置権とは（244）　（2）留置物の返還を求める交渉――再生手続開始申立後開始決定前（244）　（3）留置物の返還を求める交渉――再生手続開始決定後（246）　（4）事案ごとの検討（246）
　　II　質権――敷金返還請求権との関係を中心に（248）
　　　（1）質権の別除権協定等が問題になる場合（248）　（2）賃借店舗を閉鎖する場合（248）　（3）賃借店舗を継続する場合（249）

34　不動産の任意売却………………………………………………………………250
　　I　任意売却を行う場合（250）
　　　（1）処分が必要な不動産（250）　（2）リースバックする不動産（250）
　　II　任意売却の際の考慮要素（250）
　　　（1）売却価格の相当性（250）　（2）配分（250）　（3）いわゆる財団組入れ（251）　（4）契約条項（251）　（5）被担保債権の充当関係と不足額の確定（251）
　　III　監督委員の同意が必要（251）

Ⅳ　法務局との関係（251）
　　　Ⅴ　認可後の不動産任意売却（252）
　　　Ⅵ　関連——普通自動車の登録について（252）
35　担保権消滅手続 …………………………………………………… 253
　　　Ⅰ　活用場面（253）
　　　Ⅱ　期　　間（253）
　　　Ⅲ　留 意 点（254）
　　　　(1)　資金手当て（254）　(2)　評　　価（254）　(3)　主たる要件（255）
　　　　(4)　目　　録（256）　(5)　抗告の可否（256）
36　担保権実行手続の中止命令 …………………………………………… 257
　　　Ⅰ　活用場面（257）
　　　Ⅱ　要　　件（257）
　　　Ⅲ　発令手続（いわゆる２段階発令方式を含む）（258）
　　　Ⅳ　期　　間（258）
　　　Ⅴ　留 意 点（259）
　　　　(1)　中止命令の効力（259）　(2)　抗告の可否（259）　(3)　執行裁判所への上申（259）
37　債権調査①——認否書提出まで ……………………………………… 260
　　　Ⅰ　債権調査の重要性（260）
　　　Ⅱ　債権調査の二面性（260）
　　　　(1)　再生債権の存否，額（260）　(2)　議決権（260）
　　　Ⅲ　債権認否におけるスタンス（261）
　　　　(1)　早期に着手する（261）　(2)　積極的に関与する（261）　(3)　いったん認めると変更できないことに留意する（261）　(4)　認否書提出直前まで受け付ける（261）
　　　Ⅳ　具体的な注意点（262）
　　　　(1)　相　　殺（262）　(2)　開始後の利息・遅延損害金（262）　(3)　代位弁済の前後（262）　(4)　手形債権（262）　(5)　手形割引の買戻請求権（262）　(6)　別除権付再生債権（263）　(7)　リース料債権（263）　(8)　敷金・保証金返還請求権（263）　(9)　関連会社の債権（263）　(10)　代表者らの債権（264）　(11)　外国通貨での債権（264）　(12)　少額債権（264）　(13)　期限付債権（264）　(14)　非金銭債権，金額不確定の金銭債権（264）　(15)　予備的債権届出（264）　(16)　共益債権等について再生債権として届出があった場合（264）　(17)　法人の資格証明（265）　(18)　形式面（265）
　　　Ⅴ　自認債権（265）
　　　　(1)　再生手続特有の制度（265）　(2)　予備的自認債権の工夫（265）

38 債権調査②──認否書提出後 ………………………………… 266
- Ⅰ 一般調査期間まで（266）
  - (1) 認否書の修正作業（266） (2) 書記官の確認作業（266） (3) 監督委員の認否書チェック（266）
- Ⅱ 認否結果の通知（266）
- Ⅲ 再生債権の査定申立て（267）
- Ⅳ 認否の変更（異議の撤回）（267）
- Ⅴ 認否書提出後の債権変動の把握（268）
- Ⅵ 特別調査（268）
- Ⅶ 会計帳簿への反映（269）
- Ⅷ 届出のなかった再生債権の取扱い（269）

39 再生計画の立案①──事業計画 ……………………………… 270
- Ⅰ 総　論（270）
- Ⅱ 事業計画策定における留意点（271）
  - (1) 主体・当事者（271） (2) 事業計画の履行可能性の有無の確認ポイント（271）
- Ⅲ 弁済原資の確定から再生計画立案をする際の留意点（274）
  - (1) 別除権者への弁済部分を考慮すること（274） (2) 運転資金の融資を受けることが困難な状況であることを認識して作成する（275）

40 再生計画の立案②──タックスプランニング ……………… 276
- Ⅰ タックスプランニングの必要性（276）
- Ⅱ 債務免除益課税対策（276）
- Ⅲ 損金算入（277）
  - (1) 通常の場合で損金算入の対象となるもの（277） (2) 民事再生で損金算入の対象となるもの（277） (3) 財産評定との関係（278）
- Ⅳ 債務免除益発生の時期（278）

41 再生計画の立案③──再生計画案 …………………………… 279
- Ⅰ 再生計画案の様式（279）
- Ⅱ 再生計画案作成に際しての留意点（279）
  - (1) 権利変更条項（154条１項１号）（279） (2) 共益債権及び一般優先債権の弁済に関する条項（284） (3) 開始後債権に関する条項（284） (4) 資本構成の変更に関する条項（285）
- Ⅲ 再生計画案補足説明書作成に際しての留意点（285）
  - (1) 意　義（285） (2) 記載内容（285）

42 再生計画の立案④──清算型再生計画 ……………………… 286
- Ⅰ 清算型再生計画案（286）
- Ⅱ 事業譲渡による清算型再生計画案（286）

(1)　留意点（286）　　(2)　債務免除益課税対策（287）　　(3)　一般条項の記載例（287）
　Ⅲ　純粋清算型再生計画案（288）

43 再生計画案に対する監督委員の意見 …………………………… 289
　Ⅰ　監督委員の調査報告書（意見書）の重要性（289）
　Ⅱ　調査報告事項（289）
　(1)　不認可事由の有無の調査（289）　　(2)　再生手続又は再生計画案の適法性の確認（289）　　(3)　再生計画案の遂行の見込みの検討（290）
　(4)　清算価値保障原則との関係（290）
　Ⅲ　調査報告書（意見書）の提出（290）

44 再生計画案の決議の方法 ……………………………………………… 291
　Ⅰ　再生計画案の決議の方法の選択肢（291）
　Ⅱ　集会型のメリットとデメリット等（291）
　(1)　メリット（291）　　(2)　デメリットないし留意点（291）
　Ⅲ　書面型のメリットとデメリット（292）
　(1)　メリット（292）　　(2)　デメリットないし留意点（292）
　Ⅳ　併用型のメリットとデメリット（293）
　Ⅴ　具体的な事案における検討の視点（293）
　Ⅵ　再生計画案の決議と信義則（294）

45 会社分割 ………………………………………………………………………… 295
　Ⅰ　会社分割手続のメリット（295）
　Ⅱ　再生手続において会社分割を利用する場合の事業再建スキームのパターン（296）
　Ⅲ　再生手続において会社分割を利用する場合の手続（296）
　(1)　会社法所定の手続を履践することの必要性（296）　　(2)　再生手続において要求される手続（296）
　Ⅳ　子会社株式の譲渡を伴う場合の手続（297）
　Ⅴ　濫用的会社分割について（297）
　Ⅵ　対価の相当性について（298）

46 減増資型 ………………………………………………………………………… 299
　Ⅰ　減増資型の再生について（299）
　(1)　スポンサー型再生（299）　　(2)　減増資型のメリット・デメリット（299）　　(3)　減増資型におけるスポンサー提案の比較の際の留意点（300）
　Ⅱ　減増資型の再生計画の内容について（301）
　(1)　減資等の手続（301）　　(2)　再生計画における具体的な減資等の定め方（302）　　(3)　増資等の手続（303）　　(4)　再生計画における具体

的な増資等の定め方（305）

47 監督委員の業務 ……………………………………………………… 306
　I　総　　論（306）
　II　再生手続開始決定までの監督委員の業務（307）
　　(1) 再生手続開始決定までに監督委員がなす業務（307）　(2) 報告書（意見書）の作成・提出（307）
　III　同意申請に対する監督委員の対応（308）
　IV　月次報告についての監督委員の関与（309）
　V　財産評定への監督委員の関与（309）
　　(1) 財産評定の重要性（309）　(2) 監督委員の関与の仕方（310）
　VI　債権調査への監督委員の関与（310）
　VII　事業譲渡型再生についての監督委員の関与（310）
　VIII　再生計画案に対する監督委員の意見（311）
　IX　役員責任の調査・追及の際の監督委員の関与（311）
　X　否認権の行使（311）
　XI　監督委員による再生計画の履行監督（312）
　XII　再生手続の終結申立てに対する監督委員の意見（312）
　XIII　個人の通常再生（312）

48 再生計画の履行 ……………………………………………………… 313
　I　再生計画の履行（313）
　　(1) 再生計画に基づく弁済と弁済報告（313）　(2) 再生債権者が受領しない場合（313）
　II　定期報告（313）
　III　再生計画の変更（313）
　　(1) 有利変更（313）　(2) 不利益変更（314）
　IV　再生手続の終結（314）
　V　再生計画の取消し（314）
　VI　再生手続の廃止（315）

49 再生手続から破産手続への移行・手続廃止後の事業譲渡 …………… 316
　I　はじめに（316）
　II　再生手続開始決定後，再生計画認可前の破産手続への移行（317）
　　(1) 基本的事項（317）　(2) 監督委員及び裁判所との早期の協議と廃止上申（317）　(3) スムーズに破産手続に移行できるように申立代理人がなすべき事項（317）
　III　再生手続開始申立後，再生手続開始決定前の破産手続移行（320）
　　(1) 再生手続開始申立取下げの制限（320）　(2) 審尋及び送達への協力（320）　(3) 従業員の解雇等（321）　(4) 財産保全への協力等

　　　　（321）
　　Ⅳ　再生計画履行中の破産手続移行（321）
　　　⑴　基本的事項（321）　⑵　申立代理人の留意事項（321）
　　Ⅴ　再生手続廃止後の事業譲渡（322）
50　国際事案の取扱い……………………………………………………… 323
　　Ⅰ　総　　論（323）
　　Ⅱ　海外に資産がある場合（323）
　　Ⅲ　海外に子会社がある場合（324）
　　Ⅳ　債権者が海外にいる場合（324）
51　債権者によるDIP型再生手続の是正…………………………… 325
　　Ⅰ　DIP型手続としての再生手続の基本的な枠組み（325）
　　Ⅱ　再生債務者の違法・不適切な権利行使とその是正（325）
　　Ⅲ　債権者委員会の活用（326）
　　Ⅳ　管理命令の申立て（326）
　　Ⅴ　他の倒産手続の申立て（327）
　　　⑴　事業の収益性・継続性が認められない場合（327）　⑵　事業の収益性・継続性が認められる場合（328）
52　経営者保証ガイドラインの活用…………………………………… 329
　　Ⅰ　経営者保証ガイドラインの活用（329）
　　Ⅱ　ガイドライン利用のメリット（329）
　　　⑴　法的倒産手続の回避（329）　⑵　インセンティブ資産の留保（329）
　　Ⅲ　留　意　点（330）
　　　⑴　全対象債権者からの同意取付け（330）　⑵　再生会社に粉飾があった場合（330）　⑶　その他の論点（331）
　　Ⅳ　手続の進め方（331）
　　　⑴　支援専門家としての活動（331）　⑵　早期着手の必要性（331）
　　　⑶　整理手続（331）

第4編　書式・資料集

【資料1】委任契約書（335）
【資料2】民事再生事件の予納金（法人）（337）
【資料3】準備・作成資料依頼リスト（338）
【資料4】申立前後の社内外対応スケジュール・人員配置等（例）（339）
【資料5】再生手続開始申立書（340）
【資料6】清算貸借対照表（344）

【資料7】　日繰表（345）
【資料8】　取締役会議事録（346）
【資料9】　保全処分申立書(1)──弁済禁止（347）
【資料10】　保全処分申立書(2)──譲渡通知禁止（348）
【資料11】　包括的禁止命令申立書（349）
【資料12】　銀行宛書面（350）
【資料13】　債権者宛書面（352）
【資料14】　取引先宛書面（353）
【資料15】　従業員宛書面（354）
【資料16】　従業員用対応マニュアル（356）
【資料17】　民事再生手続の概要（359）
【資料18】　従業員用電話等対応Q&A（361）
【資料19】　債権者説明会（式次第）（366）
【資料20】　民事再生手続開始申立てについて（概要）（367）
【資料21】　債権者説明会議事録要旨（369）
【資料22】　保全処分解除許可申請書（371）
【資料23】　共益債権承認申請書（372）
【資料24】　再生手続開始に関する報告書（監督委員）（373）
【資料25】　同意申請書（双方未履行の双務契約解除）（374）
【資料26】　少額債権弁済許可申立書（85条5項前段）（375）
【資料27】　少額債権弁済許可申立書（85条5項後段）（376）
【資料28】　同意証明申請書（不動産登記用）（377）
【資料29】　月次報告書（378）
【資料30】　財産評定（貸借対照表・財産目録）（379）
【資料31】　125条報告書（382）
【資料32】　認否結果通知書（383）
【資料33】　別除権協定書(1)──不動産（384）
【資料34】　別除権協定書(2)──リース（386）
【資料35】　別除権協定書(3)──所有権留保（388）
【資料36】　担保権の実行手続の中止命令申立書（389）
【資料37】　担保権消滅の許可の申立書（391）
【資料38】　否認権限付与申立書（393）
【資料39】　再生計画案（収益弁済型）（394）
【資料40】　再生計画案補足説明書（400）
【資料41】　事業計画表（総合表）（402）
【資料42】　再生計画案に対する調査報告書（監督委員）（403）
【資料43】　事業譲渡スケジュール（405）

【資料44】スポンサー募集案内文（406）
【資料45】秘密保持誓約書（407）
【資料46】スポンサー募集入札要綱（409）
【資料47】デュー・デリジェンス資料一覧（412）
【資料48】基本合意書（415）
【資料49】事業譲渡契約書（417）
【資料50】事業譲渡許可申請書（42条1項1号）（422）
【資料51】代替許可申請書（43条）（425）
【資料52】文書閲覧等の制限申立書（426）
【資料53】事業譲渡に関する意見書（監督委員）（427）
【資料54】子会社株式譲渡許可申請書（42条1項2号）（430）
【資料55】再生計画案への賛同のお願い（432）
【資料56】認可決定確定証明申請書（434）
【資料57】再生債権弁済報告書（435）
【資料58】再生手続終結申立書（436）

事項索引

本書の使い方

1　法人の民事再生手続の流れを知りたい方へ

　最初に，第1編「ストーリーによる民事再生手続の流れ」をお読みください。

　自力再建を目指す「収益弁済型の事案」とスポンサーの支援を受ける「事業譲渡型の事案」の典型的な2つの事案があります。また，再建を果たせなかった「再生手続廃止・牽連破産の事案」についても紹介しています。

2　日々の民事再生手続の実務で利用する方へ

　第2編「申立代理人のための民事再生手続の実務」では，第1編のストーリーで見た「収益弁済型の民事再生手続」と「事業譲渡型（スポンサー型）の民事再生手続」の2つの類型につき，相談段階から，申立準備，再生手続開始申立て，開始決定後の各種業務，再生計画案の立案から債権者集会での可決，認可，履行，終結まで，申立代理人の行うべき実務が網羅されています。

　また，残念ながら再建を果たせなかった「再生手続廃止・牽連破産の場合」にも，申立代理人として適切に判断し，保全管理人・破産管財人へのスムーズな引継ぎができるよう留意点を説明しています。

3　テーマごとに詳細な説明を必要とされる方へ

　第2編では，法人の民事再生手続の流れに従った申立代理人の実務を見ましたが，第3編「テーマ解説」では，さらに詳細な説明を行っています。第2編と第3編をリンクさせることで，さらなる理解が進みます（参照箇所として[1]と表記しているのは，第3編のテーマ番号を示します）。

　事業譲渡型については，第2編第2章をメインとしていますので，第3編では[42]で事業譲渡後の清算型再生計画案につき説明するに止めています。

4　書式や資料を利用する方へ

　第4編「書式・資料集」に参考となる書式や資料を記載例とともに掲載しています。実際に利用した書式を基にしておりますが，それぞれの事案に応じて適宜加工して利用してください。

5　債権者の立場で利用する方へ

　本書は，基本的に法人の民事再生手続を利用する側，特に申立代理人の立場から見た記載となっていますが，債権者の立場で関与される方々を対象とした記述も多々ありますので，ご利用ください。

6　民事再生法の概説を知りたい方へ

　本書は，法人の民事再生手続を履践するための実務書ですので，民事再生法についての概説を確認したい方は，研究者によるものとして，山本和彦『倒産処理法入門〔第5版〕』（有斐閣）や松下淳一『民事再生法入門〔第2版〕』（有斐閣）を，実務家によるものとして，野村剛司『倒産法を知ろう』（青林書院）をご参照ください。

第 1 編

ストーリーによる民事再生手続の流れ

第1章

収益弁済型の事案

1 事案の概要

(1) 会社概要
 (a) 業　　　種：電子機器の部品等を製造するメーカー
 (b) 年　　　商：約20億円
 (c) 負債総額：約25億円
 (d) 従　業　員：120人（正社員100名）
 (e) 不　動　産：本社工場は自社所有，その他遊休不動産が2つあり
 (f) 主要債権者：①A銀行……約5億円，本社工場不動産に第1順位の根抵当権
　　　　　　　　②B銀行……約3億円，本社工場不動産に第2順位の根抵当権
　　　　　　　　③C銀行……約3億円，本社工場不動産に第3順位の根抵当権
　　　　　　　　④D銀行……約2億円，本社工場不動産に第4順位の根抵当権
　　　　　　　　⑤その他金融機関……7億円，遊休資産（旧本社不動産等）に根抵当権
　　　　　　　　⑥リース債務……………約1億円（設備機械）
　　　　　　　　⑦その他取引債務等……約3.5億円（うち手形債務2億円）
 (g) 取引条件：仕入の約半分が手形による支払。決済条件は毎月末締め。手形は概ね120日サイト。現金の場合は翌々月末日払い。

(2) 窮境原因

好況時に設備投資を行い，銀行借入が増加したが，近時の不況の影響，競争の激化により，売上が低下し，資金繰りがつかなくなった。

(3) スケジュール

日　付	手　　続	行　為　者
3月1日	依頼者からの相談	依頼者
3月15日	裁判所への事前相談	代理人
3月24日	再生手続開始の申立て	再生債務者
同　日	監督命令，保全処分	裁判所
3月29日	債権者説明会	再生債務者
3月31日	再生手続開始決定	裁判所
4月30日	財産目録，貸借対照表，125条報告書提出期限	再生債務者
5月7日	再生債権届出期限	再生債権者
5月28日	認否書提出期限	再生債務者
6月7日〜21日	再生債権の一般調査期間	
7月16日	再生計画案提出期限	再生債務者
8月2日	再生計画案の付議決定	裁判所
9月13日	再生計画案の決議	再生債権者
9月14日	再生計画認可決定	裁判所
10月13日	再生計画認可決定確定	
	再生計画の履行	再生債務者
認可決定確定後3年経過	再生手続の終結	

2 申立前

(1) 相　談

　大阪府内に本社をおくX社の丙社長より，甲弁護士に対し，会社の資金繰りが厳しく，月末の支払の目処が立っていないため，相談に乗ってもらいたいとの連絡があった。そこで，甲弁護士は，決算書などの書類を事前に送ってもらうよう伝えた上で，信頼できる経理担当者とともに3月1日に来所してもらうことにした。

　3月1日，丙社長らから話を聞いてみたところ，3月25日の手形の支払資金を含む，3月末の支払の目処が立っていないことが判明した。

　甲弁護士は私的整理の可否も検討したが，銀行に対して一時停止を要請したとしても，月内の手形債務・取引債務を支払うことは難しい状況であった。一方，申立後に期限が到来する手形債務・取引債務や銀行に対する返済を止めれば，資金繰りが可能となる目処があった。また，X社は一定の技術力があり，X社に代替できる会社もあまりないとのことであり，法的倒産手続に入ったとしても，一定の受注は受けられ，自力再建の見込みがあった。そこで，民事再生手続を前提に検討・準備に入ることになった。

(2) 申立準備

　甲弁護士は，丙社長に対し，民事再生手続に関する詳細な説明をした上で，引き続き，資金繰りの検討をするように伝え，それとともに，債権者一覧表等の作成をするよう伝えた。また，X社内部においては，一部の役員及び経理担当者以外には一切情報が漏れないように留意するよう伝えた。さらに，甲弁護士は，丙社長らに対し，民事再生手続は，再生手続開始決定後も，原則，役員が引き続き権限を行使することができる（DIP型）一方，公平誠実義務（38条2項）を負うことになるなどの説明も行い，民事再生手続における再生債務者の責任についての理解を求めた。

　その後，甲弁護士は，概ね資料の作成の目処が立った時点で，大阪地裁第6民事部の書記官に対し，新件の再生事件について事前相談したい旨の連絡を行ったところ，日程調整の結果，事前相談日が3月15日午後3時と決まった。

事前相談においては，その段階での申立書のドラフト，債権者一覧表，資金繰り見込表（日繰り表）を持参し，裁判所書記官と打合せを行った。申立日については，手形の支払日である3月25日の前日である24日の予定である旨伝えた。その他，保全処分の内容，弁済禁止の保全処分の対象外とする少額債権の額，開始決定後の大まかなスケジュールについて協議した。

　甲弁護士は，本件について，全5名の弁護士にて対応することとし，申立ての準備を進めた。具体的には，申立書（規則12条・13条），添付書面（規則14条）に加え，各種マニュアル（従業員用対応マニュアル等），申立後に債権者に送付する各種通知書の作成に取りかかった。また，債権者説明会の会場の予約を甲弁護士の事務所名にて行った。もちろん，X社の名前は一切明かさず，会議の内容，名称等は追って連絡する旨伝えた。

　裁判所にも当該日程を伝えたところ，予納金が500万円となることに加え，監督委員候補者が乙弁護士に決まったことが伝えられた。そこで，甲弁護士は乙弁護士に対して連絡を入れ，債権者説明会の日程等について伝えたところ，乙弁護士も参加可能とのことであった。

　また，甲弁護士は，本手続の税務会計面につき，他の案件でも一緒に仕事をしたことがあり，税理士資格も有する丁公認会計士に依頼することとした。

　さらに，X社との打合せも継続して行い，申立前後の銀行回り，従業員への説明，債権者への説明などの具体的な段取りについて協議した。また，申立日についても，3月24日に確定させた。

　申立てに際しての各種書類は，3月23日にはでき上がった。そして，X社は同日夕刻，取締役会を開催し，再生手続開始の申立てをなすことについての決議を行った。

３　申立後

(1)　申立て

　甲弁護士は，3月24日，大阪地裁にX社についての再生手続開始の申立てを行い，予納金を納付した。また，事前に指定された時間に裁判所に赴き，丙社長とともに審尋に臨んだ。

当該審尋において、裁判長より丙社長に対し、いくつか質問がなされたが、特段の問題がなかったことから、裁判所は、直ちに監督命令（54条1項）及び弁済禁止の保全処分（30条1項）を行った。甲弁護士は直ちに、金融機関に対し、再生手続開始の申立てを行ったこと、大阪地裁より弁済禁止の保全処分及び監督命令を受けたこと、手形については0号不渡りにされたい等とする書面をファックス送信した。また、全債権者に対しても、再生手続開始の申立てを行ったこと及び債権者説明会を開催することについての連絡書面を郵送した。

さらに、申立代理人団で手分けをし、銀行回り、従業員説明を行い、今回の申立てに至った経緯、現在の状況、今後の手続に関する説明を行った。また、従業員に対しては、給料は随時弁済ができること（119条・121条・122条）を十分に説明の上、協力を呼びかけた。その上で、マニュアル等を配付し、弁済禁止の保全処分に反しないために、弁済の可否については十分に留意するよう説明を行った。特に、仕入代金に対する支払については、①支払ってよいもの、②共益債権化（120条1項）しなければならないもの、③開始決定後履行選択をした上で（49条1項）支払えばよいもの、④再発注をする必要があるものなどを区分し、対応を指示した。また、申立代理人団リストを配付し、不明な点があれば、その都度申立代理人団に連絡して尋ねるよう伝えた。

申立後、申立てを聞きつけた複数の取引業者がX社に来社した。納入材料の引揚げなどを求める者もいたが、申立代理人が民事再生手続の趣旨や無断の材料引揚げはできないなどの説明を尽くしたところ、渋々ながら引き返した。かかる事態に対処するため、申立後しばらくは、申立代理人団において、交代でX社の本社に詰めることとした。

一方、裁判所は、X社の従業員の過半数を代表する者に対し、書面により、意見聴取をなした（24条の2）。

(2) **債権者説明会**

X社は、3月29日、債権者説明会を開催した。なお、オブザーバーとして監督委員も同席した。丙社長の挨拶等のあと、甲弁護士外の申立代理人団において、再生手続開始の申立てに至った経緯、X社の業務及び財産の経過と現状、今後の手続・スケジュール等を説明し、質疑応答を行った。一部債権者からは厳しい意見も出たが、概ね、X社の状況について理解が得られた。当該状況に

については，裁判所に報告書を提出する（規則61条2項）とともに，監督委員にも報告書を提出した。

(3) 再生手続開始決定

当該債権者説明会を受けて，監督委員は，本件申立てについて25条に掲げる申立棄却事由がない旨の報告書を裁判所に提出したところ，3月31日，裁判所より再生手続開始決定（33条1項）がなされた。

また，再生手続開始決定に先立ち，甲弁護士において，監督委員に対し，申立後開始決定までの債務について，共益債権化の承認申請（120条）を行い，承認を得た。なお，共益債権化の対象となる債権を詳細に特定することは不可能であるため，監督委員と協議の上，具体的金額を記載するのではなく，上限を記載し，また事前の特定が困難な債権については包括的に申請し，後日，明細を報告することにした。

(4) 取引関係

従前は，仕入の約半分を手形で支払っていたが，本件申立てにより現金決済を求められることとなった。さらにその支払方法も，当初はキャッシュオンデリバリー（即時払いの現金決済）での対応を求められるケースが多く出てきた。X社としてはなるべく一定の支払サイトを設定してもらうよう交渉をし，また，キャッシュオンデリバリーでの支払しか認めない仕入先については，代替の仕入先がある場合はそちらから仕入を受けることとし，ない場合であっても資金繰りを注視しつつ，徐々に支払サイトを申立前の状態に戻してもらうよう交渉することにした。

また，請求書については，申立ての前後で分けてもらうよう依頼をした。しかし，一部，手違いで，再生債権について弁済をしてしまったケースが発生したが，債権者には不当利得となることを説明した上で，次回の共益債権である買掛金の支払時に，その分を相殺することとした。

一方，得意先については，X社営業担当者において手分けをして訪問をし，今後も供給が可能であることを説明して回った。

４ 再生手続開始後

(1) 双方未履行双務契約の解除

X社は，双方未履行双務契約について，契約を継続するか否かの精査を行った上で，複数の契約については継続の必要性が乏しかったため，民事再生法49条1項に基づき解除を行うこととした。そこで，監督委員の同意を得た上で，解除の意思表示を行った。

(2) 財産評定・125条報告書

X社は，開始決定後すぐに，財産評定（124条1項）に着手し，本社工場不動産については別除権協定を予定していることもあり，不動産鑑定事務所に鑑定を依頼し，その余の財産については，丁公認会計士と協議の上，処分価額（規則56条1項本文）を算出していった。

そして，再生手続開始決定時に定められた期限である4月30日に，財産目録及び貸借対照表（124条2項）を125条報告書とともに裁判所に提出した。なお，清算配当率は，約3％となった。

また，125条報告書の要旨の知れている再生債権者への周知方法（規則63条1項）としては，要旨を記載した書面を送付することとした。

一方，経理書類等を確認するため，監督委員及び補助者である戊公認会計士が，X社の本社を訪問することとなり，X社担当者及び甲弁護士が対応し，適宜，質問に回答したり，資料を示すなどした。

(3) 債権届出と債権調査

債権者から再生債権届出書が裁判所に続々と送付され，X社及び申立代理人団は，認否書（101条1項）作成作業に従事した。再生債権届出期限の約10日前には，未提出の再生債権者に対し，届出を促す通知書を送付した。それでも届出を行ってこなかった再生債権者については，自認債権（101条3項）として認否書に記載した。そして，最終チェックをした上で，提出期限である5月28日に認否書を裁判所に提出した（101条5項）。

その後，X社は，一般調査期間である6月7日～21日までの間，認否書の写しを主たる営業所に備え置き，再生債権者が閲覧できるようにした（規則43条

1項)。また，認否において認めなかった届出債権者に対しては，認否結果の通知書を送付した。それに対し，再生債権の査定の申立て（105条）を行ってきた債権者がいたが，債権者から更なる資料の提出を受け，債権の存在が確認できたため，Ｘ社において認否を変更し，債権者は査定の申立てを取り下げた。

(4) 月次報告

開始決定の主文において，毎月15日までに再生債務者の当該月の前月の業務及び財産の管理状況を報告することを求められているため（125条2項），甲弁護士は，Ｘ社に対し，毎月10日までに，前月の試算表や資金繰り実績表を作成するよう伝えた。そして，申立代理人団において，毎月15日までに裁判所及び監督委員に提出することとした。

(5) 事業の建て直し

Ｘ社，申立代理人団及び丁公認会計士は，定期的に会議を行い，Ｘ社の窮境原因に対する対策を検討してきた。そこで，申立前から行っていた経費節減を徹底するとともに，不採算商品の取扱いを絞っていった。また，再生手続をとったことによる受注減少を防ぐため，営業活動に力を入れるようにしたが，従前の水準への売上の回復は困難であり，従業員のリストラが避けられないとの結論に至り，やむを得ず，希望退職を募ることとした。Ｘ社は中小企業退職金共済（中退共）を利用しており，退職金の一部が中退共から支払われるため，Ｘ社の資金繰りへの影響は比較的小さかった。さらに，遊休不動産については，任意売却することとした。Ｘ社の窮境原因は，設備投資過多による借入金の増大及び売上の低下であったため，かかる対策により，一定の改善が見られた。

(6) 再生計画案立案

Ｘ社，申立代理人団及び丁公認会計士は，6月に入り，再生計画案の立案に取りかかった。まずは，前記事業の建て直し策に基づき，事業計画案を作成していった。希望退職の人員数は既に確定しており，経費計画はある程度の精度をもって予測することが可能となったが，売上の予測は前期とは人員体制も異なるため，困難な面もあった。しかし，足元の数字をもとに，業界のトレンド等を勘案しながら，作成することとした。なお，数値については，再度の破綻はかえって再生債権者に迷惑を掛ける結果となるため，確実性を重視して作成していった。

当該事業計画案をもとに，弁済率については，少額債権部分として20万円までの部分については全額，それを超える部分については10%（10年均等分割弁済）とし，再生計画案を作成した。

なお，当該弁済率を前提とした債務免除額であれば，債務免除益課税については，棚卸資産及び固定資産の評価替えによる評定損，遊休資産の任意売却による譲渡損，期限切れも含む青色欠損金にて吸収が可能であった。

再生計画案の提出期限の約1ヵ月前には，裁判所にて，監督委員も同席し，提出前面談が行われ，甲弁護士において，現状のドラフトについて説明を行った。監督委員より，若干の指摘があったため，甲弁護士において修正の上，裁判所に対し，提出期限である7月16日に再生計画案を提出した（163条1項）。

(7) 別除権協定

任意売却する遊休不動産については，私的な入札を行い，当該最高価額を前提に，再生債務者への一定額の組入れを考慮した金額にて，監督委員の同意を得て別除権協定を成立させて，任意売却を行った。

本社不動産については，X社において依頼した不動産鑑定士の処分価額に関する鑑定評価額である4億円を出発点として，第1順位根抵当権者であるA銀行と協議を行った。A銀行自身が内部で持っていた鑑定評価額との価額の相違が見られたため，当初，交渉は難航した。しかし，A銀行は返済期間よりも返済額を重視したため，交渉を重ねた結果，最終的には4億6000万円を15年の分割弁済とすることで妥結した。

後順位のB～D銀行に対しては，いわゆる抹消料としての金額提示をするとともに，不足額が確定しなければ再生計画が認可されても再生計画に基づく再生債権の弁済が受けられないことを説明した。すると，B銀行及びC銀行とは妥結し，別除権協定を締結することができたが，D銀行はなかなか了解せず，膠着状態となった。

さらに，設備機械のリースについても，当該設備機械の簡易な見積りを業者にさせ，当該金額をもとにリース業者と交渉を重ねた。残リース債権額が多額であるため，こちらも交渉は難航したが，最終的には，上記見積価額より一定金額を上乗せすることによって妥結し，別除権協定を締結することができた。

そして，A銀行やリース業者などの別除権者の別除権の行使によって弁済を

受けることができない債権の部分（88条・182条）については，再生計画に基づき弁済することとなった。

(8) 債権者集会

X社の再生計画案の提出から2週間後，監督委員から裁判所に対し，再生計画案について174条2項に掲げる事由がない旨の報告書（意見書）が提出されたところ，8月2日，裁判所より再生計画案の付議決定（169条1項）がなされた。決議の方法は，169条2項1号に定める方法（債権者集会）により行うこととされ，期日は9月13日午後3時と定められた。

当該集会に欠席予定の再生債権者のうち，再生計画案に同意してもらえる債権者については，X社において債権者集会において投票を行う代理人の弁護士を用意することとした。また，裁判所から送付される債権者集会期日呼出状等の入った封筒に，X社作成の再生計画案の審理及び決議に関するお願いの書面，議決票の記載要領及び返送用の封筒を同封してもらうこととした。

さらに，裁判所からの債権者集会期日呼出状の送付に合わせ，X社において債権者への訪問・架電により，再生計画案への同意を依頼するとともに，議決票の回収を行っていった。また，当該回収を早めに行うようにし，記載事項の漏れ・間違いの有無の確認を行い，債権者集会期日に間に合うように修正してもらうこととした。また，確認済みの議決票の写しを裁判所にも提出し，確認を受けた。

大口の銀行は賛否を明らかにしないものの，感触は悪くなく，債権者集会の数日前には，概ね，再生計画案が可決される見通しがついた。

なお，再生計画案の提出後，別除権協定が締結されて不足額が確定したり，再生債権者の商号が変更されたりといった変更が生じたため，債権者集会において，172条の4に基づく再生計画案の変更をすることになった。そこで，甲弁護士は，事前に裁判所及び監督委員に変更に関する書面を提出するとともに，債権者集会において出席債権者に配付する説明資料を作成し，集会に必要部数を持参することとした。

債権者集会当日は，甲弁護士による再生計画案の骨子説明，監督委員による意見の骨子説明等がなされた後，再生計画案の変更の申請及び許可を受けた上で，議決がなされた。

議決は当初の票読みのとおり，大口の銀行も出席の上同意をしたため，債権者集会に出席した議決権者の過半数及び議決権者の議決権の総額の2分の1以上の議決権を有する者の同意を得ることができ，再生計画案は，無事可決された（172条の3）。そして，翌日の9月14日，裁判所より，再生計画認可決定（174条1項）がなされた。また，それに伴い，監督委員の同意が必要な行為が，重要な財産の処分及び譲受けと多額の借財へと変更された。

そして，認可決定から約2週間後の9月28日に認可決定の官報公告がなされ（174条4項・10条1項・3項），その後2週間が経過して確定した（10条2項・9条）。

裁判所からは，履行監督費用にかかる予納金の追納金額が150万円となった旨の連絡があり，X社は当該金額を納付した。

⑤ 再生計画認可決定確定後

(1) 第1回弁済

甲弁護士は，認可確定を受け，再生債権者に対して認可確定の連絡書及び振込指定書を送付した。第1回弁済日は，認可決定確定日の5ヵ月後の日の属する月の末日限りとされていたため，翌年の3月末日となった。

そこで，当該期日までに振込指定書の回収を行い，第1回弁済を行った。その後，速やかに，監督委員に対し，弁済についての報告を行った。

別除権協定について難色を示していたD銀行についても，別除権協定を受け入れるとの連絡があり，第1回弁済に間に合うよう協定を締結した。

監督委員は，裁判所に，4月14日，第1回弁済の履行状況についての報告を行った。

(2) 終　結

その後，X社は，何とか事業計画案における売上高や利益を確保することができ，第2回弁済，第3回弁済を行った。そして，認可決定確定日から3年の経過後，X社において再生手続終結の申立てを行い，裁判所より再生手続終結の決定がなされた（188条2項）。その後も，X社は再生計画に基づく弁済を続け，無事，再生計画を遂行した。

第2章

事業譲渡型の事案

1 事案の概要

(1) 会社概要
- (a) 業　　　種：家電製品梱包用樹脂ケースの組立て及び加工
- (b) 年　　　商：12億円
- (c) 負 債 総 額：7億円
- (d) 従　業　員：30人（正社員12名）
- (e) 不　動　産：本社工場は自社所有。簿価は約5億円，実勢価格では約2.5億円
- (f) 主要債権者：①A銀行……約3億円，本社工場不動産に第1順位の根抵当権
  ②B銀行……約2億円，本社工場不動産に第2順位の根抵当権
  ③リース債権…………約2000万円（設備機械）
  ④その他取引債権……約1.5億円
- (g) 取 引 条 件：決済条件は毎月末締め，翌々月の末日払い。

(2) 窮境原因

厳しい受注環境により，受注量及び受注単価ともに減少していき，収益性が悪化していた。さらに，金融機関に粉飾が知れるところとなり，支援の継続が得られなくなった。

(3) スケジュール

日　付	手　続	行為者
3月31日	再生手続開始決定	裁判所
4月7日	スポンサー募集要項等の配付開始	再生債務者
5月7日	第一次意向表明書提出期限	
5月12日	第一次選考結果通知	再生債務者
5月26日	第二次意向表明書提出期限	
5月31日	第二次選考結果通知	再生債務者
6月10日	基本合意書調印	再生債務者
6月24日	事業譲渡許可申請，(法43条1項の)代替許可の申立て	再生債務者
7月6日	代替許可決定	裁判所
7月8日	債権者・組合等の意見聴取期限	
7月15日	事業譲渡許可決定	裁判所
7月20日	事業譲渡契約調印	再生債務者
8月4日	代替許可確定	
9月1日	事業譲渡実行	再生債務者
9月30日	再生計画案提出期限	再生債務者
10月14日	再生計画案の付議決定	裁判所
11月29日	再生計画案の決議	再生債権者
11月29日	再生計画認可決定	裁判所
12月28日	再生計画認可決定確定	
	再生計画の履行，再生手続の終結	再生債務者

2 申立前

(1) 相　談

　顧問弁護士である戊弁護士のところに相談にきたX社の丙社長は，近時の厳しい受注環境により，会社の売上が低下していたため，粉飾決算を行い，粉飾した内容の決算書の写しを取引金融機関に提出していたところ，かかる事実が金融機関の知るところとなり，来月末が弁済期限となっている借入債務について，借換えができなくなったことを説明した。また，決算を修正すると，債務超過状態にあり，売上の低下に伴い，資金繰りも厳しい旨説明した。戊弁護士は，知人で事業再生案件をよく取り扱っている甲弁護士を紹介することにした。そして，紹介を受けた甲弁護士において，丙社長や経理担当者からその他様々な聴き取りを行い，また資料を検討した結果，民事再生手続を具体的に検討することにした。ただ，粉飾を行っている場合は，自力再建による再建スキームは理解が得られにくいことを説明したところ，丙社長は，事業継続が可能であれば，自力再建にはこだわらない，スポンサー候補としては関係先で複数心当たりがある旨述べた。また，自身が連帯保証していることに加え，経営責任を取るということで，X社のスポンサー決定後は自身は破産をする覚悟がある旨述べた。その後も検討を重ねた結果，X社についてはスポンサー型の再建スキームを前提として，大阪地裁に対し，再生手続開始の申立てを行うこととし，丙社長については，しかるべき時期に経営者保証ガイドラインによる保証債務の整理を試みることにした。

(2) 申立準備

　裁判所への事前面談において，甲弁護士は，スポンサー型の再建スキームをとる旨説明をした。

　また，甲弁護士は，速やかにスポンサーの選定作業に入れるよう，申立書類の作成と並行して，デュー・デリジェンス（DD）の開示資料等の作成にも着手した。なお，本件では，会社の規模が大きくないことなどから，フィナンシャル・アドバイザー（FA）には依頼せず，甲弁護士及び申立代理人団にて対処することとした。

なお，監督委員には乙弁護士が選任されることになり，予納金は，400万円とされた。甲弁護士は，乙弁護士と連絡を取り，前記再建スキームやDDの進め方等に関する説明をしておいた。

3 申立後

申立後，甲弁護士は，丙社長において心当たりがあるといっていた複数の関係先に丙社長と同行し，スポンサー選定手続への参加要請を行った。いずれも感触は悪くなく，入札に応募してもらえる見込みがあった。また，他にも，X社の同業者から甲弁護士のもとに，X社の事業について興味があるとの連絡があったため，その旨書面にて提出してもらうこととした。それらを裁判所及び監督委員にも報告した。

取引金融機関は，粉飾の事実を受けて厳しい態度であったが，スポンサー型の再建スキームであること，丙社長は経営者保証ガイドラインによる保証債務の整理をする予定であることを説明したところ，一定の理解が得られた。

4 再生手続開始後

(1) スポンサー選定

3月31日，大阪地裁より再生手続開始決定がなされた。

財産評定（124条1項）においては，スポンサーへの事業承継が予定されていたため，対価を検討する際の参考として，処分価額（規則56条1項本文）だけでなく，いわゆる継続企業価値（規則56条1項但書）としても評定を行った。

一方，4月7日にはスポンサー募集要項及び秘密保持等に関する誓約書の書式を配付し，当該誓約書を提出した先に対してX社に関する情報・資料をまとめたDDパッケージを配付した。誓約書の提出先は3社であった。その後，役員等へのインタビュー等を経て，5月7日に第一次意向表明書を提出した先は2社であった。そこで，2社ともが第二次DDに入り，5月26日に第二次意向表明書が提出された。

当該意向表明を受けて，X社は，Y社をスポンサーとして選定することと

し，監督委員にもその選定結果，選定の理由を説明した。その後，Y社との間で，連日，基本合意書の内容を協議し，監督委員の同意を得た上で，6月10日，基本合意書を調印した。

(2) 事業譲渡

Y社は，意向表明において，事業譲渡のスキームによる事業の承継を希望していたため，X社は再生計画外における事業譲渡を行うこととした（42条1項）。そこで，基本合意書を前提として，Y社との間で事業譲渡契約の内容について協議を重ね，その内容が定まった。

事業譲渡に際して必要な株主総会の特別決議による承認（会467条1項・309条2項11号）については，X社が債務超過状態にあり，株主が相続等により分散していたこともあって，裁判所から株主総会の決議による承認に代わる許可（以下「代替許可」という）を受けることとし（43条1項），6月24日，事業譲渡許可申請（42条1項）とともに代替許可の申立てを行った。また，事業譲渡許可申請については，再生債権者等に閲覧をされると支障のある部分については，閲覧等の制限の申立てを行った（17条1項1号）。

X社が債務超過であること及び事業譲渡が事業継続のために必要であることは特段問題がなかったため，裁判所は，7月6日，代替許可をなした。また，閲覧等の制限の申立てについても，閲覧等の請求をできる者を再生債務者及び監督委員に限る決定がなされた。裁判所は，事業譲渡の許可に関しては，知れている再生債権者及びX社の従業員の過半数を代表する者に対し，書面による意見聴取を行った（42条2項・3項）。7月8日が期限であったが，同日までに，合理的な理由のある反対意見は提出されなかった。裁判所は，監督委員に対して，事業譲渡についての調査報告書（意見書）の提出を求めていたところ，これを肯定する内容の調査報告書（意見書）が提出されたことを踏まえ，7月15日，事業譲渡許可決定をなした。

これを受けて，X社とY社は，7月20日，事業譲渡契約を締結した。

その後，X社において，取引先に対し，Y社への契約の承継の要請に回るとともに，別除権協定の締結を進めていくこととした。設備関係のリース物件については，Y社において，デュー・デリジェンス段階から要否の仕分けを行っており，当該仕分けに従い，Y社が引き続き使用を希望するリース物件につい

て、リース契約を承継することを前提とした別除権協定を締結させていった。本社工場不動産については、A銀行及びB銀行との間で、別除権協定の交渉を行った。A銀行との間では比較的早期に協定が成立したが、後順位であるB銀行は難色を示した。そこで、X社は、最終条件を提示し、8月20日までに締結に至らなければ担保権消滅の許可の申立てをする旨伝え、具体的に準備に取りかかっていたところ、最終的にB銀行からいわゆる抹消料としてのX社の提示額を若干上回る金額での妥協案が提示されるに至り、X社も受け入れることとした。

そして、事業譲渡対象資産についてすべてY社へ移転できる状況になり、9月1日に事業譲渡を実行した。

一方、丙社長は、事業譲渡実行後、保証をしていた金融機関に対し、経営者保証ガイドラインに基づく一時停止等の要請書面を送付し、各金融機関に説明を行った。

(3) 再生計画案立案

X社は既に事業を譲渡しているため、清算的な内容の再生計画案を作成し、9月30日に提出した。概要は、①第1回弁済として、再生計画認可決定確定日の2ヵ月後の日の属する月の末日限りに、少額債権部分として10万円までの部分については全額、それを超える部分については5％を弁済する、②第2回弁済として、すべての再生債権者に対して第1回弁済が終了し、かつ再生債務者の積極財産の換価が終了した日の2ヵ月後の日の属する月の末日限りに、共益債権や一般優先債権の弁済に必要な金額を控除した後の残額について按分弁済する、③その余の債権については免除を受ける、というものであった。そして、X社はしかるべき時期に解散し、清算することとした。

監督委員の意見書提出後の10月14日、裁判所は、再生計画案の付議決定（169条1項）を行った。

11月29日に再生計画案の決議がなされ、無事、可決され（172条の3）、同日、裁判所より、再生計画認可決定（174条1項）がなされた。

12月13日に認可決定の官報公告がなされ（174条4項・10条1項・3項）、2週間が経過して確定した（10条2項・9条）。

裁判所からは、履行監督費用にかかる予納金の追納金額が100万円となった

旨の連絡があり，X社は当該金額を納付した。

⑤ 再生計画認可決定確定後

　第1回弁済は2月末日となり，X社は，事業譲渡の対価などを原資に，第1回弁済を行った。また，丙社長の経営者保証ガイドラインによる保証債務の整理については，X社の再生計画認可決定後に全対象債権者から了解が得られ，特定調停の申立てを行い，無事，調停が成立した。
　一方，X社は株主総会を開催し，解散決議を行い（会471条3号・309条2項11号），清算に入った（会475条1号）。清算人には丙社長が選任された。
　そして，すべての再生債権者に対して第1回弁済が終了し，かつ再生債務者の積極財産の換価が終了した日の2ヵ月後の日の属する月の末日限りである10月末日に第2回弁済を行い，X社は再生計画を遂行し，再生手続の終結の申立てを行ったところ，裁判所より再生手続終結の決定を受けた（188条2項）。また，清算事務も終了したため，決算報告を作成し，株主総会の承認を受け（会507条1項・3項），清算が結了した。

　　　　　　　　　　　　　　　　　　　　　　　　　　　■

第3章

再生手続廃止・牽連破産の事案

1 事案の概要

(1) 会社概要
- (a) 業　　　種：酒類，食品雑貨ディスカウントストア
- (b) 年　　　商：約8億円（ただし，2店舗時）
- (c) 負 債 総 額：約6億円
- (d) 従　業　員：30人（うち正社員18人）
- (e) 不　動　産：店舗不動産を自社所有，簿価は約9000万円，実勢価格は約1億円
- (f) 主要債権者：①A銀行……約3億円，店舗不動産に第1順位の根抵当権
    - ②B銀行……約1億円，店舗不動産に第2順位の根抵当権
    - ③C銀行……約5000万円，店舗不動産に第3順位の根抵当権
    - ④リース債権………………約300万円
    - ⑤公租公課…………………約1000万円
    - ⑥その他取引債権……約1億4000万円
- (g) 取 引 条 件：決済条件は毎月末締め，翌々月の末日払い。

(2) 窮境原因

　近時の大型ディスカウントストアの進出や消費の低迷により，競争が激化し，徐々に売上を減らしていった。当社は，従前は2店舗を経営していたところ，不採算店の1店舗は閉鎖したが，借入れの返済の負担が重く，支払不能となった。

(3) スケジュール

日　付	手　続	行　為　者
3月1日	依頼者からの相談	依頼者
3月17日	裁判所への事前相談	代理人
3月24日	再生手続開始の申立て	再生債務者
同　日	監督命令，保全処分	裁判所
3月29日	債権者説明会	再生債務者
3月31日	再生手続開始決定	裁判所
4月30日	財産目録，貸借対照表，報告書提出期限	再生債務者
5月7日	再生債権届出期限	再生債権者
5月28日	認否書提出期限	再生債務者
6月7日	再生債権の一般調査期間	
6月30日	上申書提出， 再生手続廃止決定，保全管理命令	再生債務者 裁判所
7月28日	破産手続開始決定	裁判所

2　申　立　前

　X社の丙社長は，知り合いの紹介で，3月1日，甲弁護士の事務所に相談にきた。X社は，既にリストラに取り組み，営業していた2店舗中，昨年末に1店舗を閉鎖し，従業員も希望退職により削減させ，営業成績が比較的よかった1店舗のみにて営業を行っていた。しかし，長引く消費の低迷により，当該店舗の売上も低下しており，営業黒字を計上する月もあれば営業赤字を計上する月もあり，辛うじて営業黒字が出ているといった状況であった。また，従前から徐々に公租公課についても滞納するようになり，滞納額は1000万円にも上っ

ており，分割払いを申し入れていた。銀行に対しても，借入元金の返済が今年の初めから滞り，利払いのみを行っていた。

　甲弁護士は，売上高が増加していけば別だが，昨今の経済情勢からすればそれは厳しく，スポンサーを見つけないことには再建は難しいのではないかとの見通しを立て，丙社長にその旨話をしてみた。それに対し，丙社長は，できるだけ自力再建をしたいが，生き残りができないようであればスポンサーへ事業を譲渡することもやむを得ないと述べた。

　そこで，再生手続開始の申立てを行い，スポンサーを探すこととした。

　また，甲弁護士は，丙社長に対し，再生手続をとったとしても，公租公課の免除を受けることはできず，随時弁済していく必要があることを説明し，可能な限り早期に公租公課を弁済する前提での資金繰り表を作成するよう伝えた。仕入についても，キャッシュオンデリバリーないし短期の支払サイトでの支払を求められる可能性が高く，資金繰り表の作成にあたっては，その点も織り込むよう伝えた。さらに，その他，申立てに必要な資料の準備等を依頼した。

　3月8日，丙社長は経理担当者とともに甲弁護士の事務所に来所した。作成された資金繰り表によれば，現店舗における昨年並の売上高を実現できれば，少なくとも半年程度は何とかなりそうであったが，売上高が減少すれば，たちまち資金繰りに窮する可能性があった。そこで，甲弁護士は，丙社長に対し，早期にスポンサーを選定し，事業譲渡をするかDIPファイナンスを受ける必要があることを述べ，丙社長もそれに理解を示した。

　3月17日，甲弁護士は大阪地裁へ事前相談に行き，資金繰りについて少々不安要素はあるが，現状は辛うじて黒字であるし，早期にスポンサーを選定したい旨述べた。裁判所は，申立代理人においても資金繰り状況の把握に注力されたい旨述べ，甲弁護士は了解した。予納金は，400万円となった。資金繰りの不安もあることから，弁済禁止の保全処分において，少額債権の例外は設けないことにした。

　そして，X社は，3月24日，大阪地裁に対し，再生手続開始の申立てをなした。申立後，金融機関，主要取引先に加え，滞納している税務署にも訪問し，滞納している税金について，これまでどおり，分割での支払を申し出た。

　仕入先への支払については，予想どおり，キャッシュオンデリバリー，ある

いは短期の支払サイトを余儀なくされた。

③ 再生手続開始後

　3月31日には再生手続開始決定が出されたが，売上は再生手続開始の申立てによるイメージダウン，消費の低迷などにより，苦戦した。そこで，甲弁護士は，速やかにスポンサーを見つけるべく，丙社長とともに，スポンサーとなりうる会社に対し，接触を試みた。

　しかし，同業他社も消費の低迷による影響を少なからず受けており，規模の拡大を図る意欲のある会社がなかなか現れなかった。また，丙社長がスポンサーになってくれるのではと期待していた会社についても，今年は店舗の拡大を控える方針になったとのことであった。

　X社の業績も，上記影響により悪化し，3月，4月は，いずれも営業赤字を計上した。定例会議において，甲弁護士は，丙社長に対し，今後の改善の見込みを尋ねたところ，夏に近づくにつれ，ビール等の売上が増加する見通しである旨述べた。甲弁護士は，資金繰りが直ちに破綻する状況ではなく，例年夏に向けては売上が伸びていっていることから，丙社長に何とか売上挽回を図ってもらいたい，スポンサーも決まらず，売上も改善しないなら，事業停止を検討しないといけなくなる旨伝えた。

　しかし，5月に入っても，売上の改善の兆しは見られず，むしろ徐々に客離れが進んでいるようにも見られた。

　甲弁護士は，週1回程度としていた定例会議の頻度を増やし，今後の対応について協議を重ねた。資金繰り表はX社において毎日実績を反映して更新していき，都度甲弁護士に送るということにした。しかし，上記売上の低迷により，下ぶれをしている状況であった。また，スポンサーについても，いまだ具体性のある話はなかった。

　甲弁護士は，随時，監督委員に状況を報告するとともに，丙社長と何度も協議を行った。丙社長は，当初は，自分が何とかスポンサーを見つけてくるのでもう少し待ってほしいと述べていた。また，自分が一代で築き上げたきた会社なので，ここであきらめるわけにはいかない，お金の続く限り事業継続したい

という意欲を強く述べた。しかし丙社長は，甲弁護士と協議を重ねた結果，このままだと今後売上の改善どころか給料すら支払えなくなってしまうおそれのある現状を理解して，最終的には，事業停止もやむなしとの決断を行った。甲弁護士は，丙社長と，清算的な再生計画案の提出と，再生手続の廃止とのいずれにするか検討をしたが，債権者のこれまでの言動等を鑑みて，第三者たる破産管財人による換価のほうがより債権者の理解が得られやすいと考えたため，早期に再生手続を廃止して，中立公正な破産管財人にＸ社の清算手続を委ねることとした。

４ 再生計画案立案断念，上申書提出

　上記決断を受けて，甲弁護士はすぐに裁判所に連絡し，面談期日を入れてもらった。６月15日に行われた面談には丙社長及び監督委員も同席した。面談において，甲弁護士は，スポンサーの具体的候補先も見つからず，売上は当初の予想よりも下回っており，協議を重ねた結果，再生手続廃止決定もやむなしとの結論に至った旨述べた。裁判所は，再建がうまくいかなかったことについては残念だが，この状況であれば，かかる判断が妥当であろう旨述べ，廃止に向けた準備を進めることになった。そこで，甲弁護士において，６月30日付けで再生手続廃止決定をされたい旨の上申書を提出することにし，それを受けて同日付で裁判所において再生手続廃止の決定（191条１号）及び保全管理命令（251条１項１号，破91条２項）を出し，保全管理人は監督委員の乙弁護士が選任されることになった。また，滞納していた公租公課による滞納処分がなされるおそれがあると考えられたことから，甲弁護士はその旨上申し，裁判所は職権で包括的禁止命令（251条１項１号，破25条２項）を出すこととした。店舗については，６月29日の営業を最後に閉店することとした。

　新たな仕入はしないこととし，閉店日まで，在庫一掃セールを行うことにした。また，従業員については，６月29日の営業終了後に解雇する旨の解雇予告をし，予告の日数は，解雇予告手当を支払って短縮することとした（労基20条１項・２項）。

5　再生手続廃止決定，保全管理命令

　X社は，6月29日，取締役会を開催し，再生計画案を提出せず，再生手続を廃止させることについて，決議を行った。また，同日の営業終了後，従業員を解雇するとともに，同日までの給与及び解雇予告手当を支給した。

　これを受けて，甲弁護士は，6月30日，上申書を提出し，裁判所において再生手続廃止の決定及び保全管理命令が出され，乙弁護士が保全管理人に選任された。併せて，包括的禁止命令も出された。

　また，甲弁護士は，本決定に至った経緯等を記載した書面を債権者や関係先に送付した。さらに，丙社長らと，保全管理人への各種引継作業を行った。

　一方，裁判所書記官より，甲弁護士に事務連絡が届き，廃止決定日を基準として，①資産と負債の一覧表，②債権者一覧表，③被課税公租公課チェック表，④財産目録，⑤リース物件一覧表，⑥継続中の訴訟等一覧表を提出するよう求められたため，作成の上，提出した。

　約2週間後の7月13日に再生手続廃止の決定が官報公告され（195条1項），その後2週間の経過をもって当該決定は確定した（195条2項・9条・10条）。

6　破産手続開始決定

　上記確定を受け（195条5項参照），7月28日，裁判所は，職権にて破産手続開始決定をなし（250条1項），破産管財人に乙弁護士を選任した。

第2編

申立代理人のための民事再生手続の実務

第1章

収益弁済型の民事再生手続

1 申立ての準備

(1) 相談段階その1

 弁護士が，経営難に陥った事業会社から事業の建て直しないし清算について相談を受けた場合，相談を受けた弁護士としては，事業を継続して再建すべきか，それとも，清算すべきか，また，再建・清算いずれについても，裁判所を利用しない手続（私的整理）によるべきか，それとも，裁判所を利用した手続（法的整理）によるべきかを判断・アドバイスしなければならない。

 ここで適切な判断・アドバイスをするには，相談者の事業の内容や規模，資産・負債の状況，損益の状況並びに窮境に至った原因などについて，十分に理解・把握することが必要不可欠である。

 そこで，冒頭のような相談を受けた場合，弁護士としては，できるだけ早い段階で，以下のような事項について，十分に事情を聴取し，資料やデータを確認するなどしなければならない。

 (a) 聴取すべき事項　聴取すべき主な事項は，次のとおりである。

 ここで財務内容（資産・負債の状況並びに損益の状況）の確認が重要なことはいうまでもないが，それとともに重要なのは，事業の内容・特徴や主な取引・業務に関する実際の流れを確認・把握することである。

 特に，民事再生や会社更生といった再建型倒産手続に携わる場合，再建すべき事業の内容や取引・業務に関する実際の流れを十分に理解することは必須である。

 (イ) 事業内容　業界，業種，さらに，詳細かつ具体的な事業内容を確認・

把握する。

　㈵　事業規模　　売上規模や事業展開している国・地域などを確認・把握する。

　㈶　事業所　　本店所在地，現実的な本社機能の所在地（定款上の本店所在地と実質的本社機能の所在地が異なる場合），支店・事業所・工場の所在地と規模などを確認・把握する。

　㈷　組織体制　　株主構成（上場会社か非上場会社かを含む），取締役・監査役の構成，従業員数とその内訳（正社員，パート・アルバイト，派遣社員の別と各人数），労働組合の有無や動向，その他組織体制について確認・把握する。

　㈸　主要取引先　　主な得意先，仕入先，並びに，下請先などについて確認・把握する。

　㈹　業務の流れ　　どこから何を仕入れて，どこで何を作って，どこに販売するのか，といった具体的な取引・業務の流れ，また，取引先との債権債務の回収・支払の条件や方法（現金払いか・手形払いか，与信の期間など）について確認・把握する。

　㈺　財務内容　　最低でも過去３決算期分の決算内容並びに直近の試算表ベースの財務内容を確認・把握する。

　負債については，特に，有利子負債（主として，金融機関に対する債務）の金額・推移・債権者の内訳と数，リース債務や保証債務（例えば，親会社が子会社を連帯保証している場合）など簿外債務の金額・種類・内容，労働債務（未払いの賃金・時間外手当・退職金等，潜在的な退職金債務など）や未払公租公課などの優先的債務の金額・種類・内容，並びに，総債権者の概数を確認・把握する。

　損益の状況については，事業継続の可否・是非を判断する観点から，特に，本業の収益力を示す営業損益に注目・留意する。

　中小企業では，いわゆる粉飾がなされていることも稀ではないので，粉飾がないか，あるとすれば，その内容，規模，並びに，経過等について，詳細に確認することも必要である。

　㈻　主要な事業用資産　　本社や主力工場その他の主要な営業所・事業所にかかる土地・建物や機械設備などの所在・内訳を確認・把握する。また，これら主要な事業用資産に関する担保権の設定状況も確認・把握する。

(リ) 窮境原因　本業の不振が原因であるのか，それとも，不動産投資の失敗その他本業以外に原因があるのかを分析・把握する。そのうえで，窮境原因を除去することの可否並びに除去の具体的な方法について協議・検討する。

(ヌ) 資金繰り　直近1年間程度，並びに，直後半年間程度の資金繰りを確認・把握する。

売掛金債権など金銭債権の回収については，債権譲渡担保などの担保権が設定されていないか，相殺のおそれがないか，その他債務者が破綻した場合に回収を阻害する要因がないかを確認・把握することが必要である。

買掛金債務など金銭債務の支払については，特に，手形の不渡りを生じるおそれがないか，そのおそれがある場合は，その時期や不足金額について十分に確認・把握することが必要である。

(ル) 事業建て直しの方法と見通し　事業の継続・再建を目指す場合には，(リ)の窮境原因の分析・把握を経た上で，事業の継続・再建のためになすべきリストラクチャリングやスポンサー支援について検討する。

(b) 確認すべき書類　(a)に列挙した事項の聴き取りにあたっては，代表取締役その他経営陣の説明・報告を聴くだけではなく，できる限り，裏付けとなる資料・データを確認することが必要である。経営陣による説明・報告といえども，必ずしも正確とは限らないし，場合によっては，経営陣らに不都合な事実関係について，意図的に不正確な説明・報告がなされることもある。

そこで，初回相談時に，次に列挙する程度の資料・データは準備・持参してもらい，これら資料・データに基づき初回相談を行うようにすべきである（資料3参照）。

① 商業登記簿謄本（現在事項全部証明書）
② 定款
③ 会社案内（会社概要）
④ 会社組織図
⑤ 株主名簿
⑥ 事業所一覧
⑦ 直近3決算期分の決算報告書（内訳明細付のもの）
⑧ 直近の試算表（貸借対照表，損益計算書）

⑨　資金繰り表（過去1年間，将来6ヵ月）
⑩　主要債権者一覧
⑪　主たる事業用不動産に関する不動産登記簿謄本・登記事項証明書
(c)　各種債務整理手続に関する説明　　債務整理の相談を受けた弁護士は，(b)記載の資料・データに基づき，(a)に列挙した各事項に関する聴き取りを行ったうえで，原則として，債務整理を目的とする各手続のメニュー，概要，並びに，メリット・デメリットについて，全般的に説明すべきである。

相談者の側で，初めから民事再生あるいは破産と手続を決めてかかっている場合があるが，そのような場合も，相談者が当該手続を正確に理解したうえで手続選択していることはむしろ稀である。

したがって，相談を受けた弁護士としては，私的整理手続（純粋な私的整理，準則のある再建型の私的整理としての中小企業再生支援協議会スキーム，事業再生ADR及び地域経済活性化支援機構（REVIC）スキーム）並びに法的整理手続（民事再生手続，会社更生手続，特定調停，破産手続及び特別清算手続）の全般について，手続のメニュー並びに各手続の概要とメリット・デメリットを一通り説明し，そのうえで改めて，相談者としての意向・意見・希望を確認すべきである。また，その際，民事再生手続その他の整理手続を行う債務者は，法令を遵守すべきことはいうまでもなく，債権者に対して公平誠実義務を負うこと（38条2項。⑪参照），そして，債務者の経営者はそのことを肝に銘じて自ら行動するとともに，社内にも徹底しなければならないことを十分に説明し，納得を得ておかなければならない（場合により，民事再生手続その他の手続を申し立てるに先立ち，経営陣から，①法令を遵守すること，②公平誠実義務に反しないこと，③違反行為があった場合，速やかに職を辞すること等を明記した誓約書を徴求することも考えられる）。

さらに，各整理手続について説明する際には，経営責任や連帯保証人の責任についても併せて説明しておくべきである。債務の整理手続において，一部債務の免除を求める場合，従前の経営陣は，いわゆる経営責任として退陣を求められることが一般的である。また，中小企業の場合，代表取締役その他の経営陣やいわゆるオーナー一族の者が会社債務について連帯保証していることが一般的である。そして，特に中小企業では，これら経営責任や連帯保証人の責任がどのように問われることになるのか，どのように対応しなければならないの

かによって，債務整理手続に関する相談者の意向が異なり得る。そこで，各種整理手続に関する説明と併せて，経営責任や連帯保証人の責任についても，できる限り具体的に説明する(経営者保証ガイドラインにつき52参照)。

　以上のほか，各整理手続に要する費用の内訳や金額についても，初回の相談の段階から，説明しておくべきである。特に民事再生手続や会社更生手続のような法的手続の場合，裁判所に納めるべき予納金だけでも決して少額ではないうえ，代理人となる弁護士やその他手続に関与する専門家(公認会計士，税理士，フィナンシャル・アドバイザー(FA)など)の費用も含めると，経営の危機に瀕している債務者にとっては相当に大きな負担となるものであることから，現実にそのような費用を捻出・調達できるか，また，それだけの負担をしてでも手続を進める覚悟があるかを，初めの段階から十分に協議・検討しておくべきである。

　以上のような説明・アドバイスは，単なる机上の知識に基づくものであってはならず，実務の運用に即した実践的なものでなければならない。したがって，事業会社から債務整理・事業再建の相談を受ける弁護士は，債務整理手続全般についての正確な知識はもとより，実務的な経験やノウハウを十分に有することが求められる。

　一定規模以上の事業会社に関する債務整理案件について手続の選択・決断を誤った場合には，相談者たる事業会社の経営者はもとより，その従業員や債権者，取引先，さらにはそれぞれの家族にまで取り返しのつかない重大な影響を及ぼすおそれが小さくない。よって，相談を受けた弁護士自身が債務整理手続全般に関する知識や実務的な経験・ノウハウに欠けるという場合には，躊躇することなく，これら知識・経験・ノウハウを十分に有する弁護士と共同で相談を受けるなどの工夫をして，実用的・実践的で適切な判断・アドバイスを提供できるようにすべきである。

　(d)　手続選択に関する見通し　債務整理の相談を受けた弁護士は，以上のとおり，相談者からの事情の聴き取りや資料・データの確認並びに各種整理手続に関する説明を行い，相談者の意向・意見を確認したうえで，債務整理手続の専門家として，自らの判断・アドバイスを提供しなければならない。

　債務整理手続には，相談者たる事業会社の事業(必ずしも法人たる「会社」で

はない）の存続を図るか，それとも清算を図るかという観点から，①清算型整理手続と②再建型整理手続がある。

　また，これとは別に，手続が裁判所に係属するか否かという観点から，①法的整理手続と②私的整理手続がある。

　債務整理の相談を受けた弁護士は，相談者から聴き取った事情や確認した資料・データに基づき，これら手続メニューの中で，まずは事業を存続・継続させることの可否ないし是非について，アドバイスしなければならない。

　ここでは基本的に，事業そのものの収益力を示す「営業損益」がプラスであることが事業存続・事業継続の必要条件である。「営業損益」がマイナスである場合には，事業を存続・継続させればさせるほど，債務者の財務内容・企業価値は毀損し，債権者一般の利益を害することになるため，事業の清算によって債権者に対する弁済を極大化することが要請されるからである。

　もっとも，たとえ現時点の「営業損益」がマイナスであっても，特定が可能な原因・事由の除去によって，将来的にはプラスに転じ得るのであり，かつ，現実に特定した原因・事由を相当期間内に除去し得るのであれば，当該特定した原因・事由を除去することを前提に，事業を存続・継続させるべしとの判断をすることは可能である。

　事業を存続・継続させるべしとの判断をした場合，私的整理手続によるか法的整理手続によるかの判断をしなければならないが，ここでは基本的に，私的整理手続を優先的に検討すべきであろう。法的整理手続による場合，大口の金融債権者から小口の一般取引先（商取引債権者）まですべての債権者を一括して手続に巻き込まなければならないのが大原則である。そのため，手続の直接的影響を受ける利害関係人の範囲が広範にならざるを得ず，よって，債務者の事業価値の毀損も大きくならざるを得ない結果，債権者一般の利益を不必要に毀損するおそれがある。他方，私的整理手続による場合には，大口の金融債権者など一部債権者との間でのみ権利義務関係を調整することが一般的であるので，手続の直接的影響を受ける利害関係人の範囲並びに事業価値の毀損を極小化し，結果として，債権者一般の利益を極大化することが可能となる。

　もっとも，私的整理手続については，手続に関与するすべての債権者の同意・賛成を得ることが手続成立の要件であるため，これが不可能・困難な場合

は，法定多数決によって反対債権者をも拘束し得る法的整理手続によらざるを得ない。

手続選択の詳細は①を，私的整理から民事再生手続への移行につき②を，民事再生手続における商取引債権の保護につき③を参照されたい。

(e) 申立準備段階で情報を共有すべきメンバーの決定　事業会社から債務整理の相談を受けるという場合，具体的には代表取締役及び一部取締役（例えば財務・経理担当の取締役）から相談を受けることが多いと思われる。

しかし，既に述べたような事情の聴き取りや資料・データの確認といった手続を進めるにあたっては，代表取締役ら一部経営陣との接触だけでは十分といえないケースが珍しくない。例えば，代表取締役らだけでは，日々の具体的・詳細な資金繰りがわからないような場合には，具体的・詳細な資金繰りに精通した財務・経理担当の部・課長などから直接に事情を聴取するなどすべきである。また，例えば，事業は存続・継続させるべきであるものの，経営責任の観点から，既存の経営陣は退陣せざるを得ないという場合であれば，新経営陣として後の会社経営を担っていくべき人材を手続に関与させることが考えられる。

他方，債務整理という手続の性質上，秘密情報の保持・管理は極めて慎重に行われなければならないが，手続に関与する者の範囲が広がれば広がるだけ，秘密情報の保持・管理は困難になるといわざるを得ない。

そこで，債務整理の相談を受けた弁護士としては，初回の相談の段階で，以後の手続について，どの範囲の者を手続に関与させるのかを判断して，2回目以降の相談にそれらの者を参加させるよう指示・手配しなければならない。

例えば，代表者ら一部取締役から事情聴取しただけでは，具体的・詳細な日々の資金繰りが掴めないという場合，財務・経理の実務を担当している部・課長を手続に関与させることが必要になるが，当該部・課長がいわゆるメインバンクからの出向者であるようなケースでは，秘密情報の保持・管理の観点から当該部・課長等を手続に関与させることが適切か否かを慎重に判断し，問題があると思われる場合には，当該部・課長に代わる者を人選するようにしなければならない。

また，民事再生手続を申し立てた場合，社内プロジェクトチームを立ち上

げ，当該プロジェクトチームを中心に事業再生を進めることが考えられるが，手続申立前の相談段階においても，将来的に社内プロジェクトチームに組み入れる者を想定したうえで，手続に関与させる者を決定するという発想も有益と思われる。

以上のほか，外部の専門家として，民事再生手続など債務整理手続に精通した公認会計士・税理士の協力を得ることが考えられる。この点，相談者の顧問会計士や顧問税理士が民事再生手続などに精通しているのであれば，それら専門家の協力を得ることが理想的である。他方，相談者の顧問会計士などが必ずしも債務整理手続に精通しているといえない場合には，既存の顧問会計士などではなく，債務整理手続に精通した他の公認会計士や税理士（例えば，相談を受けている弁護士自身が他の債務整理案件で協力を得ている公認会計士や税理士）の協力を得るように調整するほうが，その後の手続をより円滑に進められるであろう。

(2) 相談段階その2

(a) 手続に関する再度の説明　(1)で述べたとおりに初回の相談を行ったとしても，そこで，債務整理に関する最終的な方針が決まる場合はむしろ稀であると思われる。

債務整理，とりわけ民事再生手続のような法的整理手続という文字通り会社の運命を決定付ける手続の選択にあたっては，事の性質上，適切・慎重な判断がなされなければならないところ，相談者である事業会社にとっては，高度に専門的，かつ，なじみの薄い手続であることから，一度の相談だけで適切な判断を下すことは困難な場合が多いものと思われる。

一方，債務整理については，手形不渡りが目前に迫っているなど，手続選択を急がなければならないケースがしばしばである。

そこで，債務整理の相談を受けた弁護士としては，(1)で述べたようにして初回から充実した相談・打ち合わせができるよう努めたうえで，それでも，方針を決定できない場合には，可及的速やかに2回目以降の打ち合わせを実施すべきである。

この2回目以降の打ち合わせ，とりわけ2回目の打ち合わせにおいては，初回の打ち合わせ内容と重複することを承知のうえで，債務の整理手続全般について各手続の概要とメリット・デメリットを改めて説明すべき場合が多いもの

と思われる。

　一般の事業会社にとって，債務の整理手続は，私的手続か法的手続かにかかわらず，高度に専門的で，かつ，なじみの薄い手続であって，一度の説明だけで十分な理解を得ることは困難といわざるを得ないからである。

　そこで，弁護士としては，2回目の打ち合わせ時に改めて各整理手続について説明を行い，相談者の理解をできる限り確実なものとすることが望まれるのである。

　以上のほか，手続に要する費用についても，改めて，初回の相談時よりもさらに具体的に説明したうえ協議を行い，後々，債務者と認識に食い違いが生じないようにすべきである。

　(b)　**手続の選択・決定**　　以上のようにして，各整理手続に関する相談者の理解をできる限り確実なものとしたうえで，次に手続選択へと進むことになる。

　相談者が事業の存続・継続を希望する場合には，本業の収益力を示す「営業損益」を中心に，当該事業が現実に存続可能であり，かつ，存続に値する事業であるか否かを検討・判断しなければならない。なお，事業存続の可否・是非については，相談者の自力による場合に限らず，いわゆるスポンサーの支援を受ける場合も視野に入れて検討・判断すべきことは前記のとおりである。

　相談者の事業が存続・継続可能であり，かつ，存続・継続に値する事業であると判断できる場合，基本的には，まず対象債権者全員の同意・賛成を前提とする私的整理手続による処理が可能か否かを優先的に検討し，それが困難な場合に，多数決原理を前提とする法的整理手続を検討するという手順が適当であろう。

　事業存続の方法として法的整理手続を選択せざるを得ない場合には，基本的に民事再生手続か会社更生手続のいずれかを選択しなければならないが，この点，主として，①既存株主・既存経営者を排除すべきか否か，②担保権者を手続によって拘束し，手続に巻き込むことが必要か否か，③滞納公租公課による国税滞納処分のリスクの有無といった観点から判断することになる。例えば，担保権者の自由な権利行使を認めると手続の遂行が困難であると判断せざるを得ない場合や滞納公租公課による預金差押えの危険が差し迫っていて資金繰り

に重大な支障を来すおそれが大きい場合には，会社更生手続を選択せざるを得ない。他方，既存株主・既存経営者を排除することが適当でなく，かつ，担保権者の権利行使を拘束する必要がないケースでは，民事再生手続を選択することが適切といえる。

　民事再生手続を選択する場合，自力再生を目指すのか，スポンサーの支援を得て事業再生することを目指すのかを検討しなければならない。そして，自力再生を目指すのであれば，民事再生手続を実施することを前提に，爾後の事業計画並びに再生計画案について少なくともアウトラインに関する協議・検討はしておくべきである。他方，スポンサー支援を得て事業再生を目指すのであれば，具体的なスポンサー候補があるか否か，スポンサー候補がある場合には当該スポンサー候補との交渉の有無・程度，スポンサー候補がない場合にはどのようにしてスポンサー候補を探索するのか等について協議・検討しなければならない。

　また，民事再生手続を選択するに際し，申立代理人になろうとする弁護士は，債務者の経営陣に対し，再生債務者は法令を遵守すべきことはいうまでもなく，債権者一般に対して公平誠実義務を負うことを改めて十分に説明し，その徹底を確約させておくべきである（前述の(1)(c)参照）。

　なお，手続選択の詳細については1を参照されたい。

　(c)　申立てまでに準備すべき資料と確認・決定すべき事項等　　相談者との打ち合わせを通じて，民事再生手続を選択することを決定した場合，具体的に手続申立てのための準備を進めることになる。

　ここでは，特に注意すべき点を説明する。

　(イ)　書類の準備　　民事再生手続の申立てにあたっては，申立書本体以外に疎明資料として資料3，5に列挙されているような書類・資料を提出しなければならないから（規則14条），申立ての時までに上記書類・資料を準備することになるが，特に以下の点に注意すべきである（申立書類の準備につき5参照）。

　　①　資金繰り表　　(i)申立前1年間の月次の資金繰り実績表，(ii)申立後6ヵ月間の月次の資金繰り見込表と申立後2～3ヵ月間の日繰り表を準備する（運用指針72頁以下，6民実務32頁以下参照）。

　ここではまず，申立後2～3ヵ月間の資金繰り見込表は，「月次」ではなく

「日次」とすることに注意しなければならない。
　そして，「日次」の資金繰り見込表（日繰り表。日本公認会計士協会近畿会が作成した日繰り表（資料7）を利用するのが便利である）を準備するにあたり，仕入代金その他の「支払」項目については，いわゆるキャッシュオンデリバリー（即時払いの現金決済），ないしは，短期間の締め・支払（例えば，毎月15日締め・月末支払と月末締め・翌月15日支払）を想定した資金繰り表を作成しなければならない。いったん民事再生手続を申し立てると，取引先の与信を受けることは一般的に困難であるからである。なお，リース料債権の支払について，少なくともフルペイアウト方式のファイナンス・リース契約にかかるリース料債権は，開始決定後は別除権付再生債権として原則として再生計画によらなければ弁済をし得ないものであるから（30参照），この点を相談者にも十分に説明したうえで，資金繰り見込表を作成することになる（ただし，事業継続に必要な物件については，別除権協定を締結して物件の利用を確保しなければならないので，そのための資金を見込んでおくことが必要である）。
　他方，売掛金などの回収については，手続申立前と同様に，約定期限に回収することを想定して資金繰りの見込みを立てることになる。もっとも，回収を見込んでいる売掛金などについて，相殺が発生しないか（20参照），あるいは，金融債権者等のために担保権（例えば，将来債権をも担保目的物とする集合債権譲渡担保）が設定されていないかといった点に注意しなければならない（32参照）。売掛金などの現金回収だけでは，手続申立後の資金繰りの見通しがつかない場合には，受取手形の割引（手形割引）やDIPファイナンスなども含めて，資金調達・資金繰りを検討する必要がある。
　また，公租公課を滞納している場合，民事再生手続の申立て直後から滞納処分を受け，資金繰りが破綻してしまうおそれがあるので，公租公課の滞納の有無について確認したうえ，滞納がある場合には，徴収権者と交渉することを前提に，一定額を資金繰りに織り込んでおくようにしなければならない。
　その他，資金の確保にあたっては，民事再生手続申立後の運転資金はいうまでもなく，裁判所に納めるべき予納金・印紙代・郵券代や申立代理人たる弁護士に支払うべき費用といったいわゆる手続費用も漏れなく織り込んでおかなければならない。

なお，資金繰り表の作成に関する詳細は6を参照されたい。
　②　債権者一覧表　　債権者の種別ごとに債権者一覧表を作成する。
　債権者一覧表は，民事再生手続に関与させるべき債権者のデータベースになるとともに，後述する裁判所への事前相談の段階では，裁判所に事件の規模を知らせることで事件の係属に向けた準備を促進させ，また，監督委員候補者が利益相反のチェックをするための資料となるものである。よって，債権者一覧表を作成するにあたっては，この点を十分に意識して，債権額の点は厳密に正確ではなくとも，債権者の名称・住所・電話番号ないしファックス番号には漏れがないようにしなければならない。また，特に取引先である債権者の顔ぶれや金額は日々変動するものであるので，一覧表作成の基準日を明らかにしておくべきである。
　同一債権者について，支店・営業所別に債権者としての管理・登録がなされているような場合には，一件の債権者として名寄せすることが必要である。その際，同一・類似商号の債権者については間違いが生じやすいので，注意が必要である。
　リース債権者については，リース目的物も明記した債権者一覧表を作成する。
　　③　担保一覧表　　不動産，機械設備，在庫商品あるいは売掛債権その他担保の目的物別に一覧表を作成すると便利である。
　㈣　申立日の決定と資金（現金・預金）の確保　　民事再生手続を申し立てるにあたり，具体的な手続申立日の判断は，手続の成否を左右しかねない極めて重要な事柄である。
　民事再生手続を申し立てた場合，爾後の取引について取引先から与信を受けることは一般的に困難であり，かつ，新規の資金調達も一般的には困難である。したがって，再生債務者が手続申立後も事業を継続するためには，手続申立ての時点で，一定程度の資金（現金・預金）を確保していることが必要である。この点，具体的にいつの時点で手続を申し立てるかによって，再生債務者が手続申立後の事業継続のために確保できる資金額は大きく異なり得る。
　また，支払手形がある場合，いったん，手形不渡りを起こしてしまうと事態が混乱し，民事再生手続の申立てに支障を来すおそれがある。

したがって，民事再生手続の申立てをしようとする弁護士は，(イ)①で述べた資金繰り実績表及び資金繰り見込表を準備し，いつの時点を手続申立日とすることが適切かを十二分に検討したうえで，具体的な手続申立日を判断・決定するようにしなければならない。

なお，民事再生手続の申立てを予定している事業会社が預金を置いている金融機関に対して借入債務を負っている場合，手続を申し立てると，預金は借入債務と対当額で相殺され，その事業のためには使えなくなってしまう。そこで，手続申立後の資金繰りを検討する際，このような事態を回避するための注意・工夫が必要となる。

また，資金の確保については，資金繰りで注意すべき事項として述べた公租公課の滞納や手続費用にも留意することが必要である。

(ハ) 申立裁判所の決定　民事再生手続については，申立人たる債務者の主たる営業所の所在地（事案によっては，本店所在地を変更する場合もある）の地方裁判所が原則的な管轄裁判所となるが（5条1項），そのほかに親子会社等にかかる関連管轄や大型事件に関する特別管轄も認められていることから（5条3項～9項），民事再生手続を申し立てようとする弁護士は，事件の規模や内容，並びに，債権者の数や分布状況などを総合考慮して，手続を申し立てる裁判所を決定しなければならない。

(ニ) 保全処分の検討　実務においては，民事再生手続の申立てと同時に，弁済禁止の保全処分（30条1項）を申し立てることが一般的である。この際，少額の債務や申立人たる債務者が事業を継続するうえで支払うことが必要な一定の債務（労働債務，公租公課，公共料金など）については，弁済禁止の例外とする取扱いがなされている。

また，事案によっては，弁済禁止の保全処分にとどまらず，他の手続の中止命令その他の保全処分（26条・27条・30条など）が申し立てられることもある。

そこで，民事再生手続の申立てをするにあたり，申立代理人たる弁護士としては，どのような保全処分を申し立てるのか，また，弁済禁止の保全処分については，弁済禁止の例外とする債務の範囲について，十分に検討しておく必要がある。なお，保全処分の詳細については7を参照されたい。

(3) 裁判所との事前協議（事前相談）

以上のようにして、民事再生手続を申し立てることが具体化した場合、申立代理人となる弁護士は、民事再生手続の申立てに先立ち、申立てをする予定の裁判所に対して、予め事案の概要等を伝えたうえで保全処分の要否や内容等について協議する必要がある（事前協議・事前相談）。

　再生手続開始の申立後、適時適切に、保全処分、監督命令、開始決定を得て、手続を円滑に進めるには、事案の概要や問題点を予め裁判所に伝えて理解を得ておく必要がある。

　事前協議等について、東京地裁では連絡メモ方式が採用されているのに対して、大阪地裁では事前相談方式が採用されているなど、裁判所によって運用が異なるので、申立代理人となる弁護士は予め裁判所に確認する必要がある（東京地裁の運用について運用指針57頁以下、大阪地裁の運用について6民実務23頁参照）。

　事前協議等の時期については、事案の規模や内容によって一概には決め難いが、民事再生手続を申し立てることが具体化した時点でできる限り早くにすべきであろう（申立予定日の1週間前くらいが1つの目途になると思われる）。

　事前協議にあたっては、①債務者の業種・事業内容、営業所の所在地及び従業員数など申立予定会社の概要、負債の総額、債権者の数、資金繰りの状況、主要な事業用資産（不動産、在庫商品、売掛債権等）とそれらに対する担保の設定状況、事業再生の見込みとその方法、その他当該事案の問題点（特に債務免除を受けた場合のいわゆる債務免除益課税の問題）や特徴などをまとめた打ち合わせメモないし申立書のドラフト、②債権者一覧表、③資金繰り実績表・資金繰り見込表、並びに、④担保一覧表などを準備すべきである（運用指針57頁以下、6民実務23頁参照）。

　再生手続開始の申立てと同時に申し立てる保全処分についても、事前協議の段階から相談・確認しておくべきである。

　また、事前協議の段階で、予納金その他裁判所に納めるべき費用についても確認しておくべきである。東京地裁及び大阪地裁における民事再生手続に関する予納金等の基準は、資料2のとおりである。

(4) 申立書類の作成

　民事再生手続の申立てを受任した弁護士（以下「申立代理人」という）は、裁判所への事前協議等に先立ち、あるいは、これと並行して、申立書及びその添

付資料たる疎明資料の作成・準備を進めなければならない。

　申立書は，資料5にあるように法定の必要的記載事項（規則12条及び13条）などを記載して作成する。

　申立書の添付資料は，規則14条に定められている（資料5参照）。

　申立書の記載事項の記載及び添付資料の作成にあたって，特に注意すべき点は，⑤を参照されたい。また，申立書添付書類の中でもとりわけ重要な資金繰り表の作成に関する詳細は，⑥を参照されたい。

(5) **主要債権者等との協議**

　民事再生手続の申立てに先立ち，いわゆるメインバンクほか主要債権者に対して，申立てをなすことを説明・報告すべきか，説明・報告するとしてもどのタイミングでするのかは，難しい問題である（準則型私的整理の取下げも含め）。

　情報の漏洩による混乱を回避する観点からは，手続申立前に説明・報告することはリスクが高いと考えられる一方，手続申立後も取引を継続する必要がある主要仕入先などについては，予めの説明・報告をしておくことで，再生手続への理解・協力が得られやすいという面も否めない。

　結局のところ，事案の内容・特性及び債権者との関係に応じて判断せざるを得ないが，仮に事前の説明・報告をする場合には，その相手方となる債権者はできる限り少数に絞るべきであるし，説明・報告を行うタイミングは申立日の前日など，できる限り申立日に近接した時点にすべきであろう。

(6) **手続申立後の手続に関する段取り**

　実際に民事再生手続を申し立てると，申立人たる債務者と申立代理人は共に，債権者や得意先に対する対応などのために，極めて慌しい状況になることが一般的であるが，爾後の手続を円滑に進めるうえで，この時期の準備・対応は非常に重要である。

　そこで，実際に民事再生手続を申し立てる前に，以下のような申立後の手続に関する準備・対応について，十分に協議・検討しておくことが必要である（資料4参照）。

(a) **従業員説明**　申立直後に実施する。

　多数の営業所・事業所あるいは遠隔地の営業所・事業所がある場合は，複数の弁護士と会社幹部が手分けして，いくつかの営業所・事業所で従業員に対す

る説明会を行うようにする。

　また，裁判所は，原則として，再生手続開始決定前に労働組合等の意見を聴かなければならないものとされているので（24条の2），申立代理人としても，手続申立後できる限り速やかに，労働組合等との会合の機会を設けるよう準備しておくことが必要である。

　(b)　債権者及び得意先に対する対応　　特に債権者については，申立代理人と債務者代表者など会社幹部が同行し，1週間から2週間程度をかけて，できるかぎり個別に訪問する予定を立てる。

　多数の債権者がいる場合には，複数の弁護士と会社幹部のチームで手分けして，個別の訪問を実施するよう予定を立てる。

　(c)　債権者説明会　　債権者説明会のための日程と会場を押さえることが必要である。

　十分な収容人数のある会場を選ぶべきである（少なくとも債権者数の2～3倍程度の収容人数がある会場を選ぶのがよい）。

　債権者説明会には監督委員もオブザーバーとして出席してもらうべきであるが，後に監督委員との日程調整が必要であることを考えると，複数の日程と複数の会場を押さえるなどの工夫が必要である。

　なお，会場を予約する場合は，秘密保持の観点から，代理人名で，会議内容は追って連絡するものとして行うなどの工夫が必要である。

☆監督委員の視点から☆

　実務上，監督委員は，再生手続開始決定に先立ち，裁判所から手続開始の可否について意見を求められる。監督委員は意見を述べるにあたり，債権者説明会に出席して，債権者の意向・動向を把握・確認することが一般的である。よって，申立代理人は，後日監督委員が決まったときに債権者説明会出席のための日程調整ができるよう，予め段取り・工夫しておくことが必要である。

　(d)　社内プロジェクトチームの確定とミーティングの持ち方等　　再生手続開始の申立て以降に申立代理人と共同して手続対応及び事業再生の中心的役割を担う社内プロジェクトチームを確定したうえで，申立代理人を含めたミーティングの持ち方やスケジュール等について検討しておく。

(7) 申立代理人としての心構え

　弁護士が，事業会社から民事再生手続申立ての依頼を受けて再生債務者の代理人（申立代理人）になろうとする場合には，申立書や再生計画案など各種手続書類の提出その他再生手続に関する裁判所への諸手続だけにとどまらず，日々の資金繰りや債権者対応，あるいは，再生計画案の前提・基礎となる事業計画の立案にまで深く踏み込んで関与する必要があると心得るべきである。

　民事再生手続の申立てに及ばざるを得ないような状況に追い込まれている企業の場合，単に過剰負債を抱えているという現象面の問題だけでなく，過剰負債を抱える原因となった様々な経営上の問題点を抱えているケースがほとんどであるといっても過言ではない。かような企業について，民事再生手続に基づき事業を再生しようとする場合，過剰負債を抱える原因となった経営上の問題点を除去することなしに単に負債の一部免除を受ける処理をしただけであると，将来的に二次破綻するおそれが小さくないといわざるを得ない。よって，民事再生手続の申立代理人たる弁護士としては，上記のような経営上の問題点の除去にまで踏み込んで対応にあたる心構えが必要というべきである。

　以上のようにして申立代理人がきめ細かな対応をするには，債務者の事業規模や事業内容に応じて十分な人数・時間を割いて事案にあたることが必要である。

　したがって申立代理人は，手続申立ての前後に亙って，自分自身のスケジュールを十分に調整することはもちろん，協力弁護士その他のスタッフを確保し，それらの者のスケジュールについても調整するなどしなければならない。

２　手続申立前後

(1) 申立前日

　民事再生手続の申立当日は，債権者や得意先に対する連絡や対応などで混乱を来すおそれがある。

　そこで，手続申立当日の混乱をできる限り回避するため，申立日前日（まで）の段階で，次のような準備をしておくことが有益である。

　(a)　取締役会の決議　　取締役会設置会社である株式会社の場合，民事再生

手続を申し立てるには，取締役会の決議を経ることが必要である。この点は，個々の取締役によるいわゆる準自己破産の申立てが許容される破産手続とは異なるので，注意が必要である（破19条1項2号）。

手続申立前の早い段階で取締役会の決議を得ることは，情報管理の観点から問題があるので，手続申立日の前日ないし，手続申立当日の早朝などに取締役会の決議を得ることが多いものと思われる。決議後，取締役会議事録を作成する（資料8）。

(b) 委任状の提出　取締役会の決議に基づき，申立代理人は，民事再生手続及び保全処分の各申立てのための各委任状の提出を受ける。

(c) 債権者向け通知書の郵送・ファックス送信の準備　債権者に郵送する通知書などについて，封筒詰めなどの準備をしておく。

通知書などをファックス送信する場合は，予め送信先番号を登録するなどの準備をしておく。

(d) 弁護士費用の合意と支払　民事再生手続の申立前日までに，弁護士費用について合意（契約）し（資料1の委任契約書参照），着手金の支払を受ける場合には，手続申立前に支払を受けておくことが必要である。

申立代理人としての弁護士費用の内容と支払方法は，①着手金（手続申立段階）＋報酬（再生計画認可決定の確定段階），あるいは，②着手金（手続申立段階）＋月次報酬（例えば，手続申立後の毎月末に一定額）＋報酬（再生計画認可決定の確定段階），その他にも様々な方法があり得ると思われるが，いずれにしても，全体として適正額であり，かつ，債務者の資金繰りに支障を生じないよう，十分に協議のうえ合意しておくことが必要である。

(e) 担当弁護士・会社関係者の配置（前日からの現地入りなど）　特に複数の営業所・事業所がある場合，複数の弁護士及び会社幹部などが手分けして，できる限り各営業所・事業所に赴く準備をしておく（遠隔地の場合は前日から現地入りしておくことも必要）。

対応にあたる弁護士及び会社幹部などの氏名，携帯電話番号，配置場所などをまとめた一覧表・連絡網を作成するなどの工夫をすることが有益である（資料4参照）。

(2) 申立当日

民事再生手続の申立当日に実施・対応すべき主な事柄は，以下のとおりである。

(a) 裁判所における手続　裁判所に対して再生手続開始の申立て及び弁済禁止の保全処分の申立てを行い，監督命令及び弁済禁止の保全処分にかかる各命令書を受領する。

裁判所が審尋を開く場合には，債務者代表者と申立代理人が同席することが必要であるので，予め裁判所に審尋を行うか否か，行う場合には時間や段取りを確認して準備しておくことが必要である（6民実務60頁以下参照）。

裁判所に提出する申立書類の部数は，予め裁判所に確認しておく。

再生手続開始の申立てにあたり，予納金・印紙・郵券を裁判所に納めなければならないが，具体的な納付の場所や方法については，前日までに裁判所と打ち合わせておくことが必要である。なお，予納金については，申立日当日と開始決定までのいずれかの日に分けて納めること（分納）が認められる場合もあるので，予納金の準備が申立日までに全額は間に合わないという場合には，予め裁判所と協議しておくことが必要である（運用指針76頁以下，6民実務27頁参照）。

手続申立後，受領した各命令書は，申立人の主たる営業所に持ち帰り，他の営業所・事務所がある場合には，速やかにファックス送信などの方法で届けるようにする。

営業所に持ち帰った各命令書は，債権者や得意先に対して，郵送ないしファックス送信で届けるとともに，債務者の営業所・事務所を訪問した債権者や得意先に交付するなどして使用する。

(b) 監督委員との打ち合わせ　監督命令により選任された監督委員に対して，当該事案の概要とポイントの説明を行う。

また，債権者説明会について日程調整などを行い，監督委員の債権者説明会への出席を確保する。

(c) 社内（従業員）に対する説明会　裁判所において手続を申し立てた後できる限り速やかに，債務者の従業員に対する説明会を開催する。

会社代表者など会社幹部から従業員に対して，再生手続開始の申立てに至ったことの謝罪並びに経過・事情の説明・報告を行ったうえで，申立代理人たる弁護士から従業員に対して，再生手続の概要とスケジュール，労働債権の取扱

い，並びに，債権者や得意先に対する対応方法などについて説明を行う。

単に口頭で説明するだけでは，十分な理解は得られ難いことから，**資料15〜18**のような資料やマニュアルを用いるなどの工夫が必要である。

営業所・事業所が複数ある場合には，事前に計画した手順に従って，申立代理人たる弁護士と会社幹部が各営業所・事業所に赴き，説明会を実施することになる。

ところで，裁判所が再生手続開始決定をするにあたっては，原則として，労働組合等の意見を聴かなければならないものとされている（24条の2）。そこで，従業員全体に対する説明会とは別に，労働組合等と協議を行い，再生手続に対する理解と協力を求めることが必要である。

なお，従業員対応の詳細については⑨を参照されたい。また，労働債権の取扱いに関する詳細については⑩を参照されたい。

(d) 債権者及び得意先に対する通知　　再生手続を申し立てた事実を，債権者及び得意先に対して書面で通知する。ファックス番号が知れている債権者及び得意先についてはファックスにより書面を送信し，ファックス番号が知れていない債権者及び得意先については郵送により書面を送付する。これらファックス送信及び郵送の準備は ２ (1)で述べたとおり，前日までに済ませておく。

債権者に通知するための書面の例は，**資料12，13**のとおりであるが，これに監督命令及び保全命令を適宜加えて送信・送付する。金融機関に対する通知書では，手形につき0号不渡りとして処理するよう記載している。

得意先に通知するための書面の例は，**資料14**のとおりである。

以上のほか，再生債務者がウェブ上にホームページを開設している場合には，そこにも，債権者その他利害関係者に対する謝罪と手続に至った経緯や事業再生に向けた協力の依頼等を簡潔にまとめた文書を掲載することが考えられる。

(e) 主要債権者・主要得意先への個別訪問等　　会社代表者など会社幹部と申立代理人たる弁護士は，メインバンクや主要仕入先などの主要債権者を個別に訪問して，謝罪と手続に関する説明を行い，また，爾後の取引継続や再生手続に対する協力を依頼すべきである。

いずれの債権者をどの順で訪問するかは， １ (6)(b)で述べたとおり申立準備

の段階で予め計画を立てておくべきであるが，相手先の都合に合わせて臨機応変に対応することも必要である。

　また，この個別訪問は，申立代理人あるいは会社代表者など経営幹部が単独で行うのではなく，できる限り，弁護士と会社幹部がチームになって行うべきである。申立代理人だけが訪問したのでは，心情的に債権者の理解が得られ難いことが多く，他方，会社幹部だけが訪問したのでは，再生手続の概要，再生債権の取扱い，並びに，爾後の取引債権の取扱いなどについての正確な説明は期待し難いからである。

　主要債権者に対する個別訪問と並行して，翌日以降に個別訪問を計画している債権者についてアポイントメントを取るようにする。債権者の数が多い場合には，複数の弁護士と会社幹部のチームで手分けをして個別訪問を実施する。

　債権者に対する個別訪問とは別に，主要得意先に対する個別訪問も実施するほうがよい。再生手続の申立てにより，取引の継続を危ぶみ，場合によっては取引を中止する得意先もあることから，得意先の担当営業マンと会社幹部が同行するなどして，再生手続によって事業は継続されること，したがって，取引も継続可能なことなどをいち早く説明すべきである。

　以上のようにして，主要債権者や主要得意先を個別に訪問して対応するのとは別に，債務者の営業所・事業所には多数の債権者や得意先が状況の確認や事情説明を求めにくることが一般である。そこで，債務者の主要な営業所・事業所に申立代理人を配置して，これら債権者や得意先に対応することが必要である。このような人員の配置も，1(6)(b)で述べた事前準備の段階で検討・計画しておくべきである。

　(f)　社内プロジェクトチーム結成と第1回社内ミーティング等　再生手続を申し立てると，申立代理人や会社幹部だけでなく，債務者の一般従業員も，多かれ少なかれ裁判所関係の手続に対する対応や，通常業務とは異なる事務処理などを余儀なくされることとなる。また，各取引の現場・実務で生じる問題のすべてについて，申立代理人や会社幹部が直接に把握・処理することは，現実問題として困難である。

　そこで，申立代理人，会社幹部及び債務者の一般従業員から選抜した者を構成メンバーとして，再生手続に基づく事業再生という，一種のプロジェクトを

推進するチームを結成し，爾後，当該社内プロジェクトチームが中心になって事業再生を進め，様々な問題の処理・対応を図ることが有用である。プロジェクトチームにおける情報共有の便宜の観点から，メーリングリストや連絡網を設定・作成することも有用である。

 [1](1)(e)などでも述べたとおり，申立代理人は，手続申立ての準備段階から，社内プロジェクトチームに選抜すべきメンバーを検討・構想しておくことが必要である。

 以上のようにして社内プロジェクトチームを結成したうえで，手続申立ての当日から，社内ミーティングを行うようにする。通常業務が終了した時間以降に社内プロジェクトメンバーが集まり，債権者対応や得意先対応さらに各取引現場で生じた様々な問題を持ち寄り，その対処方法などについて協議・検討するのが一般的である。手続申立ての直後は，原則として毎日，社内ミーティングを開催することが有用である。

 なお，手続申立当日に行う最初の社内ミーティングでは，申立代理人から他のメンバーに対して，前記(c)の従業員説明会における説明内容をさらに掘り下げ，再生手続の概要やスケジュール，並びに，保全命令や監督命令の意味・内容，さらに，買掛金・未払金の支払・取扱い（申立前に発生したものと申立て以降に発生したもので区分すること，区分の基準は納品・サービス提供の時点によるべきこと）やリース債務の取扱い（特に自動引落しになっているものがないか）について十分に説明し，注意を喚起することが必要である。

［3］ 申立直後～保全期間中

(1) **債権者対応**

 再生手続開始の申立ての翌日以降も，できる限り，債権者を個別に訪問して，謝罪と手続に関する説明などを行うとともに，爾後の取引継続と再生手続への協力を依頼すべきである。個別訪問の要領は， [2](2)(e)で述べたとおりである。また，債務者の営業所・事務所に事情説明などを求めにきた債権者に対して個別に事情説明などを行うべきことも， [2](2)(e)のとおりである。その対応は，基本的に，申立代理人が手分けをしてあたるべきである。

公租公課の滞納がある場合，突然に預金債権や売掛債権の差押えなどの滞納処分を受け，資金繰りが破綻するおそれがあることから，できる限り申立日当日に徴収権者と面談して，手続に対する理解を求めるとともに，分割払いの交渉等をすべきである。

以上とは別に，手続申立後できるだけ早期に（遅くとも申立後1週間以内）債権者説明会を開催すべきである（運用指針19頁，142頁以下，6民実務61頁以下参照）。

債権者説明会では，会社代表者などが債権者に対して謝罪を行ったうえで，申立代理人が，再生手続開始の申立てに至った経緯，債務者の財務内容，再生手続の概要と爾後のスケジュール，再生債権など各種債権の取扱い，爾後の取引についての依頼と取引条件などについて説明を行い，債権者からの質疑に応じるのが一般的である。

また，債権者説明会では，これらの説明用に資料を配付することが一般的であるが，一例として，資料17，19，20を参考にされたい。

債権者説明会には，監督委員がオブザーバーとして出席することが一般的である。したがって，2 (2)(b)で述べたとおり，申立代理人は監督委員と日程調整をして，監督委員の出席を確保するようにしなければならない。

また，債権者説明会について，申立代理人が予め日程調整や会場の確保などといった準備をしておくべきことは，1 (6)(c)で述べたとおりである。

この間の債権者対応において，債権者に対する謝罪と再生手続に対する理解・協力を求めることが重要であることはいうまでもないが，仕入先や下請先といった取引債権者との関係では，取引継続の了解を得ることも極めて重要である。爾後の取引条件とりわけ代金の決済条件については，キャッシュオンデリバリー（即時払いの現金決済）を求められることが一般的であるし（もっとも，いわゆる回り手形による決済で了解を得られるケースもある），長期間の与信を得ることは困難であるが，資金繰りを維持し，また，決済・経理処理の煩雑化を避ける観点からは，例え短期間でも与信（例えば2週間ごとの締め・支払）を得るよう，粘り強く交渉することが必要である。

なお，債権者説明会の詳細については8を参照されたい。

(2) 得意先対応

2 (2)(e)で述べたのと同様，できる限り，主要な得意先を担当営業マンや会

社幹部に手分けして個別訪問させ，再生手続への理解・協力を求める。

(3) 社内対応

　2(2)(f)で述べた社内プロジェクトチームを中心とする社内ミーティングを原則として毎日実施する。ここでは，2(2)(f)で述べた事項に加え，日々の営業状況及び資金繰りの確認をすることが重要である。

　特に資金繰り表については，申立書に添付した資金繰り見込み表をベースに実績をプラスして，資金繰りの見込みと実績の比較対照を行い，問題点の洗い出しと対応を検討しなければならない。この作業は開始決定があった後も継続して行うべきである。

　このような社内ミーティングを繰り返す中で，再生手続に対応し得る社内組織ないし指示命令系統が確立され，将来的に再生計画が認可された後の再生債務者における中核的な組織・指示命令系統に発展することも少なくない。

(4) 共益債権化の承認

　再生債務者が再生手続開始申立後，同開始決定までに行った取引に基づき発生した債務について，再生手続開始決定の時点で支払がなされていない場合，そのままでは再生債権として債務の弁済は禁止されてしまうこととなる（85条1項）。しかし，それでは債権者の再生手続に対する信頼を害し，円滑な事業の再生は実現し得なくなってしまう。

　そこで，再生債務者が，裁判所の許可又はこれに代わる監督委員の承認を得て，この債権を共益債権化する手続が行われる（120条1項・2項）。実務的には，監督委員の承認によることが一般的である。

　監督委員に対する承認の申請は，資料23のような申請書によって行うが，手続の詳細については13を参照されたい（運用指針94頁以下，6民実務64頁以下参照）。

☆監督委員の視点から☆

　共益債権化の承認手続は13で詳論しているとおりであるが，対象債権の特定方法等については，債権者数や取引関係の特性等により，いくつかのパターンがあり得る。個別事案における対象債権の特定方法等について，申立代理人は監督委員の就任後速やかに監督委員と協議を行い，遅滞・遺漏なく手続するようにしなければならない。

(5) スポンサー選定

スポンサーを選定することが必要ないし相当な場合には，この段階から，スポンサー選定手続に着手するのが一般的である。

具体的には，申立代理人を窓口としてスポンサー候補の選定や候補先への打診を開始するのが一般的であるが，事案の内容や規模によっては，M&Aの支援業務を専門とするいわゆるフィナンシャル・アドバイザー（FA）を選任して，FAとの間で具体的なスポンサー選定手続の方法・進め方について協議を開始することもある。

スポンサーを選定する場合の詳細は本稿第2章を参照されたい。

[4] 再生手続開始決定

(1) 再生手続開始決定と関係者への通知

(a) 再生手続開始決定とその時期　通常は，監督委員の再生手続開始の申立棄却事由（25条）の有無についての報告書（意見書）（監督委員は報告書を作成するにあたり，申立代理人，再生債務者代表者その他関係者からの事情聴取及び記録の調査・検討を行うほか，必要に応じ適宜主要債権者等に意向聴取を行う場合もある。[47], 資料24参照）と共益債権化の承認（[13], 資料23参照）の報告書（規則55条）が提出された後，裁判所が再生手続開始決定を行う（33条1項。事案にもよるが，申立ての当日に再生手続開始決定が行われる場合もある）。再生手続開始決定は，その決定の時から効力を生ずる（同条2項）。再生手続開始決定がなされた後，速やかに再生手続開始決定書を受領し，その後のスケジュールを確認する（予め調整を要する事項については調整しておく）。再生手続では，スケジュール管理が大切であり，財産評定，125条報告書，認否書，再生計画案の各提出期限といった重要事項について，申立代理人には確実な期日管理が求められる。再生手続は，裁判所の定めるスケジュールに従い手続を履践していく面と，再生債務者の事業の再建を図る面があり，後者が重要ではあるが，前者を履践できないと再生手続が廃止されるおそれがあり，同時並行で進めていかなければならないことに注意が必要である。

☆監督委員の視点から☆

監督委員が報告書を裁判所に提出できないと，再生手続開始決定はなされない。申立代理人は開始決定を希望する日から逆算して準備を行い，監督委員が判断できるようにしてもらいたい。

(b) 再生債権者に対する通知の発送　　裁判所は，再生債権者に対し，再生手続開始の通知と債権届出書の用紙を発送するが，再生債務者がその作業を代行しているので，再生債務者は，速やかに発送ができるよう準備作業を行う（コピーと宛名ラベルの作成）。発送準備が整えば，書記官に連絡し，裁判所内の郵便局で発送し，その旨報告をする。

再生債権の存否に争いがある場合や再生債権があるとしても額が不明な場合であっても，再生債権者としての再生債権の届出の機会を与えるために，通知はすべきである。

(c) 得意先等に対する通知　　得意先等の利害関係人に対しては，再生債務者が適宜の方法により通知する。

(d) ホームページによる告知　　事案によっては，再生債務者の開設しているホームページに再生手続開始の旨を記載して告知する。

(2) **再生手続開始決定の効果**

(a) 再生手続開始決定の各種効果　　再生手続開始申立後開始決定前は，弁済禁止の保全処分の効果により，再生債務者は申立前の原因に基づく債権に対する弁済を禁じられていたが，再生手続開始決定後は，再生手続開始決定により，再生債権について，再生債務者は弁済することを，再生債権者は弁済を受けることを禁止される（85条1項）。また，再生債務者の財産面では，管理命令が発せられた場合を除き，再生手続開始決定後も業務を遂行し，財産の管理処分権を有する（38条1項。DIP型）。この点，再生債務者には，公平誠実義務が課され（同条2項），再生債務者に「第三者」性が認められることになる（詳細は新注釈上190頁以下，条解189頁以下参照）。この第三者性については，破産管財人の場合と同様の考慮をすればよい（⑪参照）。

☆監督委員の視点から☆
再生債務者の公平誠実義務や法的地位については，申立代理人から再生債務者の代表者らに説明し，理解してもらっておいてほしい。

(b) **再生債権の弁済禁止と少額債権の弁済許可**　再生手続開始決定により再生債権の弁済は禁止され，弁済禁止の保全命令の例外として少額債権を定めていたとしても，再生手続開始決定により，その少額債権についても弁済を禁止されることになる。この点，再生債務者の経理担当者は誤解しやすいところであり，注意を要する。

再生手続開始後に少額債権の弁済を行うためには，裁判所による少額債権の弁済許可（実務的には，事前に監督委員の同意を得る必要がある）が必要となる（85条5項）。その際は，少額債権の弁済の目的と資金計画（資金繰りに支障を来さないこと）を明らかにすることが必要である。事案によっては，再生計画案において少額債権の100％弁済の条項を入れることにより，実質的な少額債権の弁済を行う場合もある（2，14，資料26，27参照）。

☆監督委員の視点から☆
少額債権の弁済許可を申請する場合には，まず監督委員の許可相当の意見を要するので，気になる点があれば，早めに相談してほしい。

(c) **法律関係の処理**　再生手続開始決定は，各種法律関係に大いに影響するので，その処理を行う必要がある。

基本的には，双務契約でも，再生手続開始前に契約の一方当事者（相手方）が既履行であって，再生債務者が未履行の場合のように，相手方の債権のみとなっている場合には，相手方は再生債権者となる（相手方は再生債務者に信用供与した者であり，そのリスクを負担することになる）。双務契約で双方未履行の場合は，再生債務者に履行と解除の選択権がある（49条1項）。各契約類型で様々な問題点があり，その都度確認しながら処理する必要がある（15〜19参照）。

☆監督委員の視点から☆

49条1項に基づく解除の選択には監督委員の同意が必要であり，緊急を要する場合には，できるだけ早く連絡してほしい。

(d) 訴訟等の他の手続への影響　再生手続開始決定があると，再生債権について個別の権利行使が禁止されることから，再生債務者の財産に対する再生債権に基づく強制執行等は禁止され，既にされている再生債権に基づく強制執行等は中止する（39条1項）。この点，制限されるのは，再生債権に基づく強制執行等であって，一般優先債権である租税債権に基づく滞納処分は対象外であることに注意を要する。したがって，租税債権の滞納がある場合には，速やかに公租公課庁に期限の猶予や分割払いの交渉を行う必要がある（[11]参照）。

また，再生手続開始決定があると，係属中の再生債務者の財産関係の訴訟手続のうち再生債権に関するものは中断する（40条1項）。

(3) 定例ミーティング（定例会議）

再生手続開始決定後も定例ミーティング（定例会議）は継続的に行い，関係者間の情報共有を図るとともに，再生手続履践のための作業や資金繰りの確認，事業再建の方策の検討，日々発生する問題点への対応といった様々なテーマを処理していくことになる。

☆監督委員の視点から☆

定例ミーティングは，頻繁に開催し，情報共有を図っておいてほしい。

(4) 同意申請

監督命令において監督委員の同意が必要な事項が定められており，再生手続開始決定があっても変化はない。申立代理人としては，同意対象事項か否か確認し，同意が必要な場合は，当該取引等を行うべき必要性と許容性の裏付けとなる資料を添付して説明する必要がある。許容性については，多くの場合，資金繰りに支障を生じないことや債権者の公平を害さないことの説明がポイントとなる（[21]，資料25参照）。

同意申請に際しては，同意申請書のドラフトを監督委員に電子メールや

ファックス等で事前に送付し，監督委員の内諾を得たうえで，正式に同意申請するようにする。通常は，同意申請書に監督委員の同意の押印をするため，対外的に提出するための同意証明書（資料28参照）を入手するようにすると便利である（不動産の任意売却の34参照）。

　同意を得た事項については，再生債務者から裁判所に報告することになる（規則21条2項）。この点，同意申請書をそのまま提出すると，閲覧制限の対象とならないことから，提出に際しては工夫を要する。

☆監督委員の視点から☆
　同意事項に該当するかどうか迷った場合は，早めに相談されたい。また，緊急を要する場合には，突然の同意申請ではなく，事前に連絡又は相談してほしい。

(5)　月次報告

　再生手続開始決定により，月次報告を求められる。通常，当該月の業務及び財産の管理状況を，毎月一定の時期（翌月15日等）までに裁判所に提出する必要がある（同様に監督委員にも提出する。監督委員の指示があれば，監督委員の補助者である公認会計士等にも提出する）。この月次報告書は，再生計画認可まで毎月提出する必要がある（認可後は，2ヵ月に1度となり，提出先も監督委員となる）。再生債務者の経理システム等を勘案したうえで，裁判所と相談して，毎月の提出が可能な期限に調整しておく必要がある。

　月次報告書（資料29）には，業務及び財産の管理状況を記載し，適宜，月次試算表（貸借対照表，損益計算書）や資金繰り実績表（日繰り表）を添付する。資金残高を明確にするために，前月の資金残高，当月の収入，支出，当月の資金残高を記載する。その他営業上の重要なトラブル等があれば報告する（22参照）。

　月次報告書は，閲覧制限の対象となることから，裁判所には報告するが，債権者には開示することが望ましくない点については，閲覧制限の申立てを行うことが可能である（24参照）。

　申立代理人としては，資金繰り表は毎日チェックするのが基本であり（特に資金繰りが厳しい再生債務者の場合は必須であり，期中の資金残高が最低になる日を確認し，資金ショートを起こさないように注意する必要がある），事案によっては，月次報告を待たずに，こまめに監督委員に対して資金繰り状況等を報告する。

☆監督委員の視点から☆

　監督委員は，再生債務者の日々の状況を把握できるわけではないので，月次報告書は状況を確認する上で重要なものである。赤字が続く場合は，その原因の分析や対処法について検討したうえで，その内容も報告されたい。

5　本業の建て直し

　再生手続開始の申立てを行うと，信用不安により売上が減少することが多く，再生手続開始決定後，信用回復に努め，徐々に売上も回復していくが，もともと再生手続を選択せざるを得なかった再生債務者は，従前の体制では黒字体質となりにくく，赤字部門の分離・閉鎖やリストラが必要となってくる。再生手続開始の申立てから再生手続開始決定までの間は，利害関係人との調整等に時間を取られてしまうが，再生手続開始決定によりいったん仕切り直しをし，事業の再建について様々な選択肢を検討すべきことになる（DIP型での自力再建を念頭に置いている場合でも，スポンサーを募ることも選択肢となる）。

　何事も資金繰りとの兼ね合いであるが，撤退やリストラをするためにも資金が必要であることに注意する必要がある。

　また，資金繰りのためには，再生手続開始の申立後にタイトになった仕入先等への支払条件の緩和を求めていくことが必要である。回り手形での決済の協力を依頼したり，従前の支払条件に戻してもらう等の方法がある。また，得意先には，現金回収を依頼したり，手形の支払サイトを短くしてもらったり，様々な協力を依頼していく。受取手形の手形割引も検討する。

　この点，資金繰りのために，金融機関からDIPファイナンスを受けることも検討できよう。

☆監督委員の視点から☆

　再生手続は，再生債務者の事業の再生を志向するものであり（1条），法人格を残すほうがよいのか，事業譲渡して法人格は清算するほうがよいのか，現経営陣が残ったほうがよいのか，様々な観点で検討されたい。

⌈6⌉ 財産評定書と125条報告書の作成と提出

(1) 意義と提出期限

　大阪地裁の標準スケジュールでは，開始決定の約1ヵ月後に財産評定書と125条報告書の提出期限が定められる。これらを提出できないと再生手続が廃止されるおそれがあり，財産評定における清算価値の算定は再生計画案の策定において重要であることから，再生債務者の経理システムとの関係で提出期限の調整が必要な場合は，開始決定前に裁判所に相談しておく。

(2) 財産評定

　民事再生法124条1項は，再生債務者の財産につき，再生手続開始時における価額の評定を行い，同条2項で，再生手続開始時における財産目録及び貸借対照表を作成し，裁判所に提出することを定めている。この財産目録及び貸借対照表の書式については，日本公認会計士協会近畿会作成の「民事再生における財産評定参考書式」(資料30)が参考になる。

　民事再生の場合，破産と異なり，再生手続開始決定は事業年度に影響しないが，財産評定は再生手続開始時で区切っており，再生債務者の経理担当者が戸惑うところではあるが，開始決定日現在でいわば仮締めをすることになる。財産の面は，簿価ベースの明細を作成し，申立代理人は，評定の方針を決めて清算価値を算定していく。債務の面では，債権届出期間中であることが多く，債権調査はできていないので，再生債務者の認識する債権ベースで算定する。

　その上で，再生債権に対する清算価値を算定することになるが，その際に，再生債権に優先する，相殺，担保権，共益債権（各種法律関係の処理に伴い生ずる予定のものも含む），一般優先債権（会社都合の退職金や解雇予告手当といった労働債権，開始時に未払いの租税債権），清算費用（破産した場合の予納金や破産管財人報酬見込み額）を控除する必要があることに注意する。申立代理人としては，後の再生計画案作成の際の清算価値保障を十分に意識しておく必要がある。

　例えば，不動産について鑑定評価を取得するか否かは費用対効果等の観点に基づきケース・バイ・ケースで判断する。

　財産評定の際，再生債務者の事業再生に不要な資産が明らかになってくるの

で，不要資産，遊休資産については，早期処分を検討することになる（㉕．財産評定にまつわる問題の詳細は，運用指針220頁以下，6民実務148頁以下参照）。

☆監督委員の視点から☆

清算価値の算定は，一定の幅があることから，評定の方針を具体的に記載してもらいたい。この点，監督委員は，財産評定に対して直接意見を述べる制度はなく，最終的に再生計画案についての調査報告書の中で意見を述べることになる。財産評定の作業中に問題点があれば，事前に問合せをしてもらえればコメントするようにしている。

(3) 125条報告書

財産評定書とともに，民事再生法125条1項各号に定められた報告を行う必要がある。「125条報告書」と呼ぶことが多いが，この報告書を裁判所に提出する（監督委員にも提出するのは同様。㉖．資料31参照）。

この中では，特に，役員責任について慎重な調査・報告が必要となる（役員の責任については㉗参照）。

提出後，再生債権者への情報提供として，民事再生規則63条1項の適当な措置が必要となる（債権者に対する情報開示につき，㉓参照）。

7　再生債権の届出，債権調査，確定

(1) 債権届出

再生債権者には，再生債権の棚上げという不利益を被ってもらっただけでなく，再生債権を裁判所に届け出てもらう必要がある。再生手続には，自認債権の制度があるが（㊲参照），自認債権には議決権が認められないので，後日の再生計画案の決議のことを考えると，再生手続に協力してもらえる再生債権者には積極的に債権届出を促すことになる。再生債権者が法人の場合，債権届出書の添付書類として資格証明書（原本）が必要となる点に注意が必要である。

(2) 債権調査

再生手続における債権調査には，①再生債権の存否，額と②議決権の2つの面があることに注意し，①は，おおむね破産管財手続における債権認否と同様

第1章 収益弁済型の民事再生手続　⑧ 別除権者対応（別除権協定等）——61

に行い、②は、原則として、再生債権額がそのまま議決権となる。

　債権認否は、認否書を作成することにより行うが、特に相殺処理、手形債権、別除権付再生債権といった点に注意を要する。認めるべきでない債権、認めるべきか検討を要する債権について、単純に認めてしまうと再生債権が確定し、後日認否変更できないので、十分注意して認否を行う。

　認否書の提出も提出期限までに行う必要があるが、実務上、一般調査期間の開始までは修正が可能であり、正確な認否に努める（㊲参照）。

(3) 認否書提出後

　認否書提出後、一般調査期間開始の際に再生債権者に対し認否結果の通知を行う（資料32）。通常は、再生債務者が認めなかった場合に限り通知を行っているが、事案によっては、全債権者に認否結果を通知する場合もある。

　認否書提出後も債権譲渡や代位弁済、別除権の不足額の確定等の変動があるので、再生債権者には、適宜手続を求め、変動を確認しておく必要がある。なお、1つの債権が債権譲渡等により2つ以上に枝分かれする場合があり、再生計画案作成の際、特に少額債権の弁済の点で、どの時点を基準に債権を枝分かれさせるかの問題もあるので、注意が必要である（㊳、㊶、資料39参照）。

> ☆監督委員の視点から☆
>
> 　大阪地裁では、再生債務者の認否書提出後、数日内に監督委員による認否書のチェックを求められている。限られた期間内にチェックすることは極めて負担が大きいので、形式面、実質面共に申立代理人が何度も確認をするようにされたい。

⑧ 別除権者対応（別除権協定等）

(1) 別除権者との協議

　再生手続では、更生手続と異なり、担保権者を別除権者とし、再生手続外で権利行使できるものとしているため、事業継続のために必要な担保提供している不動産、リース物件、売掛金等の債権、商品を確保するには、別除権者との協議が必要である。この別除権協定のための交渉は申立代理人の最重要課題の1つである。すなわち、担保物件の評価額分は100％優先弁済し、不足額は再

生計画により他の再生債権と同様の取扱い（例えば90％免除の10％10年分割払い）となるよう別除権協定を締結するということは，収益弁済型の事業計画の場合，毎年の収益の中から，別除権協定により優先的に弁済すべき分と再生債権の弁済分を捻出することになるが，パイ（毎年の収益）は限られており，前者が増えれば，後者が減る（再生債権の弁済率が減少する）という関係にあることに注意を要する。実際には，担保物件の早期処分価額を大幅に超え，正常価格を上回るような別除権協定を要求される場合もあるが，対抗手段として，担保権消滅請求により担保権を抹消する方法も検討することになる（ただ，通常の資金繰りとは別途，不動産価格相当分の資金調達が必要であり，この点がネックである）。

☆監督委員の視点から☆

事業継続のために必要な担保物件については，再生手続開始後速やかに担保権者に別除権協定に向けた協議を求めるようにし，くれぐれも担保権の実行がされてしまわないようにすべきである。

(2) 不動産の別除権協定

事業継続に不可欠な不動産については，担保権者と積極的に別除権協定に向けた交渉を行っていく（㉙，資料33参照）。

(3) リース物件の取扱い

リース債権者からは，共益債権であるとしてリース料の支払，又は，リース物件の引揚げの要求があるが，リース債権は別除権付再生債権であり，事業継続に必要なリース物件については，リース債権者と別除権協定に向けた交渉を行う（㉚，資料34参照）。

(4) 非典型担保の取扱い

譲渡担保や所有権留保といった非典型担保も，別除権であり，必要に応じて担保権者と別除権協定に向けた交渉を行う（㉛，㉜，資料35参照）。

(5) 商事留置権の取扱い

事業継続に必要な商品等が債権者の占有下にあり，債権者から商事留置権が主張されている場合，速やかに受戻しに向けた交渉を行う（㉝参照）。

(6) 質権の取扱い

賃借物件である店舗の敷金・保証金返還請求権に質権を設定しているような

場合，特に当該店舗を閉店して明け渡し，賃貸人から敷金・保証金の返金を受ける際には，質権者との別除権協定が必要となってくる（㉝参照）。

(7) 不動産の任意売却

　事業継続に必要のない不動産については，担保権者と協議し，任意売却を進める（㉞参照）。事業継続に必要な不動産であって，資金面の事情でリースバックを選択する場合にも，いったん任意売却したうえで，買受人から賃借することになる。

(8) 担保権消滅の許可の申立て

　不動産の別除権協定が難しい場合，担保権消滅の許可の申立てを検討する（㉟，資料37参照）。他の非典型担保の場合にも同様に利用可能か検討する。

⑨ 再生計画案の作成と提出

(1) 再生計画案と事業計画案

　再生手続では，再生債権の権利変更（債権の大部分の免除と分割弁済）を定める再生計画案を作成し，これを再生債権者に賛成してもらうことで権利変更を実現し，事業再生を図ることが目的とされているが，その再生計画案を作成するための前提として，事業計画案がある。この事業計画案が現実性のあるものでなければ，再生計画案は画餅となってしまう。

　事業計画案は，自力再建の場合，一定期間（最長10年間）の収益の分配が前提となるが，毎年の収益から，①再生債権者への弁済分，②別除権者への別除権協定による弁済分，③税金の納付を行うことになるので（この点，債務免除益課税対策が重要となる），結局は限られたパイの奪い合いとなることに十分注意する必要がある（㊴参照）。

　事業計画案については，経営陣の考えを十分にヒアリングし，債務免除益課税対策等のタックスプランニングも含め公認会計士や税理士に協力を求めるほうがよい。この点，日本公認会計士協会近畿会作成の事業計画案の参考書式（資料41）を利用すると便利である（㊵参照）。

☆監督委員の視点から☆

単純に収益の（最長で）10年分を再生債権の弁済に充てられるように思われがちだが，別除権協定における弁済分や法人税等の税金の納付について検討する必要がある。右肩上がりのバラ色の事業計画案を作成することは避け，合理的かつ確実なラインを検討したほうがよい。

(2) 再生計画案の作成

再生計画案の中心は，再生債権の権利変更であるが，その際，清算価値保障原則を充たし，債権者間の平等原則に反せず，その他法律上の要件を充足しているかを確認しながら作成することになる（資料39）。

再生手続では，破産や個人再生における形式的平等ではなく，実質的平等であれば足りるとされており（155条1項），決議において頭数で過半数，総議決権額の2分の1以上の同意を得なければならないという観点から，実質的公平原則に反しない範囲で，権利変更内容に変化を付けるなどの工夫が必要となる。

多くの事案で，少額債権につき100％弁済する定めを置いている（事案によるが，10万円，30万円，50万円，100万円といったラインを設定している）。この場合，100％弁済する少額債権部分については，少額債権ラインを超える債権者にも等しく弁済するようにしているのが一般である（この点では，債権者平等が貫かれていることになる）。

また，債権額に応じた傾斜弁済の定めを置く場合もある。例えば，30万円以下の再生債権は全額弁済（少額債権の弁済），30万円を超え300万円以下の再生債権は一律30万円弁済とし，その余について債務免除，300万円を超える債権は10パーセント弁済とし，その余について債務免除とする。又は，30万円以下の再生債権は全額弁済，30万円を超え300万円以下の再生債権は30万円と30万円を超える部分の10パーセント弁済とし，その余について債務免除，300万円を超える債権は，30万円と30万円を超え300万円以下の部分は10パーセント，300万円を超える部分は5パーセント弁済とし，その余について債務免除としたりする（[41]，資料39参照）。

債権者数が多い場合や別除権の設定状況が複雑な場合，個別の権利変更内容

や別除権について整理した別表の作成には相当の時間・労力を要するので，早い段階から準備を進めることが必要である。

また，再生計画案は，必要的記載事項と任意的記載事項のみのシンプルなものとするのが通例であり，大阪地裁では，詳しい説明は，再生計画案補足説明書（資料40）において行うことになる。

☆監督委員の視点から☆

再生計画案における権利変更の条項の基本は，過去の例から一定のパターンがあり（運用指針331頁以下，6民実務301頁以下等参照），それを手本にしながら，事案の特殊性を加味するとよい。

(3) 再生計画案提出前面談

大阪地裁では，再生計画案提出期限の1ヵ月前ころを目途に裁判所及び監督委員と面談することになっている。この際，最低限，再生計画案の骨子を準備し，再生計画案のスキーム，弁済率の見込み，清算価値保障その他の法的な論点について協議できるようにしなければならない。

☆監督委員の視点から☆

この時点で少なくとも再生計画案の方向性（概要として，収益弁済型かスポンサー型か，弁済原資の形成方法と想定額，清算価値保障原則を充たすことが可能かなど，当該事案においてポイントとなる点についての考え方）がわかるようにしてもらいたい。

(4) 提出期限の伸長の可能性

仮に，スポンサー交渉の進捗等によって再生計画案提出期限を延期してもらう必要があるのであれば，できる限り早く，遅くとも再生計画案提出期限の1週間程度前には，裁判所及び監督委員に対して，伸長申立てをしなければならない理由と伸長後の再生計画案提出時期の見込み，さらに伸長をしても債権者一般の利益を害することがないこと等について予め説明・報告することが必要である。そのうえで，再生計画案提出期限までに正式に伸長申立てを行う（163条3項）。この伸長の期間は2ヵ月が原則とされている（規則84条1項）。しかし，この伸長は特別の事情がある場合を除き2回を超えてすることができな

い（規則84条3項）。したがって，2回目はもちろん，特に3回目の伸長については，より強度の伸長の必要性と伸長後の再生計画案提出についての確かな見込み，さらに伸長による債権者一般の不利益が生じないことの確証が必要であり，伸長申立てを安易に考えることはできないことに注意すべきである。

(5) 再生計画案の提出

大阪地裁では，①再生計画案，②再生計画案補足説明書，③事業計画案の3点セットを裁判所に提出する（監督委員にも提出する。監督委員には，事業計画案の表計算ソフトの電子データも提出する）。当然のことながら，提出期限は厳守する。

☆監督委員の視点から☆

大阪地裁では，原則として再生計画案提出後2週間内（東京地裁では，原則として1週間内）に監督委員の調査報告書を提出することとなっており，監督委員が補助者の公認会計士に調査を依頼している場合，その調査報告書の作成に1週間，その後，1週間で監督委員の調査報告書を作成といったタイトなスケジュールになるので，正式な提出までの間にも情報を提供してもらいたい。

(6) 再生計画案の修正

再生計画案を正式に提出した後，裁判所及び監督委員からの指摘や，大口債権者との交渉も踏まえ，再生計画案の修正が必要となる場合がある。この場合，付議決定がなされるまでの間は，裁判所の許可を得て，再生計画案を修正することが可能である（167条。その際，監督委員に同意申請する必要はないが，事前に説明し，了解を得ておくのが望ましい）。

(7) 付議決定

監督委員の調査報告書（資料42）が提出された後，裁判所は，付議決定を行う（169条）。付議決定にあたり，再生計画案の決議の方法を，①集会型か，②書面型か，③併用型かについて裁判所・監督委員と協議のうえ決定しなければならない。②書面型の場合には，否決の場合に集会の続行が認められないので特に注意が必要である（44参照）。また，債権者集会の時期についても調整が必要である。債権者の判断のための相当期間を確保しておかなければならない。

[10] 債権者集会による再生計画案の決議

(1) 付議決定後の債権者への通知

　付議決定後，速やかに再生債権者に裁判所からの通知，議決票（記載方法も含め），再生計画案，再生計画案補足説明書，監督委員の調査報告書の写しを発送する。この点も裁判所の発送業務を代行することになる。この際，再生債務者から債権者宛の連絡文を同封させてもらいたい場合は，事前に裁判所に確認し，当該文書に裁判所の承認を得て同封する旨の記載をしておく（資料55）。事案によっては，同封せず，再生債務者として別途連絡文を送付する場合もある。

　また，裁判所は，労働組合等の意見を聴かなければならないので（168条），裁判所から労働組合等に対し，書面で意見聴取がなされる。

(2) 債権者集会に向けた準備

　可決要件を充たすためには，積極的に委任状・議決票集めを行う。債権者を個別に訪問したり，債権者説明会を開催したり，あるいは文書等によって，適宜，再生計画案の内容説明と協力依頼をすることが必要である（資料55）。

　特に，スポンサー型の再生計画案の場合には，スポンサー候補と共同で説明会を開催する等して，債権者の理解を得るように努めることが必要である。

　集会型ないし併用型の場合には，債権者のために同意の議決権を行使する代理人を確保し（一定の手数料を負担する），委任状の代理人欄に記載することになる（大阪地裁では，東京地裁と同様，委任状は不要とされる（6民実務374頁参照））。

　委任状・議決票いずれについても，再生債務者側から債権者に対して積極的に提出の依頼をし，場合によっては，営業担当者等に委任状・議決票を回収させるようにする。

　委任状・議決票に捺印を要する運用の場合（東京地裁，大阪地裁では不要），捺印する印鑑は，債権届出書に捺印したものと同一でなければならないが，しばしば，誤って別の印鑑が捺印されて提出されることがあるので注意が必要である。この点，場合によっては，債権届出書をコピーしたうえ，各債権者に送付・交付等して，印鑑の間違いが生じないようにするなど工夫が必要である。

　再生債務者は，議決権の一覧表を作成し，同意，不同意の票読みを行い（同

意，同意見込み，不同意見込みといくつかに区分している），日々データを更新しておく。

(3) 債権者集会直前の作業

事案に応じて，何度かに分けて，回収した委任状を書記官に確認してもらう。これは，集計時の印影の確認を事前に行うもので，印影の違いが発見された場合は，当該債権者に債権届出書と同一の印鑑で再度押印してもらうようにする（押印された印鑑が実印の場合は，印鑑証明を提出してもらってもかまわない）。

併せて，票読みの状況を裁判所と監督委員に適宜連絡する。

また，当日出席予定の債権者には出席の意思を再確認する。都合により欠席となる事態を避けるために，できるだけ事前に委任状をもらっておきたい。

仮に，可決要件を充たせない見通しとなった場合は，債権者集会の続行（続行集会）を求めることにするのか，それとも牽連破産を選択することにするのかの判断が必要となる。この点，事前に裁判所及び監督委員に伝える必要がある。

☆監督委員の視点から☆

可決の見通しかどうかは裁判所も監督委員も関心があるところであり，票読みの中間連絡，可決ラインを超えた旨の連絡を欠かさないようにしてほしい。

(4) 再生計画案の変更

付議決定後は，再生債権者に不利な影響を与えない限り，再生計画案を決議に付する債権者集会において，裁判所の許可を得て再生計画案を変更することが可能である（172条の4）。付議決定後債権者集会までの間に，停止条件付再生債権にかかる停止条件が成就した場合や別除権付再生債権にかかる不足額が確定した場合など，債権者集会において再生計画案を変更することになる。

大阪地裁では，再生計画案提出後の変動を加味した最新のデータによる再生計画案を求めているので，債権者集会の直前までの変動を加味し，変更許可申請を行うようにする（この変更申請には監督委員の同意は不要であるが，事前に説明し，了解を得ておくのが望ましい）。変更許可は，債権者集会の場で行われるので，変更許可書はない（この変更許可されたものにより再生計画認可決定が行われることになる）。

再生計画案の変更許可申請を行う場合は、債権者集会当日、出席債権者に変更点がわかるように、変更点をまとめたペーパーや再生計画案の本文を配布できるように準備しておく。

(5) **債権者集会当日**

(a) **債権者集会の開会直前**　債権者集会に出席する再生債務者側のメンバー（会社代表者、申立代理人等）を確認し、早めに債権者集会室に入る。裁判所から受付の手伝いを求められる場合があるので、これにも協力する。受付の傍らには申立代理人もいるようにし、主要な債権者の担当者への挨拶と当日持参する債権者の議決票の確認を行うようにする。配付物がある場合は、受付で配付する。議決権額については、一覧表で張り出されているので、確認が必要な債権者については、確認を促している。

また、事前に委任状を提出してもらった債権者のために議決権を行使する代理人たる弁護士の出席の確保をし、委任状の記載内容に間違いや漏れがないかを最終確認し、裁判所に用意してもらった議決票に署名してもらう。

(b) **債権者集会の式次第**　債権者集会は、裁判所が主催し、裁判官が司会をし、最初に申立代理人に対し再生計画案の説明を求める。申立代理人の説明は簡潔に行い、再生計画案の変更許可申請がある場合はその旨を述べる。次に、監督委員に意見を求められるので、債権者に配付している調査報告書に補足すべき点があれば簡潔に説明する。その上で、債権者に質問の機会が与えられ、変更許可申請がある場合は、裁判所が許可した上で、決議となる。債権者には、議決票を提出してもらい、集計のためにいったん休会となる。

(6) **決　議**

再生計画案の可決要件は、①債権者集会に出席した議決権者（委任状による出席も含む。書面投票の場合は、書面投票をした者に限る）の過半数の同意、及び、②全議決権者の議決権総額の2分の1以上の議決権者の同意である（172条の3第1項）。①は頭数要件ともいうが、議決権額を問わず、決議に参加した者の過半数を求めている。②の議決権額要件は、決議に参加した者に限らず、全議決権額の2分の1が必要であり、決議に参加しなかった者も白票のものも、結局は不同意として評価されることになる。

この可決要件を充たせば、再生計画案は可決される。

裁判所は，集計が終わると，債権者集会を再開し，決議の結果を報告し，可決要件を充たしていれば，その旨を宣言し，出席債権者に対し，可決された再生計画案につき裁判所が認可すべきかどうかにつき意見聴取した上で，債権者集会を閉会する。その後，速やかに再生計画認可決定を行う（174条）。

　なお，再生計画案が否決された場合，再生債務者は，続行集会の申立てを行い，所定の債権者の同意があれば，裁判所は続行期日を設定し（172条の5，規則91条・90条の3。決議に付された最初の債権者集会から2ヵ月以内に設定される。例外的に1ヵ月以内の伸長が可能である），債権者集会は閉会する。牽連破産するしかない場合は，債権者集会を閉会し，裁判所は，直ちに再生手続廃止決定をし，保全管理命令を発令し，通例では監督委員が保全管理人となる（㊾参照）。

　(7)　続行集会

　続行期日が定められた場合は，その間に再生債務者は，再生計画案の変更を検討するか，従前の再生計画案で再生債権者の同意を得る努力をし，続行集会では，再度決議を行う。委任状には，「決議のための債権者集会並びにその継続会又は延期会」での議決権行使とあることから，委任状を提出した再生債権者に不利益とならない限り，委任状は有効に取り扱われる。ここで可決されれば，認可決定となる。

11　再生計画認可決定とその後の履行

　(1)　再生計画認可決定とその確定

　再生計画認可決定が出た後，速やかに受領し，決定の約2週間後に掲載される官報公告を確認し，2週間経過で確定するので，確定後に，確定証明書（資料56）を書記官に申請する。この点，確定証明書の記載は，例えば，「7月4日の経過をもって確定」であれば，「7月5日確定」としている。

　この再生計画認可決定確定により，再生計画に特段の定めがなければ，再生債権の免除の効力が生じる（ただ，別除権付再生債権の場合は，不足額が確定しないと，不足額となる再生債権につき免除の効力が生じないことから，不足額確定時期に応じた債務免除益課税対策が必要となる場合がある）。

　(2)　再生計画の履行

再生計画認可決定確定で再生計画に基づく弁済が必要となるので，債権者に通知し，振込先を確認し，第1回の弁済を行えば，振込明細等の資料（ただし，そのまま提出すると，債権者の銀行口座が明らかになってしまうので，配慮が必要である）を添付し，監督委員に報告する（資料57）。その後，監督委員が裁判所に報告する。

なお，再生計画の履行地を再生債務者の住所地や申立代理人の事務所所在地としておくことで，供託場所が債権者の住所地とならないようにし，また，取立債務とすることで，債権者と連絡が取れなくなった場合でも，受領遅滞となるようにして必ずしも供託を要しないようにしておく。ただ，早期の終結を望む場合（188条2項「再生計画が遂行されたとき」）は，弁済供託せざるを得ないであろう。

第2回以降の弁済についても同様に実行し，その結果を監督委員へ報告する。債権者に変動があれば，その報告も併せて行っておく（48参照）。

☆監督委員の視点から☆

監督委員は，各弁済期から2週間内に裁判所に弁済報告をしなければならないので，1週間内には報告をし，そのまま添付して裁判所に報告できるものの作成をお願いしたい。債権者の変動等の情報も併せて報告してもらいたい。

(3) 定期報告

再生計画認可後は，月次報告が2ヵ月に1度になり，監督委員宛となる。

(4) 再生手続の終結

再生計画を遂行した場合，又は，認可決定確定後3年経過後，再生債務者から再生手続終結の申立てを行う（資料58）。再生計画が10年分割払いであっても，認可決定確定後3年経過により裁判所における再生手続は終了することになる（監督委員の任務も終了する）。商業登記にも終結の旨が登記され，「再生債務者」ではなくなる。その後の再生計画に基づく分割弁済については，裁判所及び監督委員の監督がなくなるが，再生債務者が自己の責任において履行していくことになる。分割弁済を完了することで，再生計画の履行が完了することになる。

第2章

事業譲渡型(スポンサー型)の民事再生手続

1 申立準備の段階

(1) 総 論

過剰債務その他経営上の問題を抱える企業の事業を再生するにあたり,資金や信用を提供してくれるスポンサーの存否は極めて重要な要素である。スポンサーが存在するか否か,存在するとして具体的にいかなる内容・方法の支援を受けることができるのかによって,事業再生の方法も内容も異なってくる。

したがって,事業再生の相談を受けるにあたっては,私的整理手続によるのか法的整理手続によるのかにかかわらず,スポンサーの存否等について聴き取り・確認することが必要である。

(2) 相談段階での聴き取り・確認事項

このように,スポンサーの存否は,事業再生に関して,極めて重要な要素であることから,事業再生の相談を受けるにあたり,相談者(債務者)から,以下のようなスポンサー支援に関する事項について,聴き取り・確認することが必要である。

(a) スポンサー支援の必要性・有用性 例えば,自力での資金繰りが困難な場合には,スポンサーから資金支援を受けることが有用である。

(b) スポンサー候補が存在するか否か 相談段階で,具体的に交渉を進めている,あるいは,交渉を進めたいと想定しているスポンサー候補が存在するか否かを確認する。

(c) スポンサー候補のプロフィール(名称,事業内容,事業規模等) スポンサー候補がいる場合,当該スポンサー候補についての具体的な名称,事業内

容，事業規模や信用力・資金力，反社会的勢力該当性等について確認する。

　(d)　スポンサー候補と債務者（相談者）との関係　　主要取引先である，同業者であるなど，スポンサー候補と債務者との関係について確認する。

　(e)　スポンサー候補との交渉状況　　既に接触ないし交渉を開始しているか，スポンサー候補側の反応はどうか，条件面についても具体的に協議が進んでいるか等を確認する。

　(f)　想定し得る支援の方法・内容（事業譲渡，資本提供，資金提供等）　　スポンサー候補との間で具体的に協議が進んでいる場合，事業譲渡，募集株式の引受けによる資本提供，あるいは，運転資金等の貸付け，その他どのような方法・内容のスポンサー支援が想定できるかについて確認する。

　(g)　債務者の事業再生のための手続（私的整理手続か法的整理手続か等）の選択に関するスポンサー候補の意向　　スポンサー候補と債務者との協議の中で，スポンサー候補が特に希望・想定している事業再生の手法・手続があるか否かを確認する。

　(h)　スポンサー支援に関するスケジュール　　スポンサー支援について，スケジュールをどのように想定しているのかを確認する。特に，自力での資金繰りに問題がある場合，スポンサー候補からDIPファイナンスを受けることが可能か，また，その金額や時期について，具体的かつ詳細に確認・検討する。

(3)　**スポンサー候補との協議**

　具体的なスポンサー候補が存在する場合，事前準備の段階において当該スポンサー候補と協議に入るか否かを検討しなければならない。

　再生手続開始の申立ての時点で，スポンサー支援が具体的に見込める場合には，取引先の信用を得やすく，爾後の再生手続の見通しも立てやすくなるというメリットがある。その意味では，具体的にスポンサー候補が存在する場合，事前準備の段階から当該スポンサー候補と協議を進めておくことが望ましい。

　しかし，他方で，特にスポンサー候補が同業者である場合や取引関係者である場合，信用情報の漏洩等による信用リスクについて十分に注意しなければならない。

　相談者との打ち合わせにおいて，スポンサー候補と接触した場合に信用情報の漏洩等のおそれがないか否かを十分に吟味したうえで，そのリスクがない，

又は，極めて低いと判断できる場合には，事前準備の段階からスポンサー候補と協議を進めるべきものと思われる。

　この場合，事前準備段階におけるスポンサー選定については，専門的な知識・経験・ノウハウを要するとともに，後記のような難しい問題もあることから，弁護士又はM&Aの支援業務を専門とするいわゆるフィナンシャル・アドバイザー（FA）が窓口となって，スポンサー候補と接触し協議することが望ましいと考えられる。

　(4)　スポンサー候補との協議内容と注意点
　(a)　事前準備の段階においてスポンサー候補と協議する場合，初めの段階では，次のような事項について，確認・協議することが必要である。
　(イ)　スポンサー候補のプロフィール等の確認　　スポンサー候補の事業内容や事業規模などプロフィールについて確認する。
　(ロ)　スポンサーとして支援する意向の有無　　スポンサーとして支援する意向があるか否かを確認する。
　(ハ)　支援の方法・内容（事業の買取りか，資本提供か，資金提供か等）・規模（事業の買取価格，提供する資本ないし資金の金額等）等　　スポンサー支援の意向がある場合，事業譲渡，募集株式の引受けによる資本提供，あるいは，資金の貸付け，その他どのような方法・内容の支援を想定しているのか，また，その金額・規模についてどの程度を想定しているのか等について確認・協議する。
　(ニ)　債務者の事業再生のための手続（私的整理か法的整理か等）の選択　　スポンサー支援にあたり，民事再生手続など特に希望・想定している事業再生手続があるか否かについて，確認・協議する。
　(ホ)　スポンサー支援についてのスケジュールの見通し　　スポンサー支援のスケジュールについて確認・協議する。特に，債務者が自力での資金繰りが困難な場合，スポンサー候補として，いわゆるDIPファイナンスの提供が可能か否かについても確認・協議することが必要である。
　(ヘ)　スポンサー候補として対外的に公表・アナウンスすることの是非，タイミング及び方法等　　スポンサー候補が債務者に対する支援を申し出ていることを対外的にアナウンスすることの可否ないし是非，並びに，時期や方法について確認・協議する。

(b) スポンサー候補との協議の結果，具体的なスポンサー支援が相当程度に見込めるという場合，当該候補との間でスポンサー支援についてさらに具体的な協議・検討を進め，スポンサー候補から支援の内容や規模等について，できる限り具体的な提案を引き出すように努めることになる。

この段階では，スポンサー候補に対して債務者会社の決算書類その他財務内容に関する資料等を提供して，より具体的な検討・協議が可能となるようにすべき場合が多い。

スポンサー候補に対して決算書類その他財務内容に関する資料等を提供する場合には，提供する情報の秘密保持に関する誓約書ないし合意書を作成して，信用リスクを回避するようにしなければならない。秘密保持に関する誓約書ないし合意書については資料45を参考にされたい。

(c) 以上のようにして，再生手続開始の申立ての事前準備段階からスポンサー支援に関する協議を進める場合，申立代理人となる弁護士としては，債務者はもとよりスポンサー候補に対しても，最終的なスポンサー決定の見込み・確率やスポンサーが提供すべき支援の内容・規模などについて，安易な説明をして誤解を招くことがないように，十分に注意しなければならない。

すなわち，民事再生手続の申立前にスポンサー支援に関する合意がなされた場合，後の法的整理手続において当該合意がそのまま効力を維持し得るとは必ずしもいえない（後記(5)を参照）。したがって，申立代理人となる弁護士としては，債務者はもとより，スポンサー候補との協議においても，当該合意の効力について，安易な見通しを伝えて誤解を生じることがないよう十分に注意しなければならない。

また，申立代理人となる弁護士は，債務者はもとよりスポンサー候補に対しても，事業再生の各種手続について，その概要とメリット・デメリット等を説明すべきである。そのうえで，事業再生のための手続として民事再生手続を選択するということになれば，民事再生手続について，手続の内容，想定されるスケジュールやコスト等について，債務者及びスポンサー候補との間で十分に協議して，コンセンサスを得るようすべきである。

(5) 事前準備段階におけるスポンサー契約の締結

再生手続開始の申立ての事前準備段階におけるスポンサー候補との協議の結

果，スポンサー支援について合意を形成し得る状態になった場合，スポンサー支援について契約を締結するか否か，また，具体的にどのような内容の契約を締結すべきかが問題になる。

この点，再生手続開始申立前に締結されたスポンサー支援に関する契約（スポンサー契約）が再生手続開始後も効力を維持し得るか否かについては，いわゆるプレパッケージ型民事再生手続の有効性の問題として，様々な議論がなされている。プレパッケージ型民事再生手続については，再生手続開始の申立てに伴って生じる急激な信用収縮や事業価値の毀損を回避・緩和し，ひいては，債権者一般の利益を極大化するとともに事業再生をより確実なものとし得る一方，債務者経営者とスポンサー候補が不当に結託することで債権者一般の利益が毀損されるおそれもある。これらのメリット・デメリットを踏まえたうえで，再生手続開始申立前に締結されたスポンサー契約を開始決定後も有効なものとして認めるべきか否か，具体的にどのような条件の下で当該契約を有効なものと認めるべきか，仮に開始決定後にスポンサー選定手続をやり直すとした場合に申立前にスポンサー契約を締結していた者に優先権を付与すべきか否か，また，申立前に締結されたスポンサー契約を解除する場合にいわゆるブレイクアップフィーを支払うべきか否かといった問題があり，これまでに様々な議論がなされてきている。この議論は未だ確定したものではなく，また，個別事案ごとの事情・特性に応じた柔軟な判断を要する問題でもある。基本的には，個別事案ごとの事情・特性を勘案したうえで，スポンサー選定過程の公正性とスポンサーによる支援条件（支援金額，従業員の雇用維持の程度，取引関係の維持の程度等）の相当性の観点から総合的に判断すべきものと考えられている（プレパッケージ型民事再生手続に関するこれまでの議論の経過を含め，民事再生手続にまつわるスポンサー選定手続に関する問題全般について，理論及び実務の両面から詳細な研究・検討がなされた近時の文献として，山本和彦＝事業再生研究機構編『事業再生におけるスポンサー選定のあり方』（商事法務）を参照）。

裁判所においても，再生手続開始申立前に締結されたスポンサー契約については，開始決定後において，スポンサー選定手続の公正性やスポンサーによる支援条件の相当性について監督委員に調査を命じたうえで，例えば，申立前に締結されたスポンサー契約を履行すること（49条1項の履行選択）を監督委員の

同意事項とするなどの運用がなされている（東京地裁及び大阪地裁の運用について，運用指針128頁以下，6民実務32頁，226頁以下参照）。

したがって，申立代理人となる弁護士は，以上のような議論と実務運用を十分に理解したうえで，スポンサー選定手続の公正性とスポンサー支援条件の相当性に十分に留意・配慮して，スポンサー契約の締結手続を進める必要がある。

(6) 申立書の作成段階

事業再生のための手続として民事再生手続を選択したうえで，スポンサー型の事業再生を予定・検討しているケースでは，再生手続開始申立書にも，その旨を記載する（規則12条1項5号参照）。

実際にスポンサー候補がいる場合，スポンサー候補の固有名称や交渉の具体的な進捗状況等を申立書に記載して明らかにすることで取引先その他利害関係人の安心感を醸成し，事業再生をより円滑に進めることが可能になるという効果も期待し得る（スポンサー候補の固有名称等を記載する場合には，当該スポンサー候補の了解を得ておくべきである）。

再生手続開始申立前にスポンサー契約を締結しているケースでは，その旨を申立書にも記載するなどして債権者に情報提供する一方，スポンサー選定の過程やスポンサーの支援条件の相当性等について，裁判所及び監督委員候補者に対して十分に説明したうえで，開始決定後におけるスポンサー契約の取扱いについて裁判所及び監督委員候補者と協議する必要がある（東京地裁及び大阪地裁の運用について，運用指針63頁以下，6民実務32頁参照）。

［2］ 手続申立後再生計画案提出まで

以上では，再生手続開始申立前にスポンサー候補者と協議を行う場合の留意点に加えて，申立前にスポンサー契約を締結する場合の留意点についても解説した。

以下では，再生手続開始の申立てを行った後にスポンサー選定を行う場合の留意点について説明する。なお，スポンサー選定に先立つ債務者からの聴き取りやスポンサー候補者との協議に関する留意点は基本的に［1］と同じである。

(1) 総論

再生手続開始の申立直後は，再生債務者の営業にかかる本来的な業務に加えて，債権者や得意先に対する対応，さらには，債権者説明会等のために，再生債務者の経営陣も申立代理人も多忙を極めることになる。

しかし，再生手続開始の申立てにより，債務者は，急激な信用収縮が発生し，事業継続のための資金繰りが厳しくなるケースが多いところ，スポンサー選定の手続が速やかに進行することで，債務者の信用が回復し，さらに，スポンサー候補からDIPファイナンスを受けることもあり得るなど，スポンサー選定手続の速やかな進行が，債務者の信用・資金繰りの回復に寄与する場合が少なくない（金融機関からDIPファイナンスを受ける場合もある）。

そこで，スポンサー型の事業再生を予定・検討する場合には，手続の申立直後から速やかにスポンサー選定に向けた具体的対応を進めていく必要がある。

☆監督委員の視点から☆

スポンサー選定手続に関する監督委員の関与については，民事再生法42条1項1号の許可（事業譲渡に関する裁判所の許可）や事業譲渡等を内容とする再生計画案について，調査報告書（意見書）を提出することが一般的であるが，近時，東京地裁や大阪地裁における標準的な監督命令における同意事項には，スポンサー選定手続も含まれている（運用指針93頁，100頁，6民実務94頁，106頁，21参照）。

そのため，スポンサー選定手続の段階から，申立代理人と監督委員との間で，手続の進め方やスケジュール等について十分な情報交換がなされていることが必要である。そして，スポンサー選定過程の公正性に疑義が生じ得るケースでは，申立代理人と監督委員が情報交換・協議のうえ，手続の是正を図ることが望まれよう（47参照）。

---

(2) スポンサー選定の方法

スポンサー選定の方法として，典型的には，①競争入札その他複数候補者の競争手続によってスポンサーを選定する方法（以下「競争方式」という）と，②特定のスポンサー候補との間の相対交渉によってスポンサーを選定する方法（以下「相対方式」という）が考えられる（実務的には，①と②の中間的な方法によってスポンサー選定が行われるケースも少なくない）。

この点，競争方式のメリットは，主として，スポンサー選定にかかる手続の

公正さ・適正さ，並びに，支援条件（特に，事業譲渡代金等の経済的な条件）の相当性というスポンサー選定において重要な2つの要素が，競争手続という手続自体によって担保されやすいことにある。他方，競争方式のデメリットは，主として，手続の実施に時間，費用及び手間を要することが少なくない点，並びに，スポンサー選定の基準が経済的な条件だけに偏り，他の要素すなわち従業員の雇用の維持・確保や取引関係の維持・継続さらには地域経済に与える影響など事業の再生・維持の態様が軽視されがちな点にある。逆に，相対方式の主なメリット・デメリットは，競争方式の裏返しである。

以上のとおり，競争方式と相対方式は一長一短があり，どちらか一方が優れているというものではない。したがって，民事再生手続に伴うスポンサー選定方法としていずれを採用すべきかは，個々の事案ごとの事情・特性に合わせて判断されるべきものである。また，ひと口に競争方式といっても，手続に参加させるスポンサー候補の範囲に制限を設けるなどした場合には，その実態は，相対方式に近くなり，したがって，上記のメリット・デメリットも曖昧になり，2つの方式は，必ずしも判然と区別されるものではない。

申立代理人としては，競争方式，相対方式のいずれを採用するにせよ，当該方法を採用する理由や事情を，裁判所，監督委員及び債権者に対して合理的に説明できるようにしておく（合理的な説明ができる方法を採用する）必要がある。

(3) フィナンシャル・アドバイザーの導入

スポンサー選定手続（特に複数のスポンサー候補が関与する競争方式によるスポンサー選定手続）については，スポンサー候補に対する対応等のために相当の時間や手間を要することが珍しくない。また，投資家たるスポンサー候補との折衝については，専門的なノウハウが必要でもある。

そこで，スポンサー選定手続について，事案の規模や内容によっては，M&Aに関する助言・支援業務を専門とするいわゆるフィナンシャル・アドバイザー（以下「FA」という）を導入することが考えられる。

FAの具体的な業務は，①スポンサー候補のリストアップ，②リストアップしたスポンサー候補に対するスポンサー選定手続への参加に関する打診・意向確認，③参加意向のスポンサー候補に対するスポンサー選定手続の案内，資料の送付その他連絡等，④財務，法務等の各デュー・デリジェンス手続に関する

対応，⑤入札手続その他スポンサー候補に支援条件を提案させる手続の実施，⑥入札手続等を経た上でのスポンサー候補の絞込み・決定に関する各種調整，⑦スポンサー契約の締結に向けた各種調整，及び，⑧スポンサー契約の実行に向けた各種調整等，多岐にわたる。

　特に，広くスポンサー候補を募る必要があるケースや財務その他のデュー・デリジェンス手続の対応に相当の手間を要するようなケースでは，M&Aに関する豊富な経験やノウハウを有するFAの協力を得ることがしばしば有用・必要である。

　もっとも，FAを導入する場合，高額の報酬を要することが少なくないから，再生債務者の資金繰りや費用対効果に鑑みてその導入の是非ないし可否を判断しなければならない。

　また，FAを導入する場合，FAとの間で支援業務についての委託契約等を締結する際，裁判所の許可又はこれに代わる監督委員の同意を得る必要があるか否かについて，裁判所・監督委員と協議・確認のうえ，必要があるとなれば，許可・同意を得なければならない（東京地裁及び大阪地裁では，監督委員の同意事項とされている。運用指針93頁，100頁，6民実務94頁，106頁参照）。

(4)　スポンサー選定手続の実施

　スポンサー選定手続の主な流れは以下に述べるとおりである（なお，民事再生法42条1項1号の裁判所の許可に基づく事業譲渡に関するモデルスケジュールについて資料43参照）。

　申立代理人は，以下の手続の流れやスケジュールを十分に理解したうえで，スポンサー候補との交渉やスケジュールの確認・調整，並びに，裁判所及び監督委員に対する手続の確認や調整，必要な許可申請手続を行わなければならない。

(a)　スポンサー候補のリストアップ　　スポンサー選定手続を実施するにあたっては，まず，スポンサー選定手続に参加・関与させるスポンサー候補を決定する必要がある。

　相対方式の場合はもちろん，競争方式の場合も競争入札等に参加させる複数のスポンサー候補を選定しなければならない。

　一般的に，スポンサー候補になり得る者として，同業他社や周辺業者（例え

ば大口の得意先などが想定される）などの事業者のほか，いわゆる投資ファンドなどが考えられる。

　(b)　スポンサー候補に対する意向確認等　　次に，選定したスポンサー候補に対して，スポンサーとして再生債務者を支援する意思・可能性があるか否か，スポンサー選定手続に参加する意思・可能性があるか否かを確認する。

　この段階では，再生債務者のプロフィール（企業名，業種，事業内容，事業規模，株主構成，役員構成，従業員数，従業員構成，事業所・営業所の所在地と概要）及び財務内容の概要（直近3決算期分程度の貸借対照表及び損益計算書上の数値）等を取りまとめた簡単な資料を提供してスポンサー候補に対する意向を確認することが一般的である（資料44参照）。

　再生債務者に関する情報を提供するについては，スポンサー候補から，秘密情報の保持を約束する内容の誓約書や合意書（資料45参照）の提出を受けるべきであるが，この最初の資料提供の時点，あるいは，遅くとも後記(c)で論じるデュー・デリジェンスにおける資料提供の時点までに提出を受けなければならない（実務的には，デュー・デリジェンスへの参加資格として，秘密保持の誓約書・合意書を提出させる例が多い）。

　(c)　デュー・デリジェンス　　スポンサー選定手続に参加する意向を有するスポンサー候補が確定すると，それらのスポンサー候補から支援条件の提示を受ける前提として，デュー・デリジェンス（事業買収の対象会社に対する調査活動）を実施することになる。

　デュー・デリジェンス（DD）は，特に大規模な事案では，財務，法務，税務及びビジネスの各分野を対象・範囲として行われるが，事業の規模や時間的制約等により，ある程度，対象・範囲を絞って行われるケースも少なくない。

　デュー・デリジェンスの進め方は事案の内容や規模等によって必ずしも一様ではないが，スポンサー支援の意向を有するスポンサー候補が少数のケースではデュー・デリジェンスは1回限りで終えられることが一般的である。これに対して，多数のスポンサー候補の中から段階的にスポンサーを選定するような場合（典型的には競争入札を2回ないし3回行い，順次，スポンサー候補を絞り込む場合）には，デュー・デリジェンスも簡易なものと詳細なものに段階を分けて複数回にわたって実施されることもある。

デュー・デリジェンスを実施する場合の主な手続の流れは、以下のとおりである。

　スポンサー選定手続に参加する意向を表明したスポンサー候補に対して、デュー・デリジェンス実施の案内文を送付する。案内文では、デュー・デリジェンスの目的及びデュー・デリジェンスを含むスポンサー選定手続全体の流れ・スケジュールの説明に加え、①スポンサーの選定が事業譲渡代金の金額その他経済的な条件のみに基づくものではなく、従業員の雇用確保や取引先との関係維持といった要素も含めた総合的判断に基づくこと、②再生債務者はスポンサー候補に対して、スポンサー選定の結論に至る経過や理由については一切回答義務を負わないこと、さらに、③再生債務者がデュー・デリジェンスの手続においてスポンサー候補に提供する資料・情報は必ずしも正確性を保証できないことなども記載しておくことが一般的である。また、案内文には、そこに記載した条件を異議なく承諾することがデュー・デリジェンス手続への参加資格であることを明記し、その旨の承諾書・誓約書を提出させるようにする。この際、承諾書・誓約書と併せて、秘密保持に関する誓約書・合意書も提出させるケースが多い（前記(b)の段階で秘密保持に関する誓約書・合意書の提出を受けていない場合はもとより、提出を受けている場合であっても、デュー・デリジェンスを開始する段階で改めて提出を受けるケースもある）。

　以上の承諾書・誓約書等を提出したスポンサー候補に対して、デュー・デリジェンスの資料を提供する。デュー・デリジェンスの際にスポンサー候補者に対して提供されるべき書類・データは概ね資料47のとおりである。

　再生債務者から提供された書類・データだけで不明な点等については、適宜、スポンサー候補と再生債務者との間で質疑応答が繰り返される。また、再生債務者について全体的な理解を得るために、経営陣等に対するインタビュー・ヒアリング（マネージメント・インタビュー）が行われることが一般的である。

　大掛かりなデュー・デリジェンスの場合には、再生債務者側で書類・データを準備したデュー・デリジェンス作業用の部屋を準備し、スポンサー候補ごとに数日〜10日前後の期間を設定して、順次、手続を実施することもある。

　以上のようにして実施するデュー・デリジェンスには、相当の時間と手間を

要する。また，デュー・デリジェンスを円滑に実施するには，専門的なノウハウや経験も必要である。したがって，デュー・デリジェンスの実施を再生債務者任せにすることはできず，FAを選任して支援を得るか，そうでない場合には申立代理人が全面的に支援することが必要である。

(d) スポンサーによる支援条件の提示とスポンサーの選定　デュー・デリジェンスが終了し次第，再生債務者はスポンサー候補から支援条件の提示を受ける。

支援条件として，少なくとも，支援方法（事業譲渡，募集株式の引受け，あるいは，その他の方法），事業譲渡代金等の支援金額，従業員の取扱い（雇用は実質的に維持されるか，されるとしてどの程度の人数・規模か，給与の水準は維持されるか等），取引先関係の維持その他支援後の事業展開の見込み等を明示させることが必要である。

スポンサー候補が多数存在し，競争入札方式でスポンサーを選定する場合，競争入札を複数回にわたって行い，段階的にスポンサー候補を絞り込むことが必要であるが，その場合は，その都度，支援条件の提示を受けることになる。

最終的にスポンサー候補が絞り込めた段階で，債権者一般の利益，並びに，事業再生の可能性・確実性を総合的に考慮して，スポンサーを選定する。

(e) スポンサー選定の基準・要素　スポンサー選定にあたり，何を判断の基準・要素とすべきか。

まずもって，スポンサーとして提供する支援を確実に履行できるだけの資力や信用力等が備わっていることが必須である。

そのうえで，債権者に対する適切な弁済を実現する観点から，支援金額の多寡は重要な判断の基準・要素となる。ところで，支援金額（とこれに基づく債権者に対する弁済の金額・率）について，民事再生手続を利用する限りにおいて，清算価値保障原則（174条2項4号）を満足する水準でなければならない。さらに，再生債務者が債権者に対して，公平誠実義務（38条2項）を負っていることに鑑みると，支援金額は，基本的には，「公正な事業価値」の観点から相当性を認め得る水準であることが要請されるものと考えられる。「公正な事業価値」については，特に相対方式や制限的な競争方式の際に問題となるが，再生債務者としては，監査法人その他の専門家の評価・鑑定を取得するなどして，

支援金額が「公正な事業価値」の観点からも相当性を有することの裏付けを得ておくべきである。他方，多数かつ幅広い候補者を対象として競争入札手続が行われた場合の最高入札額やそれに準じる入札額については，当該手続自体によって，支援金額の相当性は担保されると考えられるケースが多いであろう。

以上のとおり，支援金額（とこれに基づく債権者に対する弁済の金額・率）はスポンサー決定の重要な判断の基準・要素である。しかし，民事再生手続が，ただ債務者と債権者との間の民事上の権利関係を調整するだけでなく，これによる事業の再生をも目的とする手続であること（1条参照）に鑑みれば，従業員の雇用確保，取引関係の維持・継続，さらには，地域経済に与える影響といった事業の再生・継続の態様も軽視してはならない。したがって，競合する複数のスポンサー候補について，支援金額が清算価値保障原則を満足したうえで「公正な事業価値」の観点からも相当性を認め得る水準にあることを前提に，支援金額の点では他のスポンサー候補に劣るものの，従業員の雇用維持その他事業の再生・継続の態様の点で優れる者をスポンサーに選定すべきケースも少なくないと考えられる。

つまり，スポンサーの選定は，支援条件を確実に履行できるだけの資力や信用力等を有していること，及び，支援金額が清算価値保障原則を満足し，「公正な事業価値」の観点からも相当性を認め得る水準にあることを前提として，支援金額の多寡（とこれに基づく債権者に対する弁済の金額・率）という経済的な基準・要素と，従業員の雇用維持その他事業の再生・継続の態様という経済条件以外の基準・要素を，個々の事案の事情・特性に鑑みて，総合的に考慮して判断すべきものと考えられる。そして，スポンサーの選定が以上のような総合的判断によることは，スポンサー選定手続の最初の段階でスポンサー候補に対して明確に表明しておくべきである。

また，スポンサーの選定については，手続の性質上，秘密を保持することが重要であるが，裁判所及び監督委員に対する適切な説明・報告を行うことは当然のこととして，主要債権者などの利害関係人に対しても，個別面談や説明会の機会を設けるなどして，手続に支障が生じない範囲で説明・報告を行い，手続に対する理解・納得を得るように努める必要がある。

（f）スポンサー契約の締結　　スポンサー選定の結果が得られ次第，スポン

サー支援の実行に向けて，支援内容や支援条件等を定めるスポンサー契約を締結する手続に進むことになる。

再生債務者が取引先からの信用を回復し，事業価値を維持・回復させるという観点からは，できる限り早期にスポンサー契約を締結し，その事実を広く公表することが有益であるが，他方，支援内容や支援条件は十分慎重に定められなければならない。

そこで，実務的には，スポンサー選定の結果が得られた後速やかに，支援内容や支援条件等の概要を規定した基本契約を締結し（この段階で基本契約を締結した事実を公表することが一般的である），その後，詳細かつ最終的な支援内容や支援条件等について協議・確定したうえで本契約を締結するという2段階に分けてスポンサー契約を締結する方法を採用するケースも多い。

基本契約及び本契約の具体的な内容については，資料48の基本合意書及び資料49の事業譲渡契約書を参考にされたい。ここでは，支援の方法（事業譲渡によるか，募集株式の引受けによるか等），支援金額（事業譲渡価格や募集株式の引受額等），支援の時期，従業員の雇用に関する事項（雇用継続の範囲や労働条件等）その他の支援内容・支援条件について規定することはもちろんであるが，契約の効力について，①再生計画案にかかる債権者集会の可決が得られること（スポンサー契約を再生計画に基づいて実行する場合），あるいは，民事再生法42条1項1号の事業譲渡に関する裁判所の許可が得られること（事業譲渡を内容とするスポンサー契約を再生計画によらずに同法42条1項の裁判所の許可に基づいて実行する場合），及び，②別除権の受戻しについて別除権者の同意が得られることを停止条件とすべきことに留意しなければならない。

また，スポンサー契約の実行日（クロージング日）については，スポンサー契約の実行に必要な手続とそれに要する期間・スケジュールを十分に検討・想定したうえで決定するよう注意しなければならない。

スポンサー契約の締結については，裁判所の許可又はこれに代わる監督委員の同意（実務的には監督委員の同意）の対象となっていることが一般的であるので，裁判所・監督委員と十分に協議・確認する必要がある（東京地裁及び大阪地裁では，監督委員の同意事項とされている。運用指針93頁，100頁，6民実務94頁，106頁参照）。特に，裁判所によっては，スポンサー契約締結よりも前に監督委員

の同意を得なければならない（すなわち，監督委員の同意を得ることを停止条件とするスポンサー契約を締結した後に監督委員の同意等を取得するという手順を許容しない）とされることがあるので注意が必要である。監督委員の同意等が必要とされる場合，スポンサーの選定手続の公正性及び支援条件の相当性を説明するため，スポンサー契約書並びにスポンサー選定手続に関する資料（入札手続に関する一件資料等）等を資料として添付すべきである。なお，スポンサー契約の締結について許可ないし同意の申請をする場合，事柄の性質上，許可申請書ないし同意申請書及びそれらの添付書類については，閲覧対象とならないよう工夫が必要である。

(g) スポンサー契約の実行

(イ) スポンサー契約の実行方法　スポンサー契約に基づく支援方法が事業譲渡であるケースでは，再生計画に基づき事業譲渡を実行する場合と民事再生法42条1項1号が規定する裁判所の許可に基づき事業譲渡を実行する場合がある。

支援方法が募集株式の引受けであるケースでは，再生手続外で会社法所定の手続を経て支援を実行することも可能であるが，実務的には資本金額の減少等とセットで再生計画に基づき支援を実行することが一般的である（154条3項・4項。46参照）。

(ロ) 裁判所の許可に基づく事業譲渡　スポンサー契約で合意した支援方法が事業譲渡である場合，再生計画案の外で裁判所の許可に基づき事業譲渡を実行することが可能である（42条1項1号）。

裁判所が民事再生法42条1項1号の許可をするには，①再生手続開始決定後であること，②計画外の事業譲渡が，再生債務者の事業の再生のために必要であると認められること，③知れたる債権者及び労働組合等の意見を聴くことが必要である（42条1項1号・2項・3項）。

また，明文の規定はないが，④譲受人の選定過程が公正であり，譲渡代金，譲渡条件が相当であることも，同法42条1項1号の許可の要件と解されている（新注釈上227頁，条解230頁参照）。これは，事業譲渡が再生債務者の全部ないし一部の清算・解体に直結し，債権者その他利害関係人に重大な影響を及ぼす手続であることから導かれる要件である。なお，ここにいう譲渡代金の相当性は，既に(e)で述べたとおり，清算価値保障原則を満足する水準であることにと

どまらず,「公正な事業価値」の観点からも相当なものと認め得る水準であることが求められることに留意しなければならない。

　以上の要件を前提に,同法42条1項1号の許可手続に基づく事業譲渡に関する実務的な手続の進め方は,概ね以下のとおりである(計画外事業譲渡に関する許可手続の要件やスケジュール等について,運用指針289頁以下,6民実務222頁以下参照)。

　(i) 再生債務者はスポンサーとの間で締結済みのスポンサー契約又は締結予定のスポンサー契約案に基づく事業譲渡について,裁判所に対して,書面をもって,民事再生法42条1項1号に基づく計画外の事業譲渡にかかる許可を申し立てる。

　前記のとおり,計画外事業譲渡の許可については,実体的な要件として,①当該計画外の事業譲渡が再生債務者の事業の再生のために必要であること,②譲受人の選定過程が公正であり,譲渡代金,譲渡条件が相当であることが求められる。そこで,許可申請書には,事業譲渡の内容,計画外で事業譲渡を行う必要性,スポンサー選定過程の公正性,事業譲渡対価の相当性,事業譲渡を行った場合に再生計画で予定される弁済率,当該弁済率が清算価値保障原則を満足すること等を記載する。また,これら要件・事情を疎明するため,スポンサー契約書又は同契約書案,並びに,スポンサー選定手続に関する資料(競争入札手続等に関する一件資料)等を添付する。事業譲渡許可申請書(42条1項1号)の具体例は**資料50**を,閲覧制限につき文書閲覧等の制限申立書は**資料52**を参照されたい。

　スポンサー契約の締結について,一般的に監督委員の同意が必要とされることは前記のとおりである(東京地裁及び大阪地裁の運用について,運用指針93頁,100頁,6民実務94頁,106頁参照)。

　また,東京地裁では,許可の対象となる事業譲渡が行われた場合に再生計画案で予定される弁済が清算価値保障原則を充たすことを明らかにするために,原則として,許可申立て前までに財産評定を終了したうえで,監督委員の確認を得ておくことが必要であるとされている(運用指針294頁参照)。

　再生債務者は,裁判所に提出した許可申請書一式を,監督委員に対しても提出する。

　(ii) 裁判所は,債権者及び労働組合等から,事業譲渡について意見を聴取する(42条2項・3項)。意見聴取については,書面で意見を求めるか,又は,

集会を開催して意見を聴取する方法がある。

　これらの意見聴取（特に債権者からの意見聴取）には，10日から数週間程度の時間を要することが一般的である。

　申立代理人は，債権者等からの意見聴取手続の具体的な進め方について，裁判所や監督委員と十分に協議のうえ，スポンサー候補にも理解を得るよう調整すべきである。

　ところで，スポンサー支援が事業譲渡の方法によって行われるケースでは，再生計画の内容は，事業譲渡代金（及び残余財産の換価代金）から手続に要する共益的経費と優先的債権に対する弁済原資を差し引いた後の残金を再生債権に対して弁済するだけの清算計画となることが一般的である。そうすると，再生債権の権利変更内容を実質的に決するのは，再生計画ではなく，事業譲渡契約における譲渡価格その他の契約条件であることになる。したがって，民事再生法42条1項1号の許可に基づく計画外事業譲渡が行われるケースでは，再生債権者にとって，計画外事業譲渡の許可手続こそが最も重要で利害関係の大きい手続であることになる。

　そこで，申立代理人としては，裁判所による意見聴取の手続に先立ち，債権者説明会を開催する等の方法で，スポンサー選定の手続や過程並びに事業譲渡契約の内容や条件について，債権者に対して十分な説明・報告を行い，債権者の理解を得るように努めるべきである。

　(iii)　裁判所は，許可申請の対象とされている事業譲渡について，(ii)の債権者等からの意見聴取とは別に，監督委員に対して調査報告書（意見書）の提出を命じることが一般的である。監督委員の調査報告書（意見書）の提出期限は，(ii)の債権者等からの意見聴取手続の後に設定されることが一般的であることから，監督委員は債権者等からの意見聴取の結果も踏まえたうえで調査報告書（意見書）を作成し，裁判所に提出することになる（資料53）。

☆監督委員の視点から☆

　以上のとおり，民事再生法42条1項1号の裁判所の許可に基づく事業譲渡手続の場合，監督委員は，許可手続において，裁判所からの求めに応じて調査報告書（意見書）を提出する運用が一般的になされている。

　監督委員は，調査報告書（意見書）において，同法42条1項の許可の要件，すなわ

ち，①事業譲渡が再生債務者の事業の再生のために必要であること（42条1項），②譲受人の選定過程が公正であり，譲渡代金，譲渡条件が相当であることについて意見を述べる。

これらの要件のうち，②譲受人選定過程の公正性，譲渡代金・譲渡条件の相当性については，スポンサー選定手続が競争入札方式による場合には，手続が適正に行われている限りにおいて，本要件は競争入札方式という手続自体によって充足されているものと基本的には考えることができるのに対し，スポンサー選定手続が競争入札方式によらない場合には，より実質的，かつ，緻密な調査・検討が必要になると思われる。

具体的には，ⓐ競争入札方式によることができない合理的な理由，例えば，競争入札手続を経ていては資金ショートしてしまい破綻に至るとか，競争入札をしても特定のスポンサー候補以外にスポンサー候補が現れる可能性がない，又は，極めて低いといった事情の存否の調査・検討，及び，ⓑ譲渡条件とりわけ譲渡価格の客観的相当性について，第三者たる専門家（監査法人等）によるディスカウンテッド・キャッシュ・フロー（DCF）法など客観的に相当と認められる手法によっているかの点について調査・検討をすることとなろう。

よって，申立代理人は，監督委員が以上のような視点から調査報告書（意見書）を作成することを十分に意識して，同法42条1項1号の許可要件について監督委員を十分に説得できるだけの材料を揃えて，許可申請の手続に臨むことが必要である。

(iv) 事業譲渡の内容・条件が相当であることを前提に，再生債務者の事業の再生のために必要であると認められ（42条1項），かつ，債権者等から特段の異議がない場合，裁判所は事業譲渡の許可を決定することになる。

(v) 事業の全部又は重要な一部を譲渡する場合には，会社法上，株主総会の特別決議を得ることが必要とされる（会467条1項・309条2項11号）。この規制は，再生債務者についてもあてはまる。

もっとも，再生債務者が債務超過会社の場合，株主総会の特別決議に代えて，裁判所の許可によることができるものとされている（43条1項。以下「代替許可」という）。代替許可の手続は，民事再生法42条1項1号の許可手続とは別個の手続であるので，債務超過状態にある再生債務者が株主総会の特別決議によらずに事業譲渡しようとする場合，同法42条1項1号の許可手続に加えて，代替許可の手続を行うことが必要になる（資料51）。これら両許可手続を申し立てるタイミングについては，両許可手続の各スケジュールを確認したうえで，

予め裁判所・監督委員と十分に協議する必要がある。

　代替許可の手続は，再生債務者が債務超過状態にある場合に限って適用される。この点，通常貸借対照表のレベルで債務超過状態にある場合に同法43条が適用されることは問題ないが，通常貸借対照表のレベルでは債務超過状態ではないものの，各資産・負債について継続企業価値としての時価評価をした場合に債務超過状態と認められる場合や，清算価値評価をした場合に債務超過状態と認められる場合にも，同法43条が適用されるかは議論のあるところである。この点，少なくとも，継続企業価値としての時価評価をした場合に債務超過状態と認められる場合には同法43条が適用されるものと解されるが，いずれにしても，通常貸借対照表レベルで債務超過が認められない場合には，裁判所や監督委員との間で債務超過の要件について十分に協議することが必要である。

　以上，(i)〜(v)のすべての手続を完了するためには，1ヵ月以上の期間を要することもある。また，計画外事業譲渡の許可（42条1項）と株主総会の決議に代わる許可（43条1項）は別々の手続であってスケジュールが必ずしも一致するわけではない。よって，申立代理人としては，スポンサー選定手続全体のスケジュールを立てる際にそのことを念頭に置いたうえで，実際に手続を進めるにあたっては，このスケジュールについても，裁判所及び監督委員と十分に協議・確認しておく必要がある。

　(h)　別除権の受戻し合意　　事業譲渡を実行するには，譲渡対象となる事業用不動産やリース物件について，別除権の受戻しがなされなければならない。

　そこで，申立代理人は，スポンサーとの間で合意した支援条件の範囲内で，別除権者たる金融債権者やリース債権者と交渉・協議して，別除権受戻しの同意を得るようにしなければならない。また，別除権の受戻しは，監督命令において同意事項とされていることが一般的であるから，申立代理人は，監督委員の同意を得るように手続を進めなければならない。

　別除権者との交渉がまとまらない場合には，担保権消滅手続（148条）で対処することとなる。担保権消滅手続の詳細は35を参照されたい。担保権消滅手続による場合，最終的な結論が得られるまでに早くて数ヵ月，場合によっては半年以上の期間を要するので，この点，スポンサー選定手続及びスポンサー契約実行手続のスケジュールを立てる際，十分に留意することが必要であるし，ス

ポンサー候補との協議においてもその旨を十分に説明して了解・理解を得るようにしておかなければならない。

(i) 雇用関係の整理・調整　スポンサー支援が事業譲渡の方法で行われる場合，従業員との雇用関係の処理については，再生債務者がいったんすべての従業員を解雇あるいは，労働契約を合意解約して退職金（会社都合による）その他の労働債務をすべて清算したうえで，スポンサーが従業員を新規雇用する方法が最も一般的である。

再生債務者としては，このような雇用関係の処理について，従業員に十分な説明を行い，その納得・了解を得るようにしなければならない。雇用関係の処理は非常に重要かつデリケートな問題であるから，申立代理人が積極的に支援・サポートする必要がある。

特に，一部従業員について，スポンサーでの新規雇用がなされないケースでは，労務問題に発展することも珍しくないことから，再就職の斡旋等の補償措置をとるなど，十分に慎重な対応をなすよう努めるべきである。

スポンサーに対してスムーズに事業譲渡するうえで，雇用関係の整理・調整は極めて重要な事項のひとつである。以上に述べたような問題のほか，解雇予告のタイミング（通常は，事業譲渡実行日の1ヵ月前に通知する）やその他のスケジュールも十分に検討して，混乱を回避するように努めなければならない。

(j) 事業譲渡の実行　民事再生法42条1項1号の許可に基づく計画外事業譲渡の場合，再生計画の提出前に裁判所の許可を得たうえで，事業譲渡を実行することも珍しくない。

再生計画案の提出前であれ，提出後ないし再生計画認可後であれ，事業譲渡を実行するにあたっては，①譲渡代金の決済，②譲渡対象資産にかかる権利関係（所有権や賃借権等）の移転，③②の権利関係の移転に関する対抗要件の具備，④別除権対象物件については別除権の受戻し，⑤取引先との契約関係の移転，及び，⑥各種許認可の承継ないし変更等の数多くの手続を同時的に行わなければならない。例えば，多数の事業所・営業所が賃借物件である場合には，各賃借権の譲渡について，それぞれ，賃貸人の承諾を得なければならず，併せて，敷金など付帯的な法律関係の処理も行わなければならないことから，その作業は多くの時間と手間を要することが少なくない。

事業譲渡を円滑に実行するには、まずスポンサー契約（事業譲渡契約）締結の段階で事業譲渡実行に必要なすべての手続の準備を完了するための期間・スケジュールを想定して事業譲渡の実行日を決定することが必要であるし、スポンサー契約締結後は、事業譲渡の実行日に向けて、十分なスケジュール管理のもとで怠りなく必要な準備を進めなければならない。また、その過程で、スポンサー候補や裁判所ないし監督委員と適宜必要な協議や調整を繰り返すことも必要である。特にスポンサー側で独占禁止法に基づく公正取引委員会に対する届出が必要な場合（独禁16条2項）には、そのスケジュールや手続の進捗についてスポンサーとの間で十分に協議・情報交換しながら、準備を進めることが必要である。

［3］ 再生計画案の作成・提出

　事業譲渡や募集株式の引受けなどのスポンサー支援を再生計画に基づいて行う場合には、それらスポンサー支援の内容を再生計画に記載する。
　実務上、募集株式の引受けについては、資本金額の減少等とセットであることが一般的である（再生計画における資本金額の減少等及び募集株式を引き受ける者の募集に関する条項の定めについて154条3項・4項。46参照）。
　スポンサー支援が事業譲渡の方法である場合には、再生計画の内容は、事業譲渡代金（及び残余財産の換価代金）から手続に要する共益的経費と優先的債権に対する弁済原資を差し引いた後の残金を再生債権に対して弁済するものとする清算計画となることが一般的である。
　再生計画案の提出前に民事再生法42条1項1号の許可手続に基づき事業譲渡が実行されたケースでは、再生計画案は、文字どおりの清算計画となる。
　事業譲渡を内容とする再生計画案や再生計画案の提出前に同法42条1項1号の許可手続に基づき事業譲渡が実行されたケースの再生計画案（清算型再生計画案）の例については42を参考にされたい。

第2章　事業譲渡型の民事再生手続　　4　再生計画認可決定確定後──93

☆監督委員の視点から☆

　再生計画案が提出されると，監督委員は，裁判所から民事再生法174条2項各号の不認可事由の有無等を調査して調査報告書（意見書）を提出することを求められる（43参照）。

　スポンサー型の再生計画案の場合，監督委員は，事業譲渡等スポンサー型手続によることの必要性やスポンサー選定過程の公正さ及び支援条件（事業譲渡における譲渡価格等）の相当性などについて調査し，その結果を意見書に記載することになる。

　監督委員の調査報告書（意見書）は，再生計画案とともに債権者に送付され，債権者が再生計画案に対して賛否の判断をするうえで重要な資料となる。

　したがって，申立代理人としては，スポンサー選定手続に着手する段階から，可能な限り監督委員と情報交換・協議を行い，スポンサー選定過程の公正さ及び支援条件（事業譲渡における譲渡価格等）の相当性について監督委員の納得・理解を得るよう努めておくべきである。

　また，監督委員としてもスポンサー選定手続に疑義がある場合には，適宜，申立代理人と協議する等して，スポンサー選定手続ができる限り適正かつ円滑に行われるよう心掛けるべきであろう。

4　再生計画認可決定確定後

　再生計画に基づきスポンサー支援を実行する場合，再生計画の認可決定確定後に，再生計画に基づきいわゆる減増資や事業譲渡を実行する。

　スポンサー支援の実行について，実行日までの十分なスケジュール管理のもとでの準備が重要であることは再生計画案提出前の事業譲渡の実行について述べたところと同じである。

　事業譲渡を実行した後の再生債務者の法人格については，解散し，清算（通常清算）することになる。

　そのため，再生計画認可確定後に解散の特別決議が可能なように株主構成に配慮しておく必要がある（事業譲渡については，代替許可（43条1項）があるが，解散については，かかる制度はない。再生計画案の立案の段階での検討を要する）。

　また，解散後の清算人として，従前の代表者がなるのか，申立代理人の弁護

士がなるのか，通常清算のための費用の確保等も予め検討しておいたほうがよい。

　なお，再生計画の履行については，基本的に本編第1章の収益弁済型の民事再生手続で見たところと同様である（清算型の再生計画であり，基本的には早期に終結することが多い）。

第3章

再生手続廃止・牽連破産の場合

1 総論――再生計画案の認可決定前を中心に

(1) 事業継続断念の検討

再生手続開始決定時には，再生計画案の作成若しくは可決の見込み又は再生計画の認可の見込みがないことが明らかであるとき（25条3号）とはいえなかった場合であっても，再生手続開始決定後，著しく事業が毀損し，資金繰りに窮する場合もあり得る。特に，事業収支において赤字が続いている場合，共益債権（119条）や一般優先債権（122条）すら支払うことができなくなるおそれや，開始決定時における清算配当率を確保できない事態に陥るおそれもある。

このような場合，再生債務者としては，直ちにこれらの原因を把握し，有効な対応策を執る必要があり，申立代理人としても，その作業に積極的に関与する必要がある。具体的には，不採算部門からの撤退，経費の削減，人員の削減，スポンサーによる信用の補完，採算部門の事業譲渡，資金調達などの対策を執ることが考えられる。

しかるに，これらの対策を執っても具体的な改善の見込みがない場合，対策を執れる見込みがない場合などにおいては，事業継続について断念せざるを得ない場合もある。

(2) 申立代理人の役割

この点，再生手続開始決定の消極的要件が，「見込みがないことが明らかであるとき」(25条3号) とされていることからすれば，可能性がある限り再生の機会を与えるのが法の趣旨であると解されるし，一般的に，再生債務者の役員としては，再建断念の決断を行うことは難しいであろう。しかし，債権者に対

して公平誠実義務（38条2項，⑧参照）を負う再生債務者としては，再生債務者の財務状況が悪化していき，その改善の具体的見込みも立たない状況であれば，債権者の利益を不当に害さないための選択肢として，事業の停止を検討する必要があり，再生債務者の役員においてその決断が難しければ，申立代理人において役員に説明，説得を行うなど，積極的な役割を担うことが期待されるところである。

☆監督委員の視点から☆

申立代理人は，このような状況になれば，速やかに監督委員に連絡し，今後の対応について協議していただきたい。

(3) 具体的選択肢

かかる場合，選択肢としては，事業を停止するが，再生手続は維持して，清算的な内容の再生計画案を提出する方法（以下「再生手続維持型」という）と，再生手続を廃止し，破産移行させる方法（以下「再生手続廃止型」という）がある。この点，再生手続を利用して，清算的な内容の再生計画案を策定し，破綻処理を終えることも許されるべきである（Q＆A12頁参照）。

(4) 選択の考慮要素

当該事件において上記いずれの方法を選択するか判断する上での考慮要素としては，例えば，以下のようなものが考えられる。

① 清算的な内容の再生計画案が可決される見込みがあるか
② 再生手続の進行具合，また再生手続維持型をとった場合と再生手続廃止型をとった場合とで，債権者への弁済（配当）時期がどの程度異なるか
③ 手続遂行のコストとしていずれが安価か，またそれにより債権者への弁済額（配当額）がどの程度異なると予想されるか
④ 資産・債権の換価・回収にとって，再生債務者と破産管財人とでいずれのほうが適しているか
⑤ 共益債権，一般優先債権の全額を弁済できることを前提に，さらに一般再生債権への弁済資金が既に確保されているか

これらの要素や当該事件の特殊性，その他の要素を総合考慮の上，再生手続

維持型か再生手続廃止型のいずれを採るか選択することになる。

　再生手続維持型を選択することが適切なのは，清算的な内容の再生計画案の可決の見込みがあり（再生債務者が清算作業を行うことについて再生債権者からの理解が得られなければ，再生計画案が否決されてしまう），手続が既に相当程度進んでいる場合であって，また事業継続を断念した後に速やかに従業員を解雇するなどの対応が可能であり，破産手続に比して人件費等のコストが多分にかからないときなどであろう。再生手続から破産手続に移行することになると，移行に伴い一定の手続や時間を要するのであり（例えば，実務上は，破産手続移行後に再度債権届出を求めることが多い。Q＆A279頁参照），その分，債権者への弁済（配当）時期についても再生手続廃止型のほうが再生手続維持型よりも遅くなってしまう場合がある。また，会社の状況を熟知した再生債務者及び申立代理人が引き続き清算作業を行ったほうが効率や回収率がよい場合もある。さらに，一定の現預金がある場合などは，再生計画案において，例えば，第1回弁済を再生計画認可決定確定日から2ヵ月後の日の属する月の末日限りとし，第2回弁済を全資産の換価が終了した日の2ヵ月後の日の属する月の末日限りとすれば，債権者へ一定金額を早期に弁済することも可能となる（清算型再生計画案については42参照）。

　一方，再生手続を維持することが破産手続以上にコストがかかる場合，主要債権者が第三者である破産管財人による処理を望んでいるなど再生計画案の可決の見込みがない場合などにおいて再生手続を維持することは，債権者の利益を害してしまうおそれがあるため，再生手続廃止型を選択すべきこととなる。特に，再生手続を維持することにより，再生手続を廃止した場合よりも弁済率（配当率）が下がってしまう帰結になることは避けるよう留意しなければならない。また，再生手続における担保権消滅許可の申立ては，当該財産が再生債務者の事業の継続に欠くことのできないものであることが要件とされているため，余剰資産については当該申立てができない（35参照）。しかし，破産手続における担保権消滅許可の申立ては，かかる要件は必要とされていない（破186条）。さらに，換価が極めて難しい資産があった場合，破産手続であれば破産財団から放棄することが可能であるが，再生手続の場合はできない。そのため，全資産の換価後に債権額に按分して最終の弁済を行うといった計画の場

合，かかる換価が極めて難しい資産があれば，最終の弁済までの期間が長期化したり，最終の免除率がなかなか決まらないという事態が生じ得る。したがって，任意売却すべき不動産が多数ある場合については，収益物件につき再生債務者自身による管理を継続しつつ売却するほうが高価にて売却できるといった事情がなければ，破産手続に移行したほうが適切な場合もあろう。

［2］ 再生計画認可前の手続廃止

(1) 事業継続が困難となった場合

再生債務者において，事業継続が困難となり，破産手続に移行させるべきであると判断した場合は，手続廃止の準備を進めることになる。具体的な準備としては，裁判所及び監督委員と事後の手続について，廃止決定日をいつにするか，破産管財人（保全管理人）への現金その他の貴重品，帳簿類，残務処理等の引継ぎをどのように行うかなどを協議する必要がある。

また，再生債務者においても，継続している事業についていつ停止させるか，従業員をいつ解雇するか，退職金・給与・解雇予告手当が必要な場合は解雇予告手当の支払の準備，取引先・債権者への通知などの準備をする（かかる準備は，通常，会社が破産をする際の準備と同様，再生債務者において行う）。これらの準備を廃止決定の予定日までに行うこととなる。

再生計画認可前の手続廃止は，裁判所が職権にて行う（191条）。そこで，廃止決定の予定日に，裁判所に対し，事業継続が困難となり，再生計画案の作成の見込みがなくなった旨の上申書や報告書を提出することが一般であろう。かかる書面の提出を受け，裁判所は，民事再生法191条1項に該当するとして，職権にて再生手続の廃止決定をなし，保全管理命令を発令する（251条1項）。

かかる廃止決定が出された後には，通常，裁判所書記官より，廃止決定日を基準とする，①資産と負債の一覧表，②債権者一覧表，③被課税公租公課チェック表，④財産目録，⑤リース物件一覧表，⑥継続中の訴訟等一覧表の提出を求められる。そこで，再生債務者の申立代理人は，速やかにかかる書類を作成の上，提出する。また，通常の破産の時と同様，随時，破産管財人（保全管理人）への各種引継ぎを行う（詳細については49参照）。

そして、再生手続廃止決定が確定すれば（官報公告がなされる関係上、同決定から確定まで約4週間を要する。195条1項・2項、9条、10条1項・2項）、同決定が効力を生じることとなり（195条5項）、破産手続開始決定が出される（250条1項）。なお、再生手続における共益債権は、破産手続においては財団債権とされる（252条6項）。

☆監督委員の視点から☆

監督委員としては、直近の再生債務者の資産状況を把握できているわけではないため、財産目録については早期に作成していただきたい。時間がかかる場合であっても、少なくとも、保全管理人として直ちに対応しなければならない事項、留意しなければならない事項等をまとめた引継ぎメモを作成し提出していただきたい。

(2) **再生計画案が否決された場合**

再生計画案が否決された場合、債権者集会の続行期日が定められた場合において所定の期間内に再生計画案が可決されないときも、裁判所は、職権で、再生手続廃止決定をする（191条3号）。

予め、再生計画案が否決される可能性が高いことが判明している場合などは、事前に裁判所及び監督委員と否決後の対応を協議しておく必要がある。その上で、実際に廃止決定が出されることとなれば、上記の書面の提出や破産管財人（保全管理人）への引継ぎを行う。

☆監督委員の視点から☆

票読みの状況が芳しくない場合は、早めにその旨の連絡をしていただきたい。

3 再生計画認可後の手続廃止

再生計画認可後、再生計画が遂行される見込みがないことが明らかになったときは、裁判所は、再生債務者等若しくは監督委員の申立てにより又は職権で、再生手続廃止決定をする（194条）。

再生計画の遂行が困難になったとしても、再生手続終了前であれば、まずは

再生計画の変更を検討することになる（187条）。しかし，かかる再生計画の変更が難しい場合には，再生債務者において，再生手続廃止決定の申立てを検討する。申立後の引継ぎ等については，上述の場合と同様である。

☆監督委員の視点から☆

再生計画の遂行が困難になった場合も，早めにその旨の連絡をしていただきたい。不履行を起こして初めて監督委員に連絡するということは極力避けるべきである。

4　再生手続廃止後の保全管理人あるいは破産管財人による事業譲渡

前記第2章の事業譲渡型（スポンサー型）の民事再生手続を遂行し，一応，スポンサー候補者が現れたものの，当該候補者から提示された事業譲渡代金額を前提とすると，再生計画案を立案することができないケースもある。このような場合，当該候補者が事業譲渡代金を上乗せしてくれるか，あるいは，もっと高額な譲渡代金を支払う別のスポンサーを見つけることができれば，手続を前に進めることができるが，当該候補者が唯一のスポンサー候補であり，かつ，譲渡代金のこれ以上の上乗せは不可能であって，また，再生債務者の資金繰りも逼迫しているようなケースは，再生手続の廃止を検討せざるを得ない。

しかし，再生手続を廃止するとしても，スポンサー候補者が存在するのであれば，廃止決定後，保全管理人あるいは破産管財人による事業譲渡という方法で事業の再生を試みることも有用である。この場合，廃止決定のタイミングや，事業譲渡の前後の対応などについて，裁判所・監督委員と十分な協議を行う必要がある（49参照）。

また，具体的なスポンサー候補が存在しない場合でも，廃止決定後に保全管理人あるいは破産管財人による事業譲渡に向けた活動の可能性もあるので，申立代理人としても廃止決定時をもって事業を停止するか否か検討を要するところである。

第 3 編

テーマ解説

1 手続選択

I 再建型整理手続の概要

　事業再建型の債務整理手続には，①純粋の私的整理（第三者機関が関与することなく，債務者と債権者だけで進められる整理手続），②裁判所以外の第三者機関を介在させた調整手続（中小企業再生支援協議会スキーム，事業再生 ADR 等），③特定調停手続のほか，法的手続として，④民事再生手続及び⑤会社更生手続などがある。

II 債務者企業から相談を受けた際の各種手続選択上のポイント

　債務者会社が窮境にあるとして，債務整理の相談を受けた場合，相談初期の段階で，再建型私的整理手続を選択するのか，法的整理手続を選択するのかをまず検討する。

(1) 再建型私的整理手続を選択するケース

　金融機関（銀行）への約定の元金弁済をストップすること（必要に応じ，風評を招かない程度に取引先への弁済時期変更の依頼・経営者からの資金注入などの手当て）により，資金繰り上の問題が解消し，その期間内に経営改善を図り，金融支援を受けることにより再生計画の立案の可能性があれば，いったんは再建型私的整理手続を選択し，再生計画の立案を目指すことが大半である。

(2) 法的整理手続を選択するケース

　①上記(1)のように金融機関への約定元金弁済ストップやその他の対応を講じても，手形期日等の弁済期日における資金繰りをまわすことができない場合や，②再建型私的整理手続を目指したものの，粉飾その他の問題を抱えており，金融機関からの協力が得られない場合，③いったん金融機関への元金弁済等をストップし，再生計画の立案を目指していたものの，事業が悪化するなどして再生計画の立案が困難となったり，資金繰り上の問題が生じたり，金融機関からの再生計画案への同意が得られる見込みがなくなったりした場合などに

おいて，法的整理手続が選択されることになる。

　次に，法的整理手続を選択する場合であっても，再建型を選択するのか清算型を選択するのかが問題となる。

　(a)　再建型法的整理手続を選択するケース　　法的手続によらざるを得ない場合において，①債務の弁済を一定期間にわたって停止（棚上げ）すれば，債務を弁済することが可能になるかどうか（営業損益のレベルで黒字か否か，黒字を前提に，一定期間にわたって支払を停止することにより資金繰りが正常化する見込みがあるかどうかなど），②弁済を停止しただけでは，黒字化・資金繰りの正常化が見込めない場合であっても，支払停止期間中に経費削減その他のリストラクチャリングを実行することで，黒字化・資金繰りの正常化を図ることが可能か否か（スポンサーの支援を受ける方法による場合を含む），③上記①ないし②を前提にして，棚上げした債務に関する弁済計画の骨子が立てられるか否か，といった点をクリアできるようであれば，再建型法的整理手続を選択していくことになる。

　(b)　清算型法的整理手続を選択するケース　　再建型法的整理手続における①～③のいずれの条件も満たさないケースでは，事業の再建自体が困難であり，清算型手続（破産等）の選択を検討すべきことになろう。

Ⅲ　再建型私的整理手続の選択上の留意点

(1)　私的整理手続の特徴

　債務整理を検討する場合，上記のとおり，私的整理手続による対応・処理が可能か否かを優先的に検討し，それが不可能・困難な場合に，民事再生手続や会社更生手続といった法的整理手続を検討するという手順が適切であろう。

　ここでいう私的整理とは，純粋な私的整理のほか，裁判所以外の第三者機関を介在させた調整手続及び特定調停手続を含めた広義のものを指す。

　法的整理手続の場合，世間に対して「倒産」というイメージが強く，かつ原則として債務者会社の取引先等を含めた全債権者を手続の対象とする必要があるため（集団的統一的処理），債務者会社の信用は著しく毀損される。

　他方，私的整理の場合，主として金融機関など一部の債権者だけを手続の対象として，仕入その他の取引関係に基づく債務の弁済は継続しながら整理手続

を進めることから，一般取引先や顧客に対する信用毀損を回避することができ，経営者保証ガイドラインによる整理手続を組み合わせれば，世間に知られることなく，経営者の保証債務に関する問題もまとめて整理することができる（手続の密行性）。また，私的整理の場合，法的手続の場合と違って裁判所に納めるべき予納金等の手続費用が不要であり，コストが抑えられる点も利点である（なお，ADR等第三者機関を介在させた調整手続には，相応の手続費用を要する）。

ただし，私的整理は，多数決原理に基づく強制力ある手続ではなく，あくまでも債権者の承諾に基づく手続であるため，手続を成立させるには，手続に関与するすべての債権者から承諾を得ることが必要である。特に，弁済計画のリスケジュールに留まらず，債務免除（債権カット）を含む整理手続では，債権者の承諾を得ることが容易ではない点が難点である。

これらを踏まえて，各手続を選択する際のポイントを以下に述べる。

(2) 純粋な私的整理を選択する場合のポイント

以下のすべての条件を満たす場合，純粋な私的整理も十分に成立の余地があると思われるので，純粋な私的整理手続を積極的に進めることが望ましいといえる。

① 現在の資金繰りは苦しいが，当面，金融債務など一部の債務の支払停止がなされれば，資金繰りは正常化し，他の負債（例えば，公租公課，仕入その他取引関係に関する債務，リース債務等）の支払は約定どおりに行えること
② 手続の対象とする債権者が，金融機関など個別交渉が可能な数・種類の債権者に絞れること
③ 支払を停止した金融債務について，債務免除を前提としない弁済計画が立てられる見通しがあること
④ 企業の物的基盤となっている事業用資産に対して担保権を有する金融機関が協力的である（担保権を実行しないなど）こと及び支払を停止する金融機関全社の理解と協力を得られる見通しがあること

(3) 裁判所以外の第三者機関を介在させた調整手続を選択する場合のポイント

(2)で述べた条件のうち，例えば，手続の対象とする金融債権者の数が多く調整が困難である場合，金融債権者に対しては債務の免除を求める必要がある場

合(スタート当初は債務免除を前提としない計画立案の見通しがあったが，その後，修正が必要となる場合も含む)，あるいは，金融債権者の一部から，積極的な理解・協力が得がたい場合でも，直ちに法的整理手続を検討するのではなく，金融債権者との利害関係を調整する第三者機関の助けを借りて私的整理を成立させることができないか検討すべきである。

具体的には，①中小企業再生支援協議会，②事業再生 ADR，③地域経済活性化支援機構(REVIC)などが第三者機関として挙げられる。裁判所に調整機能を求める特定調停手続も存在するが，これについては，(4)で述べる。

こうした第三者機関は，事業再生に関する専門的知見を有するアドバイザーを活用するなどして債務者の弁済計画・再建計画が合理的なものであることを確認した上で，弁済計画・再建計画について金融債権者の承認が得られるよう調整する機能を果たしており，活発に活用されている(各手続の詳細については，全国倒産処理弁護士ネットワーク編『私的整理の実務Q&A140問』(金融財政事情研究会)参照)。

(4) 特定調停手続を選択する場合のポイント

特定調停手続は，債権者と債務者の話し合いによる合意をベースにするものであるが，裁判所を介在させる手続であり，また，後述する民事調停法17条の調停に代わる決定の余地もあるという意味で，法的手続でもある。

大阪地裁では，東京地裁と同様，事業再建を目的とする債務整理のための特定調停事件については，調停部の裁判官ではなく，倒産部の裁判官が主として担当し，また裁判所において，民事調停規則16条に基づき調査嘱託弁護士を選任し，調査嘱託弁護士が公認会計士を補助者として，債務者会社が提出した事業再生計画案の相当性を調査して，裁判所へ調査報告書を提出する運用を原則とし，もって債務者会社の事業再生計画案の手続的内容的な適正さを担保し，金融債権者(金融機関)内部のコンプライアンスの要請に応える工夫がなされている(林圭介「企業倒産における裁判所による再建型倒産手続の実務の評価と展望」ジュリ1349号48頁以下，川畑正文ほか編『はい6民です お答えします(倒産実務Q&A)2018年10月第2版』(大阪弁護士協同組合)643頁以下参照)。

また，一部の債権者が調停案に応じない場合には，裁判所が，民事調停法17条に基づく調停に代わる決定(いわゆる17条決定)を出すこともある。この決定

に債権者が反対する場合，積極的に異議の意思表明をしなければならないが，裁判所という公的な第三者機関が決定を出したという事実を重視して，裁判所の決定を尊重するという金融機関もあることから，その活用も検討すべきである。

Ⅳ　法的再建型整理手続を選択する上での留意点

(1)　法的再建型整理手続を検討するにあたって

以上でみた各私的整理手続の最大の利点は，外部的に非公開の状態で，取引債権の支払を継続して事業価値の毀損を回避しつつ，金融債務の整理を実施することが可能な点にある。

しかし，債務者会社において対象となる債権者を金融機関など一部に限定することが困難な場合（対象債権者数が多い），相当多額の債務免除を要することが見込まれる場合，あるいは，資金繰り上，手形の不渡りが目前に迫っていて調整を行う時間的余裕がないような場合には，私的整理手続を選択することは困難であり，法的整理のうち民事再生手続あるいは会社更生手続という法的再建型整理手続を検討することが必要になる。

民事再生手続と会社更生手続に関する手続選択のポイントは，(2)以下において述べる。

検討の結果，民事再生手続も会社更生手続も選択することが困難であると判断される場合には，破産など清算型の整理手続を選択せざるを得なくなる。しかし，その場合でも，雇用の維持・確保や取引先保護の観点から，当該事業が再建・存続に値するものである限り，事業譲渡手続や会社分割手続などといった手法を用いることによって当該事業の再建・存続を図ることができないかを，検討すべきであろう。

(2)　民事再生手続を選択する場合のポイント

(a)　選択のポイント　　以下に述べる①を前提に②や③が存する場合は，民事再生手続の選択を検討することになろう。

① 事業に一定の価値・収益力があり，また雇用の維持・確保の要請もあるが，金融債務のみを一時的に棚上げするだけでは資金繰りを改善することは困難であり，取引債務についても弁済を停止することが必要であるな

ど，債務整理の対象とすべき債権者が多数に及ぶ場合（個別的交渉が難しく，むしろ集団的処理が必要な場合）
② 債務整理の対象となる債権者の中に，強硬・非協力的な債権者がいるため，債務整理の対象とすべき債務についてすべての債権者の承諾を得ることが困難な場合
③ 予想外の事情で一時的に破産を避けるべき緊急性・必要性がある場合（例えば，資金繰りに組み込まれていた売掛金が売掛先の事情で遅延することが判明し，これを決済原資としていた手形が落とせず不渡りとなる危険性がある場合や債権者から預金などの資産に仮差押えを受け，資金ショートを来たしかねない状況にある場合など）

(b) 選択の際の留意点　(a)で述べた場合には，民事再生手続の申立てを検討することになるが，その場合，①民事再生手続の申立後に資金ショートする危険性がないか（⑥参照），②清算価値を超える弁済の見込みがあるか（前提として，収益弁済型の場合は，弁済原資を確保できるだけの収益をあげられる見込み），③債務免除益に対する課税の問題をクリアーできるか（タックスプランニングにつき⑳参照）などといった問題について，十分に確認することが必要である。

　また，民事再生手続においては，公租公課の支払及び別除権者の権利行使は，基本的に停止できない。したがって，計画的な分割納税すら実行できないほど多額の公租公課を滞納している場合には民事再生手続の利用は困難であるし，また，債務者会社の物的基盤となっている事業用資産（在庫品，売掛債権を含む）について担保権を有する担保権者が強硬でその協力が得られないような場合も民事再生手続による事業再建は困難であることに留意する必要がある。

(3) 会社更生手続を選択する場合のポイント
(a) 選択のポイント　以下の場合は，民事再生手続ではなく会社更生手続の選択を検討するのが相当である。
① 現経営陣について，経営上の重大な不正が認められる，あるいは，内部対立が激しく経営上の意思決定の統一が図れないなど，DIP型を原則とする民事再生手続では，公正・公平・円滑な手続の遂行が期待できない場合
② 担保権者（とりわけ事業の物的基盤である事業用資産の担保権者）が強硬・非

協力的で別除権協定の締結ができないか著しく困難な状況である場合
　③　公租公課の滞納額が巨額であるとか，既に滞納処分を受けている場合
　(b)　選択の際の留意点　　更生手続開始決定があると，民事再生手続の場合と異なって，租税債権等は優先的更生債権として弁済が禁止され，更生手続開始決定日から1年間は滞納処分も禁止されるとともに，既になされている滞納処分は中止する（会更50条2項）。よって，会社更生手続については，多額の公租公課を滞納している場合でも利用可能性がある。

　また，会社更生手続の場合，民事再生手続と異なり，債務者会社の物的基盤である事業用資産について担保権を有する債権者の担保権は更生担保権として手続外での権利行使を禁止されるので（会更47条1項・2条10項・12項），担保権者の協力が得られない場合でも手続の利用可能性があり，近時，この点を活用した中小企業における会社更生手続も活用されている。

　もっとも，会社更生手続については，対象となる債務者は株式会社のみであるので，株式会社以外の債務者はこの手続を利用することはできない。

　また，会社更生手続では，従来の経営陣は原則として経営権を失うものとされているので，経営陣の変更・交替ができないケースにこの手続を用いることは基本的に困難である。ただし，近時，東京地裁及び大阪地裁では，一定要件のもとで，従前の経営陣が経営権を失うことなく会社更生手続を遂行する（民事再生手続と会社更生手続の長所を生かす）という，いわゆるDIP型会社更生手続も認める取扱いとなっており，この点は決定的な差異ではない。DIP型会社更生手続の活用を検討する場合には，申立前に裁判所と十分に協議することが必要である（以上，民事再生手続と会社更生手続の差異及び比較については概説30頁以下参照）。

2　私的整理から民事再生手続への移行

I　法的整理への移行の検討

(1)　私的整理が行き詰まる理由

　私的整理が行き詰まる理由は，大きく分けて，①金融機関への返済猶予のみでは資金繰りが維持できない場合と，②資金繰りは維持しながら，当面事業を継続することはできるものの，全部又は一部の対象債権者（私的整理手続の対象とされた債権者）から再建計画への同意が得られる見込みが立たず（例えば，担保物件の評価で調整がつかない，粉飾や過去の経緯などが理由で協議を続けても対象債権者と信頼関係が構築できないなど），ともすれば法的な回収行為に踏み切られそうな場合とがあろう。ただ，いずれの場合であっても，まずは，事業を生かす方向でその後の手続を検討するべきである。

　資金繰り自体が維持できるのであれば，民事再生のほかに，反対債権者を相手とした特定調停，事業譲渡などと組み合わせた協定型の特別清算も検討対象となろう。資金繰りが維持できない場合は，資金繰りの切迫度合いで民事再生のほかに事業譲渡破産を検討することが考えられる。

(2)　民事再生を選択するメリット

　資金繰りが破綻しているケースでは，商取引債権も含めて支払を棚上げして資金繰りを回復するというメリットを享受するために，民事再生に移行する。

　一方，資金繰りは維持できているものの私的整理を断念し民事再生に移行する場合は，反対債権者の強硬手段を排除しつつ，法の定める手続に従って膠着した案件を確実に動かすことに主眼がある。担保権消滅手続の利用や，多数決による再生計画案の可決などはその典型である。また，法的整理では，清算価値保障原則や不動産評価における特定価格の採用などの基準が明確化されていることが，反対していた対象債権者とのコンセンサス構築に役立つことも多い。

　ただ，もともとは，金融機関だけを相手に手続を秘密裏に進め，事業毀損を回避すべく先行して私的整理を進めていたはずであるから，にもかかわらず，

民事再生手続を申し立て，商取引債権を巻き込むことについては，事業毀損への不安もあり躊躇することもある。特に，資金繰りに問題のないケースでは，その傾向は顕著となろう。しかし，民事再生で商取引債権を保護する術がまったく存在しないわけではない。申立てのタイミングの設定（買掛支払完了後のタイミングで申立てを行う等），保全処分の例外・一部解除の設定，民事再生法85条5項による弁済許可（③，⑫，⑭参照），実質的平等の観点から再生計画の内容によって優遇を図る，といった手法が考えられる。また，事業再生 ADR 手続からの移行については産業競争力強化法によりプレ DIP ファイナンスの優先や商取引債権に対する弁済許可要件の柔軟化などが考えられる（⑭参照）。

なお，民事再生に移行する際に思い切って考え方を変え，商取引債権を一律保護するのではなく，多様な債権者を手続に取り込み，双方未履行双務契約の解除等を利用して，事業の抜本的な再構築を図るべき案件も存在する。商取引債権の保護については，再生債務者の事業構造，資金繰り状況，対象債権者の理解度，といった観点から多角的に検討することになろう。

法的整理は手続が厳格で時間を要するという印象があるが，私的整理から移行する場合，先行した私的整理の結果を取り込んで迅速な手続進行を図ることもできるし，逆に私的整理は対象債権者の反応次第で手続が膠着する場合がある。法的整理に対する先入観にとらわれず，柔軟に検討する必要があろう。

Ⅱ　迅速な申立て

資金繰りが破綻しているケースでは，資金繰り状況により自ずと民事再生を申し立てる時期が見えてくる。一方，資金繰り以外の理由で私的整理を断念するケースでは，対象債権者とこれ以上の利害調整が困難なほどに緊張関係が限界に達していることを察知して，法的整理への移行を判断することになる。一方，対象債権者としても膠着状態のまま徒らに時間が経過し，債務者の財務状況の悪化が進むと，とるべき回収行動をとらざるを得ない事情が生じる。中小企業再生支援協議会や REVIC といった第三者機関の関与により対象債権者の動きを抑えられる部分があるとしても限界がある。よって，法的整理への移行は「迅速」が鉄則であり，法的整理へ移行する可能性を感じた際は，後日無駄になる可能性はあっても私的整理と並行して準備を進めておく必要がある。

Ⅲ 資金繰りの検討

　私的整理から民事再生に移行する場合，資金繰りに関して，最初から民事再生を申し立てる案件とは異なる観点からの検討を迫られることがある。

　一つは預金相殺の危険が高いことである。通常の民事再生では，申立前に借入れのない銀行の口座に資金移動しておくなどの対応を考えるが，私的整理が先行していると取引金融機関は相応の警戒をしており，手続費用や運転資金を密行的に確保することが難しいこともある。預金相殺された場合に，私的整理における一時停止通知や弁済猶予依頼通知が支払停止に該当するとして相殺禁止等を主張して資金を取り戻すことも考えられるが（野村剛司編集代表『多様化する事業再生』（商事法務）208頁以下〔内藤滋〕参照），支払停止の該当性については様々な考え方があり，解決に時間を要している間に資金繰りが破綻してしまう危険がある。よって，私的整理中のリスケジュールによって期限の利益を有している間に徐々に資金を確保したり，思い切って事前に取引金融機関に預金相殺をしない旨を申し入れることも検討する。この申入れでは私的整理に協調してきた対象債権者間の平等という観点から説得することになろう（多比羅誠編著『進め方がよくわかる　私的整理手続と実務』（第一法規）354頁〔多比羅誠〕参照）。対象債権者の債権残高に応じて一部預金を口座に残したり，約定利息を平等に清算するなどして民事再生への理解と協力を求めることも考えられる。いずれも困難な場合は，申立てのスケジューリングやDIPファイナンスによるぎりぎりの対応を図ることになろう。

　資金繰りに余裕がある場合，私的整理中の成果を生かし，前述したような商取引債権の保護を検討することになる。商取引債権を保護することで支出が増えて資金繰りは厳しくなるが，商取引債権者に対して，保護を受ける条件として従前の取引条件の継続への合意を求めるなどして資金繰りの安定を図るといった工夫も考えられる。

Ⅳ 簡易再生の利用

　一部の債権者のみが反対して民事再生に移行せざるを得ないようなケースでは，私的整理の成果を再生手続に生かし，迅速な再建への着手を可能にする観点から再生手続でのスケジュール短縮を裁判所と協議するほか，簡易再生

(211条以下)の手続も検討できよう（6民実務15頁，運用指針126頁参照。なお，同意再生（217条以下）の活用につき，6民実務18頁参照）。

簡易再生では，届出再生債権者の総債権について裁判所が評価した額の5分の3以上にあたる債権者が再生計画案に同意し，かつ，書面により再生債権の調査・確定手続を経ないことに同意していることが前提である。この同意の疎明においては，私的整理における同意書面の流用も検討されるべきであろう。

簡易再生は，法律上の手続が簡素化されるにすぎず（債権調査及び確定手続を経ずに直ちに再生計画案の決議集会に進むことができる），商取引債権の保護については別途検討が必要である。ただし，私的整理から簡易再生への移行を試みる案件は，対象債権者の多くが，金融債権のみを対象とした再生計画案にいったん同意する意向を示していよう。よって，対象債権者との間で，商取引債権を保護した再生手続（100％弁済の範囲を引き上げて商取引債権はすべて弁済する前提の再生計画を策定する等）を進めることを確認し，私的整理の再生計画を再生手続に転用して迅速に再生計画を成立させることが考えられる。その他，商取引債権保護をさらに前倒しで実現するために，弁済禁止仮処分の例外の範囲の設定の工夫や，民事再生法85条2項，5項前段・後段の許可を得ることを検討することになろうが，裁判所と事前協議する場合において，大多数の対象債権者が従前の私的整理の流れを踏まえて商取引債権を保護することに異存ない旨を説明することは有益であろう。

V　情報の開示について

私的整理から民事再生に移行した場合でも，対象債権者は最大債権者であろうし，商取引債権を保護すれば，頭数要件においても対象債権者が決定権を握るケースが出てくる。私的整理では情報開示が対象債権者との信頼関係の維持に不可欠であるが，民事再生に移行しても，従前の私的整理との連続性を考えながら対象債権者と対話する必要があろう。特に，商取引債権保護のためには，不利益を受ける対象債権者の理解を得ることが重要となろう。

具体的には財産評定について私的整理手続における開示資料との連続性を確保して理解しやすい資料作りを心掛ける，必要に応じてバンクミーティングを開催することなどが考えられる（債権者に対する情報開示につき23参照）。

3　商取引債権の保護

I　商取引債権の保護の必要性

　再生債務者にとって，従前どおりの商品・原材料等の仕入れや，下請先等への請負・業務委託などを継続することは，通常，事業を継続する上で不可欠である。しかし，再生手続開始の申立てがあれば，弁済禁止の保全処分により申立前の原因に基づく債権の弁済が禁止され（30条1項），また再生手続が開始すれば，開始決定に伴う弁済禁止効により，開始前の原因に基づいて生じた債権は，原則として支払うことができなくなる（85条1項）。

　すると，取引先の中に，再生債務者との取引継続を拒んだり，あるいは従前より厳しい取引条件でしか取引に応じない，とする者が出てくる可能性がある。再生債務者が容易に代替取引先を見つけられればよいが，それが困難な場合，従前どおりの取引先との取引を継続できないことは，再生債務者の事業の継続に深刻な影響を与えることがある。そこで，そのような場合には再生債権たる商取引債権を支払ってでも事業の継続に支障を生じないよう対処すべき必要性が生じる。

　また，債務者が再生手続を申し立てる前に私的整理手続を利用して債務の整理を図っていたような場合，先立つ私的整理手続では商取引債権者は債務整理の対象とせず，金融機関債権者のみを対象とするのが通常である。そこで，例えばわずかな金融機関債権者の反対により私的整理が成立せずに再生手続に移行したような場合，再生手続に入ったことによる事業への影響や混乱を最小限に抑え，事業を円滑に継続し得るよう，私的整理手続中と同様に商取引債権を弁済したいとの要請も考えられる。

II　再生手続における商取引債権の取扱い

　再生手続開始の申立てがあると，申立日前の原因によって生じた商取引債権は，再生手続開始の申立てに伴って発令される弁済禁止の保全処分により，弁

済できなくなるのが通常である（30条1項。[7]参照）。そこで，どのように商取引債権を保護し得るかが問題となる。

なお，再生手続開始申立後，再生手続開始前に行われた取引を原因として生じる債権は，裁判所の許可又は監督委員の承認を受けることによって共益債権化し，支払うことが可能であるし（120条。[14]参照），再生手続開始決定後に新たに取引を行って生じた商取引債権は，共益債権（119条5号）として再生手続によらないで随時弁済することができる（121条1項。[12]参照）。

Ⅲ 商取引債権の保護の手段

(1) 再生手続開始申立後・開始決定前

上述のように弁済禁止の保全命令が発令されると，申立日までの原因により生じた商取引債権は，申立日以降，弁済することができなくなる（30条1項）。この場合，商取引債権を弁済禁止の対象となる債権から外して保全処分を申し立てることにより，弁済を可能とすることが考えられる。

弁済禁止の保全処分の申立てにおいて，租税等，労働債権，水道光熱費，通信費用などは弁済禁止の対象から外しておくことが多いが，これに加え，「〇万円以下の債務」等，一定額以下の債務をも弁済禁止の例外とする（資料9，[7]参照）。このとき，保全の例外とした債権は，債権者平等の観点から，開始後も，前述の共益債権化や後述する弁済許可を得る等の方法により弁済することを予定するのが相当であり，そのため，これが可能な金額設定とするよう留意が必要である。

弁済禁止の例外として，このように一定額以下の債務を定めるほか，特に保護が必要な特定の種類の債務とすることも考えられる。例えば，派遣料や個人事業主への外注費用など，実質的に労働債権に該当するような債務を保全の例外とする，再生債務者が小売業者で商品券やポイントなどを発行している場合，その利用に応じる債務（非金銭債務）を保全の例外とする，などの例が見られるところである（保全の例外の具体例につき，運用指針86頁以下参照）。

また，最初から保全の例外とする方法のほか，弁済禁止の保全処分が発令された後，その一部の解除の手続をとることにより，一定の債権を弁済禁止の対象外とすることも考えられる（30条2項）。

(2) 再生手続開始後

再生手続開始後は，以下のとおり，商取引債権の保護を図る方法が考えられる（(a)～(c)については14参照）。

(a) **民事再生法85条5項前段による弁済** 民事再生法85条5項前段は，少額の再生債権を早期に弁済することにより再生手続を円滑に進行することができるときは，裁判所は，再生債務者等の申立てにより，その弁済を許可することができる，とする。

典型的には，少額の再生債権を有する債権者が多数存する場合に，これを弁済することにより，債権者数が減少する結果となり，以後の債権者集会の開催通知の送付，再生計画案の送付，議決その他の再生手続を円滑に進め得る場合などが想定されている。本条項を活用し，結果として商取引債権の保護をも併せて達成することが考えられる。

(b) **民事再生法85条5項後段による弁済** 少額の再生債権を早期に弁済しなければ再生債務者の事業の継続に著しい支障を来すときは，裁判所は，再生債務者等の申立てにより，その弁済をすることを許可することができる（85条5項後段）。

民事再生法85条5項後段による少額債権の弁済許可を受けるためには，①弁済の対象となる再生債権が少額であること，②当該再生債権を弁済しなければ再生債務者の事業の継続に著しい支障を来すこと，という要件を充たす必要がある。

経営者からすれば，円滑に事業を継続させるために商取引債権を幅広く保護したい，との意向が働くことが多い。しかし，商取引債権を保護するということは，結果として金融債権を商取引債権に劣後させることになること，また，再生債務者の財務状態の圧迫要因ともなり得る。そこで，同条同項による弁済を実施することにより，再生債務者の事業の保全に資することになるか，資金繰りに問題はないか等，十分な検討が求められる。

(c) **民事再生法85条2項による弁済** 民事再生法85条2項は，再生債務者を主要な取引先とする中小企業者が，再生債権の弁済を受けなければ事業の継続に著しい支障を来すおそれがあるときは，裁判所は，再生債務者等の申立てにより，その弁済を許可することができる，とする。再生債務者の取引先であ

る中小企業の連鎖倒産を防止しようとする趣旨によるものである。裁判所が弁済の許否を判断するにあたっては，再生債務者と当該中小企業者との取引の状況，再生債務者の資産状態，利害関係人の利害その他一切の事情を考慮しなければならない（85条3項）。

同条同項は，再生債務者自身ではなく，取引先の経営状況が要件に関わってくるため，再生債務者側の事情のみで弁済許可を求めることはできない。上記のとおり，同条同項の許可を得るためには様々な考慮要素があり，許可された実例は多くはない。

(d) 再生計画における少額債権についての別段の定め　再生計画において，再生債権の権利の変更の内容は，再生債権者間で平等でなければならないとされているが（155条1項本文），通常再生においては実質的平等が許容されていることから，少額の再生債権について別段の定めをすることが可能とされている（同条同項但書）。

この条項は，再生計画の立案段階のものであり，商取引債権の保護という観点よりもむしろ，一定額以下については全額の弁済を確保する等の債権者間の平等を確保する目的で活用されることが多いと思われるが，少額の債権を特別に弁済対象とするという意味では商取引債権の保護にも繋がるため，挙げておく。

(3) **私的整理から民事再生手続への移行**

商取引債権の保護を含む，私的整理から民事再生手続に移行した場合の留意点については②を，民事再生法85条5項前段及び同後段，事業再生 ADR 手続との関連での弁済許可については，⑭を，弁済禁止の保全命令の例外又は一部解除については，⑫を参照されたい。

また，運用指針178頁以下には，東京地裁において，民事再生法85条5項後段に基づく弁済許可がされた事例14件の業種，再生債権の総額及び人数，弁済対象債権の合計及び人数等の情報がまとめられている。

4 業種別の留意点

I 申立前の準備段階での検討の重要性

　事業は，その事業対象となる商品・サービス等が円滑に提供されることで継続し，事業価値が維持されることとなるため，「ヒト・モノ・カネ」の流れを滞りなく円滑にすることが肝心であるが，再生手続が開始すると，手続的制約のために，これらの動きが阻害されることとなる。

　そのため，債務者会社から債務整理の相談を受けた場合，できる限り早期に，債務者会社に潜在する問題点を把握することが手続選択の観点及び手続後に生じる問題への早期対応の観点から，極めて重要である。すなわち，経営者・従業員等から，当該会社の事業の特性，内容を詳細にヒアリングすることが必要であり，また，ヒアリングを通じて，再生手続下において生じる可能性のある問題を事前にイメージし，把握する必要がある。具体的には，会社案内，営業パンフレット，ホームページなどから当該会社の事業内容を把握したうえ，経営者等から，その詳細を確認し，他方，経営者・従業員等から，個々のサービス提供の流れ，製品の流れ，お金の流れ等の商流を確認することとなる。

　債務者会社に潜在する問題点は千差万別であるものの，本編テーマ解説において，事業者に共通して生じる可能性のある問題点を個別に取り上げている。

　他方，債務者会社の業種内容によって生じる問題点，あるいは潜在する問題点についての一定の傾向があるため，以下，業種別に生じ得る問題点等を概観し，その対応や留意点について紹介をしたい。なお，業種別の留意点については，Q&A294～326頁に詳細に紹介されており，参照されたい（このほか，業種別のビジネスフローや問題となる事項を整理したものとして，鈴木学＝山田ビジネスコンサルティング株式会社編『業種別事業再生事典』（金融財政事情研究会）参照）。

II 業種別の留意点

(1) 製造業・メーカー

製造業・メーカーの場合，製品の製造過程から客先への納入までの取引の流れを把握する必要がある。まず，原材料の仕入れを滞りなくするため，新たな仕入れのための資金の段取りの問題（⑥参照），原材料等の供給契約が継続的供給契約（50条）に該当するか否かの問題（⑯参照）を検討する必要がある。さらに，製造における工作機械等がリース機械であれば，そのリース契約への対応（⑳参照）を，工場労働者が派遣労働者である場合には，継続的に労務の提供を受けるべくその派遣料の支払をどのようにするかなどの問題がある。また，申立時点で製品が客先に届けるために運送中であることが予想される場合や，原材料，製品等が外部倉庫に寄託されている場合には，物流業者や倉庫業者の有する商事留置権への対応（㉝参照）を，原材料，半製品，製品に対して，集合動産譲渡担保が設定され，また，客先への売掛金について集合債権譲渡担保が設定されている場合にはその対応（㉛，㉜参照）をすることとなる。また，工場不動産には抵当権等が設定されているのが通常であり，別除権の処理（㉙，㉟参照）が問題となる。これらの検討すべき問題点は，他の業種でも生じるような典型的ケースが多い。

申立直後から開始決定前後の初期段階で，これらの処理を同時に着手する必要があるため，準備段階では，具体的な製品の流れ，お金の動きを意識して，事前に問題点を把握する必要がある。

(2) 小売業・流通業

小売業・流通業の場合，メーカーの場合と同様に，共通して発生する問題点のほか，店舗を賃借していることが多いため，賃貸借契約の継続を図る必要がある。賃貸借契約において倒産手続の申立てを原因とする解除条項は無効であると考えられることから（⑯参照），賃料の支払を滞りなく行うこと（通常は，賃料先払いであり倒産手続申立ての影響は少ない）で賃貸借契約の継続を確保できることが多い。

その他の特徴的な問題としては，商品仕入契約等の法的性質決定の問題がある。小売業がメーカー，問屋等から商品を仕入れる契約内容には，単なる売買契約であるものから，委託販売の契約（消化仕入方式と呼ばれる形式の場合もある）というものまで，様々なものがある。これら契約内容によっては，商品の所有

権が仕入元にあり仕入元が取戻権を有する，あるいは，商品について別除権（所有権留保など）が存在するなどの問題があるので，慎重な対応が必要である（17参照）。そのため，仕入元との契約内容を契約書などで事前に確認しておくことが必要である。

もっとも，商品について取戻権あるいは別除権等が存在するとしても，小売業にとっては，商品の品揃えがあることが極めて重要であるから，申立後の販売についてはその仕入代金は共益債権となることなどを説明し，できる限り販売の継続を図るべきである。仮に商品が引き揚げられることとなるとしても，極力商品棚が空かないよう，その時期や方法については，仕入元との間で交渉を行う必要があろう。

また，小売業では，顧客に対し，商品券やポイントを付与することがある。手続上は，手続開始前の原因に基づき発生する再生債権であり，また，弁済禁止の保全処分の対象となるものであるが，その金額が少ないことや顧客維持による事業価値の維持の観点から，少額債権としての保護の対象とし，また，弁済禁止の保全処分の対象外とすることが望ましい。

(3) 建築請負業者・ゼネコン

建築請負業者・ゼネコンである場合，請負契約の処理の問題が一番大きい。建築請負業者・ゼネコンは，請負人である立場とともに，下請業者との関係では，注文者の立場となり，これらを前提に，諸問題への対応が必要である（詳細は19参照）。

なお，建築材料の生コンクリートの取引に関し，生コンクリートの性質上，建築現場から一定距離以上離れた場所からの運搬が困難であること等により，事実上，代替取引業者が存在しない場合がある。このような場合，再生債権の代金未受領による取引拒否等が行われることもあるので，事前に対応策を検討しておくか，あるいは，事業継続への協力を約しての和解を行うなどの検討が必要となる。

(4) 不動産デベロッパー

不動産デベロッパーである場合，建築請負業者・ゼネコンと同様に，物件の建設途上のプロジェクトに関して請負契約の処理の問題が生じる（19参照）。

また，プロジェクトごとに資金調達方法や別除権者との権利関係，販売の進

行状況等が異なるため，個々のプロジェクトのスキーム，利害関係人，進捗状況を早期に適切に把握し，申立後，速やかにかかる利害関係人との間でプロジェクトの処理方針の協議を進めていく必要がある。

商業施設の運営を行っている場合は，テナントから売上金を預かっている場合もあり，申立前に当該預り金の対応を検討しておく必要がある（12参照）。

マンションデベロッパーの場合，建設中のマンションが予定どおり建設できなくなれば，買主に対し，経済的のみならず，生活設計に大きな影響を与えることになるため（転居・引越しや子供の転校などに影響を与える），留意が必要である。赤字物件であったとしても，かかる影響に鑑みて，双方未履行双務契約の解除の判断が難しいものもある（17参照）。ジョイントベンチャー（JV）での案件の場合は，その持分を他のJV当事者等に売却することがよく行われる。

再建スキームとしては，個々のプロジェクトを遂行していくためには資金調達が重要となることが通常であるため，自力再建は難しく，プロジェクトごとあるいは全体のスポンサーを選定することが一般的である。

(5) ゴルフ場

ゴルフ場の場合，預託金会員方式のゴルフ場が多く（41参照），多人数（数千，数万人も）の会員が債権者となり，債権額も金融機関債権者の債権額を大きく上回るのが通常で，特に会員債権者向け対応（電話対応の体制，ホームページを利用した情報提供，債権者説明会の会場や実施時期・回数等）を事前に十分に検討する必要がある。再生手続開始後の債権届出書の作成を容易にする工夫や自認債権を減らす努力も必要となる。また，守る会等，会員間の意見対立や調整が難しい場合もあり，再生計画案可決のための頭数要件，議決権額要件ともに注意を要し，自主再建型かスポンサー型のいずれで進めるか，スポンサー選定手続に関しても，プレー権等直接影響を受ける会員債権者の動向は重要となる。

また，担保権者とは，スポンサー候補者の拠出額との関係で担保不動産評価が乖離しかねず，段階的にスポンサー選定手続を行うなどして，別除権協定の前提となる評価の乖離をできる限り事前に調整する手法をとることが望ましい。

(6) ホテル・旅館

日本のホテル・旅館は，近年，所有と運営が分離しているケースも増えつつ

あるが，土地・建物の所有者が自ら経営する直営方式が多く，過大な投資を行ったものの売上が低迷し，窮境に至る例が多い。一方で，オーナー家は，家業として脆弱なマネジメント体制しか有しておらず，宿泊客対応を行う従業員を多数抱えるものの，多様なサービスを外部事業者に委ねるケースも多い。

このため，再生手続を検討する場合，申立後も，事業価値を毀損させないために，外部事業者との連携を維持する検討が不可欠である。例えば，リネン業者や清掃業者のサービス提供，食材の調達，旅行代理店やインターネットサイト業者からの斡旋，料飲サービス等に対する外部事業者のサービス提供や労働者の派遣などが手続申立後にも円滑に行われるような事前の手立て（一定程度の手持ち現金の確保，他の代替取引先の検討，商取引債権の保護制度の活用，弁済禁止処分の対象から外すものの検討など）の検討が必要である。また，多数の従業員のモチベーション維持のための目配りも不可欠となる。

数値面では，結婚式や宴会などは縁起物であるがゆえに一定のキャンセルが生じることが予想され，これを見越した申立直後の資金繰りや営業計画の立案も必要となる。

再生計画案の策定段階では，早期に建物の価値を把握するため，エンジニアリングレポートの取得，不動産鑑定の実施が必要となり，再建手法としてスポンサーへの譲渡等を行う場合には，旅館業の許可のみならず，温泉利用許可，酒類販売業許可，風俗営業許可，飲食店営業許可などの許認可の承継を円滑に行うことについての注意も必要となる。

(7) 病　　　院

病院の開設主体の多くは個人や医療法人であるが，その他にも社会福祉法人や株式会社等様々な法主体が存在するし，医療法人も持分の有無があるなどする。そのため，開設主体によって意思決定方法やスポンサーへの事業承継方法を検討する際の留意点が異なってくる。また，公共性・公益性が高いことから，法律や行政指導による様々な規制を受けており，再建のスキームによっては都道府県知事の認可や都道府県医療審議会の意見聴取が必要となるなど，所管の行政担当者（都道府県の医療課等）との間で，手続の前後を問わず連携を図っておくことが望ましい（特に，病床数移行の可否といった重要事項は早期に確認する必要がある）。

患者の生命・身体に関わる業種であるため，資金繰りには細心の注意が必要となるが，診療報酬債権に集合債権譲渡担保が設定されている，高額設備のリースが多い，医師・看護師などの専門職の人件費確保（過酷な勤務実態で未払残業代が隠れていることも多い），医薬品の仕入継続の必要性など，資金繰りを厳しくする要因が多い。担保権者や取引先等に対し公共性の高さの観点からの粘り強い交渉が必要となる。

(8) 学 校

学校の場合，その設置主体は学校法人であり，文部科学大臣又は都道府県知事に所管され，私立学校法による規律を受けるという特徴がある。また，学校法人は，株式会社と異なり，株主に相当する実質的所有者はなく，理事長や理事の選任といった事項を含め，学校法人の運営は，原則として理事会において決定される。

スポンサーによる再建に際しては，学校法人の管理機関（理事長，理事会，監事，評議員会）をスポンサーの意向に従ったメンバー構成に変更する方法が最も簡便である。また，設置者変更手続によって，学校の設置主体をスポンサーの学校法人に変更する方法があるが，資産や契約関係を個別に移転する必要があるほか，事前に所管官庁への確認と協議が必要となる。

学校の主たる収入は，学納金であり，年1回決定する入学者数により翌期の収入が大きく変動するほか，学納金の納付時期も比較的一時期に集中するため，入学者の激減につながる混乱を避け，かつ資金が枯渇しないよう，申立時期及びその後のスケジュールについては慎重な検討が必要である。

5 申立書の作成

I　はじめに

　再生手続開始の申立ては，書面（申立書）によって行う必要があり（規則2条1項），申立書には，規則12条の必要的記載事項を記載したうえ，規則13条の実質的記載事項も記載する必要がある。また，申立書には，規則14条の書面を添付するとともに，再生債権及び再生債務者の財産の状況に関する資料その他再生手続の円滑な進行を図るために必要な資料（規則14条の2）を提出することが必要である（新注釈上105頁，Ｑ＆Ａ38頁，6民実務28頁参照）。

　各裁判所において，申立書の記載事項や添付書類に関する要領を定めているところがあるので，事前に，当該事件の管轄裁判所の取扱いを確認する必要がある。例えば，東京地裁や大阪地裁においては，要領が定められており，特に，大阪地裁の「民事再生手続の申立てを検討されている方へ」と題する要領書面は，申立書に記載すべき事項・添付書類について，詳細に説明したもの（Ｑ＆Ａ36頁参照）なので，大阪地裁を管轄裁判所とする事件の申立ての際には，参照することが望ましい（6民実務35頁以下にもひな型が紹介されている）。

II　申立書作成の留意事項

　申立書の記載事項及び添付書類は，規則で定められているとおりであり，その概要は，資料5のとおりである（Ｑ＆Ａ40頁の書式も参照されたい）。

　以下，申立書作成の際の留意事項について，詳述する。

　なお，申立書を作成する際には，申立書が利害関係人の閲覧・謄写（16条）の対象となることに留意して，記載内容を検討すべきである。例えば，爾後の手続遂行上，裁判所・監督委員の認識・理解を得ておいたほうがよいと思われる事項であっても閲覧・謄写の対象とすべきではない若しくは対象となることが適当ではないと判断される事項については，申立書に記載するのではなく，申立書とは別に，裁判所・監督委員に対する事実上の説明用メモないし資料に

記載して，裁判所・監督委員に対してのみ情報を提供するなどの工夫を検討すべきである（事実上の説明用メモ等は，事件記録ではないので，閲覧・謄写の対象にならない）。

(1) 再生債務者の事業の内容及び状況等

申立書には，「再生債務者が事業を行っているときは，その事業の内容及び状況，営業所又は事務所の名称及び所在地並びに使用人その他の従業者の状況」（規則13条1項2号）を記載する必要がある。この点，事業の内容及び状況等については，添付書類として，会社のパンフレット，ホームページを印刷したものなど事業の概要を説明した書類を提出するだけでなく，申立書において，会社の経歴等を記載し，当該事業の収益構造，取引関係（原材料の仕入，商品販売ルート，顧客等）などを意識して，わかりやすく記載することが望ましい。別項目において，再生手続の開始原因として，会社が窮境に至った原因を記載し，また，事業再生の基本方針を記載することになるが，これらの前提として，当該事業の収益構造や取引関係などを正確に説明することが有意義である。

また，子会社，関係会社などのグループ会社が存在する場合は，資本関係・取引の有無などを含めて，再生債務者との関係を記載すべきである。

(2) 再生手続開始の原因となる事実等

申立書には，「再生手続開始の原因となる事実」（規則12条1項4号）及び「再生手続開始の原因となる事実が生ずるに至った事情」（規則13条1項4号）を記載する必要がある。この点，これら事実・事情については，法21条1項の開始原因を根拠づける具体的事実及びその事実が生ずるに至った具体的事情を，時系列に沿って，わかりやすく詳述することが必要である。例えば，単に，「リーマン・ショック以降の売上減少」などという安易な説明をするのではなく，前記(1)の収益構造を踏まえて，具体的に，窮境に至った原因を特定して，記載すべきである。窮境原因を特定することは，事業再生の見込みを具体化することに資するであろう。

(3) 再生債務者の資産，負債の状況等

申立書には，「再生債務者の資産，負債（再生債権者の数を含む）その他の財産の状況」を記載する必要がある（規則13条1項3号）。そこで，再生債務者は，

添付書類として，債権者一覧表（規則14条1項3号），財産目録（規則14条1項4号）及び直近3期分の貸借対照表・損益計算書（規則14条1項5号）を提出する。これら添付書類に基づき，申立書には，直近3期の資産・負債及び収益の推移，主な資産の内容・管理状況等，債権者の概要（金融機関，リース会社，一般の取引先などの種類ごとに，債権者数，債権額，主たる債権者の名称・金額，別除権の有無等を記載する）などを記載する。

以上のほか，申立書には，後記(4)の「再生計画案の作成の方針」の前提として，清算価値保障原則（174条2項4号）の観点から，申立時点において清算した場合の予想配当率（清算配当率）を記載する。ここでは，申立書において清算配当率の見込みに言及したうえで，添付書類として後述する清算貸借対照表（資料6）を提出する。もっとも，申立時点においては，財産評定（124条）及び債権調査（100条）が未了であり，また，清算費用（例えば，工場や店舗の明渡し等に要する費用や破産手続に要する費用等）は概算で計上せざるを得ない。この場合に，清算配当率の試算が楽観的に過ぎると，数字だけが一人歩きして，債権者その他の利害関係人に，誤った事案の見通し・判断を与えるおそれがある。よって，清算配当率の試算は，十分，慎重に行わなければならない。

(4) 再生計画案の作成の方針

申立書には，「再生計画案の作成の方針についての申立人の意見」を記載する必要があり（規則12条1項5号），この意見の記載は，「できる限り，予想される再生債権者の権利の変更の内容及び利害関係人の協力の見込みを明らかにしてしなければならない。」と規定されている（規則12条2項）。具体的には，①事業が存続していくための具体的方法（自力再建による収益弁済型か，スポンサー支援型かなど），特に，開始申立てに至った原因の解消方法，今後の事業計画や資金繰りの見込み等，②主要な債権者や取引先，従業員の協力が得られる見込み，③これらを踏まえた申立人の意見，を記載することが必要であり，申立人の意見の内容としては，予想される再生債権者の権利の変更の内容について言及することが求められている（大阪地裁の「民事再生手続の申立てを検討されている方へ」参照）。

上記の記載事項については，裁判所が，事件の進行の見通しを把握し，再生手続開始申立てについての審理をする際の資料とするためのものであると解さ

れている（条解102頁参照）。よって，できる限り具体的な記載が望ましいが，実際には，時間的限界や事態の流動性に伴う情報管理の必要性もあり，ある程度，抽象的な記載に止まらざるを得ない事案も多いようである（Q＆A38頁参照）。特に，規則12条2項の「予想される再生債権者の権利の変更の内容」については，一般的に，再生計画案における弁済率・弁済期間を意味すると解される。しかし，申立時点においては，自力再建型の場合，その後の事業計画について流動的要素が多いこと（申立ての影響によって，どの程度売上が減少するか不透明である），スポンサー型の場合，支援の内容（事業譲渡・減増資などのスキーム，譲渡代金・増資額などの支援額等）が未確定であることから，弁済率等を明示することは困難である。また，仮に，弁済率を明示した場合，その数字だけが一人歩きするおそれも否定できない。そこで，多くの事案においては，「清算配当率を上回る弁済が可能である」などという程度の抽象的な記載に止めるか，あるいは，保守的に試算した一定の幅のある弁済率を示すことにならざるを得ないと解される。

Ⅲ 添付書類の準備に関する留意事項

申立書の添付書類の内容は，規則14条の書面及び規則14条の2のとおりである。以下，添付書類の準備に関する留意事項について説明する。ただし，資金繰り表（規則14条1項6号）については，6にて詳述する。なお，各裁判所において，添付書類の提出要領を定めていることがあるので，事前の確認が必要であることは既述のとおりである。

(1) 債権者一覧表

債権者一覧表（規則14条1項3号）については，一般的に，総括表（全債権者名を記載した表）及び債権の種類（金融機関，リース会社，一般取引債権，従業員関係，租税等債権者など）ごとの一覧表（氏名・名称，住所，郵便番号及び電話番号（ファクシミリの番号を含む）並びに債権及び担保権の内容・金額を記載した表）を作成することが必要である。

債権者一覧表は，可能な限り，最新データに基づいて作成すべきではあるが，事業を継続している以上，申立日当日時点の正確なデータを作成することは困難である。そこで，例えば，前月末日など，一定の日を基準とした債権者

一覧表を作成し，同表に，その基準日（「○月○日現在」）を明記するという対応でもやむを得ない。なお，申立後，その当否は措くとして，信用調査会社が，債権者の立場で，裁判所に対して，債権者一覧表の謄写を申請して，謄写した債権者一覧表の情報を公表することがある。取引先によっては，再生債務者に対する債権の焦げ付きという事実が，取引先の信用不安を招来することもある。よって，債権者一覧表を作成する際には，誤って現在は債権額が0となった会社を記載したり，金額を誤って高額に記載したりすることがないよう，十分に注意する必要がある。

(2) 貸借対照表及び損益計算書

貸借対照表及び損益計算書（規則14条1項5号）は，直近3決算期分を資料として添付するが，それぞれ3決算期分を1枚のシートにまとめて比較対照が容易なようにすることも有益である（いわゆる比較貸借対照表及び比較損益計算書）。また，最終の決算の時から3ヵ月以上を経過している場合には，直近の試算表（貸借対照表及び損益計算書）を添付したほうがよいであろう。

貸借対照表については，通常貸借対照表のほか，清算貸借対照表を作成して，申立書の添付資料とするのが一般的である。清算貸借対照表は，直前決算期における貸借対照表又は直近の貸借対照表試算表をもとに作成する（資料6）。この場合，各資産の評価替えの基準・内容を明らかにすべきであるし，リース取引に係る資産・負債のような簿外資産・簿外債務の計上，債権債務の相殺処理，別除権による優先的回収，公租公課や労働債権などの優先的債権の取扱い，清算費用その他共益的費用の計上など，通常の貸借対照表では行われない処理に注意しなければならない。以上のようにして清算貸借対照表を作成したうえで，清算配当率を試算して明示するのが一般的であるが，手続・事案の性質上，慎重かつ保守的な評価・試算を心掛けるべきである。

(3) その他の書類

規則14条に規定されているもののほか，「再生手続の円滑な進行を図る」（規則14条の2）という観点から，再生債務者の事業内容等に関する書類として，会社のパンフレットやホームページを印刷したもの，営業所・店舗・工場などの所在一覧表，組織図，株主名簿などを提出することが一般的である。再生計画案の基本方針との関係で，今後の事業計画書を提出する場合もある。

6　資金繰り表の作成

I　資金繰り表の重要性

　資金繰り表は，債務者会社の収益力・支出内容をキャッシュフローベースで示すものであり，これを作成することで，再建型整理手続を選択できるか否か，再建型整理手続を選択した場合に今後も事業継続可能な状態にあるか否かを見極める際の重要な資料となる。

　再生手続において資金繰り表を利用する場面は，大きく分けて3つある。すなわち，①相談段階の手続選択にあたり，資金ショートがいつか（Xデーの見通し），再生手続中の二次破綻がないかといった方針検討の場面，②再生手続開始申立てを行うにあたり，申立書の添付書類として提出する場面，③再生手続開始後の事業継続中の実績確認と将来予測の場面（モニタリングの場面）である。

II　相談段階で作成する資金繰り表

(1)　2種類の資金繰り表の作成

　相談段階の方針検討の場面では，現状のまま推移した場合の日繰りベースでの資金ショートの見込み，借り換えや手形ジャンプ等で資金繰りの改善が可能か，再生手続開始申立てを行った場合の資金繰り（再生債権の弁済をせず，現金取引になることを想定したもの）を検討することになる。したがって，この段階では，まず，①再生手続開始申立てを前提としない場合の資金繰り表を作成したうえで，次に，②申立てを行う場合の資金繰り表を作成することになる。

　申立て前提の資金繰り表では，申立後3ヵ月程度の日繰り表を作成し，債務者会社が再生手続開始申立後も事業継続できるかどうか，資金ショートする可能性はないか（二次破綻しないかどうか），あるいは，どの時期が資金的に厳しくなるのか等をチェックする。日繰り表を作成することで，申立直後の運転資金の状態を視覚化でき，予め資金繰りの厳しい時期を見極めておけば，それに対

する対応策も検討でき，現在のビジネスモデルの維持の可能性ないしは改善の要否をチェックすることも可能となる。この際，資金繰り表は，債務者会社が作成することが基本となるが，申立代理人としては，債務者会社が作成した資金繰り表について，経営者の見通しや見解を参考にしつつも，過去の実績数値等に基づき，この資金繰り表の精度を厳しく検証することが必要である。

(2) 資金繰り実績の分析

過去の資金繰りの実績数値を分析することで，例えば，①粗利率が悪いのか(売上高あるいは仕入・原価管理を検証する必要がある)，②営業利益率が悪いのか(販管費を検証する必要がある)，経常利益率が悪いのか等，資金繰り逼迫の原因が見えてくるものである。

この検討の際，過去3期分程度の比較貸借対照表，比較損益計算書を作成するとさらに有用である。比較損益計算書を作成すれば，売上高，売上原価，営業利益等が，いつから，どの程度の割合で増減しているのかが一目瞭然となり，資金繰り悪化の原因を探ることが可能となるからである（なお，粉飾がある場合は，実績に基づき修正した数値にする）。

また，季節変動のある商品の場合，年間を通じての収益の変動がわかる。

Ⅲ　申立時に必要な資金繰り表

(1) 添付書類としての資金繰り表

再生手続開始の申立てにあたって，申立書の添付書類として，①申立前1年分の資金繰り実績表と②申立後6ヵ月分の資金繰り見込表の提出が求められている（規則14条1項6号）。大阪地裁の場合，②の資金繰り表については，原則として，申立後6ヵ月分の月次資金繰り表と申立後3ヵ月分の日繰り表（少なくとも1ヵ月分）の提出が求められる。この資金繰り表は，相談段階で作成していた資金繰り表（前記Ⅱ参照）を基に作成する。①の過去1年分の資金繰り実績表は，過去1年間の資金繰り実績を月次ベースで一覧化したものである。

(2) 事前相談の資料

再生手続開始申立前の裁判所に対する事前相談の際には，申立書のドラフト，債権者一覧表とともに申立後3ヵ月分の日繰り表（資金繰り表）を資料として提出することが一般的であるが，裁判所は，手続開始要件の観点から，再

生手続開始後の資金繰りに大きな関心を寄せている（資金繰り表上，手続申立後に資金ショートが明らかないしそのおそれが高い場合には，手続選択に問題があると指摘されるであろう）。再生手続開始申立てまでに資金繰り表の精度を高め，前述の申立書の添付書類とする。

(3) 資金繰り表のひな型

資金繰り表は，各社で独自のものを作成していることが多いが，再生手続開始申立てにあたっては，日本公認会計士協会近畿会が作成した日繰り表（資料7），月繰り表のひな型があり，これを利用するのが便利である（同会のホームページの法務会計委員会資料からダウンロードできる。本稿では，この日繰り表のひな型を前提に説明する）。従前資金繰り表を作成していなかった場合はこのひな型を利用すればよいことはもちろん，独自のものを作成していた場合でもこのひな型に移行すると便利である。

Ⅳ 資金繰り表作成上の注意点

(1) 手持ち現預金残高の確認

再生手続開始申立後に活用できる現預金が幾らあるのか（見込めるのか）を確認する。もっとも，いわゆる拘束預金（金融機関の担保となっているもの）は資金化できないから除外する必要がある。一方，それ以外の預貯金は，申立前の段階で可及的に資金移動して保全するようにしている。なお，非拘束預金でも，手続の密行性の観点も踏まえ，申立てまでに債権者である金融機関の口座から資金移動が難しいと見込まれるものは，やはり除外する必要がある。以上を踏まえて，申立費用（予納金や申立代理人報酬等）を控除した残額を手持ち現預金残高とする。これが再生手続開始申立後の運転資金となる（Ｑ＆Ａ31頁参照）。このような点を意識して日繰り表を作成することで，現預金残高が多い日はいつか，あるいは資金ショートはいつかが視覚化できる。そして，これらの点を踏まえて，再生手続開始申立日（Ｘデー）を設定することも可能となる。

(2) 収入欄の記入

前述の日繰り表のひな型の収入欄には，現金売上，売掛金の現金回収，受取手形の期日入金，借入金増加，手形割引，資産売却，その他入金の項目があり，その他入金については，摘要欄に費目を付記する。

再生手続開始申立後は，信用不安による得意先からの受注減少の可能性や売掛金の回収が通常どおり進まない可能性を視野に入れて売上高や売掛金回収高を下方修正するとともに（事案によるが，例えば従来の7割程度等と予測したりする），発生主義ではなく，実際に現金化（入金）される時点で収入額を認識する。したがって，まず売上高の予測から始め，実績を基準に下方修正した数値で売上予想し，その売上高が，いつ，いかなる方法で現金化（入金）されるかを想定して，資金繰り表に反映することになる。

　例えば，売掛金は約定回収日に金額を入力する（なお，相殺や担保提供していた場合には注意が必要である。ファクタリングの可能性の検討も場合によっては行う）。また，受取手形は満期日に金額を入力する。もっとも受取手形について満期日を待っていては，資金繰りが厳しい場合には，事前に手形割引に出して現金化する必要がある場合も出てくる。さらに，遊休資産（中古車両や重機等）がある場合は，売却して運転資金化するのが合理的であり，適宜換価して申立後の早い段階から資金余力をつけるよう工夫する。

　(3) 支出欄の記入

　(a) 支出項目　　前述の日繰り表のひな型の支出欄には，現金仕入，買掛金支払，給与手当・退職金，支払家賃，その他経費，税金・社会保険，リース料，その他支出の項目があり，その他支出については，摘要欄に費目を付記する。

　(b) 再生債権は弁済禁止　　仕入等の経費であっても，再生債権となるものは支出欄には計上しない。

　通常，再生手続開始の申立当日に弁済禁止の保全処分が発令され（7参照），申立日（又はその前日）までに生じた債務（再生債権）の弁済は禁止される（既に振り出している手形も支払はしない）。ただ，このようにして資金繰り表上は除外できていても，債務者会社の経理担当者が誤って支払うケースがあるため，実際の支出時に除外できているか再確認すべきである（弁済禁止に反した弁済行為は再生計画不認可事由に該当するおそれがある）。

　リース料の支払も，リース料債権は別除権付再生債権であることから（30参照），資金繰り上，除外する（自動引落しの場合は再生手続開始申立後速やかに停止処置をとる）。もっとも，事業継続に必要で別除権協定が必要なものは，別除権

協定の時期を考慮し，相当額を支出予定として計上しておく。

　なお，水道光熱費・通信費は，通常，保全処分において弁済禁止の対象から除外されることが多いので，申立前後を問わず支払をすることを前提に資金繰りを組むことになるが，申立前数ヵ月分にわたって多額の水道光熱費・通信費を滞納しているような場合は，再生債権として弁済しないことも検討する（50条１項。16参照）。

　(c)　手続申立後の仕入代金等の支払　　再生手続開始申立後においては，仕入先等に対する支払は現金によらざるを得ず（場合によってはいわゆる回り手形での支払の可能性はある），支払期限の猶予（支払サイト）も短期間とされることが一般的である（いわゆるキャッシュオンデリバリーを取引条件とされる場合もある）。

　したがって，資金繰り表を作成するにあたり，買掛金（仕入債務）の支払は，短期サイト（ないしキャッシュオンデリバリー）による現金取引を前提とすることが無難である（キャッシュオンデリバリーを前提とする場合であれば，商品等の納品予定日に代金支払金額を入力する。資金繰りとの関係上，仕入・発注等の調整が必要な場合がある）。ただし，申立代理人としては，申立後の債権者説明会等を通じて，仕入先に対して，従前どおりか，それが無理でも月に２回（例えば毎月15日と同末日）程度の締め・支払方法による取引に応じてもらうよう交渉すべきである。実際，再建の必要性を粘り強く説明することにより，取引先が掛け取引に応じてくれるケースがほとんどである（場合によっては回り手形での決済にも応じてもらっている）。

　(d)　公租公課など　　逐次発生する公租公課，例えば，毎月の給与支給に伴う源泉所得税，特別徴収の住民税，社会保険料や，定期的に納付時期の到来する予定納税や固定資産税等については，実績数値を勘案して納税額を組み込んでおく。

　申立前から滞納がある場合は，申立直後に公租公課庁と協議する必要がある（11参照）。この場合，予想される分割納税額を資金繰りに組み込んでおかなければならない。

　(e)　保全処分一部解除などの対応　　再生手続開始申立後に，運送業者・倉庫業者などから商事留置権を行使され，留置目的物を受け戻す必要がある場合，在庫品や売掛金につき設定された譲渡担保等を受け戻す必要がある場合な

ど，弁済禁止の保全処分の一部解除を求める必要が生じる場合がある（⑫，㉛〜㉝，資料22参照）。申立直後の資金繰り予測においては，これらの可能性についても可能な範囲で検討しておくことが必要である。

(4) 月次資金繰り表の作成

3ヵ月分の日繰り表を作成したうえで，これを1ヵ月単位（月次）に整理した月次資金繰り表にする。月次資金繰り表は，日繰り表と異なり，4ヵ月目以降分も作成する。

V 再生手続開始申立後における資金繰り表の更新と検証

(1) 資金繰り表の更新

再生手続開始申立後，日繰り表には，手続申立前の予測数値と比較対照ができる形で，日々，実績数値を反映させる。

後記のとおり，再生手続開始申立後の二次破綻をできる限り回避し，再生手続を成功に導くためには，日々の資金繰りについて，申立前の予測数値と申立後の実績数値の差異をチェック・検証し，資金繰りの管理精度を高めていくことが必要になるが，その前提として，日繰り表に実績数値を予測数値との比較対象が可能な形で反映させることが必要になる。

(2) 月次報告書の作成場面

月次報告書では，再生債務者の毎月の業務と財産の管理状況を報告する必要があり，申立代理人としては，報告する当該月の前月繰越残高，収入，支出，損益，翌月繰越残高をまとめることになる。実績数値をまとめた表や月次試算表を添付する場合や，日繰り表に実績数値を入力した日繰り実績表を添付する場合もある（㉒参照）。

(3) 資金繰り表の検証

再生手続開始申立後の二次破綻を回避し，再生手続を成功に導くため，再生手続開始申立後，申立代理人として，資金繰り予測と実績との乖離の有無及びその程度をチェック・検証し，乖離がある場合，その原因の把握に努めるとともに，改善策・対応策を経営者とともに検討することが極めて重要である。

例えば，収入面での実績が予測を下回った場合，予定した受注量に達しなかったからか，予定していた売掛金の入金が遅れているからかなどの種々の原

因が考えられる。

また，支出面で予想以上の金額の支出が見られる場合，いかなる経費が影響しているのか，支出額が増えた原因は何か，その原因を払拭する方法といった検討が必要となる。

さらに，粗利の点で，予定どおりの受注はあるのに予定した利益が上げられていないのかの検討も必要である。

また，以上のようにして資金繰り表を検証したうえで，将来の予測数値を適宜修正していくことも必要である。特に再生手続開始申立後も資金繰りが厳しいケースでは，資金的に逼迫する時期がいつかを常に確認し，先手を打って対策を講じ，二次破綻しないよう細心の注意を払う必要がある。また，万一，不測の事態が生じた場合に，どの程度までであれば対応が可能かについても検証・シミュレーションしておくことが必要である。

(4) 資金繰り予測の安定化

資金繰り表の作成は，当初の作成時点ではある程度予測に基づかざるを得ないから精密なものを作成することは事実上困難である。しかし，申立代理人としては，再生手続開始後は，作成した資金繰り予測と実績との誤差の度合いをこまめに（事案によっては毎日）検証し，機動的に修正する一方で，誤差が生じた原因を把握し，対策を検討し，これを継続することで，資金繰り予測の安定化を図るよう努力することが重要である。

(5) 事業計画案の作成場面

再生計画案提出の段階で，再生計画案の前提となる事業計画案を添付する必要がある（39参照）。再生計画案の実現可能性を数値的に裏付けることが求められており，その際，収支実績・資金繰り実績が事業計画案の実現可能性を基礎付けることはいうまでもない。もちろん，事業継続を求めて再建型手続に及ぶ以上，営業利益レベルで黒字にならなければならないが，再生計画の認可後の業績予測も含めた総合的な検討を行う必要がある。

7 保全処分

I はじめに

再生手続開始の申立てを行うと，その事実が債権者等に伝わり，債権者が急遽回収等の行動に出ることが予想される。再生手続開始決定までは，弁済禁止（85条），他の手続の中断（39条）等の効力は生じないが，これでは再生手続開始までの間に取立て行為等がなされて事業の再生が困難となるおそれや利害関係人の公平が害されるおそれがあることから，再生手続開始の申立てと同時に所要の保全処分の決定を得ておく必要がある。

II 弁済禁止等の保全処分（定型的保全処分）

(1) 内　容

申立日（事案によっては申立日の前日）までの原因により生じた債権（後述する一定の債権を除く）について，弁済及び担保提供の禁止を命ずるものであり，東京地裁，大阪地裁を含む多くの裁判所で定型的に発令されている（30条1項）。弁済禁止の対象除外債権として，一般的に，租税その他国税徴収法の例により徴収される債務，再生債務者とその従業員との間の雇用関係に基づき生じた債務，水道光熱費，通信に係る債務，少額の債務（ただし，少額の一部除外をしない事案も多い。具体的な金額は，事案によるが，10万円，30万円，あるいはそれ以上など様々である。14参照）等がある（3,申立書は資料9，一部解除につき資料22参照。なお，一部除外と再生計画案との関係につき6民実務70頁，運用指針83頁参照）。

なお，再生手続開始申立ての受理の当日に監督命令が発令され，重要財産の処分及び借財等が同意事項として指定される実務との関係で（54条），処分禁止，借財禁止の保全処分は通常必要がないものとして発令されない。

(2) 申立手続と準備事項

再生手続開始申立てに際して，保全処分申立書及び委任状を準備する。
弁済禁止の対象から除外される少額債権を定めるか否か，その金額如何につ

いては，手続開始後の少額弁済の方針とも関係して，債権者数，債権額，資金繰りの状況を見つつ，再生手続開始決定までの期間が通常短期間であること，名寄せの必要があることなども踏まえて検討をして裁判所と相談をする（少額債権の弁済について，⑭参照，弁済禁止の除外債権であっても再生債権であれば開始決定後は弁済できなくなることについて，⑪参照）。また，弁済禁止の対象から除外するべき債権の範囲について特段の事情がある場合にも，事前に裁判所と相談することを要する（なお，保全処分の一部解除につき，⑫参照）。

(3) 保全処分の発令とこれに係る対応

保全処分の決定書を受領する時刻，これを対外的に通知する時刻を予め定め，通知する相手先（金融機関等），通知方法（ファックス等），通知担当者等を事前に準備しておき，速やかにかつ確実に保全処分が周知されるように手配する。再生債務者の経理担当者には，保全処分の意味内容，弁済禁止の除外債権の範囲についてよく説明をして，誤った弁済をしないように徹底する。

保全処分に違反した弁済等については，相手方が悪意の場合に無効となる（30条6項）。また，保全処分に対する違反は，否認（127条以下），役員の損害賠償責任（143条以下），申立ての棄却原因（25条4号），再生手続廃止原因（193条1項1号）等となり得るため注意を要する。

弁済禁止等の保全処分の発令後は，再生手続の取下げをするには裁判所の許可を要する（32条）。後述のその他の保全処分（Ⅲ(5)の保全処分を除く）の発令がなされた場合も同様である（⑫参照）。

Ⅲ　その他の保全処分

その他の保全処分として，以下の要否について，再生手続開始申立てに際して検討しておく。定型外の保全処分（運用指針84頁以下）を申し立てる場合，手続がスムーズに進むように裁判所との十分な事前相談をすることが重要である。

(1) 他の手続の中止命令

再生債権に基づく強制執行等の手続が既に係属しており，再生手続開始決定までに手続が進行することにより，事業の再生の支障となるような場合に検討を要する（26条）。担保権実行の中止命令（31条）については，㊱参照。

(2) 包括的禁止命令

再生債権に基づく強制執行等が多数係属し，又は近日中に係属することが具体的に見込まれる等，他の手続の中止命令（26条1項）によっては対応し得ない特別の必要がある場合に申立てを検討する（27条。資料11）。

(3) 対抗要件具備禁止の保全処分

抵当権，債権譲渡担保，集合債権譲渡担保，集合動産譲渡担保等の設定がすでになされているが，その対抗要件としての登記，確定日付のある債権譲渡通知等がなされていない場合に，上記手続に要する書類を既に相手方に交付してしまっているような事案において利用を検討する。再生手続開始決定が発令されれば，再生債務者の第三者性（38条2項，⑪参照）により，債権者は再生債務者に対して対抗要件を欠く担保権の主張をすることができなくなるが，再生手続開始申立ての事実が公表され，再生手続開始決定前に対抗要件が具備されると開始決定後にも担保権を対抗されることとなる。この場合，監督委員を通じて対抗要件を否認する（129条・56条）余地もあるが，事後的な対応には時間を要するうえ，その間に事業が毀損されるおそれもあることから，上記の事態を未然に防止する保全処分として機能しうる（30条1項。資料10，㉜参照）。

(4) 否認権の保全処分

否認原因の存在がある程度明らかである事案で（否認につき㉘参照），再生手続開始決定後に監督委員に権限付与がなされ（56条），監督委員が否認権を行使している間に，相手方の財産状態等に変動が生じて否認権行使の実効性が失われることが予想される場合に申立てを検討する（現134条の2，改（平成29法45号）134条の4）。再生手続開始決定後には，この保全処分の申立てをすることはできず，一般の民事保全を利用するほかなくなるため，再生手続開始申立段階で十分に検討しておくべきである。また，この保全処分を得たときは，再生手続開始後1ヵ月以内に監督委員等において続行を行うことを失念しないようにする（現134条の3第2項，改（同上）134条の5第2項）。

(5) 役員査定申立てに係る保全処分

役員責任の査定原因がある程度明らかである事案で（役員の責任に関する査定につき㉗参照），再生手続開始決定後に査定の申立て等の手続を遂行する中で，相手方たる役員の資力が失われるおそれがある場合に申立てを検討する（142条・143条）。

8 債権者説明会

I 債権者説明会の意義

　再生債務者は，債権者説明会を開催することができ，債権者に対して，再生債務者の業務及び財産に関する状況又は再生手続の進行に関する事項について説明することができる（規則61条1項）。また，債権者説明会を開催したときは，その結果の要旨を裁判所に報告することとされている（同条2項）。

　規則上，債権者説明会の開催時期は，特段定められていないが，実務上は，再生手続開始申立直後に債権者説明会を開催するのが通常である。

　再生手続開始申立直後に債権者説明会を開催する目的は，申立代理人である弁護士が，再生手続開始の申立てを知った取引先等の債権者に対して，申立てに至った事情，申立後の取引の条件，再生手続の見通し等を統一的，かつ，総括的に説明し，申立直後の混乱を鎮静化するところにある。また，一般的に，再生手続開始の申立てを行うと，取引先等から債務者会社に対して多数の問い合わせ・抗議等が寄せられるところ，基本的な質問事項については，従業員用の対応マニュアルや想定問答集等（資料16，18参照）を用いて従業員に応答させるとしても，対応が困難な場合には，債権者に対して，「詳細につきましては，債権者説明会が開催されますので，そちらでご質問ください。」と応対させることにより，従業員らの負担を軽減するという意義もある。

　したがって，申立代理人としては，再生手続開始申立直後に，債権者に対して，広く債権者説明会の開催を告知するとともに，時を置かずして，直ちに債権者説明会を開催することに努めなければならない。このため，裁判所に対する再生手続開始申立準備と並行して，債権者説明会の開催準備も進める必要がある。

　以下，再生手続開始申立直後，同開始決定前に開催する債権者説明会を中心に解説する。そのうえで，再生手続開始決定後の再生手続遂行中に開催する債権者説明会についても要点に言及する（情報開示の手段として23参照）。

Ⅱ 申立直後の債権者説明会のための準備事項と留意事項

(1) 会場の確保

(a) 準備着手時期　再生手続開始の申立てをすることが決まった場合は，申立代理人は，直ちに債権者説明会の会場を確保しなければならない。

裁判所及び監督委員としては，再生手続開始決定発令にあたって，債権者説明会における債権者の動向を考慮することが多いため，その開催の遅れが，手続遅延の原因となることがないよう，申立日が確定する前であっても，複数の候補日，複数の会場について，会場の空き状況を確認して，備えておく必要がある。特に，数百人以上の人数を収容する必要がある場合には，適した規模の会場も限定されるので，早期確保の必要がある。また，場合によっては，キャンセルも考えられるため，日程が確定していない段階での予約をする場合には，キャンセルフィーの発生時期や金額も確認しておくとよい。

また，再生債務者が，本店所在地以外にも，各地に支店等を有する企業であり，各地における取引先等の数が相当程度存するような場合には，各支店等のある場所においても債権者説明会を開催することとし，上記同様，会場を確保する準備を行う必要がある。

(b) 会場の規模等　債権者説明会の会場の規模は，債権者一覧表記載の数のみを考慮して，席数を確保するのではなく，再生債権者数の2～3倍の人数が収容できる会場を探し，確保しておくほうがよい。法人の債権者などは，それぞれ担当者2～3名が説明会に参加するケースが多く，出席率が高い場合には，座席数が不足するような場合が生じるからである。座席数が不足したり，債権者席に余裕がなく，満席の状態で開催した場合，債権者から，座席数が十分でないこと等を取り上げて，再生債務者の取組み姿勢を非難する趣旨の質問が出され，その後の債権者説明会の紛争のきっかけとなるケースもある。こうした場合，再生債務者側からも，説明会終了後，代理人弁護士の不手際ではないかと非難をされることもあるため，十分な収容ができる会場を確保すべきである。

また，債権者と再生債務者企業の役員等の出入口が同じ場所となっている場合，説明会終了後，役員等が債権者らに取り囲まれるようなケースもあるので，事前に，出入口を含めて会場がどのような構造になっているか確認してお

くべきである。

(c) 受　　付　　会場入口に受付を設置し，債権者一覧表を備え置き，事務局に出席者の確認を行わせるとともに，念のため，名刺の提出を求めるなどして，関係者以外の入場がないよう確認しておく必要がある。なお，マスコミや信用情報会社の入場につき予め対応を検討しておくほうがよい。

また，営業の責任者等については，登壇する予定がなくとも，説明会の会場に来るように手配し，受付や入口付近において，出席者に対して簡単な謝罪（会釈程度）ができるようにしておくことが望ましい。

(d) その他の留意点　　会場の予約時には，予約受付係に申込者の名前を聞かれるケースも多いが，再生債務者の名称が事前に洩れることがあってはならないため，申立代理人事務所の名前で予約するなどの配慮が必要である。

後述する会場の座席の配置や，登壇者の壇上での氏名・肩書き等の表示，マイクの確保，録音する場合の設備類などは，開催日当日に慌てることがないよう，事前に，その概要について会場責任者との間で確認しておくべきである。

出席者に配付する説明資料の準備部数についても，座席数の確保と同様，ある程度余裕を見て，準備しておくことが望ましい。

(2) 日程の確定

再生手続申立日が確定すると，開始決定までの間であらかじめ確保しておいた日程の中で，開催日を確定させる必要がある。

その際には，予め監督委員候補者が決まっているような場合，オブザーバーとしての出席を求めることが通常であるため，その候補者とも日程調整を行い，できるだけ出席が確保できるようにして日程を確定させるべきである（場合により，予め複数の開催日程を準備しておき，監督委員候補者が決定した段階で，右複数候補日の中から日程調整をするなどの工夫をする）。

(3) 通　　知

申立代理人は，再生手続開始の申立後，直ちに，各債権者に対して，再生手続開始の申立てをした事実を通知するが（資料12，13参照），その際に債権者説明会開催の案内も記載した上で，送付することとなる。円滑に送付作業を進めることができるよう，送付文書の確定等，事務局との意思疎通・連携が重要である。

また，複数箇所で債権者説明会を開催する場合も，会場の情報をコンパクト

にまとめた上で，全開催地を掲載した文書を発送するなどして，同封文書を誤る等のミスを回避する工夫が必要である。

(4) 説明会の進行

(a) 式次第　債権者説明会における進行としては，次のような例が考えられる（資料19）。

① 開会
② 司会者からの進行説明

(ⅰ)配付資料確認，(ⅱ)登壇者紹介，(ⅲ)進行に関する注意事項)

③ 再生債務者代表者等挨拶

その後の説明が債権者の関心事であるから，簡潔に謝罪させるに留めるべきである。申立代理人が予め原稿等を確認する等しておいたほうがよい。

④ 申立代理人からの説明

((ⅰ)申立てに至る経緯・窮境原因，(ⅱ)財務内容，(ⅲ)民事再生手続の概要・進行見通し，(ⅳ)再生債権等の取扱い，(ⅴ)取引条件等で注意すべき点等)

⑤ 質疑応答
⑥ 閉会

(b) 配付資料　以下のようなものが例として挙げられる（資料19参照）。

① 再生手続開始の申立てに至る経緯等概要説明書（資料20）
② 再生手続の概要（手続フローチャート含むもの。資料17）

裁判所との間で交わされるスケジュールに関するメモをそのまま配布する申立代理人が散見されるが，内部メモを外部に配布することは避けるべきであり，自身で作成したものを配布すべきである。その際，進捗に応じて変更が加えられるケースもあるので，現時点における予定・見込みであることを明示して配布しなければならない。

③ 保全処分決定コピー
④ 監督命令コピー

(c) 司会者　司会者は，債権者説明会の全般的な進行を統括するため，会社の従業員等が行うのではなく，説明会の進行に関して具体的なイメージを有している弁護士が担当することが好ましい。また，質疑の際などに質問者が重

ねて追加質問を繰り返し，回答者との間で会話するような形式になると議論となってしまう傾向があるため，可能であれば，司会者は，質疑の回答を担当する主任弁護士以外の弁護士が担当し，質問と回答との区切りを明確にできるようにすることが好ましい。

　なお，納得のいかない債権者と議論になるケースがあるが，紛糾することのないよう，質問と意見とを峻別して対応すべきである。

　(d)　開会時の進行説明　　留意点としては，以下のようなものが挙げられる。

① 最後に質疑の時間をとっているので，その際に発言してもらうことを要請し，説明中の発言は控えてもらうよう伝える。

② 質疑の際の発言では，議事録作成の都合上，発言者には，会社名と質問者の名前を述べてもらった上で発言を求めることを伝える。

③ 会場使用時間との関係で，終了予定時刻をあらかじめ告知する。

④ 登壇者紹介時には，監督委員の立場を説明し，本説明会には，オブザーバーとして参加していることを説明する（なお，座席の配置についても，監督委員の席と再生債務者側の席とを少し離して配置し，その立場の違いを明確にしておく必要がある）。

　(e)　申立代理人からの説明　　申立てに至る経緯について説明するほか，再生手続の概要や，本件における再生計画案の見通し（自力再生を目指すのか，スポンサーの支援を仰いで再生を目指すのかなど），今後の取引条件の説明等を行う。

　財務内容を解説する場合には，未だ財産評定前の段階であり，その評価方針等も流動的であることから，あまり断定的に清算配当率の見込みを示すこと（特に高い配当率を具体的に示すこと）は，却って，財産評定時に低い方向へ変動した場合，債権者からも厳しい指摘を受けることになるので，注意が必要である。したがって，仮に，清算配当率を提示する場合には，現時点における概算との留保を付して，提示するのが一般的である。また，スポンサー型で再生を目指す場合には，既に存するスポンサー候補の紹介をする（名称等の開示については，事前に候補者の了解をとるべきである）。後に，債権者から，「決めうちでスポンサーを確定した」等と批判される可能性もあることから，スポンサーとなることを希望する企業が存在する場合には，債権者説明会において，その企業

をスポンサー候補として紹介した上で，債権者に対して，「他に候補者がいれば，検討する」などと告知して，門戸を閉ざしているわけではないことを示すことは，手続の公正と透明性を確保する上で一定の意味がある。

なお，説明会の冒頭，説明をするにあたって，申立代理人の立場について，単なる債務者の利益保護のみを目的とするのではなく，民事再生法上，債権者に対して公平誠実義務を負う再生債務者（38条2項，⑪参照）の代理人として，債権者に対しても公平かつ誠実に手続を遂行する義務を負う者の代理人であることを説明するなどして理解を求める例などもある。

申立代理人は，手続を遂行するにあたって弁護士報酬をいくら受領したのかなど，自身に対する風当たりの強い質問を受けるケースもある（これに応えるか否かはケース・バイ・ケースである）。したがって，債権者から自身がどのように見られる立場にあるのか，十分に自覚するとともに，債権者に対しても，単なる債務者の利益擁護のみが行動原則となるのではなく，手続遂行者として，法の原則に従って公平に対応する立場にあることについて，誠実な対応で，理解を求めるよう努めるべきである。

（f）監督委員の出席　　監督委員は，オブザーバーとして説明会に出席し，債権者の動向を観察することによって，開始決定するにあたっての問題の有無を確認したり，開始決定後の事業が円滑に進むかどうかの意見形成の参考としたりする。

また，債権者説明会の席では，自己の法律上の立場を明確にすべく説明したり，債権者に対して，債務者の不正行為等の事実があれば，自身へ通報することを求めたりして，積極的に発言する場合もあれば，特別に何も発言しないまま説明会を終える場合もある。これらの対応は，事案の抱える問題点の有無によって決するべきである。

なお，債権者説明会において，監督委員が発言するかどうか，そのタイミング等については，予め監督委員の意向を聞いておき，進行において配慮することも必要である。

(5) **債権者説明会後の業務**

債権者説明会が終了した後は，直ちに議事録の要旨を作成し（資料21），監督委員，裁判所へ報告する必要がある（規則61条2項）。欠席者には，債権者説明

会の配布資料を郵送するようにしている。また，場合によっては，債権者全員（欠席者のみという対応もあり得る）に議事録の要旨を郵送することもある。

　送付時までには，開始決定も出されていることが多いため，その場合には，開始決定も併せて同封することなども考えられる。質疑等については申立直後の取扱等が話題となることも多いため，報告が陳腐化しないよう時間をおかずに送付を進めることができるよう対応する必要がある。

Ⅲ　再生手続中の債権者説明会

　再生手続開始後においても，事件の規模，債権者の動向等に応じて，債権者説明会を開催する場合がある。通常，円滑に進んでいる場合には，手続の成否の鍵を握るような金融機関や主要な取引先に絞って，随時，個別に訪問することによって理解を求めていくことになる。しかし，例えばゴルフ場など，多数の債権者が存在し，その理解を得，頭数要件を満たすことも重要となってくる事案や，債権者が手続の進捗に強い関心を示しているような事案では，随時，債権者説明会を開催し，その動向を確認しつつ手続を進めていくことが有効となる。また，特定の属性の債権者（別除権者やリース債権者，仕入先など）に特に関係する事項が存する場合には，事案に応じて，当該属性の債権者を対象とする債権者説明会を開催して説明を行うことが有効な場合もあろう（ただし，一部の債権者に対する不相当な情報の偏在や実質的な不公平が生じないよう留意すべきであることはいうまでもない）。

　開催のタイミングとしては，①財産評定の報告をし，再生債務者の清算価値がある程度明らかになった時点での開催や，②再生計画案の骨子が定まり，これに対する債権者の動向を確認する必要が生じた場合の開催などが考えられる。

　これらにこだわらず，随時，開催を検討し，債権者からの理解を得るために柔軟に対応することが必要である。

9 従業員対応

I 事前準備

(1) 事前準備の必要性

　再生債務者として，経済的窮境に陥りつつもその事業を継続して再建を果たしていくためには，何としても従業員らの士気を維持し，その理解と協力を得ていくことが必要不可欠である。

　しかし，実際，再生手続開始の申立てに至った会社においては，その申立以前から既に従業員の間に会社の存続についての不安や経営陣に対する不満が広がるなどして，士気の低下が始まっているケースが少なくない。一方で，再生手続開始の申立てに係る準備は情報を隔離した中で行う必要があり，一部の者を除き事前に従業員に知らせることもできない。したがって，従業員は士気が低下し情報も遮断された中で，突如，申立ての事実を知らされるところとなり，その動揺の大きさは容易に想像できるところである。

　したがって，申立代理人としては，申立てと同時に事業の再建へ向け，会社が一丸となってスタートダッシュをかけられるよう，申立ての準備と並行して，従業員への告知のタイミング，方法，説明内容等について十分検討し，必要な準備を整えておく必要がある。

(2) 事前準備の内容

　事前に準備すべき主な項目としては，以下のものが考えられる。なお，従業員に配布する文書等については，取引先等，外部に流出するおそれがあることも念頭においておくべきである（かかる懸念から，当該文書等に「社外秘・コピー厳禁」などの表記をする，口頭で説明する事項と書面で説明する事項とを峻別するという工夫も必要であろう）。

　(a) 従業員向け説明文書　　申立てに至った経緯，再生手続の一般的説明，従業員の地位，今後のスケジュール等を概括的に記載する（資料15）。

　(b) 従業員用対応マニュアル　　取引先，金融機関，一般顧客，リース業者

等，相手方別の対応マニュアルである（資料16，17）。これらの関係者に現場で対峙するのは従業員であり，現場で従業員が統一的かつ円滑に対応できるよう，Q＆A形式等による対応マニュアルも作成して配布するとよい（資料18）。なお，法的な問題が絡んでくる場合は，間違いが起こらないよう，無理に答えたりせず，申立代理人に照会すべきことも注記する。

　(c)　その他　　現場の従業員の声や情報が申立代理人に直接届くよう，申立代理人の連絡先一覧を作成して配布するなどの配慮も必要である。

Ⅱ　告知のタイミング

　従業員の動揺を抑え，いち早く事業再建へ向け協力を得ていくという観点からは，できるだけ早い時期に従業員に申立ての事実を告知し説明をしたいところであるが，一方で，日常的に取引先や金融機関等と接しているのは現場にいる従業員であり，申立てを予定していることが事前に従業員に知れると，かかる従業員を通じて情報が取引先等に知れ，それによって現場が混乱し申立ての準備に支障を来たすおそれがある。

　したがって，従業員に告知するタイミングとしては，早くとも申立日前日の営業終了後ということになり，通常は，申立直後に従業員を集めて告知を行うというケースが多いであろう。逆に申立後速やかに告知をせず，信用情報会社やマスコミ報道等で会社側から説明を受けるより先に従業員が事実を知り，あるいは駆けつけてきた取引先から知らされているにもかかわらず，それでもなお会社からは何の説明もないというのは絶対に避けるべきであろう。後述する事項にも共通することであるが，最初の対応が万事であり，初動の誤りが後々まで尾を引くというケースも少なくないので十分注意すべきである。

Ⅲ　告知の方法

　書面告知だけでなく，従業員を集めてできるだけ面前で直接告知をし，説明を行うべきである。支店や営業所が他にある場合でも，本社から比較的近距離であれば，予め本社に集合をかけておき，遠方であれば，TV会議システムなどを活用することも検討すべきである。場合によっては，支店等の管理職には直前に告知しておき，弁護士を派遣するなどして管理職とともに当該支店等に

おいて告知するという方法もあろう。いずれにしても，双方向で対話のできる状況で反応を見ながら告知するということが重要である。

また，従業員からすれば，申立代理人はそのとき初めて対面するいわばよそ者であり，いきなり乗り込んで来た申立代理人が第一声を発するのではなく，まずは経営陣の口から事実を告知して概略を説明してもらい（内容等は予め指導しておくべきであろう），続いて経営陣から紹介を受けるかたちで，申立代理人として詳細の説明を行うという手順が望ましい。また，質疑応答も時間の許す限り十分に行うべきであり，他の従業員がいる前ではできない質問もあろうから，別途，個別の質問等に応じることも告知する。説明の際は，携帯電話やスマートフォン等で外部に情報が漏れないよう，使用を禁止するほうがよい。

IV 告知・説明内容

債権者の矢面に立たされるのは従業員であり，手続について十分な理解を得られるよう説明をなすべきことは当然として，それ以外に一般論として次に指摘するような事項についても留意すべきである。

(1) 再生手続の趣旨

破産との違いを明確に認識している従業員のほうが少数であろうと思われるので，清算に向かう破産とは異なり，従来どおりに事業を続け，債権者の賛同を得て事業を再建していく手続であること，そのためにはこれまで以上に収益を上げていく必要があること，などを十分説明して理解を得る必要がある。

(2) 申立代理人の立場

経営陣に対して不満を抱いている従業員も少なくないと思われるので，申立代理人は経営陣の代理人ではなく，あくまで事業を再建するために会社から委任を受けた弁護士であることを明確にし，また，経営陣をもっぱら擁護するのではなく，経営責任の所在についても意識している姿勢を示す。

(3) 従業員の立場

従業員の士気を維持し，事業再建への理解と協力を得るという観点からは，その前提として，法的にも給与等の労働債権は共益債権又は一般優先債権として従来どおり支給されるということを十分理解してもらう必要がある（⑩参照。なお，退職金の支払を受けられることがわかると，優秀な人材ほど早々に退職してしま

うという問題にぶつかることもあるので注意を要する)。ただし，従業員に一方的に与するという姿勢も要注意であり，今後のリストラの可能性や債務の減免という大きな負担を強いることになる債権者の存在等についても認識してもらい，理解を求めるようにする。

(4) 対外的な説明

対応マニュアルに沿って対応するよう説明する。不明な点，特に法的な点については，申立代理人に確認するよう口頭でも強調しておく。

(5) 意見の聴取

再生手続開始の申立てについての決定をするに際して，裁判所から労働組合，従業者の過半数を代表する者に対して意見の聴取が行われるので (24条の2)，それに対する協力を要請しておく。

V　開始後における従業員への対応

(1) はじめに

倒産手続において，従業員の労働者としての権利ないし利益の保護をいかに位置づけるかは政策的な問題ともいえるが，民事再生法においては，上記24条の2以外にも，手続のいたるところで労働組合又は従業員の過半数を代表する者 (以下「労働組合等」という) への通知，又は労働組合等の意見を聴く必要があり (42条3項・115条3項・126条3項・168条・174条3項・5項など)，従業員の利益を保護する姿勢がうかがえるところである。そしてまた，かかる姿勢は事業の再生という大目標を達するためにも必要といえるのであり，再生手続開始後における従業員対応はかかる姿勢を旨とすべきである。しかしその一方で，再生債務者の状況によっては，人員削減等のリストラを実施しなければならない場合もあり，申立代理人としては，これらの二面的な利益状況を十分意識しつつ，慎重に対応していくことが必要である。

(2) コミュニケーション

開始決定後，できれば従業員との個別面談を実施するなどして，人事・組織上の問題点を早期に把握するよう努めるべきである。なお，個別面談の実施は，従業員の士気の維持・向上にも資する。また，有用な人材 (キーマン) を発掘して定期的に開催する経営会議へ参加させたり，あるいは，手続の進捗状

況等を説明するために定期的に朝礼等を開催したり，「たより」を発行するなどして必要な範囲での手続への参加や情報開示にも配慮し，従業員の士気の維持，ひいては事業価値の維持・向上を図る。

(3) 賞　　与

賞与の支給については，債権者への配慮等から抑制的にならざるを得ないが，少なくとも賞与規定があって継続的な支給実績もあり，かつ賞与が実質的には給与の補塡（生活給）になっていると評価されるようなケースで，従業員の士気の維持を図る上で必要と判断される場合等は，監督委員とも相談の上，資金繰りが許す限りにおいて，再建協力金などとして一定額を支給することも許されよう。

(4) 労働組合への対応

もともと労働組合が存在する場合もあれば，再生手続開始後に結成されるという場合もあるが，再生手続が開始されたからといって労働法制の適用を免れるわけではなく（なお，労働協約は再生手続においてもその影響を受けず，従前どおりの内容で存続する。49条3項），労働組合から団体交渉の申入れがあれば，これに応じる必要がある。

また，団体交渉の中で行うかどうかは別にして，上述した従業員への説明と同様，労働組合に対しても再生手続の申立てに至った経緯や再生手続の内容等について真摯に説明を行い，十分な理解と協力を求めることが必要である。今後予想される人員削減や賃金減額等のリストラを円滑に実施するためにも，労働組合との関係は友好に保つことが望ましいことはいうまでもない。なお，団体交渉に申立代理人が同席すべきかどうかはケース・バイ・ケースであろうが，少なくとも，当初の説明時には同席して，組合の状況，態度等について把握するようにし，後々，ボタンの掛け違いが起こらないよう配慮すべきであろう。労働組合の性格にもよるが，真摯に対応すれば理解と協力を得られることがほとんどであり（ただし，少なくとも，再生手続中なのだから仕方がないというような態度では到底理解を得られないであろう），やむを得ず労働紛争が発生し訴訟等に発展した場合でも，かかる真摯な対応経過が有利に働くことは間違いない。

(5) リストラについて

再生手続の開始後，経費の可及的節減のため，給与カットや人員削減を実施

せざるを得ない場合が多々ある。ときには全員の解雇を実施し，事業の維持に必要な人員のみ再雇用するというような，厳しい措置が必要となるケースもある。いずれにしても，このような場合，恣意的解雇などとして労働紛争を生じさせたり，全体の士気の低下を招くことのないよう慎重な配慮が必要である。

　なお，再生手続が開始されたからといって，労働基準法をはじめとする労働法制の適用を免れるものではなく，解雇や労働条件の変更については労働基準法等による制限を受ける。例えば，解雇に関しては，解雇制限を定める労働基準法19条，解雇の30日前予告若しくは30日分以上の平均賃金の支給を求める同法20条，解雇に客観的合理性と社会的相当性を求める労働契約法16条（なお，いわゆる整理解雇法理の適用も受け，再生手続中であることは判断要素の一つとなるにすぎない。民事再生手続の下での事業譲渡を契機とする整理解雇が無効であるとした裁判例として，東京地判平成15年12月22日労判870号28頁参照。なお，会社更生手続下の整理解雇について，東京地判平成24年3月29日労判1055号58頁，東京地判平成24年3月30日判タ1403号149頁参照）などの遵守が必要であり，また，労働条件の変更については，労働契約法9条ないし13条等の諸手続に則った対応が必要である。

(6)　**事業譲渡と従業員の処遇**

　事業譲渡を実施する場合においては，譲渡先との交渉の中で，原則として全従業員の承継と労働条件の維持を求めていくべきであろうが，かかる対応は事業譲渡代金を減額する方向にも働き，債権者の一般の利益との関係が問題となることにも注意を要する。なお，事業譲渡等における労働者との関係については，厚生労働省より「事業譲渡又は合併を行うに当たって会社等が留意すべき事項に関する指針」（平成28年9月1日適用）が策定されているので参照されたい。

　また，全員解雇＋再雇用型の事業譲渡の場合，解雇前に有給休暇の取得が相次ぎ，業務に支障を来すというケースがある（もちろん，そのまま退職する従業員にも同じことがいえる）。このような場合でも，有効に残存する有給休暇を買い取ることは違法であるが，譲渡実行後（すなわち解雇後）に未消化の有給休暇を買い取る，あるいは一定の手当を支払うという方法で対処している例もあるようである。

10 労働債権の取扱い

I 再生手続と労働契約

　使用者に再生手続が開始した場合の労働契約の処遇については，民事再生法でこれを直接定めた規定はない。関連する規定として，労働契約には継続的給付を目的とする双務契約に関する同法50条1項・2項が適用されないことを規定する同条3項，及び労働協約については双方未履行双務契約に関する同法49条1項の適用が除外されることを規定する同条3項があるのみである。

　したがって，使用者に再生手続が開始された場合，一般の双方未履行双務契約と同様，労働契約も民事再生法49条1項の適用を受けるが，再生手続が開始されたからといって，労働基準法をはじめとする労働法制の適用を免れるものではない（6民実務142頁以下参照）。解雇を意味する労働契約の解除も，当然ながら労働基準法，労働契約法等による制限を受ける（⑨参照）。事業再生においては，その程度等は別にして人員リストラを含むコストの削減は避けて通れないところであろうが，申立代理人としては，かかる労働法制にも十分留意する必要がある。

II 労働債権

(1) 賃金債権等

(a) 賃金及び退職金　再生手続開始前の労働に対する賃金債権は，一般の先取特権を有するものとして（民306条2号・308条），再生手続上，一般優先債権となり（122条1項），再生手続によらないで随時弁済され（同条2項），再生手続開始後の労働に対する賃金債権は共益債権として（119条2号），再生債権に先立って同じく随時弁済される（121条1項・2項）。なお，退職金債権は，賃金の後払い的性格を有するものとして，賃金債権と同視されることから（最判昭和44年9月2日民集23巻9号1641頁等），上記と同様に考えることになる。中小企業退職金共済（中退共）等を利用している場合，退職金の全部又は一部が中

退共等から支給されることになる。

　また，賃金，退職金の支払資金が不足する場合には，独立行政法人労働者健康安全機構が実施する未払賃金立替払制度の利用も検討することになる（民事再生における未払賃金等の証明権者は，再生債務者等となる。なお，解雇予告手当は立替払制度の対象とならない）。当然のことながら，再生計画案を立案し再生債権に対する弁済を行う民事再生において，一般優先債権や共益債権となる労働債権につき立替払いがあった場合，労働者健康安全機構からの求償に応じる必要がある（補助金ではない）。同制度の詳細は，吉田清弘＝野村剛司『未払賃金立替払制度実務ハンドブック』（金融財政事情研究会）参照。

　(b)　立替費用　　労働債権の取扱いについては，再生手続開始前に従業員が立て替えていた交通費等，未清算の立替費用の取扱いがしばしば問題となる。この点，平成15年改正後の民法308条（「給料」という文言から「給料その他債務者と使用人との間の雇用関係に基づいて生じた債権」という文言に改められ，先取特権の認められる債権の範囲が拡大された）の趣旨にも鑑み，賃金債権と同様，雇用関係に基づいて生じた債権として，一般優先債権と認めるのが妥当であろう。

　(c)　派遣社員　　再生債務者が人材派遣会社と契約している場合に，派遣会社に対して支払うべき派遣料等を賃金債権と同視してよいか問題となる。

　この点，形式的に解すると，未払いの派遣料等については派遣会社を債権者とする再生債権ということになるが，派遣料を支払わないことにより，派遣会社が派遣社員を引き上げてしまい事業の継続に支障を来たすなど，現場ではしばしば問題になる。そこで，実務上，具体的事情に応じて，派遣社員が派遣会社から支払を受けるべき賃金相当額の範囲に限って賃金と同視して監督委員の同意を得た上で派遣会社と和解して和解金を支払った例や，事業継続の必要性を理由に弁済禁止の保全処分の対象から除外して支払を行った例もある(❸参照)。

　(d)　請負等　　形式上，請負や業務委託の形態がとられていても，実際には再生債務者の指揮命令に従って労務を提供しているだけで実質的には雇用関係が認められるのではないかと疑われる場合もある。かかる場合には，その対価は，呼称（請負料，顧問料，嘱託料等）の如何にかかわらず，雇用関係に基づく債権として取り扱うべきか否かを検討することになる。

(2)　社内預金等

いわゆる社内預金（労働基準法18条参照）など従業員が毎月の賃金から積み立てを行っている金銭や，従業員間の交流，福利厚生等を目的として従業員らで結成される互助組織への会費を原資とする金銭などが，会社名義の口座で管理されているケースがしばしば見受けられ，当該会社に再生手続が開始された場合，これらの金銭の取扱いをどのように解すべきかが問題になる。

　従業員らの会社に対する預り金清算請求権（ないし返還請求権）を再生債権として構成することも考えられるが，これではいかにも従業員の保護に欠ける。少なくとも，会社名義とはいえ専用の口座で管理されるなど，会社の他の資産と分別管理され従業員らの積立金等として特定できる場合で，もともと債権者に対する一般責任財産として期待されていなかったと考えられるような場合などには，信託的構成（従業員が会社に預け入れた金銭を信託財産として，委託者兼受益者を従業員，受託者を会社とする信託契約の成立を認めることによって，信託財産たる従業員の積立金等を再生債務者の固有財産から分離するという考え方。最判平成14年1月17日民集56巻1号20頁参照）をとるなどして，可能な限り再生手続外で処理する方策を検討すべきであろう。

　なお，会社が上記金銭を自らの運転資金に流用するなどしていたケースでは，従業員らに会社に対する損害賠償請求権ないし貸金返還請求権等が発生し，それらの債権は再生債権になると解さざるを得ないであろう。

11 再生手続開始決定の効果

I 再生手続開始決定

　裁判所が再生手続開始決定を行うと（33条1項），再生手続開始決定は，その決定の時から効力を生じ（同条2項），再生手続が本格的に始まり，再生債権者，再生債務者，その他利害関係人に対し，後述するように大きな影響を及ぼすこととなる。再生手続開始の申立て，監督命令，弁済禁止の保全処分により，平常時から倒産処理手続に移行しているが，再生手続開始決定により，様々な世界が変わるといえる。

II 再生債権の弁済禁止

(1) 原則——弁済禁止

　再生手続開始申立後の弁済禁止の保全処分により再生債務者から再生債権者に弁済ができなくなっていたが（7参照），再生手続開始決定により，再生債権者は個別の権利行使を禁止され，再生債務者が弁済することも，再生債権者が弁済を受けることもできなくなる（85条1項）。この点，弁済禁止の保全処分から除外されていた再生債権であっても開始決定後は弁済禁止となる。再生債務者の経理担当者が誤解しやすいところであり，注意を要する。

　そして，再生債権者は，再生手続において再生債権の届出，債権調査の手続を経て確定した再生債権につき再生計画の定めによる権利変更（一部免除）を受け，弁済を受ける立場となる。再生債権は，再生手続開始前の原因に基づいて生じた財産上の請求権ではあるが（84条1項），実際上は，再生手続開始申立後再生手続開始前の本来的には再生債権となるべき債権については，共益債権化の承認により共益債権となっており（120条），再生債権として残るのは，弁済禁止の保全処分により弁済が禁止された債権（再生手続開始の申立前の原因に基づいて生じた財産上の請求権）が大半である（12参照）。

　なお，再生手続開始決定による弁済禁止の効果は，再生債務者のみに及ぶの

で，連帯保証人には及ばない（とはいえ，再生手続開始の申立てをした会社の代表者らは多額の連帯保証を行っており，債権者の請求に対し弁済できる状況にない場合が多い。代表者個人も経営者保証ガイドラインの利用による保証債務の整理（52参照）や個人の通常再生の申立て（その際の予納金につき，6民実務21頁，運用指針60頁参照。47も参照）を行う場合がある）。

(2) 弁済禁止の例外

再生債権の弁済禁止の例外は，①再生債務者を主要な取引先とする中小企業者が有する再生債権（85条2項ないし4項），②少額債権（同条5項）につき，裁判所の弁済許可を受けて弁済する場合である（商取引債権の保護の観点につき2参照）。

前述したとおり，再生手続開始決定により再生債権の弁済は禁止され，弁済禁止の保全処分の例外として少額債権を定めていたとしても，再生手続開始決定により，その少額債権についても弁済を禁止される。この点も，再生債務者の経理担当者が誤解しやすいところであり，注意を要する。

再生手続開始後に少額債権の弁済を行うためには，前述②の裁判所による少額債権の弁済許可（手続的には，事前に監督委員の許可相当の意見を得る必要がある）が必要となる（85条5項。14参照）。

III 再生債務者に対する影響

(1) 業務遂行権，財産の管理処分権

DIP型の場合，再生債務者は，再生手続開始決定後も業務を遂行し財産の管理処分権を有する（38条1項）。もっとも，再生債務者には，債権者に対し，公平かつ誠実に業務を遂行し，財産管理処分権を行使し，再生手続を追行する義務（公平誠実義務）が課されており（同条2項），再生手続開始までの立場とは違うことに十分注意する必要がある（6民実務115頁，運用指針144頁，手引129頁，新注釈上187頁，条解197頁参照）。また，一定の重要な行為につき，監督委員の同意を得る必要があり，再生債務者の自由な判断により行うことができないことにも注意を要する（21参照）。この公平誠実義務を果たせるようにするには，申立代理人による的確な判断とアドバイスが必要となる。申立代理人として判断に迷った場合は，監督委員や裁判所に相談することも必要であろう。

(2) 再生債務者の第三者性

再生債務者には，再生手続開始決定の効果として，第三者性が認められると解されている（詳細は，6民実務117頁，運用指針153頁，新注釈上190頁以下，条解158頁以下参照）。この第三者性については，対抗問題の第三者に該当する場面や第三者保護要件の善意の第三者に該当する場面で，基本的には破産管財人の場合と同様の考慮をすればよいことになる（概説426頁参照）。

IV　法律関係の処理

再生手続開始決定は，各種法律関係に大いに影響し，その処理を行う必要がある。基本的には，双務契約でも，再生手続開始前に契約の一方当事者（相手方）が既履行，再生債務者が未履行の場合のように，相手方の債権のみとなっている場合には，相手方は再生債務者に信用を供与した者であり，再生債権者となる。双務契約で双方未履行の場合は，再生債務者に履行と解除の選択権がある（49条1項）。各契約類型で様々な問題点があり，その都度確認しながら処理する必要がある（15～19参照）。

V　他の手続への影響

(1) 破産手続や会社更生手続との関係

再生手続開始決定により，既にされていた破産手続は中止し，特別清算手続は失効する（39条1項）。破産手続，再生手続，特別清算開始の申立てもできない（同条項）。ただし，更生手続開始の申立ては可能で，更生手続開始決定により既にされていた再生手続は中止する（会更50条1項）。この点，債権者に破産手続開始の申立てをされた債務者が，対抗手段として再生手続開始の申立てを行う例も，逆に，債務者が再生手続開始の申立てをしたところ，対抗手段として債権者から更生手続開始の申立てをされる例もある。

(2) 強制執行の禁止等

再生手続開始決定があると，個別の権利行使が禁止されることから，再生債務者の財産に対する再生債権に基づく強制執行等は禁止され，既にされている再生債権に基づく強制執行等は中止する（39条1項）。この場合，執行裁判所に再生手続開始決定があった旨上申する。強制執行等の取消しを求めることも可

能である(同条2項)。この点,制限されるのは,再生債権に基づく強制執行等であって,一般優先債権である租税債権に基づく滞納処分は対象外である。また,租税債権等に基づく滞納処分は,中止又は取消命令(122条4項・121条3項ないし6項を準用)の対象とならない(新注釈上673頁参照)。租税債権の滞納がある場合には,速やかに公租公課庁に期限の猶予や分割払いの交渉を行う必要がある(Q&A70頁参照。資金繰りにも注意する必要がある点は6参照)。

(3) 訴訟の中断

再生手続開始決定があると,係属中の再生債務者の財産関係の訴訟手続のうち再生債権に関するものは中断するので(40条1項),受訴裁判所に上申する。再生債権は再生手続開始により個別の権利行使を禁止されることによる(他の訴訟の帰趨や中断後の受継の手続等については,伊藤884頁以下参照)。

12 再生債権と共益債権の区分

I 債権ごとの弁済可否の整理

(1) 再生手続開始決定前の原因に基づく債権

(a) 再生債権の弁済禁止～再生手続開始決定の効力　再生手続開始決定前の原因に基づいて生じた財産上の請求権は、再生手続開始決定により、再生債権となる（84条1項・2項）。

そして、再生債権については、再生手続開始決定後は、原則として、再生計画によらなければ、再生債務者等は弁済をすることができず、また、債権者は弁済を受けることができない（85条1項。11参照）。

仮に、再生手続開始後に再生債権について弁済がなされた場合、当該弁済は、債権者及び再生債務者等の認識如何にかかわらず無効であり、債権者が受領した弁済金は不当利得となる。

(b) 弁済禁止の保全処分——再生手続開始申立前の原因に基づく債権の弁済禁止　再生手続開始の申立てに際しては、再生手続開始までの間に、不公平な弁済がなされたり、財産が不当に散逸・流出することを回避するため、弁済禁止の保全処分（30条1項）が発令されることが通例である（7参照）。

この点、一般的な弁済禁止の保全処分の内容は、再生債務者を名宛人として、発令日（又は、その前日）までの原因に基づいて生じた再生債権となるべき債権（再生手続開始決定前であることから未だ再生債権にはなっていないが、再生手続開始決定がなされると再生債権となる債権）について、弁済（及び担保の提供）を禁止するものとなっている。実際の処理としては、双務契約の場合、弁済禁止の保全処分の対象の日までに単に契約や発注があったのみならず、当該日までに目的物の納入や役務の提供等再生債権者の債務が履行されているものについて、弁済が禁止されることとなる（新注釈上142頁参照、17参照）。

弁済禁止の保全処分は、再生手続開始決定とは異なり、再生債務者だけを名宛人として、債務者による弁済を禁止する命令であるが、債権者が右命令の存

在を知りながら弁済を受けた場合には，その債権者は再生手続との関係で弁済の効力を主張することができず（30条6項），その結果，債権者が受領した弁済金は不当利得となる（7参照）。

(c) 再生手続開始申立てから同開始決定までの原因に基づく債務の弁済
再生手続開始申立後，再生手続開始決定までの間に生じた原因に基づく債務（例えば，申立後，開始決定までの間に債務者が売買契約に基づき商品を仕入れた場合における売買代金債務）については，弁済禁止の保全処分がその対象とするところではなく，他方，再生手続開始決定がなされるまでは開始決定の弁済禁止効も及ばない。よって，当該債務については，再生手続開始決定前である限り，その弁済は禁止されない。

しかし，いったん再生手続開始決定がなされると，当該債務も再生債権となり，その弁済は禁止されることとなる（85条1項。11参照）。この例外として，共益債権化の手続（120条）があることは後述のとおりである（13参照）。

(d) 整　理　以上を整理すると，再生手続開始決定前の原因に基づく債権については，

① 再生手続開始決定後は，再生債権として，再生手続開始決定の効力によって当然に弁済が禁止される
② ①よりも前の段階である再生手続開始申立後再生手続開始決定までの間で，弁済禁止の保全命令が発令されている場合
　ⓐ 再生手続開始申立前の原因に基づく債権は，当該保全処分によって，再生債務者による弁済が禁止される
　ⓑ 再生手続開始申立後，再生手続開始決定までの原因に基づく債権は，再生手続開始決定がなされるまでは，弁済が禁止されない（他方，再生手続開始決定がなされると，共益債権化の手続（120条）がなされていない限り，債務の弁済は再生手続開始決定の効力によって禁止される）

こととなる。

(e) 否認の問題　以上のほか，再生手続開始申立後あるいは再生手続開始申立前の危機時期における弁済については，否認の対象となり得るが，この点については，28を参照されたい。

(2) 再生手続開始後の原因に基づく債権

　以上に対し，再生手続開始後の原因に基づいて生じた債権は，(123条1項所定の開始後債権を除き) 共益債権 (119条) となり，一般優先債権 (122条1項・2項) と同様，再生手続によることなく随時弁済される (121条1項)。例えば，再生手続開始後の商取引によって発生した債権は，租税公課及び雇用関係に基づいて生じた債権 (給与，退職金等) 等の一般優先債権と同様，随時かつ全額の弁済がなされなければならない (41参照)。

II 再生手続開始決定前の原因に基づく債権の弁済禁止の例外

　前述のとおり，再生手続開始決定前の原因に基づく債権については，再生手続開始前 (「再生債権」になる前の「再生債権となるべき債権」である段階) は弁済禁止の保全処分により，再生手続開始後 (「再生債権」となった段階) は同決定の弁済禁止効により，原則として弁済を禁止されるが，以下のような例外がある。

(1) 弁済禁止の保全処分の例外

(a) 弁済禁止対象からの除外　　弁済禁止の保全処分については，租税その他国税徴収法の例により徴収される債務，債務者と従業員との雇用関係に基づき生じた債務，水道光熱費，通信に係る費用は，その債務の性質に鑑み，弁済禁止の対象外とされることが一般的である。

　また，例えば「10万円以下の債務」のように少額債権についても弁済禁止の対象外とされることがあるが，その金額は事案の規模・性質あるいは再生債務者の資金繰りの状況等によって個別の事案ごとで異なっている。なお，少額債権が多数に上る場合は，債権者の整理や少額債権の名寄せ作業 (例えば，同一債権者について複数の支店に各債権がある場合の集約作業) に多大な労力を要する可能性がある。また，少額債権を先に弁済してしまうことは，再生計画案の決議要件である債権者の頭数を減じることになるが，再生計画案が所定の債権者数の賛同を得られるかどうか微妙であるようなケースでは，少額債権を弁済禁止の対象外とすべきか否か，また，対象外とするとしても金額の設定をどうするかについて十分慎重に検討することが必要であろう。

　その他，東京地裁では，保全処分の例外として，事務所の賃料や事務所備品 (コピー機やファックス機など) のリース料も弁済禁止の対象外とされることが一

般的であるが，大阪地裁ではそのような取扱いにはなっていない。

　実務上，弁済禁止の対象外とされる債務は以上に限られるわけではないが，いずれの債務を弁済禁止の対象外とするかは，再生債務者の資金繰り，当該債務の性質，当該債務を支払う必要性，あるいは，他の債権者との公平性等を総合的に考慮して決せられるので，申立代理人としては，弁済禁止の保全処分を申し立てるにあたり，これら事情について十二分に検討したうえで，裁判所と協議・相談することが必要である（7参照）。

　(b)　弁済禁止の保全処分の一部解除　　前述のように初めの段階から一定の債権を弁済禁止の対象外とするのではなく，弁済禁止の保全処分が発令された後に，その一部解除の手続によって，一定の債権を弁済禁止の対象外とすることも考えられる（30条2項。資料22）。例えば，商業施設を運営している再生債務者賃貸人が施設の賃借人であるテナントの売上金を預かっていることが再生手続開始申立後開始決定前に判明したような場合，かかる預り金の返還につき，弁済禁止の保全処分について事後的に一部解除を申し立てることが考えられる（予め判明している場合には，(a)による対応となる）（Q&A133頁，305頁参照）。もっとも，再生手続開始申立てから同開始決定までの期間は，1週間ないし2週間程度と短期間であることが一般的であることから，弁済禁止の保全処分について事後的に一部解除の手続がなされることは少ないであろう。

　(2)　再生手続開始決定による弁済禁止の例外

　(a)　共益債権化の手続　　前述したように，弁済禁止の保全処分は，右保全処分の発令日（又はその前日）までの原因に基づいて発生した債権の弁済を禁ずるものであり，保全処分発令後の原因に基づいて発生した債権の弁済を禁止するものではなく，例えば，再生手続開始申立（同日に弁済禁止の保全処分発令）後，再生手続開始前に代金引換えで商品を仕入れる場合のように，弁済禁止の保全処分がなされた後の原因に基づき発生した債権に対して再生手続開始決定前に弁済をすることは何ら禁止されない。

　これに対し，再生手続開始申立後再生手続開始前に発生した債権であっても，弁済されないままに再生手続開始決定がなされてしまうと，当該債権は再生債権となり，再生手続開始決定の弁済禁止効によって弁済を禁止されることとなってしまう（85条1項）。しかし，それでは再生手続開始申立後の事業継続

に支障を来す場合があるので，再生手続開始申立後再生手続開始前の原因に基づき発生した債権を，裁判所の許可又はこれに代わる監督委員の承認を得て共益債権化することによって，再生手続開始決定後に弁済することを可能としている（120条）。通常は，監督委員に承認してもらうことで共益債権化している（手続の詳細については，13参照）。

　(b)　**少額債権等の例外**　再生手続開始前の原因に基づく債権で以上に述べたいずれの弁済禁止の例外にも該当しない債権であっても，①取引先保護の必要性が認められる場合の中小企業者の債権（85条2項），並びに，②円滑な再生手続遂行又は再生債務者の事業毀損回避の必要性が認められる場合の少額債権（同条5項）については，再生手続開始後，裁判所の許可を得て弁済を可能とする手続が準備されている（詳細は14参照）。

　実務上，少額債権の弁済許可の手続（85条5項）はしばしば利用されているが，中小企業者債権の弁済許可の手続（85条2項）が利用される例は極めて稀である。

図表1　再生債権と共益債権の区分

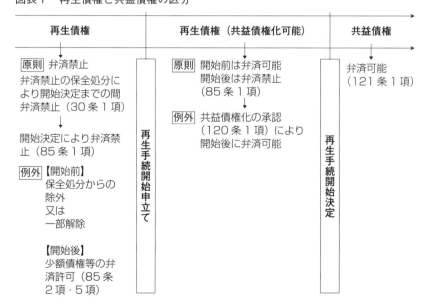

Ⅲ 再生債権と共益債権の区分に関する最高裁判例

(1) 予備的債権届出に関するもの

共益債権につき予備的届出である旨を付記せず再生債権として届出がされ，この届出を前提とした再生計画案の付議決定がされた場合，当該債権が共益債権であるとして手続外で行使することは許されない（最判平成25年11月21日民集67巻8号1618頁。債権調査につき37参照）。

(2) 共益債権の弁済による代位に関するもの

弁済者代位により共益債権を取得した者は，再生債務者に対して取得した求償権が再生債権であっても，手続外で上記共益債権を行使することができる（最判平成23年11月24日民集65巻8号3213頁。なお，破産の財団債権の場合につき，最判平成23年11月22日民集65巻8号3165頁参照）。

13 共益債権化の承認

I 共益債権化の承認

　再生手続開始の申立後，再生手続開始決定までの間において，再生債務者は，通常の業務を継続するためには，原材料の購入や商品の仕入を行う必要がある。

　その際の仕入について，すべての購入・仕入を現金払いすることになると，申立時点において多額のキャッシュが必要となるが，これは，今後の事業継続にとって大きな妨げとなるし，窮境に陥った再生債務者について現実的ではない。したがって，実際には，購入・仕入についても，取引先に対して，一定の信用取引を求める必要が生じてくる。

　しかし，再生手続開始の申立後，再生手続開始決定までの間において，再生債務者に対して発生した売掛金等の債権は，たとえ事業継続のために必要であるとして行ったものであっても，そのまま再生手続開始決定を迎えてしまうと再生債権となり（84条1項），支払ができなくなってしまう（12参照）。

　そこで，再生債務者が上記期間中においても取引先から信用供与を受けられやすいようにするために，「事業の継続に欠くことができない行為」によって生ずべき相手方の請求権については，裁判所からの許可，又は，裁判所から許可に代わる権限の付与を受けた監督委員の承認を得ることによって，共益債権とすることができるとされている（120条1項・2項）。これは，法律上，優先権を付与された債権であることを定めることによって，再生債務者において取引先からの信用供与をできるだけ早急に確保させ，通常の業務の状態に可及的速やかに回復させようとする趣旨である。

　なお，実務上，裁判所は，監督命令において，監督委員に対して，上記権限を付与しているのが通常であるので（120条2項），監督委員が共益債権化の承認を行うことになる（6民実務64頁，運用指針94頁参照）。

Ⅱ　承認手続時における留意点

(1) 対象債権

(a) 再生手続開始申立後に発生した債権　条文上も明らかなとおり，「再生手続開始の申立て後再生手続開始前」の行為に基づいて発生した債権が対象債権となる（120条1項）ので，再生手続開始申立前の債権は，本承認手続の対象外である（再生債権となる）。

なお，弁済禁止の保全処分の例外として，例えば10万円以下などの少額債権の弁済が認められる場合があるが，共益債権化の対象債権と弁済禁止の例外としての少額債権とを混同しないよう留意が必要である（7参照）。

(b) 事業継続に不可欠な債権　再生手続開始申立後に発生した債権は，すべて共益債権化の対象となるのではなく，「事業継続に欠くことができない」債権であることが必要であり，その判断は，再生債務者の事業の種類，取引の内容等を考慮してなされる。

ただし，申立直後の段階においては，円滑な事業継続を優先して考えるべきであり，その判断基準は，事業継続の必要性を満たす取引と一応認められるものであれば，要件を満たすと判断するといった比較的緩やかな基準で足りると考えるべきである。

当該要件を厳格に審査して，不可欠性を判断することは，却って，円滑な事業継続の障害となり，適切ではない。

なお，継続的給付に係る債権として，相手方債権者に対して，開始前の給付に係る請求権を履行することで，義務の履行を求めるような場合（50条2項）には，本対象債権には含まれないので，承認を求めることは不要である（16参照）。

(2) 承認申請書作成上の留意点

共益債権化の承認申請書の作成にあたっては，一例として資料23を挙げたので，これを参照されたい（共益債権化を求めるリストアップと漏れがないよう上限を定める方式としている）。なお，東京地裁では，事前に書面を交付する余裕のない場合には，監督委員が口頭で承認し，後に書面を追完する方法を認めているとの運用が紹介されている（監督102頁参照）。他方，大阪地裁では，規則21条1項の定めに従い，書面によって申請する運用である（6民実務65頁参照）。

全般に亘っていえることであるが，本承認手続は，申立直後の混乱時に開始

決定までの間になされなければならない手続であるので，申立前から準備できるデータについては，予め準備しておき，迅速に処理を進める必要がある。

　申請書作成の際には，以下の点について留意する必要がある。

　(a)　相手方の特定の要否　　対象となる債権者を明示することが望ましいが，物理的・時間的制約の中で，やむを得ない場合には，包括的な形での申請や，債権の類型のみを記載して，相手方を特定せずに申請がなされるケースもあり得る。この点は，概括的記載ではあるが，無限定とならないことを担保する説明を行い，監督委員・裁判所の理解を得つつ進める必要がある。

　(b)　債権額の特定の要否　　対象となる債権は，申立後，日々取引に伴って発生する債権であるから，逐次金額が変動し，具体的な金額まで特定することは，業態によっては不可能であるし，仮に可能であっても，十分な時間が必要となるケースが多い。したがって，過去の取引の推移を参考に，開始決定予定日までの間の発生見込みを立てて，債権額の上限を定めて申請を行うことが一般的である。そして，この場合，開始決定がなされた後，可及的速やかに具体的金額を特定した報告書を提出することをもって，監督委員からの確認を得ることになる。

　(c)　資金繰りの問題　　共益債権化の承認を求めるうえで，再生債務者において，取引先に対して，優先的な共益債権とするので取引を継続してほしいと依頼しておきながら，資金不足で支払が困難となるようなことがあれば，決定的に信頼を失うことにもなる。

　したがって，自らが仕入等を行ったものについては，資金繰り上，発生する取引債権を全額弁済できる状態にあるか否かについて，入念に確認しておく必要があり，承認の申請書類においても，開始決定後に，当該共益債権化された債権を支払う能力があることを示しておく必要がある。そして，その際には，申立書に添付した資金繰り予定表を参照するか，その後の事情変動によってアップデートされた資金繰り予定表を添付することで，監督委員に対しても，資金繰りに問題がないことを示しておくことが円滑かつ早期に承認を得るにあたってのポイントとなる。

14 少額債権の弁済許可

I 少額債権の弁済許可

　再生手続開始決定によって再生債権の弁済が禁止され、再生債権は再生計画によらなければ弁済を受けられないのが原則であるが（85条1項。11参照）、民事再生法85条5項に基づき、裁判所の許可を得ることによって、少額の再生債権に対する弁済を行うことが可能である（85条2項に基づく再生債務者を主要な取引先とする中小企業者に対する弁済については、12参照）。同法85条5項に基づく少額債権の弁済は、あくまでも、裁判所の許可を得た上で行うものなので、その弁済前に裁判所の許可を得なければならない。なお、再生手続開始決定前の段階で、弁済禁止の保全処分から少額債権の弁済が除外されている場合であっても、開始決定後は、再生債権となることから、同法85条5項の許可を得ない限り、当該少額債権の弁済を行うことができないので注意を要する。

II 少額債権の弁済許可の要件

　民事再生法85条5項は、①少額の再生債権を早期に弁済することにより再生手続を円滑に進行することができるとき（前段）、又は、②少額の再生債権を早期に弁済しなければ再生債務者の事業の継続に著しい支障を来すとき（後段）、という2つのケースにつき、裁判所がその弁済を許可することができると定めている。以下、弁済許可の要件及び実務上の対応について説明する（6民実務130頁、運用指針171頁、手引85頁、新注釈上446頁、条解431頁、実務200頁、商取引債権の保護につき2参照）。

（1）　手続の円滑な進行のための少額債権の弁済（85条5項前段）

　債権者の数が多い場合、債権者に対する通知（債権者集会の呼出し（115条1項など））の送付や再生手続に関する説明（債権者説明会の開催や再生計画案に関する折衝）などの対応に多大な時間・労力を要するところ、再生債権の金額が少額の債権者であっても、法定の通知については、これを省略することはできず、また、再生計画案の可決要件としての頭数要件（172条の3第1項）を考慮すれ

ば，このような少額債権者であっても，再生計画案に関する説明などを疎かにすることは相当ではない。他方，少額債権者の多くは，早期の弁済を希望しており，再生手続自体に対する関心が低く，また，一般的に，少額の債権を弁済したとしても，他の再生債権者に対する実質的な影響はないと解される。そこで，少額の債権者に対する弁済を実施することによって，債権者の数を減少させ，債権者対応の時間・労力等を軽減して，再生手続の円滑な進行を図ることができる場合は，裁判所の許可を得て，少額債権の弁済を行うことが認められている（85条5項前段）。

　弁済を実施する少額債権の金額は，再生債務者の資金繰り，事業規模，総債権額，債権者数及び想定される再生計画案の内容等を総合的に考慮した上で，決定される。一般的には，少額債権の金額は，10万円から30万円程度の範囲で決められることが多く，弁済禁止の保全処分から除外した少額債権の金額と同額とされることが多い（7参照）。ただし，再生債務者の事業規模及び総債権額が大きく，100万円単位の弁済を実施しない限り，債権者数の減少の効果を得ることができないときは，その事情を考慮して，100万円単位の金額をもって少額債権の弁済許可がなされることもある（実務203頁，手引186頁参照）。なお，大阪地裁でもかつては，民事再生法85条5項前段に基づき500万円以下の再生債権を計画外で弁済することを許可した事例があったものの，近時は，再生債務者の資金繰りの関係等から，100万円を超える少額債権を許可した事例は極めて少ないとされる（6民実務125頁参照）。また，債権額については，債権者ごとに名寄せした金額で判断する必要があり，支店ごとに取引がなされているような場合は，それを合算しなければならない。

　手続の円滑な進行のための少額債権の弁済は，債権者数を減少させることを目的としているので，債権額の一部の弁済は許されないが，少額債権の弁済を受けたときは弁済額を超える部分の債権を放棄する旨の書面を提出する債権者については，少額債権の弁済の対象とすることは差し支えない（6民実務124頁参照）。このような債権の一部放棄を求める際，例えば，「再生計画の認可が確定した場合には，10万円以下の部分について全額弁済した上で，10万円を超える部分について弁済率を乗じた額が弁済されることがある。」旨を十分説明した上で10万円の早期弁済を希望するかどうかを確認することが望ましい（手引188頁参照）。なお，この場合，資金繰りの関係上，全債権者が少額債権の弁済

を希望したとしても弁済できる状態であることを要する（例えば，100人の債権者が存在する事案において，30万円を少額債権の弁済額と決める場合，100人全員が30万円を超える債権を放棄して，30万円の弁済を希望したとしても，弁済可能な資金状態である必要がある）。他方，資金繰りに余裕があるからといって，あまりにも多くの債権者に対して少額債権の弁済を実施してしまうと，債権者数を減らしすぎた結果，再生計画案の可決要件としての頭数要件（172条の3第1項）との関係で，過半数の同意の取得に支障を来すこともあるので，注意を要する。また，再生計画案においては，債権者間の実質的な平等を考慮する必要があるところ，民事再生法85条5項前段による少額債権の弁済を実施したが，計画案による弁済額が少額債権の弁済額を下回るような場合（例えば，少額債権として10万円以下の債権について全額弁済したが，再生計画案では，一律，弁済率を10％とした場合，再生計画による弁済では90万円の再生債権について9万円しか弁済されない），債権者平等原則（155条1項）の観点から問題となるので，傾斜配分型（スライド方式）の再生計画案を立案するなどの注意が必要であり（例えば，10万円以下は全額弁済されるようにし，権利変更するのは10万円を超える部分にする。手引187頁，41参照），想定される再生計画案の弁済原資も考慮した上で，許可を求める少額債権の弁済額を決定する必要があろう（85条5項前段の活用例については，6民実務125頁以下を参照）。

(2) **事業の継続に著しい支障を来す場合の少額債権の弁済**（85条5項後段）

再生債務者は，事業を継続するために，従前の仕入先等との取引関係を維持することが必要であるが，取引債権者は，自身の債権が回収できない場合，強硬に，取引の打切りを申し出ることがある。実際に，当該取引が打ち切られ，事業継続ができなくなると，事業再生が頓挫するので，再生債務者は，当該債権者に対する弁済を行うことで取引関係を維持するために，裁判所の許可を得て，少額債権の弁済を行うことができる（85条5項後段）。ただし，再生手続の平等性・公正さとの関係上，同項後段の「事業の継続に著しい支障を来す場合」については，厳格な解釈が求められる傾向にあり，重要な取引先の求めであるという理由のみで，安易に，裁判所の許可がなされることはない（条解434頁参照）。なお，この少額債権の弁済は，前記(1)の手続の円滑な進行のための少額債権の弁済とは異なるので，「少額」の金額については，別途，判断がなされ，再生債務者の事業規模や総債権額などを考慮して，100万円以上の債権

であっても，少額債権の弁済が許可される例もある。

民事再生法85条5項後段の「事業の継続に著しい支障を来す場合」の判断については，当該弁済を行うことの必要性及び許容性を考慮する必要があり，当該取引が事業継続上不可欠であること，当該取引債権者の代替性がないこと，弁済により取引先の協力が得られる見込みがあること，手続の平等性，公正等の観点からの合理性などが必要となろう（概説418頁参照）。また，「少額」か否かについては，再生債務者の事業規模，弁済対象とする債権の額，再生債務者の資産総額，再生債権の総額等を判断要素として，相対的に判断される。例えば，①原材料の供給業者が限られており，当該業者が，再生債権の弁済を受けない限り，原材料の納入に応じない場合，②廃棄物を処理する業者が限られており，他に代替業者がいない場合，③一定の地域内において，運送業者が限られており，当該業者との取引が停止すると主要商品の配送ができない場合などが想定される（新注釈上453頁，条解435頁参照）。また，弁済をすることにより，当該取引先との取引が従前と同じ条件で継続されることも重要である。

弁済の対象とする取引債権者については，債権者間の平等と従前の取引の継続による事業価値の毀損を回避することとのバランスを意識して検討すべきであるから，同法85条5項後段の少額債権の弁済を行うことによって，従前の取引が継続され，その結果，事業価値が毀損することなく，事業が再生し，他の債権者に対する弁済額の増大にも資するのであれば，同条5項後段の少額債権の弁済許可の判断については，その要件を厳格に捉えるのではなく，柔軟な対応が期待されるところである。この点，東京地裁は，同条5項後段について，当該弁済をすることにより全体の弁済率が高まることについて合理的な説明がなされた資料の提出を求めている（手引191頁，東京地裁において同法85条5項後段の許可がなされた近時の主な事例は，手引192頁，運用指針178頁以下のとおりである）。他方，大阪地裁では，上記の資料の提出を求めていない（6民実務130頁参照）。

また，事案によっては，従前の取引を継続するための対応として，裁判所の許可を得て行う同条5項後段に基づく少額債権の弁済許可ではなく，再生債権の処遇及び将来の取引条件等を含めて，監督委員の同意を得て行う和解による解決を図ることもあり得る（Q&A77頁参照）。

(3) **具体的手続等**

裁判所に対する少額債権の弁済許可申請書（資料26, 27）には，監督委員の

意見（同意）を付した上で提出する必要があるので，許可申請書提出にあたり監督委員に対して，事前に内容を説明し，了解を得て押印をもらったうえで，裁判所に提出する。

　民事再生法85条5項前段の少額債権の弁済許可の場合，裁判所の許可後，再生債務者は，再生債権者に対し，少額債権としての弁済を受けるか否かにつき照会し，弁済を受けることを希望する債権者に対して弁済を実施する。少額債権の金額を超える部分を放棄する債権者も弁済の対象とする許可を得たときは，再生債務者から，少額債権の弁済に関する説明書面を送付する際に，債権放棄書の用紙を同封するなどすれば，その後の手続がスムーズである。

　また，再生債務者は，少額債権の弁済を実施したときは，その内容を裁判所に報告する必要がある（規則85条1項1号）。

⑷ **事業再生 ADR 手続との関連での弁済許可**

　産業競争力強化法により，事業再生 ADR 手続の中で特定認証紛争解決事業者の確認など一定の手続を経てなされたプレ DIP ファイナンスについては，再生計画の中で優先的取扱いをすることについて当該再生計画案が民事再生法155条1項但書に規定する再生債権者間に差を設けても衡平を害しない場合に該当するかどうかを判断するにつき考慮する旨が定められており（同法59条），さらに進んで民事再生法85条5項後段の許可による弁済が許され得るのではないかが問題となる。

　また，平成30年の産業競争力強化法の改正により，商取引債権の弁済の許可の要件となる事実について，事業再生 ADR の手続実施者などが調査し，特定認証紛争解決事業者が確認をすることで，それをその後の再生手続等での少額弁済許可等において考慮する旨の規定が設けられた（同法61条）。これにより，従前以上に民事再生法85条5項後段の許可の柔軟な運用と予測可能性が確保され，事業再生 ADR から再生手続への円滑な移行がなされることが期待される。　　　　　　　　　　　　　　　　　　　　　　　　　　　■

15 双方未履行双務契約（総論）

I 趣　　旨

　民事再生法49条以下の規定により、再生債務者は、双方未履行の状態にある双務契約について、自らの債務を履行して相手方の反対給付を受けること、解除をして契約関係から解放されることのいずれも選択ができることとなっている（双方未履行双務契約の要件、効果等の一般論については、新注釈上256頁以下、伊藤873頁以下参照）。同法49条に基づく解除権は、契約関係からの離脱が必要とされるときには非常に有効である。なお、相手方保護の観点から解除権の行使に一定の制限を加えられる可能性があることについては留意する必要がある（破産の場合であるが、最判平成12年2月29日民集54巻2号553頁以下参照）。同条1項に基づき解除選択する場合には大阪地裁をはじめ多くの裁判所では監督委員の同意が必要とされているところであり（21、Q＆A336頁以下、6民実務133頁参照）、同意申請にあたっては、何故解除を選択するかを、II記載の選択基準に照らして説得的に記載する必要がある。

II 選択基準

　解除、履行選択の基準については、問題となる契約についていずれを選択することが事業再生に資するかを、履行選択した場合の履行すべき債務や受ける反対給付の内容、解除した場合の相手方に返還すべき反対給付の内容等を慎重に勘案しながら判断することとなる。当該契約を履行すること自体は採算が合わないなど再生債務者にとって必ずしも利益とならない場合であっても、当該契約の相手方との関係を維持することが将来の利益につながるといった事情がある場合には履行選択を行うこともあり得る。なお、再生債務者が当該契約関係に基づいて金員を既に一部受領している場合には、相手方が有する価額返還請求権が共益債権とされている関係で（49条5項、破54条2項）、解除を選択すると当該金員を費消している場合であっても現存利益があるものとしてその全

額を返還しなければならないため，資金繰りに影響を及ぼすので注意が必要である。

III 一部未履行の場合

全部未履行の場合だけでなく，一部未履行であっても「履行を完了していないとき」に該当するが，本来的給付が履行済みの状態で付随的な債務が履行されていないような場合，例えば，特殊・専門的な機械・設備の製造供給契約で，機械・設備の引渡しは済んでいるが，取扱い説明や一式書類の引渡しが未了である場合や，当該契約に基づく給付が複数回予定されている際にそのすべての給付が履行される前に開始決定がなされた場合には未履行状態と評価できるか問題となることも多いので，そのような場合には監督委員と十分相談を行った上で対応することが望ましい。

IV いわゆる倒産解約条項について

契約条項中にいわゆる倒産解約条項が存在したとしても，再生債務者に選択権を付与し，相手方には催告権を付与した民事再生法の趣旨からは，相手方による当該条項による約定解除は無効との見解に立って交渉することとなる（Q&A114頁以下，概説243頁以下。リース契約についてではあるが，倒産解約条項について無効とした最判平成20年12月16日民集62巻10号2561頁以下，30参照）。

V 相手方の催告権

相手方には，再生債務者に対して相当の期間内に解除するか履行選択するかを確答することを催告できる権利が付与されており，相当の期間内に確答がなかった場合には解除権を放棄（すなわち履行を選択）したとみなされる（49条2項）。「相当の期間」は，再生債務者や相手方の状況，当該契約の性質等から判断することになる（改正前の会社更生法においてはこの熟慮期間を30日間と規定されていたことは一つの目安となろう）。なお，契約関係の早期安定を求める相手方に付与された催告権の趣旨からは，再生債務者の都合で徒に長い期間と解することもできない。相手方から「相当の期間」を定めた催告を受けたが，当該期間に確答することが再生手続の進捗状況から困難な場合には，相手方に当該状況

を十分説明した上，再生債務者から回答期限を逆に提示するなどして，相手方から「相当の期間」が経過したので履行選択したことになるといった主張を受けないよう配慮しなければならない。また，相手方から催告がない以上，再生債務者は解除を選択することが可能と解されるが，開始決定後も契約関係が長期間維持されているときは，実質的に履行選択をしていたとか，解除権行使が権利濫用であるといった主張が相手方からなされる場合もあるので，将来的に解除する必要がある場合には可能な限り相手方の理解を得ておくことが望ましい。

16 継続的供給契約

I 趣　　旨

　再生債務者は，契約に基づいて一定の期間，反復継続して継続的給付を受ける場合，民事再生法49条1項に基づき解除するか履行選択するかを決定することとなる。このような継続的供給契約について再生債務者が履行選択した場合について，本来的に再生手続開始申立前の給付にかかる債権は再生債権となるが，同法50条1項で相手方が開始決定後に申立前の給付にかかる再生債権の弁済がないことを理由に供給拒絶ができない旨定める。同条2項では，開始申立後開始決定前の未履行の給付にかかる債権も再生債権であるが，これを共益債権化すると定めている。そして，2項括弧書により，一定期間ごとに債権額を算定すべき継続的給付については申立日の属する期間内の給付も共益債権化されるものとしている。継続的供給契約については一定の期間ごとに請求を受けることが通常であるので，その意味ではこの括弧書による処理が原則となる（計算の便宜のためとされているが，期間によっては多額の共益債権が発生するおそれもある）。

　同法50条は継続的供給契約について履行選択した場合の規定であり，再生債務者は同法49条1項に基づき解除できるし，解除した場合の相手方の未払いに関する請求権は再生債権となる。また，いわゆる倒産解約条項の適用の有無が問題となるが，そのような条項は無効と理解して交渉すべきである（15, 30参照）。

　なお，同法50条2項に基づく共益債権化は法に基づくものであり，共益債権化の承認の対象とはならない（13参照。継続的供給契約一般については，新注釈上273頁以下，条解257頁以下，伊藤875頁以下，概説227頁以下参照）。

II 適用範囲

　民事再生法50条の継続的供給契約には，電気，ガス，水道の供給契約や電話

契約，原材料等の供給契約，清掃契約や警備契約が含まれると解するのが通説である。一方，賃貸借契約やリース契約（最判平成7年4月14日民集49巻4号1063頁），ライセンス契約などは同条の継続的供給契約ではないと解されている。契約に基づく相手方の先履行が当然に義務づけられているか否かという観点から判断されることが多い（Q&A118頁以下参照）。ただ，通説で継続的供給契約とされているものにも役務提供の実態から同条の適用範囲か微妙なものも多く，申立代理人としては，基本的には給付の代替性の有無を重要な判断要素とすることが実務的であろう。すなわち，同条の趣旨は，給付に代替性があれば解除選択し他の取引先から給付を受ければよいが，給付に代替性がない場合には履行選択せざるを得ないので，そのような場合には申立前給付に未払いがあっても相手方は履行拒絶することができないものとして事業再生を促進するところにあると考えるのである。なお，継続的供給契約か否かにつき判断に迷うような場合には監督委員と十分相談を行って処理する必要がある。

Ⅲ　留意すべき点

　民事再生法50条1項による相手方の履行拒絶禁止は開始決定後の効力であり，再生手続開始申立後，開始決定前の間は，相手方は履行拒絶し得ることに注意する必要がある。電気，ガス，水道といった典型的な継続的供給契約についての水道光熱費については弁済禁止の保全処分の例外となっており，再生債務者としては，電気，ガス，水道の未納がないかを申立前後において十分確認し，供給停止を受ける可能性があるのであればその支払も考慮に入れた上で資金繰りを策定しなければならない（⑥参照）。

　また，再生債務者が申立日の属する期間前の期間の給付について弁済が未了であった場合，開始決定前であれば弁済禁止の保全処分の例外として支払が可能であるが，開始決定後は同条2項括弧書の適用を受けられないため再生債権として支払が禁止されることに注意が必要である（⑪参照）。再生債務者は，継続的給付についての弁済状況を十分に把握した上で，どの範囲の債務がどの時期であれば支払可能かを見極め，開始決定前にその後共益債権化されない支払を確約しないよう留意して相手方と交渉しなければならない。

17　契約関係の処理①──売買契約

I　保全段階

(1) 黙示の新契約

　再生債務者が仕入等を行っている場合，弁済禁止の保全処分が発令されると，申立日直後の仕入は申立日以前の契約に基づいているため形式的には納品を受けても仕入代金の支払ができなくなる（⑫参照）。この点，申立日以降に再生債務者が仕入先に対して，改めて納品をしてほしいと依頼し，仕入先がそれを受諾し納品したという前提のもと黙示に新契約がなされたとして代金支払を行うことが通常である（納品日が開始決定後になる場合には双方未履行状態の双務契約として49条の問題となる）。

(2) 返品の要請に対して

　申立てを知った仕入先から返品をしてほしい旨の要請も多数寄せられることが多い。既に納品を受けた品を検証なく任意に返還することは相当ではないが（仮に動産売買先取特権の行使であったとしても），一概に売買と称している契約にも様々な種別がある。再生債務者が商品を店頭販売している場合を例に挙げても，いわゆる「委託販売」であれば再生債務者の店頭にあっても所有権は移転しておらず，売買契約は未成立である。また，いわゆる「消化仕入」取引であっても販売時に仕入先との売買契約が成立することとなっているのであり「委託販売」と同様である。さらにいえば，通常の売買であっても代金完済時まで所有権留保されていることも多い。したがって，再生債務者としては，いかなる形態の売買契約を行って仕入を行っているのかを精査した上で，返品希望に合理的な理由があるのかを十分考察した上で対応する必要がある。実務的には，これらの検討の結果，返品を行うことが是認されない状況であることが大半である（㉛参照）。他方，返品希望に合理的理由がある場合でも，保全段階で仕入先から商品の引揚げが行われると，信用不安を煽り事業継続に重大な懸念が生じる可能性があるため，仕入先との間で新たな売買を行うなど商品を確保する手段を講じたり，それが困難であっても返品を行う時期や方法などについて当該仕入先と交渉を行うべきである。

(3) 商品状況の確認の要請に対して

特に仕入先から，納入した商品の状況を確認したい旨の依頼を受けることも多い。動産売買先取特権行使のための状況調査ともいえるが，申立直後の混乱で時間がとれないといった事情がない限りは応じているのが実務であろう。

II 再生手続開始決定後

(1) 総　　論

売買契約について，売主の物件引渡し前で，かつ，買主の代金全額の支払前に，当事者に再生手続開始があれば，双方未履行双務契約として民事再生法49条以下に基づき処理される。この際，売主は売却価格の妥当性等を考慮して，買主は再建のための要否や買受価格の妥当性等を考慮して判断することになる。

(2) 再生債務者が受領した手付金の取扱い

不動産取引等で再生債務者が売主として手付金等を受領している場合に解除すると，既に費消して手元に現金がない場合であっても手付金等の全額を返還しなければならない。この場合に手付け倍返しの特約が存在していても，共益債権となるのは実際に受領した手付金相当額のみである。

例えば，マンションデベロッパーの再生手続の場合には，既に販売開始しているマンションでも完成が遅れるため，購入者からは契約を解消したい旨の要望が出されることが多い。このような場合に，購入者から履行遅滞に基づいて解除されると，手付金返還請求権及び損害賠償請求権は再生債権となってしまうが，再生債務者から監督委員の同意（要同意事項の場合）を得て民事再生法49条1項に基づいて解除すれば損害賠償請求権は再生債権となるものの手付金返還請求権は共益債権となるのである。購入者が一般の市民であることに鑑みると，購入者からの解除には上記不利益を十分説明した上で撤回させ，手付金は全額返還するが損害賠償請求権は放棄するといった内容の和解を行うことが多い。

(3) 再生債務者が預託した手付金の取扱い（手付金没収条項）

再生債務者が買主として売買契約を解除して手付金等の返還を求める場合，手付金没収条項（違約金条項も含む）の適用があるかが問題となる。

民事再生法が再生債務者に解除権を付与した趣旨からは手付金没収条項の適用はないと考えるのが相当であるが，昨今，賃貸借契約について違約金条項の適用を認めた下級審裁判例があることも考慮すれば（18参照），安易に解除した上で訴訟を提起するなどせず，契約条項を精査の上，手付金等の返還を受けることができるよう交渉していく必要がある。

18 契約関係の処理②——賃貸借契約

I 保全段階

再生債務者が賃貸人である場合はもちろん，賃借人である賃貸借契約についても，賃料は通常前払い（月末に翌月分払いが多い）であるため弁済禁止の保全処分との関係で問題となる場面はほとんどない。後払いの場合（当月分を当月末払い等）であっても，期間的には再生債権となる部分が生じるが，最終的には賃貸人が未払いを敷金から充当するために特に問題とならないことが多い。

今後使用収益する必要がある賃借物件について再生手続開始申立前に賃料の未払いがある場合には，債務不履行解除されるおそれがあるため，早急に賃貸人と接触し，未払賃料を敷金から充当してもらうなどといった解決を模索するべきである。

II 再生手続開始決定後

賃貸借契約期間中に再生手続開始決定があった場合，双方未履行の双務契約として民事再生法49条以下の規律を受けることになるが（なお，賃貸借契約について同法50条の適用がないことにつき16参照），再生債務者が賃貸人の場合と賃借人の場合で状況が大きく異なるため，以下，分説することとする。

III 再生債務者が賃貸人の場合（賃貸人の民事再生）

(1) 賃貸借契約の帰趨

再生債務者は，双方未履行の双務契約として監督委員の同意を得て（要同意事項とされている場合）解除できる（49条1項）。通常，賃貸物件の保有コストと比較しても賃料を収受することが有利であることが多く，賃借人が存在する収益物件のほうが処分可能性も高い場合が多いので，解除する必要があることは少ないが，多くのテナントを有する施設の閉鎖を行わざるを得ない場合などには賃貸借契約を解消する必要がある。その際，テナントが対抗力のある賃借権を有していれば，民事再生法49条1項に基づく解除権の行使はできないので

(51条, 破56条1項), 契約書を精査し, 物件の利用状況等を調査した上で, 解除が可能かを慎重に判断し, 解除が難しいと考えられる場合には合意解約を行うよう行動すべきである。

(2) 担保権者との関係

賃貸物件が再生債務者所有である場合は, 借入金のために担保提供されていることが多い。このような場合, 担保権者から, 担保不動産競売だけでなく, 物上代位に基づく賃料債権の差押えや担保不動産収益執行の申立てがなされるリスクがあることに十分留意しなければならない。賃料の差押え等があれば, 賃料を確保することができないため物件の管理コストすら賄えなくなる事態も起こり得る。したがって, 処分予定の物件であれば処分方針や処分時期を担保権者に十分説明して差押え等を避けるよう努力する必要があるし, 場合によっては賃料のうち一定額を担保権者への弁済に充てるような別除権協定を行うことが必要とされる。

(3) 賃借人との関係

(a) 賃料の請求　賃貸借契約が継続する以上, 賃借人には約定どおり賃料の支払義務があり, 再生債務者は, 従前どおり, 賃料を請求することになる。この点, 賃借人が, 再生手続開始申立てがなされたことや, 敷金が返還されるかどうかわからない, といった不安から賃料を支払いたくないという反応を示すことがよくあるが, 再生債務者としては, 法律関係をよく説明し, 賃料の支払を促すようにする (敷金の取扱いについては, 後述)。

(b) 賃借人が敷金返還請求権以外の再生債権を有する場合の賃料債務との相殺　賃借人が敷金返還請求権以外に再生債権 (例えば, 売掛金や貸付金) を有している場合, 再生手続開始後に弁済期が到来する賃料債務について, 開始時における賃料の6ヵ月分に相当する額を限度として相殺することが可能である (92条2項)。例えば, 再生債務者が多数の賃貸物件を有して貸しビル業を営んでいる場合には, 賃料収入がどの程度得られるかは事業再生の観点からも非常に重要となるので, 契約書等を精査して, 建設協力金返還債務, 借入金といった賃借人に対する債務負担の有無等を早急に調査する必要がある。

(c) 敷金返還請求権の取扱い (民事再生法92条3項による共益債権化)　再生手続開始前に敷金を差し入れた賃借人の有する敷金・保証金返還請求権は再生債権となるが (84条1項・87条1項3号ホ), 再生手続開始後に賃借人である再生

債権者が賃料債務を弁済期に弁済したときは、敷金返還請求権について開始時における賃料の6ヵ月分に相当する額を限度として、その弁済の範囲内で共益債権とされる（92条3項）。ただし、敷金返還請求権の保護は前述の賃料債務の相殺と連動しており、再生手続開始後に、民事再生法92条2項に基づく相殺をした場合には、賃料の6ヵ月分相当額から相殺により消滅する賃料債務相当額を控除した額が、同条3項による共益債権化の上限となる。なお、賃貸借契約が終了し賃借人が賃借物件を明け渡すことによって具体化する敷金返還請求権の一部が共益債権化されるという性質のものであることに留意する。

　上記のとおり、同法92条3項は、敷金の取扱いについて、一定の要件の下で敷金返還請求権を共益債権化することによって賃貸人である再生債務者と賃借人の権利調整を行うものであり、賃借人に賃料を支払うことを拒絶する権利を付与するものではないし、敷金と未払賃料の相殺を認めるものではない。したがって、賃借人が賃料の支払を拒絶したり、敷金と相殺する旨連絡する等して賃料を支払わない場合には、賃借人の債務不履行となり解除せざるを得ないこともあるので、賃借人には事情を十分説明した上で賃料を約定期限どおり支払うよう働きかけていくことになる。なお、名称が「保証金」等で「敷金」と異なるものであっても、賃貸人の賃借人に対する一切の債権を担保するものであり、敷金相当分と認められる範囲では、敷金と同様に考えられており、契約書に照らして本条における敷金か否かの調査をする必要がある。

　また、共益部分の維持管理のために徴収される費用である共益費については、賃料の補完として徴収する場合も多く、再生債務者のキャッシュフローを確保するという同法92条3項の目的からは、同条の「賃料」に含まれると解して処理する場合もあろう。

　「再生手続開始の時における」賃料とは、再生手続開始時点で締結されている賃貸借契約における賃料を指すものであり、業績（売上）連動で賃料が変動する賃貸借契約に関しては、再生手続開始後に実際に生じる6ヵ月分の変動賃料合計額が、共益債権化の上限となると解する場合もあり得る。

　再生手続中であっても、再生計画による権利変更前に、賃貸人が対抗力のある賃貸借契約継続中に目的物を譲渡した場合、敷金等返還請求権（賃貸人が賃借人に対して当該賃貸借契約に関して負担していた債務を控除した残額）は、新所有者に承継される。その結果、再生債権たる敷金等返還請求権を有する賃借人が不

動産の譲受人から敷金等返還請求権を全額回収できるようになる。この点，債権者間の平等を害するとの批判もあるが，権利変更前であること，再生手続がとられていない場合の判例との整合性を考慮するとやむを得ないであろう。

敷金返還請求権についての取扱いについては，債権調査における上記の共益債権化についての配慮（37参照），再生計画案の権利変更条項の定め方（当然充当先行説と権利変更先行説のいずれかを前提とした定め方。41，資料39参照）にも注意する必要がある（詳しくは，Q＆A120～128頁，6民実務139頁，運用指針346頁参照）。

(4) 借地上の建物の場合

再生債務者が地主から土地を賃借し，同地上に建物を建築してテナントに賃貸している場合，テナントとの関係では賃貸人であるが，地主との関係では賃借人となるので，処理にあたっては，注意を要する。

Ⅳ 再生債務者が賃借人の場合（賃借人の民事再生）

(1) 賃貸借契約の帰趨

事業継続に必要な物件については履行選択することが多いが，拠点が不要となるなどの理由で解除する必要があるケースも多い。賃借物件の要否を早急に見極め，無用な共益債権を負担することのないよう民事再生法49条1項に基づく解除を活用するなどして賃貸借契約を早期に解消していくべきである。

賃貸借契約中に再生手続開始申立てを原因とする解除条項が存在する場合，当該条項を無効とする立場で交渉すべきである（15参照）。また，再生手続開始申立前に賃料の未払いがある場合，信頼関係の破壊があると認められるときは賃貸人からの解除権行使は認められるが，賃借人の再生手続開始申立自体を信頼関係破壊の一因とすることは許されないと解すべきである。

なお，履行選択した場合，再生手続開始決定前の未払賃料の取扱いについては再生債権として取り扱うことが相当である（開始後は共益債権となる）。

(2) 原状回復義務について

賃借人が民事再生法49条1項に基づいて賃貸借契約を解除した場合の原状回復請求権について，再生債権として取り扱われるとの有力な見解もあるが（破産の場合であるが，大阪地方裁判所・大阪弁護士会破産管財運用検討プロジェクトチーム編『新版　破産管財手続の運用と書式』115頁以下参照），これに対しては有力な異論もある。原状回復が未履行の状態では賃貸人が新たな賃借人に賃貸すること

ができないような状態にある場合には明渡未了とされて賃料（又は賃料相当損害金）の請求を受ける可能性もある。したがって，事案によっては解除権を行使するという解決だけではなく，賃貸人と協議の上，原状回復の取扱いも含めて合意解約を行うことも視野に入れて交渉する必要がある。特に，敷金の差入れがない場合や敷金が原状回復に要する費用と比較して僅少な場合には，原状回復を行わなくても明渡しがあると評価できるかを慎重に検討する必要がある。

(3) 違約金条項について

民事再生法49条1項に基づく解除権を行使した場合，中途解約に伴う違約金条項が適用されるか否かについては，同法49条1項所定の法定解除の場合には適用されないという見解が有力である（実務141頁参照）が，下級審の判断も分かれているところである（判タ1392号353頁）。違約金条項の適用が肯定されると，多額の違約金が発生するために敷金の返還を受けることができなくなる可能性もある。この点，大阪地裁は違約金条項の適用はないとの運用を行っているので（破産の場合であるが，前掲書116頁以下参照），大阪地裁の運用などを説明した上で話し合いによる解決を模索することも必要であろう（Q＆A303頁以下参照。特に306頁参照）。違約金条項の適用がない場合でも，賃貸人は，民事再生法51条・破産法54条1項に基づき，民事再生法49条1項に基づく解除により生じた損害賠償請求権を行使し得るが，その範囲は当該解除により賃貸人が現に被った損害に限られる。賃貸借契約の場合，賃貸目的物が返還されれば以後の物件利用価値は賃貸人に帰属するので，これを控除すれば損害は残らず，そのため期間満了までの賃料相当額が損害額になることはないはずである。したがって，再生債務者が賃貸借契約を解除して目的物を明け渡してから新たな賃借人との間で賃貸借契約が締結されるまでの合理的期間における賃料相当額のみが損害として観念し得るとの立場に立って債権認否や交渉を行うのが相当と思われる（概説246頁参照）。

(4) 敷金返還請求権の質権者との関係

再生債務者が金融機関からの借入れの担保として，敷金返還請求権に質権を設定している事案で，特に，上記の民事再生法49条1項に基づく解除選択を行う場合や事業譲渡に伴い賃貸借契約をスポンサーに承継する場合に別除権協定が必要となる（㉝参照）。

19 契約関係の処理③──請負契約

I 請負契約の処理が問題となる場面

　再生手続において請負契約の処理が最も問題となるのは，ゼネコン，工務店が再生債務者となる場合である。したがって，以下では，ゼネコンや工務店が再生手続開始の申立てを行った場合を前提に説明し，デベロッパーといった注文主が再生手続開始の申立てを行う場合の問題にも触れることにする。なお，ゼネコンの倒産手続に関しては，河野玄逸「ゼネコン倒産の諸問題」高木新二郎＝伊藤眞編集代表『講座　倒産の法システム第4巻』（日本評論社）401頁以下やＱ＆Ａ134頁〜145頁を参照されたい。

II 請負人と注文者の立場の併存

　重要な点は，ゼネコンや工務店は，土木・建築請負工事を注文主である施主から受注する請負人としての立場と当該工事を下請業者に発注する注文主としての立場を併有していることである。したがって，注文主，請負人の両者の立場を有することを前提に請負契約の処理を行っていく必要がある。

III 現場保全と出来高査定

(1) 現場保全

　再生手続開始の申立後，最初に再生債務者が取りかかる必要がある作業は，仕掛中工事及び完成工事の現場保全である。ゼネコンや工務店が再生手続開始の申立てを行ったとの情報に接した下請業者は工事現場に置かれている部材を持ち出したり，工事現場を不法占拠したりするなどの行為をすることも散見されるし，建設資材のリース業者もリース物件の回収を行おうとすることも多い。また，現場保全ができていないと後述の出来高査定も適切に行うことができない。さらには，施主も現場保全がされていなければ工事続行の意欲を失いかねないところでもある。

したがって、再生債務者には申立直後の段階で工事現場の占有を確保できるような体制作りを予め指示しておく必要がある。具体的には、申立前日までに、申立当日に適切に現場保全ができるようにどのタイミングで工事を中断するか等の手順を決めておかなければならない。ただし、現場保全といってもゼネコンの場合には下請けに工事を丸投げしてゼネコンには工事現場を監督する人員しか配置されていない場合も多々あり、実質的に現場を下請業者が既に占有していることも多いので、占有確保については物理的に下請業者を締め出すようなことはできないことも多く、柔軟に対応するしかない。

　なお、再生手続である以上、ほとんどの工事現場は工事続行されるのに、工事を中断すれば工期が遅れる可能性が高まることになるが、前述の現場保全の重要性からはやむを得ないところであり、施主にもその点を十分理解してもらう必要がある。

(2) 出来高査定

　現場保全ができれば、次に再生債務者としてなすべきことは、出来高査定である。出来高査定とは、文字どおり、再生手続開始決定時（通常開始決定まで工事が停止することが多いので再生手続開始申立時と言い換えてもよい）における仕掛工事の進捗状況を査定することである。実際には、弁護士が自らできる作業ではないので、再生債務者に指示をして行わせることとなる。出来高査定が必要とされる理由は、既に完成している出来高部分（いわゆる出来形）についての金銭的評価を行い、今後工事を続行するにあたって必要とされる金額を適切に把握するためである。出来高査定は、後述のとおり下請業者の再生債権額の確定にも必要となるし、下請業者に出来形を留置された場合の留置権解放のために必要とされる金員の計算にも関係してくる。出来高査定については、後日の紛争を防止するためにも再生債務者と下請業者双方の了解の下で確定することが望ましい（施主は工事続行しない場合以外にはほとんど関係がないであろうが、出来高払いの場合には出来高確認を要する）。通常の場合、工事の進捗状況管理は書面で行っていることも多いが、申立ての直近の状況を確認できる書面がある場合は格別、申立後に現場に赴いて確認する必要がある。

Ⅳ 再生手続開始決定後の契約関係

(1) 下請契約の処理

請負契約についても，請負人の仕事完成前であり，報酬の全額支払以前に，当事者のいずれかに再生手続が開始された場合，双方未履行の双務契約として民事再生法49条以下により処理することができる（破産手続の場合の民法642条のような特則はない）。ゼネコンの再生手続の場合には工事続行することがほとんどであり，下請業者との請負契約を解消することは稀である。下請業者との請負契約について，履行選択した場合，実務では，下請業者との請負契約に関し出来高に応じて支払がなされる約定が一般的には存在することや再生手続開始前の出来高部分（いわゆる出来形）の所有権は一般的には注文主であるゼネコンに帰属することから可分と理解し，下請業者の報酬請求権のうち再生手続開始後の出来高部分に関するものは共益債権，再生手続開始前の出来形に対応するものについては再生債権と解して処理されることが通常である。このような取扱いは実務の積み重ねにより一般的な理解となってきているように思われるが，下請業者が連鎖倒産するおそれが発生する場合や今後の履行分についての報酬を本来の期限より前に支払わないと下請業者が工事を履行する資力がない場合などもあるので，そのような場合には監督委員とも相談の上，支払期を前倒しに変更する，民事再生法85条5項後段の少額債権の弁済許可の制度を活用するなどといった対応を適宜行うことになる。なお，保全期間中の弁済禁止の保全処分の効力においても上記と同様に考えられ，申立て時点での出来形に対応する下請業者の報酬請求権については弁済禁止の対象として処理されている（Q＆A134頁以下参照）。

ゼネコンがジョイントベンチャー（JV）の一員であった場合の下請業者との関係については，Q＆A143頁以下を参照されたい。

(2) 元請契約の処理

ゼネコンは事業継続をしていくのであるから，当該請負工事について履行選択するのは通常であるが，過当競争の状況にあるため工事の採算性を度外視して受注していることも多々ある。また，下請業者からの協力がどうしても得られない場合もある。このような場合，ゼネコンは当該工事から撤退する必要があり，その場合には，民事再生法49条に基づく解除権の行使を検討することに

なる（同解除が監督委員の同意事項とされている場合は，適宜，事前相談すべきである）。

　ここで注意すべきは，前受金の取扱いである。ゼネコンは工事を進める際に，資材の仕入代金や下請人に対する支払を行う必要があり工事完成前に多額の費用を要するため，注文主から着手金，中間金等様々な名目で前払いを受けていることが一般である。このように前受金を受領しているときに，当該工事契約を解除した場合に，当該前受金の額がゼネコンにより行使可能な報酬額（出来高相当額）を上回るときは，逆に注文者に対して請負人が差額を共益債権として返還する必要が生じる場合がある（49条5項，破54条2項。破産手続において財団債権とした最判昭和62年11月26日民集41巻8号1585頁参照）。したがって，ゼネコンとしては，これら前受金を返還した上で当該工事契約を解消することが，当該工事を継続することよりも有利といえるかを慎重に検討する必要がある（なお，公共工事における前払金についてはQ＆A140頁以下を参照）。

(3)　瑕疵修補請求権

　ゼネコンの再生手続において常に問題となるのが施主（注文者）の有する瑕疵修補請求権（平成29年の民法改正に伴い，民法634条は削除され，契約不適合の場合，売買の担保責任と同様，目的物の修補等による追完請求ができる（改正民559条で562条を準用））をどのように取り扱うかである。具体的には，開始決定時には明確となっていない，将来発生する可能性のある瑕疵修補請求権をどのように取り扱うかは，ゼネコンの規模が大きくなればなるほど大きな問題となる。これらの瑕疵修補請求権も請負契約に伴って発生する権利であることからすれば，時効により消滅していない瑕疵修補請求権を有するすべての施主が再生債権者となり得るのである。

　この取扱いについては決まった手法があるわけではなく，各再生債務者がそれぞれ工夫を凝らしているところである。例えば，債権届出が可能な期間までに瑕疵が具体化している場合には瑕疵修補に代わる損害賠償請求権を有する再生債権者として取り扱い，それ以降については再生計画に沿った和解を行うといった例もあるようである。また，最近では，具体化していない瑕疵修補請求権については非金銭債権であるとして，再生計画において，その後発生する当該請負契約によって約束された定期点検費用を見積もった上でその一部を再生

債務者が負担する旨の権利変更を行うなどの取扱いもなされているようである。

V デベロッパーの再生手続

デベロッパーが再生手続開始の申立てを行った場合には，採算性等から工事続行することが困難な場合も多々ある。このような場合には，デベロッパーとしては請負業者であるゼネコン等との契約関係を解消し，第三者にデベロッパー所有の土地を，土地上の仕掛工事中の未完成建物である出来形とともに処分せざるを得ない。

デベロッパーはゼネコン等との請負契約を監督委員の同意（要同意事項の場合）を得て民事再生法49条1項に基づいて解除することにより解消できるが，この場合にはゼネコンは未払いの報酬請求権全額につき再生債権として行使できる。この際，一般的には出来形の所有権はデベロッパーに帰属すると考えることが多いようである。しかし，出来形の所有権がデベロッパーにあるとしても，ゼネコンは，出来形に対応する未払報酬請求権によって，当該出来形に対して商事留置権を行使することとなる。そのため，あえて同法49条1項の解除権を行使することなく，ゼネコンとの間で請負契約を解消し，土地と出来形の両方の処分対価の一部をゼネコンに支払う旨の和解的解決を行うことが通常である。

また，土地について抵当権等を有する別除権者が存在する場合には，出来形につき商事留置権を主張するゼネコンと別除権者の権利関係の調整を図りつつ，両者との間で別除権の目的物の受戻しに関する合意（同時に請負人との間で請負契約の解除に関する合意）を締結し，当該目的物を受け戻した上で買主に引き渡す必要がある。

上記の場合にゼネコンが敷地を目的物とする商事留置権まで成立すると主張することもあるが，この点に関しては見解が分かれており，事案に即した解決を模索すべきであろう（33参照）。■

20 相殺権と相殺禁止

I 民事再生法における相殺の特徴

　破産法では，破産債権者が破産手続開始時に債務を負担していることを前提に，相殺適状の時期，相殺権の行使の時期について，原則として制限を認めていない。しかし，民事再生法においては，再生債権者が再生手続開始時に再生債務者に対して債務を負担している必要があることは破産と同様であるが，再生債権の届出期間満了時までに相殺適状になり，かつ，相殺の意思表示についてもその期間満了時までにしなければ相殺権を喪失するものと定めている（92条1項）。この点は，会社更生法においても同様である（会更48条1項）。

　また，破産法においては，相殺に供することができる破産債権や債務の範囲を期限付債権，条件付債権，将来の請求権にまで認めている（破67条1項・2項・70条）が，民事再生，会社更生においては，そのような拡張はない（相殺権と相殺禁止の詳細は，伊藤905頁以下，新注釈上514頁以下，条解475頁以下参照）。

II 民事再生法上の相殺に関しての留意点

(1) 破産との相違点

　相殺適状の時期や相殺の意思表示に関する時期における制限（92条1項）につき，取引債権者等において，破産の場合と同じで制限がないと誤解しているケースがある。このような場合，後日，反対債権との相殺ができないことが判明した際に，その取引債権者が，強硬に相殺を主張してくるなどし，これに対応できないと伝えると取引を停止するなどといって，トラブルとなるケースもあり，申立代理人としては，あらかじめ留意が必要である。

　再生債務者側から，あえて，取引債権者に対して，民事再生法上の相殺が破産法の場合と異なる点について，事前に，詳細に説明した上で，相殺の意思表示まで促すべきであるかどうかについては，議論の余地があろう。

　しかし，十分に法律上の知識を持ち合わせない取引債権者に対して，こういった情報提供をまったく行わず，後日，相殺を主張してきたときに相殺がで

きないことをのみを告げて，法律上の知識を持ち合わせなかったことについて責任を自ら負うべきであるという姿勢を取ることも，徒らに紛争を大きくするだけで，事業の継続にも大きな影響を及ぼすこととなる。

したがって，債権者説明会等において，相殺に関しては，破産法の場合とは異なる制限があることから，顧問弁護士などとよく相談して対応を決めるべきであると呼びかけておき，取引債権者に対しても，その時機を逸したことについて，やむを得ないと認識してもらえるような情報提供を行っておくほうがよいであろう。

申立代理人においても告知していたにもかかわらず，取引債権者が，期限終了後になって，強硬に相殺を主張してきたような場合には，申立代理人としては，相殺禁止は，法律上の制限であり，これに反することは，再生手続における違法として，手続の廃止にもつながりかねない点を説明して，粘り強く理解を求める必要がある。どうしても，その取引債権者が，説得に応じないような場合，かつ，当該債権者が事業継続に大きな影響を及ぼすような債権者である場合には，相手方に大幅に譲歩を求め，かつ，取引の継続を約束させた上で，和解的解決を図るケースも考えられる。

(2) 相殺禁止の確認

再生手続開始申立てや同開始決定があると，金融機関をはじめ，各取引債権者からも次々と相殺通知が再生債務者宛に送付されてくる。しかし，それらの通知は，必ずしもすべて有効なものばかりではなく，自己に都合のよいように，とりあえず送付しているような相殺通知も含まれていることが多い。

債権調査時において，相殺通知が存在することを基に，漫然と相殺処理をし，相殺が有効であることを前提にその認否を行うと，自働債権の弁済期が未到来であり相殺適状にないため相殺が許されないものや，相殺禁止（93条）の規定に抵触するものについてまでその効力を認めてしまうことになる。そこで，相殺の有効性について確認しておく必要がある。

(3) 賃料債務と敷金の相殺は不可

再生債務者が賃貸人の場合，賃借人から敷金返還請求権とその後の賃料債務を相殺したいとの主張がなされることが多いが，相殺することはできない（92条3項の共益債権化の保護の対象となる。[18]参照）。

Ⅲ 相殺権と相殺禁止に関する近年の最高裁判例

(1) 無委託保証人の事後求償権

保証人が主債務者の破産手続開始前にその委託を受けないで締結した保証契約に基づき同手続開始後に弁済をした場合、保証人が取得する求償権を自働債権とし、主債務者（破産者）が保証人に対して有する債権を受働債権とする相殺は、破産法72条1項1号の類推適用により許されない（最判平成24年5月28日民集66巻7号3123頁）。

(2) 投資信託の解約金支払債務

再生債務者Xが支払停止前に再生債権者Yから購入した投資信託受益権に係る再生債権者の再生債務者に対する解約金の支払債務の負担は、以下の①～③の事情の下においては、民事再生法93条2項2号にいう「前に生じた原因」に基づく場合に当たらず、上記支払債務に係る債権を受働債権とする相殺が許されない（最判平成26年6月5日民集68巻5号462頁）。

① 投資信託の解約実行請求は、YがXの支払停止を知った後にされた。
② Xは、Yの振替口座簿に開設された口座で振替投資信託受益権として管理されていた投資信託受益権につき、原則として自由に他の振替先口座への振替をすることができた。
③ Yが相殺をするためには、他の債権者と同様に、債権者代位権に基づき、Xに代位して解約実行請求を行うほかなかったことがうかがわれる。

(3) 三角相殺

再生債務者に対して債務を負担する者が、当該債務に係る債権を受働債権とし、自らと完全親会社を同じくする他の株式会社が有する再生債権を自働債権としてする相殺は、これをすることができる旨の合意があらかじめされていた場合であっても、民事再生法92条1項によりすることができる相殺に該当しない（最判平成28年7月8日民集70巻6号1611頁）。

21 同意申請

I 監督委員の同意を要する行為の指定

　再生手続開始の申立てがあると，通常，その日のうちに監督委員による監督を命ずる処分がなされ（監督命令），監督委員の選任とその同意を得なければ再生債務者がすることができない行為が指定される（54条1項・2項）。

　裁判所は，再生債務者の業務遂行及び財産の管理処分を適正に行わせるという観点から，同意を要する行為を指定することになるが，大阪地裁（6民実務94頁参照）では，次のとおり，民事再生法41条1項各号の行為を中心に指定されている（ただし，常務にあたるものは除かれる。また，同意を要する行為は，各裁判所によって異なるのでQ＆A336頁以下を参照。東京地裁につき運用指針93頁参照）。

① 再生債務者の財産に係る権利の譲渡，担保権の設定，賃貸その他一切の処分（債権の取立てを除く）
② 無償の債務負担行為又は権利の放棄
③ 財産の譲受け
④ 借財，手形割引又は保証
⑤ 民事再生法49条1項の規定による契約の解除
⑥ 訴えの提起及び民事保全，調停，支払督促その他これらに準ずるものの申立て並びにこれらの取下げ
⑦ 和解及び仲裁合意
⑧ 取戻権，共益債権及び一般優先債権の承認
⑨ 別除権の目的である財産の受戻し
⑩ 事業の維持再生の支援に関する契約及び当該支援をする者の選定業務に関する契約の締結

II 同意申請の要否

　監督委員の同意を要する行為として指定された行為であっても，「常務」に

属する行為は，監督委員の同意が不要である。常務とは，通常の業務を意味し，商品の仕入・販売等がこれに該当する。もっとも，「常務」は，相対的な概念であり，すべての再生債務者に共通の画一的基準があるわけではなく，再生債務者の会社規模や業種・業態等によっても異なる。例えば，同じ機械・設備の販売であっても，機械・設備の製造メーカーが商品・製品としての機械・設備を顧客に販売することは「常務」にあたるとされるのに対し，加工食品のメーカーが商品・製品を製造するための機械・設備を第三者に販売することは「常務」にあたらないと解される。いずれにしても，再生債務者としては，「常務」に含まれるか否かが微妙で，判断に迷ったときは，必ず監督委員に相談し，同意の要否について慎重に対応する。なお，監督委員によっては，事前に，例えば「取引金額が○○○万円までは常務扱いとする」等の方針を示す場合もあるので，協議しておく。

Ⅲ 同意申請書の作成

(1) 同意申請書の記載事項・作成通数

再生債務者の同意を求める旨の申請及び監督委員の同意は書面でする必要がある（規則21条1項）。同意申請書の記載事項は法定されていないが，一般的には，①同意を求める事項，及び，②同意を求める理由を記載し，必要な資料を添付する（資料25）。

破産管財人の裁判所に対する許可申請と同様，監督委員からの問い合わせに備えて，申立代理人（担当弁護士）の連絡先電話番号を記載し，また，特定及び整理の便宜のため，冒頭に同意申請の通し番号（「同意申請第1号」，「同意申請（30－1）〔平成30年の第1号という意味〕」）を記載する例が多い。また，監督委員も書面で同意する必要があるため，同意申請書には，監督委員の同意欄を設けておくことが望ましい。

同意申請書は正副2通作成する（対外的に提出するための同意証明書を入手するようにすると便利である。なお，不動産の任意売却の際の留意点につき34参照。この点，3通作成し，1通を後述する裁判所に対する報告書に添付する方法もあるが，債権者等による閲覧等が可能となる点で工夫したほうがよい場合があることに注意する）。

(2) 同意申請の時期

破産管財人の裁判所に対する許可申請と同様，相手方との契約を急ぐ特段の事情がある場合には，監督委員の同意を停止条件として契約を締結し，事後的に同意申請を行う場合もあるが，同意申請の際，監督委員から契約内容の修正を指摘される場合もあるので，できるだけ，当該行為の前に同意を得ることが望ましい。円滑に同意手続を進めるために，同意申請する前に，同意申請書のドラフトを電子メールやＦＡＸ等で監督委員に送付し，事前にその内容確認をしてもらい，内諾を得てから，同意申請書を提出したほうがよい。

また，監督委員が出張等で事務所を不在にしていることもあるので，同意申請は，少なくとも，監督委員の同意を必要とする日から逆算して数日前に行っておくことが望ましい。急な同意申請はできるだけ避けるべきであるが，どうしても必要なときは，監督委員の都合を聞き，急いでいる事情を説明したうえで同意申請する。

(3) 同意申請書作成上の注意点

監督委員の同意の制度趣旨は，再生債務者の業務遂行及び財産の管理処分を適正に行わせるために，一定の行為について，中立の第三者である監督委員の判断を要するとしたものである。監督委員としては，当該同意申請が再生債務者の業務遂行及び財産の管理処分として適正といえるかどうかを確認のうえ，同意・不同意を決定することになる。例えば，財産の売却であれば，当該財産を売却しても業務に支障を来さないか，また，売却価格が相当であるか否か等を確認する。逆に，財産の購入であれば，購入の必要性及び購入価格の相当性のほか，当該財産を購入しても，資金繰りに支障を来さないかどうか等を確認する。このように，申立代理人としては，申立ての理由に，当該申立てが相当であることを裏付ける具体的事実を記載し，必要に応じてこれを補うために，資料等を添付する。なお，同意手続を円滑に進める観点から，様式や体裁といった形式面にも十分に注意・配慮し，余計な訂正・修正の手間が生じないように留意する。

(4) 裁判所への報告

再生債務者は，監督委員の同意を得たときは，遅滞なく，その旨を裁判所に報告しなければならないとされている（規則21条2項）。ただし，同意を得た旨の報告書は，閲覧等の制限申立ての対象文書等に該当せず（17条1項），同意申

請した際の書類をすべて添付してしまうと，利害関係人が閲覧等する可能性がある（16条，規則9条）。そこで，報告書作成の際，必要に応じて適宜工夫する必要がある。例えば，スポンサーとの基本契約締結に関する同意申請で，契約内容をオープンにできない等の事情があるときは，裁判所への報告書には開示可能な範囲で骨子を記載するというものである。因みに，事業譲渡は，裁判所の許可事項であるが（42条1項），その許可申請書等については閲覧等の制限申立てをすることができる（17条1項1号。閲覧制限については24参照）。

Ⅳ 同意のない行為の効果

(1) 実体法上の効果

再生債務者が，同意を要する行為につき，監督委員の同意を得ずにした行為は無効であるが，善意の第三者に対抗できない（54条4項）。重過失があるときは，悪意に準ずるものとされる（新注釈上327頁，条解305頁参照）。また，監督委員の選任は商業登記簿に嘱託登記されるので（11条2項・3項1号），登記後は第三者の悪意が推定されると解される（新注釈上328頁参照）。

(2) 再生手続上の効果

再生債務者が監督命令に違反し，同意を要する行為を監督委員の同意を得ずに行ったときは，再生計画の取消事由（189条1項3号），再生手続廃止の事由となり（193条1項2号），さらにその不備が補正できないときは，再生計画案の排除事由（169条1項3号），再生計画の不認可事由（174条2項1号）となる可能性があるので注意を要する。

(3) 同意申請を失念した場合の対応

再生債務者が監督委員の同意を得ずに行った行為は，前述のとおり原則として無効である。しかし，再生債務者がこれに気づいたときは，速やかに監督委員に報告し，適切な対応を検討すべきである。

監督委員は，再生債務者の業務遂行及び財産の管理処分が適正に行われているときは，事後に同意することも可能と解されるので，実務上は監督委員の事後の同意を得て，その不備の是正（無効の治癒）を図るべきであろう。

22　裁判所・監督委員への報告

I　裁判所・監督委員とのコミュニケーション

(1)　コミュニケーションの重要性

　申立代理人（再生債務者の代理人）としては，再生手続の帰趨に大きな影響があるような事項が発生した場合には，自らの力ですべてに対応し，その結果を報告すればよいと考えるのではなく，タイムリーに裁判所及び監督委員に報告すべきである。

　この姿勢は，法律的な義務云々という問題に留まらず，重大事項，特に再生債務者にとって不利益な事項について，早い段階で裁判所や監督委員に的確に報告し，コミュニケーションを図っておき，必要に応じて意見を求めておくという意味でも重要である。

　円滑なコミュニケーションが図られることにより，問題への対策を講じる上で裁判所・監督委員から理解も得やすく，結果として，手続全体がよい方向で，スムーズに進むことが多いからである。

(2)　報告すべき重要事項

　ここでいう重要事項の典型例としては，以下のような事項が挙げられるであろう（もっとも，報告すべき重要事項が，これらに限定される趣旨ではない）。

① 手続開始決定後の資金繰りがひっ迫して，再生計画案の作成の見込みがない可能性が高まってきたとき（191条1号。49参照）

② 基本的な再生スキームの変更（当初，自力再建型を目指していたものが，事業譲渡型に変更すること等）

③ 再生債務者の代表者の交代

④ その他事業計画に影響を及ぼすような重大事象（事故）が発生したとき

II　月次報告書

(1)　月次報告書の提出とその内容

再生手続はDIP型の再建型倒産手続であるが，再生計画認可決定までは，毎月の業務及び財産の管理状況を，毎月1回，裁判所ないし監督委員に報告することが求められており，これを一般的に月次報告書と呼んでいる（手引119頁，6民実務163頁参照）。

月次報告書の内容としては，当該月の業務状況を簡潔にまとめたものに，資料として，月次試算表あるいは資金繰り実績表を添付することもある（資料29参照）。キャッシュフローがわかるように，前月末の資金残高，当月の収入，支出，損益，次月への繰越資金残高を記載しておくとよい。

ただし，月次報告書は原則として利害関係人の閲覧の対象となる点に留意をして，記載内容を十分に検討すべきである。

月次報告書は，裁判所や監督委員に再生債務者の経営状況を知らせるための重要な書面であるので，内容に重大な誤りがあったり，提出期限を徒過したりすることがあってはならない。裁判所に提出する場合には，同じものを監督委員にも提出する。

(2) 作成時の留意点

申立代理人の中には，月次報告書の作成を再生債務者の経理担当者に一任して，内容を一切チェックしないまま提出するケースもあるが，厳に慎むべきである。月次の事業報告の中に，再生手続に重大な影響を与える事象（事業計画に影響を及ぼすような取引の終了，違法な弁済の事実など）が含まれていて，会社担当者は，申立代理人も目を通すと考えて，報告の趣旨を込めて提出しているようなケースもあるからである。

(3) 月次報告書の提出期限

再生手続開始決定直後は，業務量が多いため，往々にして月次報告書の提出期限が徒過されやすいので留意すべきである。この点，月次報告書の提出期限について，東京地裁では毎月末日締めで翌月10日，大阪地裁では翌月15日と指定される例が一般的である（Q＆A344頁以下参照）。しかし，再生債務者の経理システム等の問題で，上記期限に月次報告書を提出することが困難なケースもあり，申立代理人が再生手続開始申立時に，裁判所に事情を説明しておき，毎月の提出期限を一定日数遅らせた決定がなされた例もある。

23 債権者に対する情報開示

I 情報開示の必要性

　債権者に対する適切な情報開示は，再生計画に対する賛否を問わず，多数決原理により権利の変更を受ける債権者による自己決定の前提をなすものであり，また制度の正当性を手続面から支える極めて重要な事項である。また，必要な情報が適切に開示されていることで，再生計画案に対する債権者の理解の獲得や再生手続の円滑な遂行等にも繋がり得るのであって，再生債務者等にとっても有益な結果をもたらすといえる。

　民事再生法は，再生債務者に再生手続の進行に関する重要な事項を再生債権者に周知させるように努める義務を課した上（規則1条2項），以下のとおり，債権者等の利害関係人に対する情報開示のための様々な制度を設けており，実務上も，適切な情報開示のため様々な工夫がなされている。

　もっとも，近時手続の整備と利用が進んでいる私的整理手続では，広範な情報開示のもと，主力金融債権者らが事業再生の手続により深く関与して進められるため，金融債権者からは，法的手続に対する不透明感やコミュニケーション不足が指摘されることがあり，債権者自身の権利意識と再生手続の透明性について求めるレベルの向上，経済活動のグローバル化による海外の債権者の増加などもあって，情報開示のあり方や情報開示制度についての法改正の提言も見られるところである（野上昌樹＝稲田正毅＝北野知広「債権者への情報開示に関する一考察」『続・提言　倒産法改正』（金融財政事情研究会）129頁以下等参照）。

　ただし，再生債務者が有する情報には，開示により再生債務者の事業価値の毀損や財産に対する著しい損害を招くおそれのある情報，企業秘密等もあるため，開示の対象については適切な取捨選択が求められるところである。

　再生債務者としては，上記のような情報開示の必要性や重要性を十分に理解のうえ，事案に応じた適切かつ公平な情報開示に努めることが肝要である。

Ⅱ　再生手続の各場面における情報開示の制度

(1)　文書等の閲覧・謄写

　現行法は，通常再生手続について，財産状況報告集会（126条）を含む債権者集会の開催を基本的に任意のものとしているため（114条），債権者等による情報収集のための主要な手段は記録の閲覧，謄写等の手続（16条・17条，規則9条・10条。以下「閲覧等」という）となる（閲覧請求及び閲覧制限については㉔参照）。

　したがって，再生債務者としては，閲覧等の対象となる文書等の作成にあたっては，それが閲覧等の対象となることを前提に，当該文書を通じて行う情報開示の内容が適切かつ十分であるか，閲覧等の制限の申立てをする場合には，閲覧等の制限により本来開示されるべき情報まで開示が制限されることにならないかを常に意識すべきである（なお，東京地裁における運用につき運用指針45頁以下，大阪地裁における運用につき6民実務412頁以下参照）。

(2)　文書等の写しの備置き及び周知措置

　再生債務者等は，①再生債権認否書等（100条，規則41条1項），②財産評定（㉕参照）における財産目録・貸借対照表（124条2項）及び125条報告書について，再生債務者の主たる営業所又は事務所において閲覧することができる状態に置く措置をとらなければならない（①につき規則43条1項，②につき規則64条1項）。また，財産状況報告集会が招集されない場合には，125条報告書の要旨を知れている再生債権者に周知させるための措置（報告書の要旨の送付，債権者説明会の開催等）をとらなければならない（規則63条1項。㉖参照）。

　また，再生債権の認否については，再生債務者の主たる営業所又は事務所以外の営業所又は事務所に再生債権認否書等の写しを備え置いたり，認否結果の通知書を債権者に送付するなど，再生債権認否書等に記載された情報の内容を周知させるための適当な措置をとることができる（規則43条2項）。届出債権者が必ず再生債権認否書を閲覧するとは限らず，査定申立ての機会を保障する必要があるため，実務上は，備置きに加え，認めない旨の認否を行った届出債権者に対し，その旨と理由を記載した書面（認否結果通知書。資料32参照）を送付している（㊳参照）。

(3)　債権者説明会

　債権者説明会（規則61条1項）は，裁判所ではなく再生債務者等が開催する説

明会であり，その開催は任意であるが，実務上は，事案に応じて，①再生手続開始申立直後，②再生計画外での事業譲渡・会社分割の許可申請後，③再生計画案の付議決定後等の段階で債権者説明会を開催し，債権者への情報開示等が図られている。①では申立直後の混乱の収拾並びに取引の継続及び再生手続への理解と協力を求めるために，②では再生裁判所が行う知れたる債権者等に対する意見聴取（42条2項）及び許可（42条1項）に先立って債権者に事業譲渡の内容及び必要性，相当性等について理解を求めるために，③では再生計画案の内容等についてより正確な理解を得，賛成を求めるために，それぞれ必要な情報を開示し，説明等を行うことになろう。

　債権者説明会を開催することで，多数の債権者に対し，正確な情報を公平かつ迅速に開示することができることから，債権者説明会はそれぞれの局面での手続の適正かつ迅速な進行等に資する有用な方策となり得る。実務上も，こうした債権者説明会の有用性を踏まえ，開示する情報の内容や説明の仕方，配付資料の作成等，事案に応じた様々な工夫とともに，活用されている。

　なお，債権者説明会を開催した場合，再生債務者等は，その結果の要旨を裁判所に報告しなければならないものとされており（規則61条2項），裁判所及び監督委員との情報の共有も図られることとなっている（その他，債権者説明会については8，私的整理から民事再生手続への移行の場合の金融機関への情報開示及び説明等については2参照）。

(4) 再生計画案及び再生計画案補足説明書

　再生計画案の内容等については，上述のとおり債権者説明会にて説明を行うことも考えられるが，まずは裁判所から債権者に送付される再生計画案等によって情報開示及び説明がなされるのが本則である。

　再生計画案には，再生申立てに至った経緯や再生計画の基本方針，清算配当率との比較，再生計画案の遂行可能性など，再生計画案の理解に資すると思われる事項（説明的記載事項）を事案に応じて記載するのが相当であるとされており（条解826頁，833頁参照），再生債務者としては，事案に応じて記載事項を工夫する必要がある。なお，大阪地裁では，説明的記載事項は再生計画案本体とは別に再生計画案補足説明書に記載して提出することが推奨されている（東京地裁の運用等について運用指針44頁，大阪地裁の運用等について6民実務344頁参照）

(債権者への直接の説明等については，上記(3)の債権者説明会の活用のほか，44及び第2編第1章 3 (1)参照)。

(5) 債権者委員会

(a) 債権者委員会とは　　債権者が集団的に手続関与するためのツールとして，債権者委員会の制度が設けられている（117条以下）。近時，会社更生の事案についてであるが，債権者委員会が承認された事例も現れており（東京地裁におけるSpansion Japan 株式会社及びエルピーダメモリ株式会社の更生担保権者委員会），今後も大型案件や海外の債権者が大きな議決権割合を有する事案等では，債権者委員会の承認の申立てがなされることも予想される（51参照）。

債権者をもって構成される委員会が手続に関与するためには，利害関係人からの一定の要件（117条1項但書1号ないし3号，規則52条）を具備した申立てにより，再生裁判所が，その関与を承認する必要がある（117条1項。承認を受けた委員会は債権者委員会と呼ばれる。同条2項）。なお，債権者委員会の承認は必要的ではなく，再生裁判所は，上記の要件を具備した申立てがあった場合でも承認をせず（117条1項本文），また利害関係人の申立て又は職権により，いつでも承認を取り消すことができる（同条5項）。

(b) 債権者委員会の活動と権限　　再生手続における債権者委員会の活動は，債権者委員会を構成する委員の過半数の意見による（規則54条1項）。

債権者委員会の権限は，意見聴取機関ないし意見具申機関としての権限を中心とするが（117条2項・3項），個別の権限として，①再生計画外での事業譲渡の許可に際しての意見聴取（42条2項但書），②債権者集会の招集の申立権限（114条前段），③再生計画の履行の監督等の権限（再生計画において同権限が付与された場合）が認められている。

24 閲覧制限

I 閲覧請求

　民事再生法上,「利害関係人」(再生債務者の債権者・株主・従業員等) は,文書等の閲覧・謄写等 (以下「閲覧等」という) が可能である (16条1項・2項)。

　閲覧対象となる文書等は,「民事再生法又は民事再生規則に基づき,裁判所に提出され,又は裁判所が作成した文書その他の物件」である (16条,規則9条1項)。もっとも,その範囲は広く,申立書,開始決定,各種の許可申請書と許可決定,監督委員の同意に係る報告書,財産評定書,民事再生法125条1項の報告書,債権届出書,認否書,再生計画案,付議決定及び再生計画認可決定等にまで及ぶ。その結果,閲覧等の対象から除外されるのは,申立代理人や監督委員が手続の進行や問題点を協議するために提出した打合せメモの類である。しかし,メモかどうかの判断は決して容易でなく,実務上は,当該文書の表紙に,「閲覧対象外文書」や「手控え扱いとしてください」と明示するなどして,裁判所書記官に注意を促し,打合せメモ類が誤って閲覧等の対象とされることを防止する必要がある。

II 閲覧制限

(1) 閲覧制限

　利害関係人の閲覧等を許すと,再生債務者の事業の維持再生や財産に著しい支障・損害を生ずるおそれのある部分 (以下「支障部分」という) が存在する場合がある。このような文書について,裁判所は,当該文書等を提出した者の申立てにより,支障部分の閲覧等を請求することができる者を,当該申立てをした者と再生債務者等に限定することができる (17条1項,6民実務416頁,運用指針47頁参照)。

(2) 閲覧等の制限の対象となる文書

　閲覧等の制限の対象となる文書は,限定されている (17条1項各号)。利害関係人に対する情報開示の重大な制約になるため,以下のような類型的に重大な

支障を生ずるおそれがある文書等に限定して，認められている。
　① 指定行為許可のため裁判所に提出された申請文書等（41条1項）
　② 事業譲渡等の許可のため裁判所に提出された申請文書等（42条1項）
　③ 否認権限の付与された監督委員による指定行為許可のため裁判所に提出された申請文書等（56条5項）
　④ 再生債務者等・監督委員による業務及び財産の管理状況等の報告に係る文書等（125条2項・3項）

(3)　閲覧等の制限の申立ての方法

　申立てに係る文書等の提出の際に，同時に閲覧等の制限の申立てを行う必要があり，その際，必ず支障部分を特定しなければならない（規則10条1項・2項）。また，申立てに際し，対象文書等から，支障部分を除いたものを作成し，裁判所に提出する必要がある（規則10条3項）。当該文書等の表紙には，目立つように，「閲覧制限あり」とか，「閲覧制限文書」などと明示しておく。

　申立てにあたっては，支障部分の存在を疎明しなければならない（17条1項）。なお，閲覧等の制限の申立書そのものには，閲覧等の制限が及ばないため，申立書の作成にあたっては，利害関係人は，当該申立書の閲覧等の請求を行うことにより，支障部分の内容を知ることがないよう注意が必要である（文書閲覧等の制限申立書，資料52，6民実務420頁，運用指針49頁参照）。

　なお，申立てがあると，申立てについての裁判が確定するまで，利害関係人は，支障部分の閲覧等の請求をすることができなくなる（17条2項）。

(4)　閲覧等の制限決定

　裁判所は，支障部分を特定した上で，閲覧等の制限の決定を行い（規則10条4項），当該申立人と再生債務者等に閲覧等が限られる（17条1項）。

　なお，申立ての内容と決定の内容が異なるときは，当該申立人は，改めて，当該申立てに係る文書等から当該決定により特定された支障部分を除いたものを作成し，裁判所に提出しなければならない（規則10条5項）。

(5)　不服申立て

　閲覧等の制限決定に対し，利害関係人は，閲覧等の制限決定の取消しの申立てをすることができ（17条3項），申立てを却下した決定及び制限決定の取消しの申立てについての裁判に対しては，即時抗告をすることができる（17条4項）。

25 財産評定

I 財産評定の意義・機能

　民事再生法は，再生債務者に属する一切の財産について再生手続開始時における価額を評定するよう求めている（124条1項）。この財産評定は，後述するように処分価額を基準として行われ（規則56条1項），再生債務者の清算価値を算定するものであるが，かかる財産評定の主な機能としては，第1に再生債務者の財産状況の正確な把握（再生の見込みを含めた諸々の判断資料），第2に再生債権者において再生計画案に同意するか否かの判断資料（破産との比較や履行可能性の有無など），第3に再生計画認可要件としての清算価値保障原則（174条2項4号）が充足されているか否かの判断資料，などを挙げることができる。そのほか，民事再生法43条規定の株主総会の決議による承認に代わって裁判所が事業譲渡の許可を与える前提としての債務超過の判断（同様の代替許可の制度として，154条3項・4項，166条，166条の2第2項・3項。なお，かかる場合の債務超過は継続企業価値に基づいて判断すべきとする東京高決平成16年6月17日金法1719号51頁がある）や，担保権消滅の許可の申立て（148条以下）における目的物の価額を定めるための一つの基準ともなろう。

II 評価基準

(1) 早期処分価額

　このように，財産評定には様々な機能が認められるところであるが，その中でも最も重要なものは，清算価値保障原則の充足を判断するための資料としての機能である。すなわち，再生手続は，再生債務者が破産的清算に至った場合以上の弁済を再生債権者に対して行うことに一つの存在意義が認められ，民事再生法174条2項4号にいう「再生債権者の一般の利益」というのも，まさに再生債権者にこの清算価値以上の弁済を保障するという意味と解されている。

　かかる観点から，再生債務者の清算価値を算定すべく，財産評定は「財産を処分するものとして」行うものとされている（規則56条1項本文）。その具体的

内容については，一般には，通常の市場価額に早期の処分をすることによる減価を考慮したいわゆる早期処分価額，あるいは強制競売の方法による場合の価格（民執58条2項後段参照）を基準とすべきとされており（6民実務154頁，運用指針223頁，手引172頁，新注釈上687頁，条解644頁。不動産につき，社団法人日本不動産鑑定協会「民事再生法に係る不動産の鑑定評価の留意事項について」判タ1043号82頁参照），要は，再生債務者が破産した場合にいかほどの配当が可能なのかという「清算配当率」を算出することが求められている（条解規則106頁参照）。

(2) 継続企業価値

なお，民事再生規則56条1項但書で，必要がある場合には，処分価額による評定と合わせて，再生債務者の事業を継続するものとして評定することができるとされているが（いわゆる継続企業価値），これは事業譲渡を予定している場合や，再生計画案において継続企業価値と清算価値との差額のどの程度の割合が弁済に回されているかということを明らかにし，再生債権者に再生計画案に同意するか否かの判断資料を提供する必要がある場合などに利用されよう。

Ⅲ 評定の方法等

(1) 基本的観点

財産評定は再生債務者の権限と責任で行うが，実際には，公認会計士や税理士，不動産鑑定士等の専門家を補助者として行うのが通常であろう。この点，清算価値保障原則の充足という観点からは，再生債務者としては清算配当率が低いほうが再生計画案を作りやすいということになり，再生債務者においては，より低く評価する方向にインセンティブが働きがちであるが，上述のとおり，財産評定は再生手続において各種の判断資料として重要な意義・機能を有しているのであり，再生債務者に課せられた公平誠実義務（38条2項）の観点からも，恣意的な評定は許されない。

とはいえ，申立代理人としては，漫然と評定を行うのではなく，別除権協定や担保権消滅の許可の申立て，さらには再生計画案の内容など，今後想定される手続等を見据えた戦略的観点も必要である。これに関連して，事業や資産の譲渡が予定されている場合や，別除権協定が極めて難航し担保権消滅の許可の申立てを行うことが予想される場合などに備え，民事再生法124条3項に基づき，予め評価人による評価を得ておくということも検討すべきであろう。

(2) 財産目録等

　財産評定が完了したときは，再生債務者は，財産目録及び貸借対照表を作成して裁判所に提出するとともに（124条2項），これらを主たる営業所又は事務所に備え置き，再生債権者の閲覧に供する必要がある（規則64条）。また，財産目録及び貸借対照表には，その作成に関して用いた財産の評価方法その他の会計方針を注記しなければならないとされており（規則56条2項），これにより，再生債務者による評価方法の妥当性等が，監督委員や再生債権者によりチェックされることになる（43,47参照）。なお，財産目録等の具体的な書式等については，日本公認会計士協会近畿会から参考書式が公表されており（資料30），また，不動産の評定については，上述のとおり，当時の日本不動産鑑定協会（現日本不動産鑑定士協会連合会）から，不動産鑑定評価の留意事項が公表されている。

(3) 具体的な評価方法

　財産評定においてよく問題になるのが，売掛金や貸付金，在庫商品などの評価であるが，問題になりやすい科目ごとの注意事項は以下のとおりである。

　(a)　預　　金　　既に貸付債権等の反対債権と相殺されたものはもちろんであるが，破産により相殺される見込みのものも相殺処理を前提に評価する。

　(b)　売掛金・貸付金　　再生手続開始決定時を基準に破産手続における早期回収可能額で評価する（提出時までの実回収額を反映させる必要はない）が，請求先の支払能力や反対債権の有無のほか，継続的な供給やメンテナンスが前提となっているか否か（かかるケースでは支払拒絶や減額を主張してくることが多い），長期滞留債権となっているかどうか等，可能な限り個別に判断すべきである。

　(c)　在庫商品　　商品の種類・量等により個別判断することになるが，破産手続においてはスクラップバリューでしか換価処分できないことが多く，通常，かかる実情を考慮して簿価からかなり減価して評価することになろう。

　(d)　不動産　　早期処分価格（特定価格）による鑑定や路線価，固定資産評価額等を参考に，早期処分を前提にした価格として評価する（29,35参照）。

　(e)　動　　産　　貴金属などの高価品は別にして什器備品等は通常ゼロ評価になろう。また，不動産と一体化しているものは不動産に含めて評価すべきであろう。

　(f)　敷金・保証金　　契約上の返還予定額をもとに，明渡しまでにかかる期間の賃料や原状回復費用，違約金等を控除することになろう（18参照）。

（g）リース資産　リース資産は，リース物件の価値相当額（処分価格）を計上し，リース債務のうち同額を別除権として計上する（30参照）。

（h）その他　公租公課，解雇予告手当や退職金（会社都合）等の労働債権，破産管財人の報酬を含めた清算費用など，優先性のある債務を計上することを忘れない。

(4) **債権者によるチェック**

再生手続上，再生債権者が，再生債務者により行われた財産評定の内容そのものに対して個別に異議を申し立てる機会は用意されておらず，再生債権者としては，監督委員に対して調査・検討を申し入れるか，最終的には再生計画案への不同意，再生計画認可決定に対する即時抗告という方法で争うしかない。なお，上述した評価命令の申立ても考えられる（124条3項）。

Ⅳ　清算価値基準時の考え方

(1) **開始後の清算価値の変動との関係**

財産評定は再生債務者の清算価値を算定するものであり，再生計画案が清算価値保障原則を充足しているか否かの重要な判断資料となる。ここで，財産評定の基準時は再生手続開始時とされているところ（124条1項），開始後も事業を継続する再生債務者においてはその資産状況が変動するのが常であり，再生計画案の提出又は認可決定の時までに清算価値が劣化し，あるいは増殖することもあり得る。

この点，再生手続開始後，営業状況が芳しくなく，資金が目減りするなどして清算価値が劣化した場合，再生計画案においては，この劣化後の清算価値を保障すれば足りるのか，それとも，あくまで開始時の清算価値を保障すべきかについては諸説分かれている。民事再生法上，この点につき明確に定めた規定はなく，考え方としては，①あくまで開始決定時の清算価値を基準として判断する，②認可決定時を基準とする，③原則として開始決定時を基準としつつも，認可決定時までに違法でない事由により清算価値が劣化した場合には，例外的に劣化した清算価値を基準とすることを許容する，④その時々の清算価値を基準とする，⑤いずれか低いほうを基準とする，などがあり得る（議論の詳細については，中井康之「財産評定をめぐる2，3の問題―財産評定の評価基準と清算価値保障原則の基準時」事業再生と債権管理105号97頁，新注釈上690頁，条解645頁，運

用指針223頁，手引173頁参照）。思うに，再生手続は，再生債権者に対して清算価値を保障する代わりに，経済的窮境に陥った再生債務者の破産的清算を猶予して事業再建のチャンスを与えるものだとすると，原則として手続開始時点における清算価値を保障する必要があると考えるべきであり，また，逆にそのように考えないと，再生債務者に開始時の清算価値を維持しようとするインセンティブが弱まり，モラルハザードを生むおそれもある。ただし，清算価値が劣化する要因は経済環境の変動を含め様々であり，再生債務者の真摯な努力にもかかわらず，結果として清算価値の劣化を招いてしまった場合にまで，常に劣化前の清算価値を上回る弁済をしないと不認可事由に該当すると考えるのも硬直にすぎるといえる。したがって，基本的には上記③説をとった上，後は再生債権者の判断に委ねるべきであろう（41参照）。

逆に，会社財産が増殖しているような場合には，財産評定の基準時は原則どおり開始決定時として清算価値保障原則を考えればよいであろう。ただし，再生債権者は，再生計画案に対する賛否について，実際に破産した場合との比較を考慮するであろうから，単に清算価値保障原則が充足されていて適法であれば足りると考えるのではなく，再生債権者から多数の賛同が得られるかどうかの配慮も必要となる。

(2) 清算価値保障の判断

清算価値保障原則は実質的な充足が要求されるので，例えば，分割弁済の計画である場合は，総弁済額を現在価値に引き直した場合の配当率との比較も考慮している。実務上，均等の分割弁済ではなく，当初の数年に傾斜した弁済計画とするなどの工夫がなされる例もある。なお，清算価値保障原則の充足判断は，予想清算配当率との比較のほか，手続に要する時間の長短，費用の多寡，財産の換価の難易，履行の確実性などを総合考慮して判断すべきであるが，金融機関などは，より早期により多くの弁済を求める傾向があるので（なお，金融機関からは，財産評定とは別に直近の清算貸借対照表の提出を求められる場合もある。特に長期の収益弁済を内容とする再生計画案では現在価値との比較が考慮される），再生計画案の作成にあたっては，単に清算価値を上回ればよいという安易なスタンスではなく，多様な債権者から多数の賛同を得られるか否かという観点が重要であることを忘れてはならない。

26　125条報告書

I　125条報告書の意義

　再生債務者は，再生手続開始後遅滞なく民事再生法125条に定める事項を記載した報告書（以下「125条報告書」という）を裁判所に提出しなければならない（6民実務159頁，運用指針230頁参照）。その提出期限は再生手続開始決定日から2ヵ月以内と定められており（規則57条），大阪地裁の場合には，再生手続開始決定において，再生手続開始の約1ヵ月後にその提出期限が定められることが通常である（6民実務162頁参照）。

　125条報告書は，裁判所や監督委員に対して法定事項を報告することにより裁判所及び監督委員による監督権の適正な行使に資するという意義があるのみならず，125条報告書作成のための調査の過程で，倒産原因の分析その他事業再生のために必要な事項についての分析が可能となるという意義がある。加えて，125条報告書の記載内容は，再生債務者の基本的事項が記載されるものであり，その事業再生の可否を判断するためには必要な情報である。そのため，125条報告書は，財産評定書（124条。25参照）とともに再生債務者の主たる営業所又は事務所においても閲覧に供するための措置を講じなければならず（規則64条），また，通常は財産状況報告集会（126条1項）が開催されることはないため，125条報告書の要旨を債権者へ送付する等により周知させる必要がある（規則63条1項）など，再生債権者への情報開示のための基礎資料として重要な意義を有する（債権者に対する情報開示につき23参照）。

II　125条報告書の記載事項

(1)　再生債務者の基本情報

　民事再生法125条の法定事項の前提として，再生債務者の基本情報を記載している。通常，①再生債務者の経歴（沿革），②資本・株式に関する事項，③役員に関する事項，④従業員に関する事項，⑤事業の概要，⑥支店，営業所，

工場等の営業拠点に関する事項などの会社概要事項が記載されることが多い。通常は，申立書の記載事項と重なるところが多い。

(2) **再生手続開始に至った事情**（125条1項1号）

再生手続開始に至る事情を時系列で記載し，かつ，その倒産原因の分析を行うことにより，倒産原因を明らかにする必要がある。倒産原因の分析を行うことが，再生計画立案のための前提となるため，この分析は重要である。

(3) **再生債務者の業務及び財産に関する経過及び現状**（125条1項2号）

再生債務者の事業内容についての具体的事項と再生債務者の財産の概要についての記載である。事業内容としては，事業の具体的内容と状況，過去の実績と推移，事業（取引）形態の特徴，業界における地位，取引先との取引状況，金融機関との取引状況，資金繰り予定などを記載することとなる。他方，財産の概要としては，過去数年間の貸借対照表の推移とともに，再生手続開始決定時点における財産状況（貸借対照表と清算貸借対照表）を記載することとなろう。通常は，併せて財産評定書も提出することとなるため，清算貸借対照表の要点を記載することとなる。

(4) **民事再生法142条1項の規定による保全処分又は同法143条1項の規定による査定の裁判を必要とする事情の有無**（125条1項3号）

役員責任に関する事項の記載である。役員について賠償責任を追及すべき事情がある場合には，その内容と方針を記載する必要がある。もっとも，手続開始後の短期間でこれらすべての調査が完了することは稀であり，その調査の経過や問題点の指摘でとどまることが多い（役員責任の追及については27参照）。

(5) **その他再生手続に関し必要な事項**（125条1項4号）

その他再生手続に必要な事項があれば，当該事件の特徴に合わせてその記載をすることがある。事業譲渡を計画している場合には入札実施に関する事項，あるいは別除権者との別除権交渉の状況に関する事項，労働組合の動向などを必要に応じて記載することとなる。

27 役員責任の追及

I 総論

再生手続に至るまでの経緯において、取締役その他のいわゆる役員について、善管注意義務違反（会330条、民644条参照）や忠実義務違反（会355条参照）などの違法行為が認められることがある。

DIP型を原則とする再生手続では、再生債務者に対して損害賠償（会423条ほか）等の責任を負うべき役員が経営の中核を担う人物である場合に、再生債務者の事業の再生・継続の観点から当該役員に対する責任追及が事実上困難な場面も生じ得るが、再生債務者は債権者一般に対して公平誠実義務を負うものであるから（38条2項、[11]参照）、役員責任の追及は公平・適正に行われなければならない。

II 役員責任追及の対象者及び対象行為

(1) 対象者

再生手続において、役員に対する簡易・迅速な損害賠償責任追及のための手続として設けられている損害賠償請求権の査定の制度（143条）は、現職の役員だけでなく、過去に役員の地位にあった者やいわゆる名目役員もその対象になるものと解されている（新注釈上822頁、条解768頁、6民実務239頁、運用指針247頁、手引237頁参照）。

現職の役員で再生債務者の事業再生・事業継続に必要不可欠な人物については、再生手続の申立代理人たる弁護士として、実際上、法的責任追及をすべきか否か、また、その程度・内容、具体的方法について悩ましい判断を迫られることがあるが、債権者その他利害関係人の理解・納得を得て事業再生の目的を実現・達成するという観点から、債権者や裁判所・監督委員とも十分に協議・相談して、対応を決断することが必要であろう。

(2) 対象行為

倒産原因に直接関係する行為，具体的には，融通手形，役員やその近親者あるいはグループ会社等に対する違法貸付，会社財産の私的流用（横領・背任），違法配当などについては，責任追及が強く要請される。また，特に上場企業の場合には，金融商品取引法その他の規制法令に関する違法行為についても，責任追及の要否を詳細に検討する必要がある。

他方，倒産原因に直接の関係があるとはいいにくい粉飾決算や，監視義務違反（特に名目役員の場合）のような不作為による違法行為，あるいは，経営判断原則の問題として責任の有無を一義的に確定し難い行為などについては，役員の責任をどこまで追及すべきか判断に迷うことがあり得る。このような場合には，立証の可否の検討に加え，債権者その他の利害関係人や監督委員・裁判所の意向・意見を十分に確認・勘案して，当該具体的事案における法的責任追及の要否・内容・程度を判断せざるを得ないものと思われる。

Ⅲ　役員責任の調査

役員の再生債務者に対する損害賠償責任について，第一次的な調査は，再生手続の申立代理人たる弁護士（及びその補助者たる公認会計士・税理士）において実施されるのが基本である。再生手続の申立準備段階では，資金繰り対応や再生手続の申立準備に忙殺されがちであるため，役員の違法行為について詳細な調査を行うことは実際上困難なことも少なくないと思われる。しかし，再生手続の申立代理人たる弁護士が，再生手続開始申立前の段階で，役員の違法行為の有無を完全に把握することは不可能・困難であるとしても，違法行為・問題事例の典型例を挙げた上で役員に対する聴き取り調査をするなどして，できる限り，違法行為の有無を確認・把握するように努めるべきである。

他方，監督委員においても，再生計画案に関する調査報告書（意見書）(43)参照）を作成する等のために，監督委員自身（及び監督委員補助者である公認会計士・税理士）が，役員の違法行為について調査する。そして，調査の過程で違法行為が発見された場合，必要に応じて，申立代理人に調査・再調査を求めるのが一般的である。ところで，再生計画案に関する監督委員の意見書は，債権者の再生計画案に対する賛否の意思決定に大きな影響力を有することが一般的である。そこで，監督委員としても，再生手続の終極的な目的である再生債務

者の事業再生・事業継続について債権者の納得・理解を得るという大局的な観点から，役員の違法行為について意見を述べることが相当であると思われる。

Ⅳ　役員責任の確定

役員責任について，訴訟に耐え得る立証が可能と判断できる場合，まず，損害賠償請求訴訟を提起することが考えられるが，再生手続では，再生債務者の役員に対する損害賠償請求権に関する簡易・迅速な裁判手続として損害賠償請求権の査定手続（役員の責任の査定手続）が設けられている（143条）。査定の裁判（査定の申立て）は狭義の再生裁判所（当該再生事件を担当している裁判体あるいは裁判官が査定手続も担当することになる）に提起する（143条1項）。

査定の裁判について不服がある当事者は，査定の裁判に対する異議の訴えを，査定の裁判の送達を受けた日から1ヵ月以内に，広義の再生裁判所（いわゆる通常の民事部）に提起することができる（145条1項・2項）。

役員に対する損害賠償請求権について将来の執行を確保するため，役員の財産に対する保全処分の制度が設けられている（142条）。

なお，重大な違法行為について役員が責任を争う場合で，DIP型での責任追及が困難なケースでは，管理型に移行することを検討すべき場合もあるものと思われる。

Ⅴ　役員責任の履行等

(1)　役員財産の保全等

民事再生法125条の報告書（以下「125条報告書」という。26参照）では，役員責任について，同法142条1項の規定による役員の財産に対する保全処分又は同法143条1項の規定による役員に対する損害賠償請求権の査定の裁判を必要とする事情の有無を記載しなければならない（125条1項3号）。

125条報告書を提出する時点では，役員責任について十分な調査が未了であるケースが少なくないが，役員責任に関する調査の進捗状況，役員責任が認められる可能性があると思われるケースでは，役員責任の追及及び役員財産の保全に関する一応の方針について言及することが必要であろう。

損害賠償責任を負うべき役員が責任を争い，かつ当該役員に一定の財産があ

る場合には，役員の財産に対する保全処分（142条）を検討する。他方，当該役員が責任を争っていない場合であれば，任意に責任財産を保全すれば十分な場合も少なくないと思われる。

ところで，役員に対する損害賠償請求権は再生債務者の財産であるため，財産評定（124条。25参照）の対象となる。もっとも，財産評定の時点では，役員に対する損害賠償請求権の内容・金額さらに回収可能性まで明らかにできるとは限らない。この段階では，役員に対する損害賠償請求権の存否及びその回収可能性については，慎重に評価すべきものと思われる。

(2) 役員責任の有無及び追及の可否に関する判断

役員責任の有無及び追及の可否について，遅くとも，再生計画案提出時までには明確な結論を出すべきであろう。債権者にとって，役員責任の帰趨は再生計画案に対する賛否に関しての重要な判断要素となるし，前述のとおり，再生計画案に対する監督委員の調査報告書（意見書）において触れられ得る事項であるからである。

(3) 役員責任の履行

役員に損害賠償責任が認められる場合，その責任の取り方として，以下のような方法が考えられる。

(a) 損害賠償義務の履行　まずは，再生債務者財産の回復のため，当該役員による損害賠償義務の履行がなされなければならない。

損害賠償責任を負うべき役員に個人財産がある場合には，その資力に応じて弁済を受けることとなる。もっとも，非公開会社・同族会社の場合，役員は，私財を再生債務者のための担保に提供していることが多く，さらには再生債務者のための保証債務によって実質破産状態にあることが多いものと思われる。このようなケースでは，役員が再生債務者に対する損害賠償義務を履行すること自体が偏頗弁済行為に該当する可能性もあることから，その処理・対応には注意が必要である。

損害賠償責任を負うべき役員が実質破産状態にある場合，基本的には，役員個人についての自己破産，個人再生，通常再生などの法的手続をとることが合理的な処理・対応である。ただし，再生債務者の事業が許認可事業であるがために役員の交替が容易でないなど，役員について破産手続をとることが必ずし

も適切でない場合もある。このような場合には，モラルハザードを防止し，手続の公正を維持する観点から，再生手続の申立代理人において，適切な財産調査を行い，これを裁判所・監督委員や債権者に開示するなどしたうえで，一定の個人財産を提供させるなど，破産手続に代わる処理・対応を検討することが適切と思われる。

（b）　役員からの退任等　　再生債務者に対して損害賠償責任を負うべき役員が退任しても，再生債務者の事業再生・事業継続に影響がないような場合には，退任させることで問題ない。

　他方，当該役員が事業再生・事業継続に欠くことができない場合には，役員からの退任という責任の取り方ができず，単に役職の変更（例えば専務取締役から平取締役への変更など）に留めざるを得ない場合もある。このような場合には，裁判所，監督委員並びに債権者に対して十分な説明をなし（まずは監督委員に相談するのがよいであろう），当該役員がその地位に留まることの必要性・相当性について，了解・納得を得ることが必要であろう。

（c）　再生計画における債権の放棄等　　非公開会社・同族会社の場合，会社経営者たる役員が再生債務者の株式の大半を保有し，さらに，再生債務者に対して相当額の貸金その他の債権を有しているケースが少なくない。このような場合，再生債務者に対して損害賠償責任を負うべき役員が有する株式ないし債権について，再生計画内又は再生計画外で，株式を無償消却し，債権を放棄ないし劣後化することも考えられる（㊲，㊶参照）。

（d）　その他　　役員の違法行為が極めて重大で悪質である場合には，当該役員に対する刑事責任の追及や管理命令（64条）による管理型への移行も検討せざるを得ないケースもあり得る（㉛参照）。

28 否認権の行使

I 民事再生法における否認権の特徴

(1) 特　徴

　民事再生法においては，127条以下に否認権制度が定められているが，その要件については，基本的に会社更生法や破産法と同様である。

　ただし，その行使権者は，「訴え又は否認の請求によって，否認権限を有する監督委員又は管財人が行う」（135条1項）とされており，管理型においては管財人であり，通常のDIP型では，監督委員となっている。

　DIP型においては，再生債務者は，公平誠実義務を負い（38条2項），総債権者のために行動しなければならないとはいえ，自己の行った行為を否認することは難しく，相手方にとってもそのような権利行使は受け入れ難いと考えられるため，立法にあたり監督委員が否認権の行使権者とされた。

　また，その行使期間に制限があり，再生手続開始の日から2年以内，否認しようとする行為の日から20年以内である（現139条。改（平29法45号）139条では10年以内となる）。この期間は，除斥期間と解されており，前者は再生手続開始決定の日から起算され，後者は否認の対象となる行為の日から起算する（新注釈上805頁，条解749頁参照）。

(2) **否認権行使にあたっての留意点**

　再生手続においては，否認権行使の相手方は，再生債権者であったり，再生債務者にとって重要な資産を担保として有している別除権者であったりする。

　再生計画案が可決し，認可を受けるためには，債権者には，頭数要件においても，議決権額の要件においても，賛同を求めなければならないことから（172条の3第1項），問題となる相手方の債権額によっては，その賛否が手続の帰趨を決することになる場合もあるし，当該別除権者が確保する担保物が事業の継続に大きな影響を及ぼすものであったりする場合もある。このため，そういった相手方と敵対関係に陥ることは，再生手続を進めていく上で大きな障害となる可能性もある。一方で，その相手方のみを特別に取り扱うことは，再生

債務者の公平誠実義務の問題のみならず、他の再生債権者からの再生手続に対する信頼を失うことにもつながりかねないことから、安易に相手方の意向に迎合することもあってはならない。このため、そのようなケースにおいては、申立代理人は、監督委員と協議の上、両者のバランスを取りつつ、最終決着を図ることについて、最大限の配慮をしなければならない（47参照）。

Ⅱ 否認該当行為の調査

(1) 否認該当行為発覚の端緒

否認対象行為が発覚するきっかけとしては、次のような場合がある。

① 再生債務者の代表者・役員等から申立代理人への申告
② 申立代理人や監督委員の補助者である公認会計士の調査による発覚
③ 債権者や再生債務者の従業員などから監督委員への情報提供

申立代理人としては、申立準備中にすべての否認該当行為を把握することは困難であるとしても、後日発覚することはできるだけ避けたいため、代表者やその他特に総務・経理などに関係する会社関係者に対して、聴き取りを行い、後になってから発覚することをできるだけ防止すべきであり、申立前後の段階で、裁判所及び監督委員に予め概要は把握できている形で報告できるようにしておくべきである。

その際、倒産直前期にしばしば見られるケースで否認に該当する可能性が高い類型としては、詐害行為だけでなく、不動産・動産・債権への担保設定行為や偏頗弁済などがあることから、申立代理人としてもこれらの行為に対しては、特に注意を払い、聴き取りを行うことになる。また、後から発覚した場合でも早急に事実関係の調査を具体的資料に基づいて行い、速やかに監督委員へ報告し、その後の対応に備える必要がある。

監督委員は、債権者説明会などの席上において、情報があれば、これを聞く用意があることを関係者に対して呼びかけ、情報収集に努める。

なお、無償行為否認（127条3項）につき、無償行為時に債務超過であること又はその無償行為等により債務超過になることは無償行為否認の要件ではないとされる（最判平成29年11月16日民集71巻9号1745頁）。

(2) 否認該当行為の調査・検討

否認権の行使は、再生債権者に対する弁済額を増大化し、また、再生債権者の平等の徹底を図るものであるため、積極的になされるべきであるのが原則で

はある。しかし，先に述べたとおり，否認権行使の相手方が再生債務者と完全な敵対関係に陥った場合に，再生手続に大きな障害となるケースもある。このため，否認該当行為であるとして，相手方に対応を求める場合には，その行為について，否認権を行使した場合に，その行使が裁判所においても確実に認められるのか否か，十分な証拠に基づいて予め検討することが不可欠である。曖昧・不十分な証拠に基づき，若しくは憶測に基づき，強硬に主張することによって，相手方と深刻な対立関係に陥ることはあってはならないからである。

最終的に権利行使するのは監督委員であるが，これらの検討行為における証拠収集，事案分析については，申立代理人において，主導的立場に立って行い，監督委員と綿密な打合せを重ねることにより，検討を進める必要がある。

Ⅲ 否認権行使に至る前段階での解決

(1) 和解による解決が望まれることについて

検討の結果，否認該当行為として，否認権を行使すべき事実関係が明らかになった場合でも，直ちに，裁判所に対して，監督委員に対する権限付与の申立てを行い（56条1項），法的手続へ移行するのではなく，申立代理人において，交渉を行い，任意の和解等によって決着を図ることが望ましい。

実際にも，和解による解決を図っているケースが多いと思われる。

これは，直ちに，法的手続に至った場合には，相手方とも完全な敵対関係に陥るケースも多く，否認権の行使に関して，期間の制限がある中では，早期の解決を図ることも十分に考慮されなければならないからである。

このほかにも，後述するが，法的手続に及ぶには，監督委員に対する費用の予納が必要となり，再生債務者の資金繰りに影響を及ぼすこと，監督委員による権限行使は，再生手続が係属している期間のみ認められ，手続終了とともに，手続の基礎を失ってしまうという限界が存することも，和解による早期解決が求められる一因となる。

また，否認権の対象となる行為を行った相手方に対しても，再生手続への理解，協力を求めつつ，解決を図ることが最も望ましいことから，弁済対象財産を回復しつつも一定の和解的解決を図ることがやはり好ましいとされる。

(2) 和解交渉における説得活動

この際の，申立代理人の行うべき説得活動としては，

① 監督委員においても，十分な検討を経て，一定の判断がなされており，

監督委員からも，この申入れを行うよう指導を受けていること
② そのため，和解的解決ができない場合には，監督委員によって，否認権行使のための法的手続がとられるであろうこと

を説明し，相手方が和解的解決に応じるよう丁寧に説明を行うことになる。

監督委員としても，申立代理人が，相手方から要請等を受けているなどということで，説得への協力を求めてきた場合には，説得活動に積極的に協力して，和解的解決を図ることに努めることが望ましいと考えられる。

具体的には，担保設定行為を争うような事案の場合には，設定行為そのものの有効性は認めつつも，受戻しのための別除権弁済額を著しく低い金額で合意することなどが考えられる。

偏頗行為を争う場合には，全額の返還を受けた場合，同額の再生債権が復活するから，これとの比較で和解条件を検討することになる。そこで，例えば，再生債務者へ，受領した金額の一部を返還する代わりにこれにより復活する再生債権を0とし，債権債務関係が両者間に存在しないことを確認するといった和解方法も一つの方法として考えられる。

また，債権者側は，偏頗行為の場合，債権届出を行っていないことが多いが，債権調査終了後に，否認に関する協議が成立し，一定の再生債権を認めることで和解するようなケースのことも考慮に入れ，予め再生債務者側で予備的に自認しておく（予備的自認債権）などの工夫も考えられるところである（37参照）。

(3) 基本的合意成立後の手続

和解が成立する場合の具体的手続としては，実務上，監督委員に権限付与をした上で，裁判所の許可を得て，監督委員と相手方との間で和解を成立させているケースと，再生債務者が相手方と和解の合意を成立させ，監督委員が同意をしているケースの両方が見られるようである。否認対象となる行為の再生手続における重要性に鑑みていずれによるか判断されているものと思われる。

後者の手続による場合においては，裁判所の許可を経ないとはいえ，裁判所に対しても，随時，報告を行い，意思疎通を図っておくことが望ましい。

Ⅳ 否認の請求・否認訴訟，費用の予納等について

(1) 法的手続への移行

対象債権者との協議の結果，まったく協議に応じる余地がない場合や協議を行ったが合意には至ることができない場合には，否認の請求や否認訴訟の法的

手続を進めることになる（135条）。その際，相手方がまったく協議に応じる様子を示さず，全面的に争ってくることが予想されるような場合には，初めから否認訴訟を提起して手続を進めることも考えられる（6民実務250頁以下参照）。

ただし，協議に応じないといっても，相手方が十分な知識を持ち合わせていないが故に協議に応じないようなケースもあり，また，一定程度協議は行ったが，前提事実の認識が相違するなどが原因となって，和解が成立しなかったようなケースもある。このようなケースでは，否認の請求によって，裁判所にも関与を求めることで，解決を図ることが有効となるケースも多い。

この場合，通常は，再生債務者側から，裁判所に対して，監督委員に対する否認の権限付与の申立て（資料38）を行い，権限付与がなされた後，監督委員が手続を進めることになる。

(2)　手続実施時における留意点

監督委員が法的手続を進めるにあたっては，費用の予納が必要となるので，この点，申立代理人としては，資金繰りに問題が生じないか，留意が必要である。この費用に関しては，同程度の訴額の訴訟提起を行う際の弁護士費用が目安となって予納を求められているようである。

また，監督委員の権限行使は，再生手続が係属している限りにおいてのみ認められるのであり，再生手続が終了すると監督委員の任務も終了し，訴訟係属中であっても手続が当然終了となってしまうことも注意する必要がある。

通常であれば，再生計画認可決定確定後，3年間の履行期間を経過したところで，再生手続は終了する（188条2項）ため，その時期までに手続の帰趨が決せられるように否認に関する手続も確定させる必要がある。

特にスポンサー等に対して，事業譲渡等を行い，再生債権者へは一括弁済を行うような再生計画スキームを検討している場合には，早期に再生手続が終了する可能性があるため，否認に関する結論は早期に得られるような方針で臨む必要がある。

この点については，立法上の課題として，監督委員による否認訴訟が追行されている間は，再生手続は終了しないようにする等の立法的解決が図られるべきであるとの問題提起もある（松下淳一「民事再生法の立法論的再検討についての覚書」ジュリ1349号33頁，全国倒産処理弁護士ネットワーク編『倒産法改正150の検討課題』（金融財政事情研究会）297頁〔小畑英一〕等参照）が，現行法上の限界として，申立代理人もこの実態を十分に認識して方針を決する必要がある。

29 別除権協定①——不動産

I 別除権協定とは

　別除権とは，再生手続開始の時において再生債務者の財産につき存する担保権（特別の先取特権，質権，抵当権又は商法若しくは会社法の規定による留置権をいう）であり，再生手続によらないで行使することができる権利である（53条1項・2項）。したがって，事業の継続に必要な財産であっても，別除権の実行として，競売等の申立てを受けてこれを失うことで，事業再生に支障を来すおそれがある（なお，担保権消滅許可及び担保権の実行手続の中止命令については，35, 36参照）。そこで，再生債務者は，別除権協定を締結し，事業継続に必要な財産を確保しなければならない。

　別除権協定とは，一種の「担保目的物の受戻し」であり，別除権者との間で交渉・協議を行い，担保目的物の評価額（受戻し額）及び受戻し方法（弁済方法）について合意することで，弁済期間中，担保権の実行を猶予してもらい，合意した金額を完済した段階で，担保権を解除してもらうことを内容とする協定である（資料33，新注釈上472頁，条解224頁，850頁，伊藤899頁参照）。なお，別除権協定によって，通常は別除権の予定不足額が確定し，別除権者は，この不足額をもって，再生債権者として権利を行使し，再生計画に基づく弁済を受けることになる（88条）。

II 別除権協定の対象物件の選別等

　再生債務者の事業内容，規模及び今後の事業計画等に基づいて，事業継続に必要不可欠な物件を選別する必要がある。遊休資産であれば，不要であることは明らかであるが，現在，事業に使用している物件であっても，例えば，複数の工場や店舗の不動産が存在する場合，事業規模の縮小等も考慮して，手元に残す物件と処分する物件を区分する必要がある。また，事業に必要な物件については，①再生債務者の収益によって分割弁済する方法で受け戻すのか，②

DIPファイナンスを受けて一括弁済する方法で受け戻すのか、③第三者に任意売却してリースバックを受けるのか、④事業譲渡代金、増資による出資金によるのか、など、調達可能な弁済原資を考慮して、別除権協定による受戻しの方法を検討する必要がある。

ところで、別除権協定の交渉については、後記Ⅲのようなイメージで進めていくことになるが、交渉の初期段階では、対象物件の選別について、優先順位（①絶対必要、②必要、③あれば助かる、④不要など）を決めて、不要と判断されない物件については、一応、別除権協定の対象として交渉を始め、その後の事業計画の内容や弁済原資の確保・調達の観点から、対象物件を絞り込んでいく（不要になった物件に関する交渉を打ち切る）というスタンスでかまわない。

Ⅲ 別除権協定の交渉の進め方

収益弁済型かスポンサー型（事業譲渡型、減増資型）かという再生計画案の内容及び事業規模、事業内容等によって、交渉の進め方も異なるが、一般的には、以下のようなイメージで、交渉を進めることになる。

(1) 申立前後

別除権協定の対象として選別した目的物の受戻し額について、交渉の叩き台とするための金額を検討する。なお、この金額は、再生債務者が、不動産業者による査定、固定資産評価及び路線価等を検討した上で、別除権者に提案する評価額であり、再生債務者からの最初の提案として交渉の下限となるので、保守的に見積もったほうが望ましく、原則として、早期処分価額によるべきである。なお、事案によっては、後記(4)のとおり、不動産鑑定士による鑑定書を準備することも必要となるが、申立前後の時点で、鑑定書を準備することが必須というわけではない。

(2) 申立直後

別除権協定の対象物件の選別を踏まえて、別除権者に対して、その方向性を示す。

(3) 交渉開始

まずは、再生債務者が、別除権者に対して、早期処分価額をもって別除権の受戻しを申し入れ、交渉を開始する。この際、提案する価額に関する評価・査

定書等を提示し，また，今後の事業計画又は資金調達方法等を踏まえて，具体的な弁済方法（分割支払の場合，その支払開始時期，期間・回数等）を提案することになる。なお，別除権協定に基づく弁済については，再生計画に基づく弁済（155条3項）と異なり，10年間という期間の制限がないので，別除権者との間の交渉によって，15年間や20年間の分割弁済を条件とすることも可能である。

他方，別除権者は，通常，内部的な担保評価を行っているので，再生債務者としては，交渉過程で，別除権者側の評価額を示してもらい，その差額を埋めるべく，交渉を繰り返すことになる。なお，別除権者は，債権届出書に予定不足額を記載する必要がある（94条2項）ので，この記載にて，一応，別除権者側の評価額を知ることができる。

(4) 交渉材料

再生債務者は，別除権の目的物の評価につき，早期処分価額であることを主張しつつ，別除権者側の評価額を踏まえて，妥協点を探ることになる。

不動産業者の査定書，固定資産評価及び路線価などに基づく価額の提案では，別除権者を説得できない場合，不動産鑑定士に依頼して，「特定価格」（早期売却を前提とした価格）を鑑定してもらうことが，交渉材料として有用な場合もある。鑑定書は，交渉状況に応じて，その要否を検討し，例えば，不動産鑑定士から簡易の意見書を作成してもらい，その意見書による価額で交渉を進め，別除権者が一定の理解を示した場合に，正式に鑑定書を準備するような対応もあり得る。なお，鑑定を依頼する不動産鑑定士との間では，十分な打合せを行い，鑑定の目的を説明し，理解を得た上で，鑑定書を作成してもらうようにしなければならない。

また，再生債務者は，交渉材料として，①担保権消滅許可の申立て（148条）を示唆したり，②収益弁済型の場合，一般債権者に対する弁済原資を考慮する限り，事業収支計画上，別除権者に対する弁済額を増額することが困難であることを説明したり，③スポンサー型の場合，スポンサーの提供資金との関係上，別除権者に対する弁済額を増額することが困難であることを説明したり，④評価額を増額する代わりに収益弁済の分割回数を増やす案を提案したりして，交渉を行うことになる。また，別除権協定は，監督委員の同意事項なので，別除権者との交渉状況等について，適宜，監督委員と意見交換を行うこと

が望ましく，その意見交換に基づいて，場合によっては，別除権者に対して，「別除権者の主張する金額では監督委員の同意を得ることができない」などと説明して，譲歩を迫ることもあり得る。

なお，別除権者との交渉が難航すると予想される事案では，財産評定の段階で，裁判所から評価人を選任してもらい（124条3項），その評価に基づいて交渉を行うという方法もあり得る。この方法は，担保権消滅の許可の申立てを受けた価額決定手続において，裁判所が財産評定の際に選任した評価人と同じ人物を評価人（150条1項）に選任することが多く，裁判所の価額決定の価額（150条2項）が財産評定時の評価人の評価（124条3項）と同じ（時点修正はあり得るが）になると予想されるため，別除権者としても，財産評定時の価額による協定に応じざるを得ないという効果がある（㉟参照）。

その他の工夫例として，別除権協定の締結を目指して，民事調停やADR等を利用した事案もあるので，参考にされたい。

(5) **評価方法に関する考え方等**

担保目的物の評価方法については争いがあり，①競売による価額とする立場，②清算を前提とした早期処分価額とする立場，③事業継続を前提とした評価額とする立場があると解されている（新注釈上472頁参照）が，再生債務者としては，既述のとおり，まずは，早期処分価額（②）をもって，交渉すべきである。なお，最終的に，別除権協定にて合意する評価額と財産評定における価額が一致しないことがあるが，合理的な範囲内の差額であれば，特段の問題はなく，分割弁済による受戻しの場合，完済までの金利やリスクを考慮して，財産評定の金額よりも高い金額で合意することもあり得るところである。

(6) **協定書の作成**

別除権協定書においては，①評価額の合意，②合意した評価額の弁済方法，③不足額の確定，④弁済期間中の担保権不行使の確認，⑤合意した評価額を完済した後の担保権の抹消等を記載し，監督委員の同意を停止条件として，また，物件が不要となった場合の対応規定を入れたり，破産手続において財団債権になってしまうことを避けるために，再生計画不認可決定が確定することや再生手続廃止決定がなされることを解除条件としておく（資料33参照）。

この点に関し，最判平成26年6月5日民集68巻5号403頁は，再生手続終結

後，再生計画に基づく弁済が履行完了するまでの間に破産した事案で，再生手続廃止の決定がされること等を別除権協定の解除条件とする旨の合意は，再生計画の履行完了前に再生手続廃止の決定を経ずに破産手続開始の決定がされることが解除条件として明記されていなくても，これを解除条件から除外する趣旨であると解すべき事情がうかがわれないなどの事情の下では，再生債務者が上記破産手続開始の決定を受けた時から同協定はその効力を失う旨の内容をも含むとした。この最高裁判決を契機に，別除権協定に基づく弁済予定分が共益債権（破産移行後には財団債権）になるのか，被担保債権は固定化するのか，解除条件を付した場合に別除権の不足額は確定するのか，失効した場合に被担保債権が復活するのか等様々な問題が検討されている（伊藤900頁，1148頁，32参照）。

　(7)　協定の締結時期

　事業継続に必要不可欠な物件に関する別除権協定の締結が未了であって，競売等によって同物件を利用できなくなる可能性があれば，「再生計画が遂行される見込みがないとき」という再生計画の不認可事由（174条2項2号）に該当するおそれがあり，監督委員は，再生計画案に対する意見書において，この点について言及する必要があるので，再生債務者は，再生計画案を提出する前までに，別除権協定を締結しておくことが望ましい。なお，早期に別除権協定を締結して，その弁済を開始することによる資金繰りの悪化が懸念される場合は，例えば，分割支払の時期につき，「本再生事件の再生計画認可決定確定日の属する月の翌月の末日を第1回の弁済期として，第2回以降の弁済期は，第1回の弁済期が属する年の翌年以降の毎年○月末日とする。」などと定めることで対応可能である。

　ところで，再生計画案提出時までに，別除権協定の締結が未了であれば，再生債務者は，監督委員に対して，別除権者との交渉状況を説明し，協定に対する別除権者の意向を踏まえて，協定成立の見込み（合意に至っていない要因及びその解消方針等）を説明することによって，監督委員から「履行の見込みがないとはいえない」という意見を出してもらうよう対応する必要がある。この場合，監督委員としては，別除権協定の成立の見込み及び合意予定金額を踏まえて，再生計画案に対する意見書を作成するので，再生債務者と別除権者との間

で，目的物の評価額に大きな乖離があり，別除権者の主張する金額によれば，再生計画に基づく弁済原資を確保することができない可能性がある場合は，「履行可能性に問題がある」という意見が述べられることもあり得る。

IV　別除権協定による予定不足額の確定と登記

別除権協定を締結することによって，別除権の予定不足額が確定することになるところ，被担保債権の範囲の変更について登記が必要か否かという点については争いがあるが，実務上，変更登記をせず，かつ，協定に基づく弁済が履行されなかった場合であっても，協定の解除による被担保債権の復活を認めないという扱いが多い（新注釈上472頁参照）。

V　不動産の任意売却

別除権の目的である不動産の任意売却は，別除権の受戻しを伴うので，監督委員の同意を得て，実行する（34参照）。

30 別除権協定②——リース物件

I リース料債権の法的性質

(1) 別除権付再生債権

　いわゆるフルペイアウト方式のファイナンス・リース契約に基づくリース料債権（以下，特に断らない限り，本稿では「リース料債権」と表記する）は，別除権付再生債権であると解される（新注釈上653頁，条解285頁，最判平成20年12月16日民集62巻10号2561頁，37参照）。

　したがって，リース料債権は，再生債権として，再生手続開始前は弁済禁止の保全処分（30条1項）により，同開始決定後は開始決定により，その弁済を禁止される（85条1項）ものの，リース料債権者は，別除権者として，再生手続外でその権利を行使することができるものと解されている（53条2項）。

　そこで，再生債務者としては，事業継続のために必要なリース物件につき別除権協定を締結して，当該物件を継続して利用できるようにすることが必要となる。なお，リース料債権の処理について，別除権協定ではなく，残リース料ベースでの再リース契約の締結や元々のリース契約の支払条件の変更合意などによって，爾後に支払うリース料債権を共益債権化するという取扱いも一部なされているようである。しかし，再生債務者としては，理論的にも，再生債務者の支払負担を抑えるという実際上の必要からも，当該物件の処分価額をもって評価額としたうえで，別除権協定を締結するよう交渉すべきである。

　この点，リース料債権者から，「リース料債権は共益債権である」と主張されることがあるが，かかる主張は，上記の共益債権化の対応を意味しているにすぎない場合が多い。そこで，再生債務者としては，「リース料債権は別除権付再生債権である」ことを説明したうえで，別除権協定を締結しない限り，リース料債務の弁済には一切応じることができないと主張して，粘り強く交渉する。

　なお，リース料債権が別除権付再生債権に該当するか否かは，その契約の名

称ではなく，リース業者がユーザーに対してリース料と対価関係に立つ未履行債務を負担しているか否かについて実質的に検討して判断すべきである。例えば，レンタル契約という名称であっても，借主が所定のレンタル期間を通じて物件価額に相当する利用料を支払うことになっており，かつ，借主からの中途解約が認められず，中途解約する場合には，残期間の利用料相当額の違約金が発生するような契約による権利は別除権付再生債権に該当し，他方，当初のファイナンス・リース期間満了後の再リース契約による権利などは，別除権付再生債権ではないと解され，また，業者による保守・点検がなされるメンテナンス・リース契約などは，リース料全額ではないにしても，そのうちの一定割合は，当該保守・点検に対する対価と評価される可能性がある。

(2) 担保の目的

別除権付再生債権であるリース料債権については，何をもって別除権の目的物と考えるかについて，①実質的な所有権がユーザーに帰属していると構成し（所有権留保に類似する），この実質的所有権が担保の目的であるとする見解（所有権説）と，②ユーザーが有するリース物件の利用権・使用収益権が担保の目的であるとする見解（利用権説）が対立している（新注釈上653頁，条解285頁参照）。この点はともかく，再生債務者としては，事業譲渡を行う場合は，譲渡資産に含まれるリース物件の所有権を取得して，これを譲渡する必要があるし（なお，リース契約のユーザーの地位承継というケースもあり得る），また，収益弁済型の場合であっても，弁済期間満了後，リースアップ物件を再リースするコストを削減する必要がある。そこで，再生債務者としては，別除権協定の交渉・締結にあたり，協定に基づく弁済を完了した時点で，再生債務者が当該リース物件の所有権を取得することを求めるべきである。

II リース料債権者対応

(1) 支払停止

前記のとおり，リース料債権については，再生手続開始申立て後，弁済禁止の保全処分（30条1項）によって弁済が禁止され（なお，裁判所によっては，事務機器等に関するリース料については，弁済禁止の保全処分の対象から除外する取扱いもある），さらに，再生手続開始決定によって，再生債権として，弁済が禁止さ

れる（85条1項）。よって、再生債務者は、リース料を支払うことはできない。通常、会社は、自動引落しによって、毎月のリース料を支払っていることが多いので、経理担当者に引落しを止めるよう指示して、誤ってリース料を支払うことがないように注意する必要がある（当然、再生手続開始申立てのために作成する資金繰り表には、従前どおりにリース料の支払を織り込むことはしない。3参照）。なお、リース料債権者の中には、双方未履行双務契約（49条）に基づく共益債権として、毎月のリース料の支払を求めてくる場合もある。しかし、ファイナンス・リース契約は、リース料の支払と物件の使用が対価関係になく、リース料債権全額について期限の利益が付与されているにすぎず、双方未履行双務契約には該当しない（概説239頁参照）。よって、再生債務者は、リース業者に対して、ファイナンス・リース契約は双方未履行双務契約に該当せず、リース料債権は別除権付再生債権であることを説明して、その要求を拒否すべきである。

(2) リース料債権者からの物件引揚げ要求について

リース料債権者は、再生手続開始の申立後、リース物件の引揚げを要求してくることがあるが、再生債務者は、これを拒否して、物件の占有を確保する必要がある。再生債務者は、現場で対応する従業員に混乱が生じないように、事前に、対応マニュアル等を作成して（資料16参照）、引揚げ要求に応じないという方針を周知徹底しておくべきである。特に、自動車などの移動可能な物件については、鍵の管理を厳重にするなどして引揚げを阻止すべく対応する（自力救済は禁止されており、再生債務者の意思に反する引揚げ行為は違法である）。

もとより、事業継続のために必要でないリース物件については、速やかに返却に応じることが望ましい。なお、リース物件を返却する場合、再生債務者は、物件の所在地においてリース業者の費用負担で行うよう交渉する。

ところで、リース料債権者は、別除権を有しているので、法的には、リース契約を解除して当該物件の引揚げを求める権利を有しているものと解されるところ、前掲最判平成20年12月16日は、再生手続開始の申立てがあったことをファイナンス・リース契約の解除事由とする特約を無効と判示している。よって、リース料債権者が、再生手続開始申立てを理由として、契約を解除してリース物件を引き揚げる旨の通知をしてきた場合、再生債務者としては、まず、当該解除が無効である旨反論すべきである。もっとも、再生手続開始決定

後においては，リース料の不払いという債務不履行を理由として，リース契約を解除され，場合によってはリース物件の引渡請求訴訟等を提起されるリスクがある。そこで，再生債務者は，事業継続に必要な物件については，別除権協定の締結に向けて鋭意交渉し，以上のようなリスクを除去するよう努める。

III 別除権協定の交渉

(1) 物件の評価

リース料債権者は，残リース料全額をもって別除権協定に基づく弁済総額とするように主張することがあるが，再生債務者は，あくまでも，物件の処分価額を物件の評価額としたうえで，当該評価額に基づき受戻しを行うべく交渉すべきである。リース物件の処分価額は，当該物件の中古市場の価額や買取業者の査定結果に基づいて検討する。

工場の設備等をリースで調達している場合，耐用年数を加味するほか，これを工場から取り外す際，高額な撤去費用を要することもあるので，実際に撤去する場合の費用の見積りを取得して，これをリース料債権者に示して，設備自体の評価額から物件引揚げに要するコストを控除して実質的な評価額を提案すべきである。また，代替性のない特殊な工作機械をリースで調達している場合は，その評価に困難を伴うが，例えば，同業他社から買付証明書を出してもらうなどして，評価の資料とすることが有効な場合もある。

(2) リース料債権者の対応

リース料債権者は，経済的合理性の観点から，別除権協定の交渉に応じるケースが多いが，中古市場ですぐに換価できる自動車などについては，強硬に引揚げを主張してくることもある。再生債務者は，不要な物件については引揚げに応じる一方，必要な物件については任意の引揚げには応じず，時間をかけて別除権協定に向けた交渉を継続すべきである。

(3) 交渉方法の工夫等

自動車リースで物件の評価額についてリース業者の譲歩が得られにくい場合，例えば，リース料の中にメンテナンス料金部分が含まれているケースでは，メンテナンス料金部分を共益債権として支払うことと引換えに，物件の評価額についてはリース業者の譲歩を引き出すという工夫が考えられる。

再生債務者が多数・多種のリース物件を保有しているケースで，リース料債権者も多数にわたる場合，別除権協定の交渉・締結は容易でない。再生債務者が自社工場内に有する極めて多数・多種の機械設備が多数のリース料債権者とのファイナンス・リース契約にかかる物件であり，これらの物件を含めてスポンサー企業に事業譲渡を行ったケースにおいて，事業譲渡代金のうち機械設備に相当する合計金額について，個別のリース物件の評価額ではなく各リース債権者のリース料残額に基づき，一種のプロラタ方式で別除権協定の交渉を進めた例もある（なお，このケースは，負債総額約100億円のうち約70億円がリース料債務であり，リース料債権者の数は十数社というケースであった）。このケースでは，リース物件が多数・多種であるが故に，その価額を個別に評価したうえで，当該評価額に基づき別除権協定を締結するという方式では，事業譲渡の実行までに必要なリース物件のすべてについて別除権協定を締結して受け戻すことができないおそれが高かった。そこで，再生債務者は，リース料残額をベースとするプロラタ方式により，別除権協定の交渉を進め，事業譲渡の実行に間に合わせたという例である。

　なお，リース料債権者との別除権協定は早期に締結されることも多いが，資金繰りに影響するものであることに留意し，事業計画案の中に別除権協定に基づく弁済金（予定額）を組み込むことが必要である。

Ⅳ　別除権協定の締結上の留意点

　前記のとおり，実務上，残リース料全額をもって別除権協定に基づく弁済総額とする旨合意し，従前のリース契約の内容をもって，別除権協定の内容として，リース料債権を共益債権として支払うという取扱いをしている例もあるが，再生債務者としては，物件の処分価額を物件の評価額としたうえで，その評価額に基づき受戻しを行うべく交渉し，妥結した金額と残リース料との差額（不足額）については，再生債権として処遇すべきである。また，当該リース物件の権利関係については，前述のとおり，別除権協定に基づく弁済完了後，当該物件の所有権が再生債務者に帰属することを確認すべきである（資料34）。

　他方，再生債務者において別除権協定に基づく分割弁済が期間の途中で履行困難となるケースも生じ得るが，このような場合に協定内容を修正し弁済条件

を実行可能な内容に変更できる旨の条項を置く工夫も検討する。逆に，分割弁済継続中に，リース目的物が事業継続上不要となった場合の処理方法についても確認しておくとよい。さらに，別除権協定後に当該再生手続の廃止，再生計画の不認可又は再生計画の取消決定が確定したときは，当該協定は将来に向かってその効力を失う（破産手続において財団債権とならないようにする）旨の確認も必要である。また，将来万一更生手続に移行した場合に受戻代金の支払義務が当然に更生手続下の共益債権とならないよう条項を工夫する余地もある。

V　自動車の所有権留保について

　関連して，留保所有権付自動車についても触れておく（なお，軽自動車は登録が対抗要件ではなく（道路運送車両法4条・5条），通常の動産と同様の扱いとなる）。

　最判平成22年6月4日民集64巻4号1107頁は，自動車売買代金の立替払いをした信販会社が，購入者及び販売会社との間で，販売会社に留保されている自動車の所有権が立替払いにより信販会社に移転し，購入者が立替金及び手数料の支払債務を完済するまで留保される旨の合意をしていた場合，購入者に再生手続が開始した時点で，自動車につき立替払いをした信販会社を所有者とする登録がされていない限り，販売会社を所有者とする登録がされていても，信販会社は，上記合意に基づき留保した所有権を別除権として行使することは許されないとした。この事案では，被担保債権が残代金債権相当額だけではなく手数料を含んでいたことから，原判決の法定代位構成は否定されている。

　他方，最判平成29年12月7日民集71巻10号1925頁は，自動車の購入者と販売会社との間で当該自動車の所有権が売買代金債権を担保するため販売会社に留保される旨の合意がされ，売買代金債務の保証人が販売会社に対し保証債務の履行として売買代金残額を支払った後，購入者の破産手続が開始した場合において，その開始の時点で当該自動車につき販売会社を所有者とする登録がされているときは，保証人は，上記合意に基づき販売会社から法定代位により取得した留保所有権を別除権として行使することができるとした。

　いずれにしても，申立代理人としては，約款の内容を検討し，いずれの判例の射程が及ぶのかを検討し，対応する必要がある。

31 別除権協定③——在庫品

I　はじめに

　再生債務者が保有する在庫品を通常業務に円滑に使用し続けることは再生債務者の事業継続にとって不可欠である。ところが、在庫品について、当該在庫品の仕入先等から別除権としての担保権の主張がなされ、これにより業務運営や資金繰りに影響が生じることが少なくない。そして、担保権者が仕入先等の取引先である場合には、担保権の適切な処理を行うことが重要であることはいうまでもないが、さらには今後の円滑な取引の継続を確保し、事業の円滑な継続と再生を図ることが極めて重要である。

　再生債務者が保有する在庫品について問題となることの多い担保権として、①譲渡担保、②所有権留保、③動産売買先取特権があるので、以下ではこれらについての実務対応上の問題点に触れる。なお、集合動産譲渡担保については、32を参照されたい。また、再生債務者が倉庫業者等に在庫品を寄託している場合には、商事留置権が問題となることが多いが、この点については、33を参照されたい。

II　譲渡担保、所有権留保について

(1)　権利関係、取引関係の把握

　譲渡担保及び所有権留保は、別除権として取り扱われるものであるが（伊藤903頁参照）、通常の営業を行っている中ではあまり意識されていないので、代理人が積極的に会社担当者から説明を求めたり、契約書の提示を受ける等して調査し、早期の把握に努める。

　これらの担保権は、非典型担保であることから、その権利内容は設定契約により定められる。権利関係等の把握のために、①被担保債権の発生原因たる契約の当事者、②譲渡担保等の設定当事者、③対象物の内容、性質、所在、④権利内容、⑤実行要件（期限の利益喪失約款）、⑥実行方法（処分清算か、帰属清算か

等），⑦対象物件の再生債務者の処分権限の有無（その消滅原因），⑧既に実行に着手されている事実の有無，⑨対抗要件の具備如何を設定契約書類その他の資料により正確に把握する。

さらに，担保権者と再生債務者との間の取引関係として，⑩取引規模，⑪取引内容，⑫再生債務者の事業の円滑な再生のために，取引継続が不可欠であるか（代替業者との取引に切り替えることが可能か）といった事情をも把握することが重要である。事業継続に不可欠な取引先との間の担保権の問題，仕入条件の問題については，最優先に協議を進める必要がある。

(2) 処分権限の有無

⑦に関して再生債務者が対象物を売却すること等事業に使用することが制約されるかどうかという点の検討を要する。平常時においては，再生債務者は対象物を事業に使用する権限が付与されていることが多いが，再生手続開始申立てや支払の停止等の事実により，これらの権限が消滅する場合には，後述のとおり速やかに別除権協定を検討することを要する。

(3) 対抗要件についての検討

⑨に関して，対抗要件が具備されていない場合には，再生手続開始後は第三者たる再生債務者には対抗し得ない（38条2項，11参照）。しかし，所有権留保，譲渡担保においては，占有改定により対抗要件が備えられている場合が多い。

なお，X銀行が，輸入業者Yの輸入する商品に関して信用状を発行し，これによりYが負担する償還債務等に係る債権の担保として当該商品に譲渡担保権の設定を受けた場合，以下の(i)及び(ii)の事情の下では，Yが当該商品を直接占有したことがなくても，Xは，Yから占有改定により当該商品の引渡しを受けたものといえるとした事例がある（最判平成29年5月10日民集71巻5号789頁）。

(i) XとYとの間では，輸入業者から委託を受けた海運貨物取扱業者によって輸入商品の受領等が行われ，輸入業者が目的物を直接占有することなく転売を行うことが一般的であったという輸入取引の実情の下，上記譲渡担保権の設定に当たり，XがYに対し輸入商品の貸渡しを行ってその受領等の権限を与える旨の合意がされていた。

(ii) 海運貨物取扱業者は，金融機関が譲渡担保権者として当該商品の引渡しを占有改定の方法により受けることとされていることを当然の前提とし

て，Yから当該商品の受領等の委託を受け，当該商品を受領するなどした。

(4) 在庫品を転売済みである場合

再生債務者がすでに在庫品を売却していても，転売代金債権に対して物上代位が認められる余地がないか（動産譲渡担保につき，最判平成11年5月17日民集53巻5号863頁参照），についても留意する。

Ⅲ　別除権協定の交渉方針と要領

別除権協定において定めるべき主な事項は，①再生債務者が在庫品を通常どおり売却ないし使用することを担保権者が承認して担保権の実行を留保すること，②再生債務者が受戻代金として相当額を支払うこと，③受戻代金の支払方法，④監督委員の同意を停止条件とすること等である。さらに，本来の別除権協定に関する事項とは異なるが，⑤当該仕入先との間で，従前どおりの条件による取引の継続を約することも考えられる（資料35）。

交渉の時期については，対象物件を事業に使用するべき時期が近接しているか否かを考慮することを要する。再生債務者は多くの在庫を有しておらず，数日中に在庫品を事業に供することを要する場合や，債権者側として別除権協定の締結をしないと今後の取引継続に応じないという対応をとる場合もあり，迅速に交渉を進める必要が生じる。

受戻代金の金額は，簿価（仕入価額）を一つの指標として，その一定割合等とする定め方が考えられる。物件評価の相当性，事業継続のための重要性を踏まえ，他の債権者に不利益を与えないこと，資金繰りに過大な影響を及ぼさないことに配慮しつつ交渉をする。資金繰りに対する影響を緩和するため，受戻代金を分割払いとしたり，他から回収した手形を回り手形として交付する旨の協議をすることも考え得る。

受戻代金の支払義務を共益債権とする旨を約すると，仮にこれが支払えずに，再生手続が廃止され破産手続に移行した場合には，当該支払債務が財団債権となる（252条6項）。このような事態を避けるために，再生手続が廃止された場合には協定が失効する旨を定めることも考えられる（Q&A212頁参照）。

IV 交渉が難航した場合の対応

　担保権者が容易に協定に応じない場合には，担保権者に担保対象物の評価額の提示を求める方法が考えられる。また，早期売却をすることにより適正価額による売却ができる反面，売却時期が遅れるとシーズン遅れ，型遅れとなること等により売却価額が低下するといった早期売却の必要性等を説明して，協定への協力を求めることも一つの方法であろう。

　担保対象物の評価額や別除権協定の条件について直ちに合意に至らない場合においても，当面の間，事業継続をして在庫品等の売却を進めることについて別除権者から了解を得つつ売却を進め，これと並行しつつ交渉を進めるとの対応もあり得る。この場合には，再生手続開始決定時点での在庫品の数量を双方で確認しておくことが重要である。

V 動産売買先取特権について

(1) 権利関係の把握

　再生債務者の所有する在庫品について，仕入代金の支払がなされていない場合に，動産売買先取特権が成立することが多い（民321条）。動産売買先取特権の成否についても，申立代理人が積極的に調査をして早期に把握をする必要がある。

　動産売買先取特権については，転売の許否という法律問題を検討し，現実に実行がなされる可能性の程度を見極め，さらには，当該仕入先からの円滑な仕入の継続の確保を図ることが重要である。

(2) 動産売買先取特権の対象物の転売可能性について

　動産売買先取特権は，対象物が転売されると消滅することから（民333条），対象物については差押えがなされない限り転売を制約されないと解される（Q＆A199頁参照）。もっとも，平成15年の民事執行法改正により動産売買先取特権の行使手続が拡大されたこと（民執190条）等を背景として，転売が制約されるべきであるとする有力な見解もあり，具体的に対象物を特定した権利主張がなされた段階においては，転売を控えたうえで別除権協定を試みるとの対応も考えられる（伊藤443頁参照）。

　なお，動産売買先取特権の対象物を転売しても，転売代金債権に対する物上

代位権が行使され得るので（民304条），転売代金債権を早期に回収する。

(3) **動産売買先取特権が現実に行使される可能性について**

抽象的に動産売買先取特権の成立要件が満たされ得る場合においても，現実にこれを行使するには，担保権者側において，被担保債権の弁済期の到来，具体的に各月毎に発生した売掛金と個々の在庫品の関係等の事実関係を証明することが求められる。

そのため，例えば，被担保債権の弁済期の到来までに対象物の転売（及び代金回収）が完了する場合や，継続的に仕入をしており，ある月以降の仕入代金が未払いであっても，債務者が保有する在庫品が当該未払債権にかかるものであるのか，それ以前に仕入れた代金既払いのものであるのかが判別し得ないような場合には，現実には動産売買先取特権の行使をすることは困難である。再生債務者側においても，再生債権者から動産売買先取特権の主張がなされた場合において，上記のとおり具体的内容を特定した上で権利行使がなされ得るような事実関係にあるかどうかを把握しつつ対応することが重要である。

(4) **円滑な仕入の確保について**

さらには，動産売買先取特権の権利者は，再生債務者の仕入先等であり，事業継続のために重要な取引先である場合も多い。申立代理人としては，法律問題ばかりではなく，円滑な取引を確保し，事業の継続と再生に支障を及ぼすことのないようにすることへの配慮も必要である。

32 別除権協定④──集合動産・集合債権

I はじめに

　集合動産譲渡担保及び集合債権（将来債権を含む）譲渡担保は，別除権として取り扱われる（伊藤903頁参照）が，対象が再生債務者の事業の継続に不可欠な在庫品，売掛金等であることから，事業の継続の可否や資金繰りの状況に決定的な影響を及ぼし得る。さらに，別除権協定により再生債務者が弁済，受戻しをして事業継続を図るか，早期に事業譲渡をしてこのような担保の拘束を免れ得る余地がないか等，事業再生のスキーム構築の方針にも関わる点がある。これらの担保権の処理の問題は，再生手続開始の申立てにより直ちに現実化するものであるが，仮に問題の解決まで事業を停止すると，事業再生に対して決定的な打撃となってしまう。したがって，申立て前のできるだけ早い段階で権利関係を把握し，別除権協定等の方針を検討したうえで，申立て後直ちに別除権協定の交渉をする等といった迅速な対応を行うことが極めて重要である。

　集合動産譲渡担保及び集合債権譲渡担保の担保権者は金融機関である場合が比較的多いと思われるので，以下では，そのような場面を念頭に対応方法について触れたい。

II 権利関係の把握

　権利関係の把握のために，通常の譲渡担保や所有権留保と同様に（31参照），契約書類の内容，対抗要件の有無を確認する必要がある。さらに，対象物ないし対象債権が十分に特定されているか否か，対象債権につき譲渡禁止特約（違反）がないか（ただし，平成29年改正民法では，譲渡制限（禁止）特約が存在しても，債権譲渡自体は有効となる（改正民466条2項）），在庫・売掛金の保持義務や報告義務といったコベナンツの内容等について確認をするとともに，対象物ないし対象債権の現状と今後の増減見込み，事業継続上の不可欠性の程度，交渉の時間的余裕がどの程度あるかについても把握を要する。

Ⅲ 対抗要件の具備の検討

　集合動産譲渡担保及び集合債権譲渡担保については，対抗要件が具備されていない事例も少なからず見られる。再生手続開始後は，対抗要件を欠く担保権は再生債務者に対抗できないため（38条2項，⑪参照），まずこの点の調査をする必要がある。

　対抗要件として，動産・債権譲渡登記がなされているケースがあるので，再生債務者の本店を管轄する法務局にて概要記録事項証明書，東京法務局にて登記事項証明書等を取り寄せて確認する（取得手続等について，法務局ホームページ参照）。

　対抗要件が具備されていない場合，再生手続開始申立てを知った債権者が，急遽対抗要件を具備することが懸念される事案においては，そのような対抗要件具備行為を禁止する保全処分の検討を要する（⑦，資料10参照）。

Ⅳ 否認の可否の検討

　さらに，集合動産譲渡担保及び集合債権譲渡担保は，再生債務者の資力が悪化し，他の担保提供の余地がなくなった状況で設定される場合があること，対抗要件が危機時期に具備される事例もあるから，偏頗行為否認（127条の3），対抗要件否認（129条）の要件を満たさないかの検討を要する。

　また，集合債権譲渡担保について，いわゆる停止条件型，予約型，通知留保型については，偏頗行為否認ないし対抗要件否認を検討する余地がある（伊藤531頁以下，543頁，918頁参照）。

Ⅴ 担保権の効力の範囲等の検討と別除権協定の交渉方針の策定

(1) 被担保債権，担保対象の範囲について

　集合動産譲渡担保，集合債権譲渡担保の効力の及ぶ範囲については，見解の対立があるが，再生債務者側としては，再生手続開始時点の債権を被担保債権とし，その時点における対象物ないし対象債権に対して担保権の効力が及ぶが，その時点以降の対象物，債権には担保が及ばないものとして，担保権者との交渉を進めることが考えられる。なお，再生手続開始の申立後の債権は共益債権化されるであろうから（⑬参照），実際には再生手続開始の申立時の債権を

被担保債権として取り扱うこととなり，これとのバランス上，対象物ないし対象債権も再生手続申立時を基準とする余地もある（6民実務271頁参照）。

ただし，学説上，上記のような①再生手続開始等により担保権の対象が固定化して，以後仕入れた動産や，発生した売掛金に及ばないという見解のほかに，②実行通知がなされるまでは手続開始後に仕入れた動産，発生した債権にも及ぶとする見解，③さらにその後を含めて担保権の効力が及ぶとする見解等，激しい見解の対立があり，判例（最判平成18年7月20日民集60巻6号2499頁，最判平成19年2月15日民集61巻1号243頁他）の理解の仕方も分かれている（伊藤457頁，903頁，Q&A180頁，183頁参照）。また，仮に再生手続開始後の動産，債権に譲渡担保の効力が及ぶ場合において，再生債務者がその価値を維持する義務（担保価値維持義務）を負うか否かについても見解が分かれる。これらの点は，訴訟による解決を図る場合に，結果を予測しきることが困難であること，訴訟による解決の時間的余裕がない場合が多いことを視野に入れて，交渉を進めるほかない。

(2) **後順位担保権が設定された場合について**

同一の集合物について複数の集合動産譲渡担保が設定された場合には，その順位は設定及び対抗要件具備の先後により，後順位担保権者は私的実行をなしえないとされるが（前掲最判平成18年7月20日），担保権の効力が及ぶ以上，後順位担保権者との間においても別除権協定を検討することを要する。

(3) **担保権の効力の及ぶ範囲等について**

集合債権譲渡担保において，債務者（取引先）が特定されている場合には，他の取引先等に販売することにより譲渡担保の拘束を受けず，コベナンツにも違反しないような場合には，そのような売却方法を検討する余地もある。

再生債務者が事業譲渡をした場合に，事業譲渡先において発生した債権に対して集合債権譲渡担保の効力が及ばないとする見解も有力であり，そのような処理方針の適否を検討する（Q&A181頁参照）。他方，コベナンツに基づく担保価値保持義務等の義務は，再生債務者も拘束され，これに違反した事業譲渡，事業改編等は，その義務に違反する可能性があるとの見解もある。さらに，事業譲渡ではないが，債権譲渡登記により，特定不動産の賃借人（賃借人が登記上特定されていない場合を含む）に対する賃料債権が譲渡担保に供されている場合

に，当該物件の譲受人にも譲渡担保の効力が及ぶとする見解もある。これらの場合には，事業譲渡ないし物件譲渡の実行後に担保権者から義務違反との主張を受けて，交渉が難航することも懸念されるため，あらかじめ慎重に検討しておくことを要する。

Ⅵ　別除権交渉に向けての準備作業

　対象物の事業継続及び資金繰りにおける重要性を踏まえて，上記の法律問題を念頭に置きつつ，速やかに方針を検討する必要がある。事前に監督委員と方針を相談しておくことも重要である。

　交渉に際しては，再生債務者の事業継続，資金繰り維持のために別除権協定の必要性が高いだけでなく，担保権者側も再生債務者の事業が円滑に継続され，在庫，債権が確保され，その報告と受戻代金の支払がなされるメリットがあること等を主張して，担保権者にも一定の妥協を要請するべきである。「再生が成り立たずに破産清算になってしまったのでは，金の卵を産む鶏も単なる鶏肉になってしまう」との指摘もある。

　交渉継続中に譲渡担保の実行がなされて対象債権の回収が進められたり，担保権消滅許可制度が利用できない状況に陥ることを防ぐために，中止命令を得たうえで交渉を進めることを検討する余地もある（中止命令を認めた事例として，大阪高決平成21年6月3日金法1886号59頁，福岡高決平成21年9月7日金判1333号55頁，㊱参照）。ただし，中止命令を得ても，対象動産を処分し，対象債権を取り立てることは許されないとの指摘があり，別除権協定交渉が難航する場合には，担保権消滅請求を検討する必要がある。

Ⅶ　別除権協定の内容

　別除権協定において定めるべき主な項目は，①被担保債権の範囲と金額の確定，②対象物ないし債権の範囲と評価額の確定，③別除権行使の留保，④受戻代金の金額と支払方法，⑤監督委員の同意を停止条件とすること等である。さらに，⑥別除権の不足額の確定の合意をし（88条但書），⑦再生手続が廃止されたときは協定が失効すること，⑧担保権者が取引先であるときは今後の取引継続を約すること等を定めることが考えられる。

上記Ⅴ(1)のとおり被担保債権の範囲，担保対象の範囲について見解の対立があることを踏まえ，①被担保債権及び②担保対象の範囲を明確に定めておくことが後日の紛争を避けるために重要である。また，③対象物の評価額を合理的なものとして他の債権者を害しないこと，④受戻代金の金額と支払方法が再生債務者の資金繰りに過大な影響を与えずに確実に支払可能なものとすることにも留意すべきである。支払方法としては，対象動産の売却スケジュールや対象債権の回収予定時期と連動させる形で，分割して支払う方法，他から回収した約束手形を回り手形として交付する方法等が考えられる。

この点，受戻代金の支払請求権を共益債権とする旨の合意がなされる例も見られ，そのような合意が一種の和解として有効であるのか，再生手続上のプライオリティを害するものとして認められないのかについては，学説上争いがある。このような条項は，別除権協定の遂行がとん挫した場面で重要な意味をもつものであり，その段階で他の債権者を害するような結果を来すものとならないかを踏まえて，慎重に検討する必要がある。

さらに，⑦再生手続が廃止されたときは協定が失効する旨の条項が盛り込まれることが多いが，再生手続終結後，再生計画に基づく弁済が履行完了するまでの間に破産した事案で，別除権協定が失効するかが争われ，協定の意思解釈として失効を認めた判例として，最判平成26年6月5日民集68巻5号403頁がある（㉙参照）。これを踏まえて，上記のような事例において別除権協定がどのように扱われるべきかについて議論がなされている。すなわち，別除権協定について，一部が履行されたのち失効した場合に，別除権者の被担保債権は協定締結前の額が復活するのか（復活説），別除権協定における額に固定されているのか（固定説），別除権者が既に受領した弁済金はどのように取り扱われるのか等といった点である（それらの議論の詳細は，6民実務272頁以下等参照）。別除権協定締結の段階において，不履行となった場合の規律をあまり詳細に盛り込むことは容易ではないが，その種の場面で重大な支障とならないよう条項を検討しておくことも考えられよう。

33 別除権協定⑤──商事留置権・質権

I 商事留置権

(1) 商事留置権とは

　留置権は，債権者が被担保債権全額の弁済を受けるまで目的物を留置できる権利であり，債務者からの引渡請求に対しては，被担保債権の弁済を求めてこれを拒否することができ，留置物に対する他の担保権実行に対しては，留置的効力を主張し，事実上優先弁済を受けることができる。留置権には，民事留置権（民295条）と商事留置権があり，後者には，商人間の取引による留置権（商521条）等がある。商事留置権のうち，商人間の取引による留置権については，商人間の双方的商行為によって生じた債権であれば，商行為によって占有を取得した目的物との牽連性は必要ない（商521条）ため，事業者が倒産した場合，事業継続に必要な原材料・商品等が商事留置権の対象となることが少なくない。

　具体的には，再生債務者が商品・製品・仕掛品等の運送や倉庫への保管を外部業者に委託していたり，原材料を支給，仕掛品や所有する鋳型・金型等を貸与するなどして，外部業者に製造委託を行っていたりする事案において，再生手続に入ったような場合に問題となる。また，後述するような建物施工中に施主が再生手続開始申立てを行った場合にも問題となる。

　申立代理人としては，債権者から留置権の主張がなされている場合，その留置権が民法上のものか，あるいは商法若しくは会社法上のものかをよく見極めて検討する必要がある。また，商事留置権でも，再生手続と破産手続とでは異なる取扱いとなる場合があるので，混同しないよう注意する必要がある。

(2) 留置物の返還を求める交渉──再生手続開始申立後開始決定前

　(a) 申立後直面する問題　　一般的に，再生手続開始申立てを行った直後は，再生債務者の信用が毀損しているため，新規融資を受けることはできない。また，手形を利用することもできないため，留置物の返還を求めるためには，留置権者に対して，現金決済を行う必要がある。一方で，従業員の給与や

家賃等事業継続に必要な資金も支払わなければならない。このように資金繰りが逼迫している状況下で，再生債務者が倉庫業者や運送業者等の第三者に預託している在庫商品や原材料等について，第三者から商事留置権を主張された場合，在庫品や原材料を利用して製品を製造し，あるいは商品を販売して運転資金を確保することができなくなってしまう。また，在庫品等の維持管理に多額の費用を要する場合や，留置されている間に商品の劣化が著しく進む等の場合において，早期に在庫品等を処分することにより，維持管理費用を削減し，商品価値の維持を図ることができない。

さらに，後述のように，再生手続開始決定後であれば，担保権消滅の許可の申立て（148条）ができるが，開始決定前にはこのような処理もできない。

担保権の中止命令（31条）も，商事留置権者が，留置権に基づいて競売手続を申し立てた場合（民執195条）にはその手続を中止する効果はあるが，競売を申し立てず，目的物を留置して，被担保債権全額の返済を主張している場合には，利用できない。

(b) **実務的対応策**　そこで，実務的には，再生債務者は，再生手続開始決定前には，弁済禁止の保全処分を一部解除する趣旨の裁判所の許可（⑫，資料22），又は，被担保債権の一部の弁済をして留置物の返還を受けるという和解のための監督委員の同意を得て被担保債権の一部の弁済をしたうえで，目的物の返還を求めることが少なくない。弁済額としては，被担保債権か留置物の価額のいずれか低いほうが一応の基準になる。もっとも，被担保債権額が留置物の価額を下回っている場合は，それほど問題にならないが，被担保債権額が，留置物の価額を上回っている場合，留置物の価額についての評価をめぐって，商事留置権者との交渉に時間がかかることも予想される。また，留置物に別途，譲渡担保権の設定がなされるなどして，その権利関係が複雑なものとなり，各当事者間で法律関係の整理に時間を要することとなってしまう場合もある。その場合には，留置物の価値が著しく毀損し，又は，留置物を利用した製品の製造に支障を来し，資金繰りが逼迫する等のおそれが生じかねない。

したがって，申立代理人としては，申立前の段階で，事業継続に必要不可欠な商品，在庫品，原材料のうち，商事留置権を主張される可能性があるものの有無，相手方，代金支払の有無（被担保債権額），留置される可能性のあるもの

の時価等を，再生債務者から事情聴取する等して把握し，場合によっては，申立以前に，代金を支払って商事留置権を消滅させておくこともあり得る。

(3) 留置物の返還を求める交渉──再生手続開始決定後

(a) 担保目的物の受戻し　再生手続開始後，商事留置権の被担保債権は，再生手続開始前の原因に基づいて生じた債権であり，再生手続によらなければ弁済できない(85条)。そして，商事留置権者は，再生手続開始後も目的物に対して留置的効力を失わないから(53条1項)，再生債務者が在庫や商品等を第三者に預けている場合には，事業の再生が不可能となりかねない。したがって，再生債務者は，受戻しのための弁済資金を調達したうえ，商事留置権者と受戻価額について交渉し，監督委員の同意を得て，受戻しを行う必要がある。

受戻額については，被担保債権額又は開始決定時の留置物の財産評定の価額(124条1項)のいずれか低い額が基準になる。受戻額が留置物の財産評定の価額と同額か若干高い場合であれば問題は少ないと考えられる。しかし，大幅に高い場合は，留置物が時の経過とともに価値を著しく減少させるようなものでない限り，他の債権者を害するおそれがあるので，受戻しは同意されないと考えられる。この場合，担保権消滅の許可の申立てを検討せざるを得ない。

(b) 担保権消滅の許可の申立て　商事留置権者と交渉しても，受戻額について協議が整わない場合は，担保権消滅の許可の申立てをすることが考えられる。すなわち，再生債務者は，担保権の目的財産が債務者の事業の継続に欠くことのできない場合において，裁判所の決定を得て，担保目的財産の価額に相当する金銭を裁判所に納付して，債務者の財産上に存する担保権を消滅させることができる(148条。35参照)。

(4) 事案ごとの検討

(a) 約束手形の取立委任・手形割引の依頼をしている場合　商事留置権には優先弁済効がないことから，再生債務者が銀行に対して，約束手形の取立委任若しくは手形割引の依頼をしている場合，銀行は，約束手形について貸金債権を被担保債権として商事留置権を主張し，当該手形を取り立て，貸金債権の弁済に充当することができるかについて争いがあった。

しかし，取立委任を受けた約束手形につき商事留置権を有する銀行は，再生手続開始後にこれを取り立てた場合にも，別除権の行使としてその取立金を留

置することができ，その取立金を法定の手続によらず再生債務者の債務の弁済に充当し得る旨の銀行取引約定に基づき，債務の弁済に充当することができるとする最高裁判決（最判平成23年12月15日民集65巻9号3511頁）により，銀行が取立委任を受けた約束手形の取扱いについては実務上決着した。もっとも，商人性を有せず，商事留置権を有しない信用金庫等が占有する手形について，貸金債権と（再生手続開始後に条件成就する）取立金返還債務との相殺ができるかという点については，本判決の射程外であり，引き続き問題となり得る。

(b) 発注者（デベロッパー）の再生手続の場合　発注者（デベロッパー）が再生手続開始申立てを行い，建設会社（ゼネコン）が，建物代金債権を被担保債権として，建物及びその敷地について商事留置権の主張をしている場合，建設会社が，建築した建物について商事留置権を有することは争いがないが，その敷地についても商事留置権を主張できるか否かについては，争いがあり，破産手続に関して，下級審判例は結論が分かれている。

この点，近時，最高裁は，土地の所有者（賃貸人）から，賃貸借契約の解除により土地の明渡しを求められた運送業者が，従前より，所有者に対して運送委託契約に基づく運送委託料債権を有していたという事案において，土地についても，同債権を被担保債権とする商事留置権が成立すると判示した（最判平成29年12月14日金法2090号50頁）。

再生手続の場合，商事留置権は，破産手続と異なり，特別の先取特権とみなされることはないから，開始決定を受けても，商事留置権は存続し，商事留置権者は，再生債務者からの引渡請求に対しては被担保債権の弁済を求めてこれを拒否できる。したがって，敷地にも商事留置権が成立するとすれば，抵当権者からの担保権実行や再生債務者からの担保権消滅の許可の申立てがあったとしても，商事留置権の成立時期を問わず，常に抵当権に優先すると解される（全国倒産処理弁護士ネットワーク編『倒産手続と担保権』（金融財政事情研究会）118頁以下〔小林信明〕参照）。

いずれにせよ，商事留置権者である請負人が，建物及び敷地の引渡しを拒んだ場合，再生債務者は当該建物を顧客に引き渡すことができず，その信用が大きく毀損するほか，引渡しできない事態が長期化すれば，資金繰りにも多大な影響を及ぼす。そのため，再生債務者としては，請負人との間で，早期に工事

代金を支払い，建物及び敷地の引渡しを受ける旨の和解をせざるを得ないが，申立直後の再生会社においては，請負代金全額を一括で支払える資力がないのが通常であり，完成建物の販売代金で工事代金及び敷地の被担保債権を支払う旨の交渉をせざるを得ない。また，建物が完成していない場合，工事代金の支払がなされない限り，建築工事は事実上停止してしまうため，土地の担保権者である銀行，請負人との間で，請負人が一定期間内に工事を完成させた後，建物の売却代金から銀行，請負人がそれぞれ一定割合の弁済を受ける等の合意をするべく交渉せざるを得ない（⑲参照）。

II 質権——敷金返還請求権との関係を中心に

(1) 質権の別除権協定等が問題になる場合

再生債務者が，賃借店舗で事業を営んでいる場合に敷金返還請求権に金融機関等の貸付債権等を担保するために質権が設定されていることがある。以下，質権の価値の算定方法，質権者との協議上の留意事項について述べる。

(2) 賃借店舗を閉鎖する場合

(a) 契約終了方法の選択　民事再生法49条1項に基づく解除権行使，約定解約権行使，合意解約等の選択肢があり得る。同法49条による解除の場合にも違約金条項等契約条項が適用されるか否かについては争いがあるため（⑱参照），いずれによるかは賃貸借契約条項や閉店・明渡し完了までに要する期間等を考慮して，返還敷金額の目減りが少ない方法を選択することになろう。

(b) 質権の価値の算定方法　質権者は，賃貸人が賃貸借契約上の返還予定敷金から再生債務者の負うべき一切の債務を控除した残額の限度で別除権（取立権）行使が可能であるが，「一切の債務」としては，①滞納賃料，②解約予告期間の賃料（選択した契約終了方法による），③原状回復工事費用が挙げられる（㉕参照）。再生債務者は，当該店舗収益が赤字のため閉店を余儀なくされるのが通常であり（例えば，複数の賃借店舗にて事業継続する中で収支赤字店を整理する場合），再生手続開始申立前から，あるいは開始後に賃料滞納状態にあることも考えられ，解約予告賃料や原状回復費用等を再生債務者の財産から新たに支出することが困難なことも想定される（当該赤字店舗単位で見た場合の支払能力）。

(c) 質権者との協議上の留意点　再生債務者としては，質権者に対する担

保価値維持義務と，前記の赤字閉店処理費用の負担能力の有無に留意して，質権者と上記①ないし③（特に①及び③）の控除の可能性を中心に受戻額の協議を進めることになろう（原状回復工事費用は複数業者の見積りを取得するのが望ましい）。なお，受戻額の協議に際しては，質権者に対し，返還金額の一定割合（返還金額の数％）を再生債務者へ組み入れるよう交渉することが望ましい（不動産の任意売却と同様。34参照）。

(3) **賃借店舗を継続する場合**

(a) **自主再建型の場合の質権者との協議上の留意点** 再生債務者としては，通常，別除権協定を締結する必要性は低く，別除権者から不足額確定の要請があれば，約定返還予定敷金額から前記①ないし③を控除した残額を質権の価値と評価して別除権協定を進めることになる。すなわち，事業継続する店舗であっても，現実に敷金返還請求権が発生する（質権を行使できる）のは，当該店舗を閉鎖し，明渡しが完了した段階であるが，通常，利益が上がっている店舗を閉鎖することは考えにくい。つまり，継続店舗の場合でも，質権の価値の評価（別除権協定）という場面（とりわけ再生債務者にとって必要性が低く別除権者の要請で別除権協定を締結する場面）では，前記(2)の赤字閉店を余儀なくされる場合と同様に考えることが可能であろう。

(b) **事業譲渡型の場合の質権者との交渉の進め方** 事業譲渡ないしは会社分割等によって第三者が再生債務者の事業を承継する場合，通常，これに伴って店舗賃貸借契約上の地位も事業承継者へ移転することになる。この場合，事業承継者から，当該店舗賃貸借契約上の地位を，質権による拘束力がない形にして承継させることが求められる。この場合も，前記(3)(a)記載の点に留意しつつ質権者と協議を進めることになろう。

なお，再生債務者と賃貸人との間で賃貸借契約を終了させ，事業承継者が賃貸人と新規に賃貸借契約を締結し敷金を差し入れる場合は，質権者が，賃貸人から約定返金予定敷金全額を取得できる場合（再生債務者に滞納賃料がなく，原状回復費用も発生しない場合）が理論的にはあり得るが，再生債務者と事業承継者との間では，事業譲渡等の価格から当該新規差入保証金相当額が控除されているのが通常であろうから，質権者との協議においては，この点に留意し，また返金敷金額の一部を再生債務者に組み入れるよう交渉することが望ましい。■

34 不動産の任意売却

I 任意売却を行う場合

(1) 処分が必要な不動産

再生債務者が所有する不動産は，そのほとんどが担保提供されており，事業継続のために必要のない物件，あるいは，必要性の低い物件については，担保権者（別除権者）と協議して，その処分方法を検討することになる。担保権者としては，再生計画に基づく弁済率だけでなく，担保物件からの回収額も含めた全体的な回収額の経済合理性について判断することになるので，担保権者からの任意売却の協力要請については，可能な範囲で対応することが望ましい。再生債務者としても競売よりも高額で任意売却できるのであれば，後述するとおりメリットもあるので，積極的に任意売却を進めていく。

(2) リースバックする不動産

事業継続のために必要な物件であっても，再生債務者自身が将来の収益から別除権者に対する弁済原資を確保することができないような場合は，第三者に任意売却して，リースバックを受ける方法を検討する。再生債務者としては，協力的な買受人を積極的に探して，任意売却を成功させなければならない。賃料の設定については，買主側の利回りも考慮しながら交渉することになる。

II 任意売却の際の考慮要素

(1) 売却価格の相当性

当然のことではあるが，担保権者が納得し，かつ，客観的にも相当な売却価格であることが必要であり，後日の監督委員の同意を得る際にもこの点が重視される。

(2) 配　分

売却代金は，別除権者に全額配分するものではなく，諸費用を控除する。売主側の登記費用，固定資産税（売主負担分），仲介手数料等いわゆる財団組入

額（後述）を控除した残額が担保権者への配分額となる。

(3) いわゆる財団組入れ

再生債務者が任意売却に協力した場合は，破産管財事件の任意売却における財団組入れと同じく，一般の再生債権者に対する弁済原資の増加に資するために，売却代金の一定額（3％から10％程度）の配分を求めている。この点，清算型と再建型の違いを強調する金融機関もあるが，競売と比較し高額かつ早期に回収できる任意売却においては，担保権者，再生債務者ともにメリットがあるように配分すべきであり，再生債務者としては粘り強く交渉する。

(4) 契約条項

必要に応じて，現状有姿売買，公簿取引，境界確認義務の免除，瑕疵担保責任免除，固定資産税の日割精算，手付倍返しなし，違約金なし等の条項を適宜入れるとともに，監督委員の同意及び担保権者の抹消同意を停止条件とする。

(5) 被担保債権の充当関係と不足額の確定

別除権者と受戻額を被担保債権の元本に充当してもらえるよう予め交渉しておく。すべての担保物件の処理が終了した段階で，不足額確定報告書又は再生債権一部取下書を提出してもらう。多くの再生計画では，別除権者は不足額が確定しないと再生債権の弁済を受けられないので（160条1項），不足額の確定に注意する。

Ⅲ 監督委員の同意が必要

不動産の任意売却は，所有権の移転（権利の譲渡）と別除権の目的である場合は受戻しの点で監督委員の同意が必要となる。その際，同意申請書だけでなく，法務局に提出する監督委員証明書（印鑑証明付）を入手する必要がある。証明申請書と請書を作成し，監督委員に届出印を押印してもらい，書記官に認証してもらう。なお，その前提として，監督委員は，裁判所に印鑑の届出書を提出しておく必要がある。また，同じく法務局への提出用に所有権移転についての同意証明書（資料28）を作成すると便利である。

Ⅳ 法務局との関係

法務局には，所有権移転につき監督委員の同意書（前述のとおり，同意証明書

を提出するのが便利である。いずれも複数枚の場合は契印に注意する）と監督委員証明書（印鑑証明付）を提出する必要がある。

V　認可後の不動産任意売却

再生計画認可後終結までの間は，監督委員の同意事項が限定されるが，法務局は，売却額にかかわらず所有権移転につき監督委員の同意書の提出を求めるので，監督委員の同意を得る必要がある（なお，別除権協定は同意の対象外）。

VI　関　連──普通自動車の登録について

陸運局によっては，普通自動車の登録名義変更の際に監督委員の同意書の提出を求めてくるので，必要な場合は監督委員に説明し，同意を得る。

35 担保権消滅手続

I 活用場面

　再生債務者の事業の継続に不可欠な資産について、別除権者との間で別除権協定が締結できない、あるいは別除権者が担保権を行使した場合においては、担保権消滅手続（148条以下）の可否を検討することになる。法文上は、担保権消滅手続の対象として、特別の先取特権、質権、（根）抵当権、商事留置権（以上148条1項・53条）、仮登記担保権（仮担19条3項）が明記されている。他には、フルペイアウト方式のファイナンス・リースについて担保権消滅手続の対象となること自体については、これを認めた裁判例がある（東京地判平成16年6月10日判タ1185号315頁等）。この点、フルペイアウト方式のファイナンス・リースについての担保目的物については所有権説と利用権説の争いがあり（30参照）、それに対応して、担保権消滅の対象が何かという点が問題となる。念のため、この点について、事前に裁判所と協議しておくことが望ましい。

　担保権消滅手続が利用されるのは、典型的には、工場や店舗不動産などの不動産に対する（根）抵当権についてであろう。

II 期　　間

　事案にもよるが、事前に裁判所と協議し、特段の問題がない場合、担保権者から価額決定の請求（149条1項）がなされなければ、申立てから担保権消滅の許可の決定まで数週間を要し、当該決定が確定するまでさらに1ヵ月を要する（149条1項参照）。担保権者から価額決定の請求がなされた場合は、評価人による財産の評価が行われるため、さらにその期間として1、2ヵ月（計3、4ヵ月）を要することになる。また、担保権消滅の許可の決定や価額決定に対して、即時抗告がなされた場合には、さらに数ヵ月程度、手続が延びることになる。

Ⅲ 留意点

(1) 資金手当て

　申出額（149条1項）に相当する金銭（価額決定の請求がなかったとき等）や価額に相当する金銭（価額決定の請求があり，裁判所が財産の価額につき決定したとき）は，裁判所の定める期限までに裁判所に納付しなければならず（152条1項），かかる期限は規則81条1項各号に定める日から1ヵ月以内の日とされている。そして，担保権は当該金銭の納付があったときに消滅し（152条2項），再生債務者等（2条2号）が当該金銭の納付をしないときは，担保権消滅の許可は取り消される（152条4項）。したがって，再生債務者等において，担保権消滅の許可の申立時に当該資金手当が確実にできる目処が立っていることが必要である。そのため，自主再建の場合は，かかる手当てが難しい場合が多く，担保権消滅の許可の申立てはスポンサー型での利用が多いであろう。また，担保権にかかる登記又は登録の抹消は，上記金銭の納付後，裁判所書記官の嘱託により行われるため（152条3項），納付時において抹消登記書類等が手に入るわけではない。そこで，上記金銭について融資を受ける場合，融資実行時点では未だ担保権にかかる登記又は登録が抹消されていないことに留意が必要である。これには，消滅対象の担保権よりも後順位に担保権を新たに設定することにより，融資を受ける手法もあり得る。この場合，上記金銭の納付後，担保権消滅の許可の申立ての対象となっている先順位の担保権にかかる登記又は登録が裁判所書記官の嘱託により抹消されるため，当該担保権の順位が繰り上がることになる。もっとも，融資金の貸主からすれば，融資金が裁判所に納付されないリスクがあるため，かかるリスクを可及的に低減する措置を講じなければ，かかる融資には慎重な態度を取られることが多いであろう。

(2) 評　価

　担保権消滅の許可の申立てに際しては，再生債務者等において担保権の目的である財産の価額を申立書（資料37参照）に記載し（148条2項2号），その根拠を記載した書面を提出する（規則71条1項）。重要な不動産については財産評定において不動産鑑定士による鑑定を依頼することがあろうが（㉕参照），担保権者と価額について争いが生じる可能性がある場合は，担保権消滅の許可の申立てを行うことを想定しておくことになる。担保権者から価額決定の請求がなさ

れた場合は，裁判所において，評価人を選任し，財産の評価を命じることになる（150条1項）。当該評価基準については，「財産を処分するものとして」（規則79条1項）なされる（処分価額，なお，処分価額とは何かについては，新注釈上867頁，条解809頁以下参照。また，不動産の鑑定評価上の留意事項については判夕1043号82頁参照）。もっとも，再生債務者が依頼した鑑定士とは別の鑑定士が評価人として鑑定することになることや，評価基準時（財産評定に際して取られた鑑定書なら開始決定時が基準時であるが，評価人の評価は評価時が基準時となる）が異なることなどから，上ぶれするリスクもあることに留意する必要がある（なお，個別の買受け希望価額の影響については，新注釈上868頁以下参照）。当初から，不動産の価格が問題となることが予想される場合は，裁判所と協議の上，財産評定の段階で評価人を選任し，当該財産の評価を命じてもらうことも検討すべきであろう（124条3項）。この場合，同じ裁判所がそれぞれ選任した評価人による評価であることから，事実上，評価額が大幅に異なる可能性は低く，上記上ぶれリスクを低くすることができる（㉙参照）。

(3) **主たる要件**

(a) **再生手続開始の時において再生債務者の財産であること** 再生手続開始後に取得した財産や，物上保証人の不動産など再生債務者以外が所有する財産は，担保権消滅の許可の対象とはならない。中小企業の場合，再生債務者が代表者所有の不動産を賃借し，当該代表者が再生債務者の債務を物上保証しているといったケースがあるが，この場合は，当該代表者が再生手続開始決定を受け，当該代表者において148条の要件を満たした場合でなければ，当該不動産について担保権消滅の許可申立てはできない。申立前に担保目的物を再生債務者の所有に移し担保権消滅の許可の申立てを行うことの適否については，Q＆A207頁を参照されたい（なお，不動産の登記名義が再生債務者ではなくても，実質的に債務者の所有に属する場合には担保権の消滅許可の申立てをなしうることにつき，福岡高決平18年3月28日判夕1222号310頁参照）。

(b) **再生手続開始の時において存する担保権であること** 再生手続開始後に設定された担保権は，担保権消滅手続の対象とはならない。したがって，(1)記載の金銭の融資における取組みが可能となる。

(c) **事業の継続に欠くことのできないこと** 典型的には，再生債務者が製

造業であれば当該工場不動産，小売業なら当該店舗不動産，不動産賃貸業であれば当該賃貸建物などが該当するであろう。また，「事業」の継続に不可欠であれば足りるため，事業譲渡や会社分割が予定されていても，当該「事業」の継続に不可欠であれば，当該要件を満たす。一方，遊休不動産などの資産処分目的であれば，「事業」の継続に不可欠とはいえないため，仮に当該再生債務者の資金繰り上，当該再生債務者の継続に不可欠であっても，当該要件を満たさないと考えられる（なお，土地付き戸建分譲を主たる事業とする再生債務者の販売用土地について事業継続不可欠要件を満たすとされた例として，東京高決平成21年7月7日金判1323号16頁）。

(d) 担保権消滅の許可の決定の時期　担保権消滅の許可の決定の時期については特に制約がなく，認可決定後であっても担保権消滅の許可が認められる場合があるとされることについては，Q&A205頁を参照されたい。

(4) 目　　録

いうまでもないが，物件目録，担保権・被担保債権目録に誤記，漏れがあれば，当該担保権は消滅しないこととなり，申立ても棄却されることになるので（新注釈上856頁参照），くれぐれも注意が必要である。

(5) 抗告の可否

担保権消滅の許可の申立てに対する裁判所の決定について，消滅許可決定に対しては，担保権者は価額決定の請求（149条）や即時抗告（148条4項）をなし得るが，消滅不許可決定に対しては，特別の規定がないため，再生債務者は争う手段がない（9条）。申立代理人としては，裁判所と事前相談において要件該当性について十分に協議をしておく必要がある。

36 担保権実行手続の中止命令

I 活用場面

　民事再生法31条1項に基づく担保権の実行手続の中止命令（6民実務81頁，運用指針112頁参照）については，典型的には，再生債務者の工場不動産や店舗不動産などについて，担保権者から担保不動産競売の申立てがなされた場合に，担保権者との協議を行うため，あるいは，担保権消滅手続期間中に物件が競落されてしまうことを避けるために申し立てることが考えられる。

　中止命令の対象は，「担保権の実行手続」であり，抵当権に基づく競売のみならず，商事留置権による競売，抵当権に基づく物上代位なども対象となり得る。さらに，解釈上争いはあるが，非典型担保権の実行手続について同法31条1項の類推適用も考えられる。具体的には譲渡担保，所有権留保，ファイナンス・リースが考えられる。

　このうち，ファイナンス・リースについては，最判平成20年12月16日民集62巻10号2561頁の田原裁判官の補足意見において，中止命令を得られることを前提にした記載がある。

II 要件

　主たる要件は，再生債権者の一般の利益に適合すること，及び競売申立人に不当な損害を及ぼすおそれがないことである。詳細は新注釈上156頁以下，条解149頁以下を参照されたい。

　中止命令は，担保権消滅手続と異なり，再生手続開始の申立後であれば足り，開始決定を受けている必要はない。また，中止命令の要件としては，前述したとおり，「再生債権者の一般の利益に適合し，かつ，競売申立人に不当な損害を及ぼすおそれがないもの」と認められることであり，遊休不動産であっても，その処分時期や方法によってはより高額に処分できる見込みがある場合，中止命令が認められる場合がある（新注釈上157頁，条解149頁参照）。

Ⅲ 発令手続（いわゆる2段階発令方式を含む）

　裁判所は、中止命令を発する場合には、競売申立人の意見を聴かなくてはならない。大阪地裁では、書面により意見聴取するのが一般的である。

　以上に対して、集合債権譲渡担保や集合動産譲渡担保等について、意見聴取の手続を行うと、直ちに担保実行がなされて、中止命令の発令が困難となるおそれがある。そこで、大阪地裁等では、別除権者からの意見聴取に先立ち、短期間の中止を命ずることとし、その代わり、担保権の実行手続の中止命令の正本の送達見込日から1～2週間後に別除権者の意見を聴取するための期日を設け、その際の意見聴取の結果、別除権者に不当な損害を及ぼすおそれがあると認められる場合には担保権の実行手続の中止命令を取り消すことで、別除権者の利益との調整を図る運用をしている（いわゆる2段階発令方式。6民実務86頁、運用指針118頁）。中止命令の主文においては、集合債権譲渡担保の場合、第三債務者に対して債権譲渡通知をし、動産債権譲渡特例法4条2項の通知をし、又は第三債務者の承諾を取得する等の権利行使をすることが禁止される。また、集合動産譲渡担保の場合、対象物件を保管場所から搬出すること、保全処分をすること等の権利行使が禁止される（6民実務88頁、運用指針120頁参照）。

　そして、再生債務者から、「中止期間中、回収金を一定の範囲で分別保管し、7日ごとに別除権協定の進捗状況等を監督委員に報告する」旨の上申書を提出させ、再生債務者はそれを遵守すべきものとされている（6民実務86頁参照）。

　所有権留保及びフルペイアウト方式のファイナンス・リースを対象とする中止命令の発令手続についても、2段階発令方式に準ずるとされているが、上記のような上申書に基づく遵守事項は存しない。実例として、所有権留保付動産について、引渡しを求めること等を禁止し、ファイナンス・リースについて、当該契約を解除することを禁止する旨の中止命令が発令された例がある（6民実務91頁参照）。

Ⅳ 期　　間

　大阪地裁では、競売の中止命令について、中止期間を3ヵ月間とした例が紹介されている（6民実務84頁参照）。さらに中止する必要がある場合は、再生債務者において、中止期間の満了までに（一定の余裕をもって）中止期間伸張の上

申をし，裁判所の職権にて伸長されることとなる。ただし，担保権消滅の許可の申立てが行われている場合は，当該手続に要する期間に応じ，中止期間は柔軟に設定されるのが一般であろう。

以上に対して，集合債権譲渡担保，集合動産譲渡担保の中止命令については，上記のとおり，別除権者の意見聴取を経ずに発令されることから，当初は発令日から1ヵ月程度に限定をして発令がなされ，その後に，再生債務者の申立てによって伸張するか否かを検討するものとされている（6民実務88頁参照）。

V 留意点

(1) **中止命令の効力**

中止命令の効力は，あくまで「中止」であって，執行の取消しではない。不動産の抵当権者が物上代位に基づき賃料債権の差押えを行った場合，それに対する中止命令を得たとしても，単に手続が一時停止されるだけで当該賃料に対する差押えの効力が取り消されるわけではない。したがって，再生債務者が中止命令を得たとしても，再生債務者は差押えされた賃料を取り立てることはできず，停止期間終了後に抵当権者が当該期間の賃料を取り立てることになる。

(2) **抗告の可否**

担保権消滅手続と同様，中止命令に対しては，競売申立人は即時抗告をなし得るが，中止命令の申立ての棄却に対しては，特別の規定がないため，再生債務者は争う手段がない（9条）。

(3) **執行裁判所への上申**

担保権実行手続の進行を停止するには，執行裁判所に対して停止の手続（不動産担保権の実行の場合，民執183条1項6号）をとる必要がある。具体的には，中止命令の謄本を執行裁判所に提出することになる。

37 債権調査①──認否書提出まで

I 債権調査の重要性

　再生債務者が再生債権を認識しているだけでは再生計画案の対象とできるわけではなく、再生債権者に再生債権を届け出てもらい、この債権届出に対し、再生債務者が債権認否を行い、債権調査において再生債務者が認め、かつ、他の再生債権者から異議がなければ、再生債権は確定し、再生計画案における弁済の対象となっていくのが原則である（再生債権の査定申立てについては38参照）。手続の基本は破産手続と同様だが、その実態は破産手続とまったく違い、再生手続では、再生債権額はその後の再生計画案の立案に影響し、議決権額（債権者数も）は再生計画案の議決に影響することから、申立代理人としては、様々な戦略的な意味合いにも十分留意して債権調査を行うべきである。

II 債権調査の二面性

　再生手続における債権調査には、2つの側面があることに注意すべきである。

(1) 再生債権の存否、額

　この点は破産手続における債権認否と同様であり、破産管財人の経験があれば作業内容に大きな違いはない。破産管財人の経験がない場合でも、破産管財人向けのマニュアル（大阪地方裁判所・大阪弁護士会破産管財運用検討プロジェクトチーム編『新版　破産管財手続の運用と書式』（新日本法規）、野村剛司＝石川貴康＝新宅正人『破産管財実践マニュアル〔第2版〕』（青林書院））を参照することで対応が可能である（債権調査については、6民実務187頁以下も参照）。

(2) 議決権

　基本的には再生債権額がそのまま議決権額となり、再生計画案の決議の際、その総額の2分の1以上の同意が必要となる（172条の3第1項2号）。

　議決権額で注意が必要なのは、後述するとおり、主に別除権や敷金返還請求

権といった再生債権として弁済を受けられる額が未確定の債権である。なお，開始後の利息・遅延損害金には議決権が認められない（87条2項）。

また，後述するとおり，自認債権には議決権がない。

Ⅲ 債権認否におけるスタンス

(1) 早期に着手する

認否書は必ず提出期限までに提出（裁判所に正副2通，監督委員にも提出）する必要があり，提出できないと再生手続廃止となる可能性があるので（193条1項3号），認否書の作成には早期に着手し，提出期限から逆算してスケジュールを組む。大阪地裁では，認否書作成のためのマニュアル「再生債権の調査について」と表計算ソフト（後日の議決票の作成まで可能）を用意しているので，入手しておく。会社の経理担当者らとチームを組んで作業する。届出期間内にも裁判所から順次債権届出書（2通）を受け取り作業する。

(2) 積極的に関与する

積極的に確認作業を行い，再生債権者に補正（債権額や債権の種類等）を求める必要がある場合は速やかに補正依頼する。民事再生では債権届出の際，証拠書類の提出は求められていないので（債務の認識は再生債務者がしているとの前提のため），その確認が必要な場合は，早期に提出を求める。届出が未了の債権者には届出を促す（自認債権の制度はあるが，議決権がなく，再生計画案の決議に影響する）。

(3) いったん認めると変更できないことに留意する

本来認めるべきでない債権や認否に検討を要する債権について，単純に認めてしまうと再生債権が確定し，後日認否変更できないので，提出期限内に判断できない場合は，いったん認めないとの認否を行い，後日の認否変更で対応する。

(4) 認否書提出直前まで受け付ける

再生債権の届出期後の届出であっても，認否書提出までの届出分は一般調査の対象とできるので，認否書に記載する（101条2項）。ただ，認否が間に合わない場合は，いったん認めないとの認否とし，後日対応する。

Ⅳ 具体的な注意点

　ここでは，再生事件において注意しておくべき点を挙げておく（運用指針204頁以下，手引154頁以下，6民実務170頁以下，192頁以下参照）。

　(1)　相　　殺

　金融機関や取引先で相殺前の債権額での届出がされている場合は，相殺後に一部取下げ必要となるので，必ず相殺通知を確認する。利息，遅延損害金の額への影響にも注意する。なお，再生債権者は，債権届出期間の満了前に相殺適状となる場合に，債権届出期間内に限り相殺可能である点にも注意が必要である（92条1項）。また，相殺禁止に該当しないかの確認も必要である（[20]参照）。

　(2)　開始後の利息・遅延損害金

　金融機関の届出書に多いが，「額未定」の場合も届出書の記載に従い正確に記載する（「○円に対する○日から支払済みまで年○％の割合による金員」。6民実務196頁も参照）。枝番を付す。議決権は認められないので，認否書では空欄とする。

　(3)　代位弁済の前後

　代位弁済前は主たる債権者の金融機関の貸付金と保証協会（保証会社）の将来の求償権の債権届出が重複することになるので，後者を認めない（86条2項，破104条3項但書）。代位弁済後は，後者が求償権となり，債権者として認める。前者の取下げを求める。主たる債権者との連名の承継届けの場合もある。

　手続開始時現存額主義の適用範囲につき，最判平成22年3月16日金法1902号113頁も参考となる。

　(4)　手形債権

　再生債務者が振出人の場合，受取人は把握できるが，その後転々流通した場合に所持人を把握することは難しい。手形債権の届出があった場合は，速やかに手形の表裏のコピーを提出してもらい，手形債権者が誰であるのかを確認する。所持者と受取人が異なる場合で二重に債権届出があるときは，所持者を債権者として認めることになる。遡求権や原因債権との二重届出にも注意する。

　(5)　手形割引の買戻請求権

　金融機関は，割引した手形の支払時期が将来のため届出をしてくるが，通常は不渡りとはならずに決済されていくので，いったん認めず，不渡りが出た段

階で一部認めるに変更する方法と，いったん認め，後日取下げをしてもらう方法がある。

(6) 別除権付再生債権

別除権付再生債権は，再生債権として認めるが，別除権「有」と認否することにより，再生債権の弁済を受けるためには，不足額の確定が必要であることを明確にする。別除権者は，不足額のみ再生債権者として弁済を受けられることになるので，予定不足額を議決権額とする。すなわち，担保物件の評価額分が別除権での優先回収の予定額で，その余が不足額として再生計画による権利変更を受けることになる。その際，別除権者が届け出た議決権額が上限となる（再生債務者の担保物件の評価が低いと予定不足額が多くなるが，届出がない超過分までは認められないからである。この点，東京地裁の取扱いについてQ＆A95頁参照）。なお，別除権付再生債権であるのに，別除権「無」として届出がある場合には，別除権「有」と補正を求めるが，補正がなくとも別除権付再生債権として認否できる。

(7) リース料債権

別除権付再生債権として取り扱う（30参照）。議決権額については，予定不足額になる。担保評価は，基本的に財産評定時の評価を利用している（例えば債権額の1割相当額であれば，予定不足額はその余の9割相当額となる）。リース料債権者は，別除権付再生債権としての届出をしてこない場合が多いが，前述のとおり，別除権付再生債権として認否する。リース物件を返還した場合は，物件処分に伴う清算を行い（処分した際の資料の開示を求める），不足額を確定させる。

(8) 敷金・保証金返還請求権

敷金・保証金返還請求権は，停止条件付再生債権である。また，再生手続開始後の賃料債務の弁済により賃料の6ヵ月分を上限として共益債権化される可能性がある（92条3項。18，41参照）。これらの点に配慮し，賃貸借契約が終了し賃借物件を明け渡すことを停止条件として具体的に発生するため額未定である旨を認否書の備考欄又は欄外に記載するようにしている。なお，議決権は開始時に仮に解約・明け渡した場合の返還額で評価する。

(9) 関連会社の債権

再生債務者の関連会社が再生債務者に対して債権を有している場合も，債権

の存在が明らかであれば，債権届出をしてもらい認否する。再生計画案における取扱いは別途検討することになる。

　⑽　代表者らの債権

　再生債務者の代表者らが再生債務者に対して債権を有している場合，債権届出を行わない場合もあるが，債権の存在が明らかであれば，債権届出をしてもらい認否する。そのうえで再生計画案における劣後的な取扱いを行う等の処理を行うことが多い（㉗，㊶参照。代表者らの破産を選択する場合には，時期も考慮する）。

　⑾　外国通貨での債権

　日本円に換算せず，そのままの通貨で認否する。ただし，議決権は，開始時の東京外国為替相場における為替レートを確認し，日本円換算する。

　⑿　少額債権

　少額債権の弁済許可により弁済した少額債権の債権届出が残っている場合は取下げを促す。なお，取下げがなくとも，対処方法はある（規則33条）。

　⒀　期限付債権

　破産の場合と異なり，再生手続開始決定では現在化しないので，期限付のまま認否する。ただし，期限の利益喪失約款に注意する。

　⒁　非金銭債権，金額不確定の金銭債権

　再生債権としては，評価せずに認否するが，議決権は評価が必要となる。

　⒂　予備的債権届出

　主位的に共益債権，予備的に再生債権として届出があった場合は，その旨を明記しておく（⑿参照）。

　⒃　共益債権等について**再生債権として届出があった場合**

　本来であれば，共益債権や一般優先債権となる債権につき，債権者が再生債権として債権届出を行っている場合，錯誤であるような場合（例えば，労働債権者が誤解して再生債権届出を行ったような場合）を除き，債権者は共益債権等の優先性を放棄したものと評価でき，再生債権として認否することも可能であろう（会社更生事件につき，兼子一ほか『条解　会社更生法（中）』682頁以下参照。この点につき，最判平成25年11月21日民集67巻8号1618頁は，共益債権につき予備的届出である旨を付記せず再生債権として届出がされ，この届出を前提とした再生計画案の付議決定

がされた場合，当該債権が共益債権であるとして手続外で行使することは許されないと判断した。12参照）。

(17) 法人の資格証明

法人の場合，商業登記簿謄本（登記事項証明書）又は代表者の資格証明書の提出が必要である。債権届出は裁判への参加の側面があるので，必要となる。

(18) 形式面

債権者名，届出債権額等の誤記がないようにし，個人事業者の場合は，「(屋号）こと（氏名）」と表記する。総合計ではなく，枝番での表記が必要な場合は適宜枝番を付す。認めない理由を備考欄に簡潔に記載する（大阪地裁の認否書のひな型では，認めない理由の要旨を番号で記載する。1債権不存在，2手形要件不備以外は3としてその他欄に記載している）。

V 自認債権

(1) 再生手続特有の制度

前述のとおり基本的に債権者に届出を求めるが，届出がない場合には，自認債権として認否書に記載する必要がある（101条3項，規則38条2項）。財産評定の際に再生債権として認識しながら，届出がない債権者に注意する（なお，再生計画認可決定確定に伴う届出のない再生債権等の取扱いは181条参照）。自認債権には議決権がないことから，債権者が議決権を行使し得るよう，なるべく届出をするよう促すことが適当な場合もある。

(2) 予備的自認債権の工夫

否認権行使，相殺禁止の対象となる場合，相手方が予備的債権届出を行っていないと，後日相手方の再生債権が復活しても届出ができないので，再生債務者として後日の紛争解決時に配慮し，予備的自認債権の工夫をすることがある（後日，和解や確定判決により紛争が解決した場合に，予備的再生債権として認めていた再生債権を自認債権として確定するようにするものである）。

38 債権調査②——認否書提出後

I 一般調査期間まで

(1) 認否書の修正作業

再生債務者が期限内に認否書と債権届出書綴りを提出しただけでは、債権調査は終わらない。一般調査期間が始まるまでの間に書記官、監督委員のチェックを受け、自らもいったん認めないとの認否をした債権者対応や誤記等のチェックが必要である。一般調査期間開始までの間は修正版の提出が可能な運用である。

(2) 書記官の確認作業

認否書は、債権調査後の再生債権者表となるので、正確な記載が求められる。

(3) 監督委員の認否書チェック

大阪地裁では、監督委員に認否書のチェックを求めている。ただし、このチェックは認否書提出後数日内に行うことが予定されており、監督委員の経験に基づくアドバイスの範囲に止まるべきものであって、申立代理人の責任において適切な認否書を作成すべきであることに留意する（㊼参照）。再生債務者は、監督委員に認否書とともに、債権届出書綴りを貸し出すか、写しを渡す必要がある。

II 認否結果の通知

一般調査期間が開始する際、再生債務者は、認否結果を債権者に通知する。再生債務者は、主たる営業所等で認否書を閲覧できるようにすべきだが（規則43条1項）、債権者が積極的に閲覧することは少ないので、再生債務者が認めなかった債権者に対し、届出債権の認否結果通知書（資料32）を送付する（㉓参照）。その際、債権者に不服がある場合には、期間内に査定の申立てを行う必要があることを注記する。

なお，議決権額の認否に不服があっても査定の申立ての対象とはならない（議決権額に争いがある場合，調整が必要である。最終的には決議のための債権者集会において裁判所が定めることになる）。

事案によっては，すべての債権者に認否結果通知書を送付することもある。送付しない場合でも，債権者からの要求があれば，認否書の該当箇所のコピーを郵送するか，ファックスで送る。

III　再生債権の査定申立て

再生債務者が認めず，又は，他の再生債権者が異議を述べた場合，無名義債権であれば，再生債務者及び異議を述べた再生債権者の全員を相手方として，債権者が査定の申立てを裁判所に行う必要がある（105条1項）。査定申立てができる期間は，債権調査期間の末日から1ヵ月の不変期間とされている（同条2項）。この査定の申立てがなければ，再生債権としての弁済を受けることはできなくなるので，再生債務者は，対象となった債権は再生債権ではないものと扱うことになる。

なお，再生手続開始前に係属していた訴訟がある場合には，査定申立てではなく，訴訟の受継申立てとなる（107条1項）。査定申立てと同様に，受継申立てができる期間は，債権調査期間の末日から1ヵ月の不変期間となっている点に注意が必要である（同条2項・105条2項）。

査定申立てがあった場合，再生債務者は，できるだけ債権者と協議により再生債権の存否，額について確認すべきで，確認できれば，査定申立ての取下げと認否の変更（異議の撤回）で対応する。争いがあり，裁判所の判断が必要な事案では，速やかに答弁書を提出し，書面審理を進める。査定決定に対し不服がある場合は，異議の訴えが可能で（106条1項），通常の訴訟となる。

IV　認否の変更（異議の撤回）

再生債務者が認めないとした認否の変更は，実務上は，再生計画案の修正が可能な期間（集会型又は併用型の場合には決議のための債権者集会当日の決議の前まで，書面決議型の場合には付議決定の前まで）は可能とされている（新注釈上574頁，条解540頁参照。なお，東京地裁は，査定申立てがない場合は査定申立期間後の認否の変

更は認めていない。Q&A91頁参照)。議決権については、決議のための債権者集会まで可能である。いずれも債権者に通知する(規則41条1項)。なお、自認債権の撤回が必要な場合も同様であろう。

　一般調査期間が経過し、確定した後に再生債権者表の記載に明白な誤謬があった場合は、更正の申立てを行い更正処分で修正が可能である(99条3項)。

V　認否書提出後の債権変動の把握

　認否書提出後の債権変動は、債権譲渡通知等の実体的な変動の確認だけでなく、債権届出についても別途手続が必要となる。

　代位弁済後は、主たる債権者との連名の承継届出か、主たる債権者の債権届出取下後に保証人等代位弁済者の求償権を認めるに変更することで対応する(なお、手続開始時現存額主義が適用される場合に注意が必要である。37参照)。

　債権譲渡後は、債権譲渡通知だけでなく、承継届出をしてもらう。1社の債権が複数に債権譲渡された場合は債権が枝分かれしていくことになるので、再生計画案で少額債権の保護や傾斜弁済をする場合に弁済額に影響し、さらには頭数にも影響するので、管理に注意する(弁済額については、再生計画案において、債権変動の基準日を設けて対応している。41、資料39参照。議決権額の基準日については、172条の2の制度がある)。

　債権届出があるのに、後日債権放棄をしてくる債権者には、再生債権の取下書の提出をしてもらう。

　これらの変動は、データとしても把握しておく。また、認否書提出後の変動につき、監督委員に情報提供する。

VI　特別調査

　債権者から債権届出の追完(95条1項・3項)があった場合、帰責事由の要件がメインとなるが、裁判所から意見を求められた場合、認められるべき債権であれば、特別調査期間の指定を受ける(債権者は、官報公告費の予納が必要となる)。再生債権者として認められない債権であれば、その旨意見し、裁判所の判断を待つ。債権届出の追完は、付議決定まで可能であるが、付議決定後はできない(同条4項)。

Ⅶ　会計帳簿への反映

債権調査で確定した再生債権は，必ずしも会計帳簿と一致しない場合があるので，後日，会計帳簿の残高修正を適宜行う。

Ⅷ　届出のなかった再生債権の取扱い

前述の債権届出の追完が付議決定までにできなかった場合でも，再生計画の一般的基準による権利変更を受けることになる（181条1項1号・2号）。実務上は，かかる事態は稀である。自認債権とすべき再生債権を再生債務者が認否書に記載しなかった場合も同様であるが（同条1項3号），再生計画で定められた弁済期間が満了するまで弁済を受けられないことから（同条2項），認否書作成の際，自認債権漏れがないか注意が必要である。

39 再生計画の立案①──事業計画

I 総　論

　いわゆる自主再建型・収益弁済型の再生計画によって再生を図ろうとする場合，最長で10年間を超えない範囲（155条3項）の弁済計画を立案することになる。

　将来にわたる弁済の原資がいくらであるかを算出するためには，以下のプロセスを経て作成される弁済計画に基づく必要がある。

　まず，第1段階として，再生債務者において，事業を通じて生み出されるキャッシュがいくらかを試算するために，適切な事業計画を立案することになる。なお，随時弁済すべき共益債権及び一般優先債権に対する支払は事業計画に組み込んでおかなければならない。

　その上で，第2段階では，この事業計画にタックスプランニングを組み込むことにより，生み出されたキャッシュから，支払うべき税金を控除し，最終的に現実に弁済可能となる原資がどれだけ残るのかを確定させることになる（40参照）。

　この段階での事業計画の確実性が，監督委員及び裁判所が「再生計画が遂行される見込み」すなわち履行可能性（174条2項2号）を判断するに際して，その有無を決定付ける大きなポイントとなる。

　そして，その最終の弁済原資を，①再生計画に基づき再生債権者へ弁済されるものと，②別除権協定に基づき，別除権者へ弁済されるものとに振り分けることにより，弁済計画が定まることになる。

　さらに，再生債権者へ弁済されるものとして確保できたものの枠内で，後述するような民事再生法上求められる再生計画の原則に則って，詳細に弁済条件が定められることになる。

　これらの計画立案作業は，早期に着手するに越したことはないが，遅くとも，財産評定の報告書を提出し，おおよその清算配当率が試算された頃（債権

調査確定前であるから確定的数値ではないにしても)には,着手すべきである。

以下,事業計画を立案するにあたり,申立代理人として最低限留意しておくべき点について解説する。

なお,事業計画等を作成するにあたっては,日本公認会計士協会近畿会が作成した事業計画に関する参考書式(資料41は,総合表)があり,これを利用すると便利である。

II 事業計画策定における留意点

(1) 主体・当事者

事業計画は,当該事業からいくらのキャッシュを生み出すことができるかに関する計画を定めるものである。

これは,当該事業の長所・短所,事業の将来性などを十分に理解している当事者たる再生債務者自身が中心となって立案・作成すべきである。

再生債務者自身が真剣に立案しているという姿勢を示すことによって,債権者から理解を得られるように努めるというだけでなく,事業を最もよく理解している者自身が主体的に作成することで,誤った理解に基づく(実態と合わない)事業計画が立案される可能性を排除するところにもその主眼がある。

もちろん,最終的には,公認会計士などの専門家のチェックを受ける必要があり,再生債務者の力量不足によって,外部専門家の関与度合いが高まるケースはあるが,事業計画の立案を再生債務者の関与抜きに行うことはあってはならない。事業に精通していない者が主体となって作成した事業計画であることは,金融機関などの債権者からは,すぐに見抜かれるものであり,その点をもって,事業計画に対する信頼性を失うことにもつながりかねないからである。

一方,申立代理人としては,事業計画の作成を再生債務者や公認会計士などの外部補助者らに任せきりにするのではなく,債権者や監督委員(及び監督委員の会計補助者)などからその履行可能性について信頼を得ることのできるものとなっているかという観点から,チェックを行う必要がある。再生債務者が提出してきた事業計画を確認もせず,漫然と債権者や監督委員に対して,提示することがあってはならない。

(2) 事業計画の履行可能性の有無の確認ポイント

当該事業計画の信頼性を判断する上で、仔細な部分については、会計補助者（できれば倒産実務に慣れた公認会計士が望ましい）からのアドバイスに頼ることになるが、申立代理人としても、その職務を全うするためには、最低限、下記のポイントを頭に入れつつ、事業計画を読みこなすことができなければならない。

　(a)　根拠のある数字に基づいて作成されているかどうか　　当該事業計画は、将来の予測である以上、正確性に限界のあることは否めない。しかし、これを構成する数字について合理的な説明ができるものほど信頼性は高いと考えられており、信頼性の高い数字に基づいて構成されている事業計画であればあるほど、結果として全体の信頼性も高いものと評価されることになる。

　合理的な説明がつく、という中で最も説得力があるのは、過去の実績値である。例えば、売上などに関していえば、過去数年間の実績値の平均や、過去数期の中で最も経済情勢が悪かった期の実績値というものは、過去の事実を踏まえたものであり、一定の説得力を有すると評価される。

　一方で、期待値や希望的観測に基づく数値、あるいは、過去最もよかった期の実績値などに基づく売上予測であれば、いくら再生債務者が熱意を込めて語ったとしても、その数字は、信頼性が低いと外部から評価される（金融機関や監督委員補助者などからも、しばしば「絵に描いた餅」と表現される）ことは、申立代理人としても十分に認識しておく必要があり、極力、そのような状況となることを回避して事業計画を立案する必要がある。他方で、債権者の犠牲のもと事業を再生していくのであるから、例えば、売上が細っていくような計画では再生の意義を問われかねないのであり、営業努力により収益が少しずつであっても上昇していく計画になるよう検討すべきである。

　支出関係では、過去の実績値を前提にしつつ、一定の経費削減を織り込んで事業計画が作成されることになるが、現実性を欠く経費削減は、同様に信頼性のない数字として低い評価を受けることになるので、留意が必要である。

　このほか、特に再生計画立案の際には、通常、計画第1期目は、再生手続期間中と重なっており、この期における数値は、手続期間中の実績値が織り込まれたものとなっていなければならないことに留意しておく必要がある。

　また、第2期以降の予測について、過去数期の実績値を前提にしていたとこ

ろ，計画第1期目の実績値がこれを大幅に下回っているものであるような場合には，大きな矛盾が生じないよう実績値を考慮した修正を行うことも検討する必要がある。

(b) 再生債務者として最大限の努力を示していることが窺えるか　支出関係の積み上げを行う際に，債権者から理解が得られるようなリストラクチャリングストーリーが織り込まれた数字となっているかどうかについても確認しておく必要がある。

例えば，役員報酬が債権者から理解が得られないほどに高額であるとか，代表者の個人的興味で継続している不採算の事業であったり，遊休資産であったりするにもかかわらず，これらを維持するために引き続き経費を支出しているとか，接待交際費や宣伝広告費など不急の経費に必要以上の枠取りをしている，などといった事情が存すると再生債務者として債権者の理解を得るためになすべきことをなしていないとの評価を受けることになる。

現実味のないコスト削減は，事業計画の信頼性を失うことは前述のとおりであるが，削減が可能な項目については，債権者に対して，犠牲を求める以上，最大限の削減を行っているという自助努力の姿勢を事業計画においても示す必要がある。

この点は，申立代理人としても，適切に数字に反映されているか否かにつき確認を行っておく必要がある。

(c) 事業計画内の数値に相互矛盾が生じていないか　一見すると，詳細に数字が積み上げられており，精緻な計画に見える場合であっても，それぞれに備わっているべき相関関係が欠けた状態で数字が積み上げられているような場合には，債権者や監督委員からは，計画内部に矛盾があって信用性に欠けると評価されることになる。

例えば，売上の変動に伴い増減するはずの変動費について，計画上の売上の増減と変動費の増減率の相関関係が過去の実績と比較して，まったく異なるものとなっているような場合である。売上の増加に伴って必要となるはずの原材料費であったり，仕入・運賃などのコストであったり，サービス業における，直接業務に従事する者の人件費であったり，本来，必要となる経費が変動していないようなケースである。

利益率等の数値が過去の実績と異なる場合には，合理的な説明ができる理由がない限り，矛盾がある事業計画であると評価を受けると思われる。

このほかにも，給与の増減と法定福利費の増減の連動や設備投資とその後に発生する減価償却費との連動なども相関が認められる点である。

もちろん，申立代理人自らが確認できるのであればよいが，少なくとも会計補助者には，その視点を欠くことがないよう予め打合せをしておく。

(d) 事業維持に必要な設備等への投資が織り込まれているか　債権者への弁済を前提とした事業計画を立案する上では，余計な支出はできる限りカットする必要があることは，(b)でも述べたとおりである。

しかし，事業を維持・発展させていくためには，最低限度必要となる設備等に対する投資が必要となることもまた明らかであり，これを織り込まない事業計画は，弁済履行中に事業が先細りしていくリスクを抱え，履行可能性に不安を残す計画と評価される可能性がある。

したがって，数年間で再生計画の履行を完了させるという計画でもない限り，上がった収益を，すべて弁済へまわすというのは現実的ではなく，こうした最低限の設備投資，資本的な支出も織り込んだ事業計画となっているかどうかの確認も，履行可能性を検討する上では必要となる。なお，債権者によっては，このような設備投資等への支出に異議を述べるところもあるが，その必要性をしっかり説明して理解を求める。

こうした資本的支出分は，履行期間中に，収益状況が予想外に悪化した際のバッファーとなり得るところにも副次的な意義を有している。

Ⅲ 弁済原資の確定から再生計画立案をする際の留意点

(1) 別除権者への弁済部分を考慮すること

事業再生のために抵当権等が設定された不動産が必要となるケースでは，別除権者との間で別除権協定を締結し，一定期間にわたる分割弁済の合意を行うことになる。

したがって，再生計画立案時には，別除権者との間での別除権協定が成立するまでには至っていなくとも，基本的な方向での協議は進んでおり，総額で概ねいくらぐらいの弁済で受戻しが可能かという合意の見込みが存することが必

要である。

　そうでなければ，その後の別除権者との協議の帰趨によって，再生計画の履行が不可能となるおそれが生じるからである。

　将来の各期に発生が見込まれる弁済可能原資からどれだけの部分を再生計画における実際の弁済にまわすかを判断する際には，引き続き継続される別除権者との協議に対する見通しも考慮して，余裕を見て金額を確定させる必要がある。

　また，別除権者との協議による変動要素については，受戻金を抑えれば，その分再生債権としての不足額が増大し，再生計画による弁済額が連動して増加する点も失念してはならない。

(2)　運転資金の融資を受けることが困難な状況であることを認識して作成する

　事業計画を保守的に見積もった場合であっても，何らかの外的要因等で予測を下回る結果を招く年度が発生する可能性は否定できない。

　正常な状態での企業であれば，金融機関からの運転資金の融資などによりこういった苦境を乗り切ることになるが，再生計画履行中の企業は，通常，運転資金等の融資を受けることは極めて困難である。

　理屈上，再生計画の変更を求めることは可能であるが，最初からそれを前提に計画を組むことはナンセンスであり，予めそういった経済情勢による事業リスクを一定程度，吸収できるように手元資金を留保しておく必要がある。

　ただし，あまりに多額の資金を留保することは，債権者から理解を得られない。通常の運転資金の○ヵ月分などと明示して，債権者から理解が得られるよう，計画説明のために，債権者を訪問した際などに十分に説明をして，その理解を得るよう努めなければならない。

40 再生計画の立案②――タックスプランニング

I　タックスプランニングの必要性

　事業計画が作成されたとしても，これに基づいて算出されたキャッシュがそのまま弁済可能となるわけではない。

　再生計画履行期間中であっても，利益が上がり，これを吸収する損金がなければ，課税されるので，税金の支払を考慮に入れたタックスプランニングを税務専門家のアドバイスを受けながら，作り上げる必要がある。

　また，再生手続開始申立前からの滞納公租公課について，税務当局などと，分割で納付することの合意等が存する場合，これらも漏らさず，織り込んでおく必要がある。

　さらに，再生手続において特段の配慮を要する問題としては，再生計画により再生債権の一部（現実には大部分）の免除を受けると，その免除を受けた額が税務上「益金」となり（法税22条2項。債務免除益），法人税の課税対象となる点が挙げられる。これによって資金繰りに詰まり，税金倒産してしまうことがないようにするプランニングが最も重要となる。

II　債務免除益課税対策

　法人税の課税対象となる各事業年度の「所得」は，その事業年度の「益金」－「損金」である。仮に10億円の再生債権のうち90％の免除を受け，他に益金，損金がないとすれば，債務免除を受けた9億円が課税所得となり，その約35％に相当する法人税等が課税されることになる。

　しかし，再生債務者にとっては，債務免除を受けただけで現金が生み出されているわけではないから，多額の法人税が課税されると，弁済資金の捻出どころか，事業再生は一気に破綻してしまう（税金倒産）。こうならないよう，申立代理人としては，再生計画の立案にあたって（できれば再生手続開始申立ての準備段階から），予め，想定する債務免除益を吸収できる程度の「損金」の有無を確

認し，あるいは益金から控除できる「損金」を確保することが重要となる（民事再生の場合，損金算入できる場面が多くなっている）。それでも「損金」が足りない場合に，債務免除の効力の発生時期（通常は，再生計画認可決定確定時）を後日になるよう調整するなどといった工夫を検討することが必要となる。なお，このような債務免除益課税対策については，申立代理人だけでは難しい場合が多く，公認会計士又は税理士の協力を求めるのが相当である。また，清算型再生計画につき42，会社分割につき45参照。

III 損金算入

公認会計士又は税理士の協力を求めるにしても，申立代理人としても，損金算入の対象に関する知識は確認しておく必要がある。

(1) 通常の場合で損金算入の対象となるもの

民事再生に限らず，通常の会社で損金算入が可能なのは，①繰越欠損金（青色欠損金）のほかに，当期における②不要資産を除却・処分したことによる損失計上，③回収不能の金銭債権を放棄することによる貸倒損失計上がある。また，④仮装経理（粉飾決算等）の修正に伴う損金計上の可能性もある。なお，①の繰越欠損金の繰越期間は税制改正により９年に延長されており（平成30年４月１日以後に開始する事業年度において生ずる欠損金額については10年。以下同じ），例えば，債務免除益が発生する日が再生計画認可決定確定日となる場合（再生計画案に免除の時期を規定しない場合はこの日となる），当該確定日を含む事業年度（当期）開始日から９年以内に開始した事業年度に生じた欠損金を損金算入することが可能である（法税57条１項本文。なお，中小法人等以外については，控除限度額につき同項但書，同条11項２号ロ参照）。

再生手続においても，まず，上記①ないし④の損金計上の可能性を検討することが，再生計画に基づく債務免除益課税対策の基本となる。

(2) 民事再生で損金算入の対象となるもの

次に，民事再生の場合の特例として，⑤資産の評価損，⑥期限切れ欠損金による損金計上が考えられる（Ｑ＆Ａ255頁以下参照）。⑤については，税法上の評価基準は処分価格ではなく時価によることに留意する必要がある。また，⑥については，①の繰越欠損金のうち９年を超えた欠損金でも，優先的に損金算入

可能とするものであるが、税法上の要件充足が必要であり、公認会計士や税理士の協力を得て検討するのが相当である。

(3) 財産評定との関係

再生手続で裁判所に提出する財産評定書（124条）における清算価値算定の際の資産評価と、税法上の損金の考え方とは必ずしも連動していないことから、後者については、公認会計士や税理士にアドバイスを求めることになる。

Ⅳ 債務免除益発生の時期

債務免除益課税対策は、事業年度ごとに考えていく必要がある（なお、通常再生では、再生手続開始決定による事業年度の変更はない）。債務免除の効力は、再生計画案に定めをおかなければ、再生計画認可決定確定時となり（178条1項本文）、確定再生債権の権利変更（免除）により、その事業年度で債務免除益が発生し、翌事業年度に法人税等の負担が生じることとなる。

なお、不足額の確定していない別除権付再生債権は、不足額確定後に権利変更されるので、不足額確定の時期によっては、課税される事業年度が異なってくる点に注意が必要である（実際、事業計画案とのずれが生じてくることが多い）。

通常どおりの免除時期では資金繰りが厳しくなる場合、債務免除の時期を後日になるよう調整を図ることも検討の余地がある。10年分割弁済が完了した時点で残債の免除とすれば、10年後の事業年度で債務免除益が発生することとなる。この方法による場合、11年後の事業年度に多額の法人税課税が生じる可能性があり、その時点の資金繰りへの手当てが問題となるが、この点は、再生手続による弁済期間経過後の問題であり、再生計画案が遂行される見込みがないとはいえないであろう。また、債務免除を複数回に分けて行うことも考えられる。このように免除の時期を後日にずらす方法については、金融機関等の債権者の理解を得ておくことが肝要であるし（債務免除の時期を遅らせると、債権者としても損金を計上することができる時期が遅れることとなる）、後日、税務署から否認されないだけの合理的理由付けも検討しておくことが必要である。

他にも、定款変更により事業年度を変更し、権利変更の時期が翌期になるよう調整し、その間に納税資金を調達する方法もある。

41 再生計画の立案③——再生計画案

I　再生計画案の様式

　再生計画案は，再生債権者の権利の変更に関する条項（154条1項1号）を核とし，再生債権者への弁済をどの程度行うことによって事業再生の目的を果たすかということを記載した再生手続の根本規範であるとされている（伊藤980頁参照）。再生計画案の記載事項は法定されており（154条～162条），再生計画案の立案・作成に際しては，これらの規定に従う必要がある。

　実務上は，再生手続に至った経緯や再生計画案の前提となった事業計画（㊴参照）の内容などについての説明が再生計画案に記載されることがあるが，再生計画案の修正（167条）や変更（172条の4）の対象範囲や債権者集会における決議対象範囲を明確にするため，大阪地裁では，法定の記載事項のみを記載する「再生計画案」（資料39）とその説明文書である「再生計画案補足説明書」（資料40）とに分けて作成することを推奨している（大阪地裁のマニュアル「再生計画案の作成・提出に当たって」を入手しておくとよい。6民実務344頁参照）。

II　再生計画案作成に際しての留意点

（1）　権利変更条項（154条1項1号）

（a）　内　容　　再生債権の権利変更の条項は，再生債権のうち幾らが免除あるいは弁済対象とされ，どのくらいの期間で弁済がなされるかということを定める再生計画案の中心部分である。その基本的要素は，債務の減免，期限の猶予その他の権利の変更の一般的基準（一般条項。156条）と，確定再生債権のうち変更されるべき権利を明示し，かつ一般条項に従って変更した後の権利の内容を定める条項（個別条項。157条1項）から構成される。

（b）　留意点　　権利変更条項を定めるにあたっては，再生計画の不認可事由（174条2項各号）に該当しないように留意する必要がある。具体的には民事再生法における諸原則（「清算価値保障原則」，「平等原則」など）に違反しないように

権利変更条項を定める必要がある。また，別除権の具体的処理内容は再生計画案の記載事項としては求められていないものの（不足額確定時の適確条項（160条1項）は必要である），再生計画案作成の前提として極めて重要である。

　㈦　清算価値保障原則　　再生計画による弁済は破産手続による配当率（清算配当率）を上回らなければならない（清算価値保障原則）。したがって，再生計画における弁済率は清算配当率を上回ることが必須であり，これを下回る再生計画案は，再生債権者の一般の利益を害するとして不認可事由に該当する（174条2項4号）。なお，再生計画案立案段階において，債権調査や別除権協定により，財産評定の前提となった債権額や別除権不足額と実際の金額が異なっていたことが判明した場合，再生計画における弁済率は，判明した実際の金額をもとにして算出した清算配当率を上回っていることが必要である。

　清算価値保障原則の基準時をどの時点と考えるかについては，特に，開始決定日以降に再生債務者の財産が減少した場合に，開始決定時の清算価値を基準とするか，再生計画案の作成時の清算価値を基準にするかという問題がある。

　この点，諸説あるものの（詳細は㉕参照），財産評定の基準時は開始決定時であること（124条1項），再生手続開始時においては，開始決定時の清算配当率を再生計画の弁済率が上回るという判断が開始決定の前提になっていること（25条2号），多くの場合，申立後の債権者説明会において債権者に対して同様の説明を実施していること等を考慮すれば，再生債務者が開始決定時の清算配当率を維持することができるよう努めるべきことに異論の余地はない。

　それゆえ，再生債務者の行為規範として，開始決定時の清算配当率を債権者に保障できるよう手続全体を通して努力しなければならない。そして，仮に財産評定において算出した清算価値を下回るような事態に陥った場合には，そのように至った経過及び理由を含め，その時点（例えば再生計画案提出時点）の清算価値について別途資料を提出するなどして，債権者に対して明確な情報開示をした上で，再生計画案の決議に付する必要があろう（㉕参照）。

　また，長期（最長10年）分割弁済を内容とする再生計画の弁済率が清算配当率を漸く上回る程度という事案において，債権者から長期分割弁済額を現在価値に引き直すと清算配当率を下回るのではないかという指摘がなされることがある。この点，現在価値算出のための割引率について，特段定まった基準はな

いため，再生計画の弁済率が清算配当率をどの程度上回らなければならないかという基準もないが，こういった指摘にも再生債務者として合理性のある説明ができるよう検討を加えた上で弁済率を決定する必要がある。

(ロ) 平等原則　再生計画による弁済は，債権者にとって実質的に平等であれば足りるとされている（実質的平等原則。155条1項)。すなわち，通常再生手続においては，形式的な平等ではなく，債権者間の衡平を害さない範囲においては，差を設けることも許容されているのである（155条1項但書)。申立代理人としては，この実質的平等原則に適う範囲で，かつ，頭数要件（172条の3第1項1号）を確保し得るような最適な権利変更条項を策定することが要求される。

(ハ) 弁済率設定に際しての留意点（公平誠実義務との関係)　再生計画立案における規律は前記2つの原則が主たるものであるが，再生債務者の負う公平誠実義務（38条2項）への配慮を指摘される場合がある。

すなわち，再生計画立案場面においても，再生債務者は債権者に対し公平かつ誠実に再生手続を遂行する義務を負う以上，清算価値保障原則をほんの僅かでもクリアすれば足りるというのではなく，再生債務者の事業収益力に照らして可能な限り多くの弁済を行うという姿勢で臨むことも重要という指摘である。

もっとも，将来予測を確実に行うことが困難な中で，確実にその履行がなされるという再生計画を立案すること（履行可能性）も不認可事由（174条2項2号）との関係や二次破綻の回避という観点から重要であり，また，事業再生のためには，早期に再生を果たすということも重要である。したがって，事業収益力から見て最大限の弁済を行う再生計画となっているかどうかという観点のみから，公平誠実義務違反を議論することは適切でない。

結局のところ，再生債務者の再生計画立案に対する姿勢を債権者が是認するか，否決するかの問題として，再生債務者としては，債権者からの信任を得るために説得力のある誠実な再生計画案を立案していくという姿勢を忘れないという意味での重要な問題として考えるべきである。

(ニ) 別除権の処理　別除権の扱いについては，別除権協定の締結が未了であったとしても，未確定債権として後日不足額が確定した場合の権利変更条項（適確条項。後記(c)(ニ)参照）の記載は要求される。ただ，それ以上に別除権の具体

的処理（別除権協定の内容等）を再生計画案に記載することは要求されていない（160条参照）。もっとも、別除権の目的物は事業再生に必要な資産であることが多く、また、別除権者は債権シェアの高い再生債権者であることも多いため、再生計画案の立案の前提として、別除権協定が締結されているか、少なくとも処理方針が決まっていることが望ましい（㉙～㉟参照）。

　(c)　権利変更条項のパターン例　　以下、権利変更条項のパターン例を紹介する（それぞれの記載例は、資料39）。

　(イ)　一律弁済型の権利変更条項　　破産手続における配当と同様に、再生債権を一律に扱う原則的条項が一律弁済型の権利変更条項である（実務的には、次項(ロ)の少額債権の全額弁済を加えることが多い）。

　なお、一律弁済型のみならずすべての類型の権利変更条項においても、免除の効力が発生する時期を明記することにより、免除益の発生時期を特定することが、免除益課税の対応に関係して必要となる（㊵参照）。また、民事再生法84条2項規定の再生債権（再生手続開始後の利息・遅延損害金等）については全額免除を受けることとするのが一般的である（155条1項但書）。

　(ロ)　債権額に応じた段階的権利変更条項（傾斜配分型弁済条項）　　債権額に応じて段階的に免除率（弁済率）を変える方式の権利変更条項である。民事再生法施行当初は、単純に金額に応じて免除率（弁済率）を変えるものが多かったが、現在は、平等原則の要請により、債権額の区分に応じた積み上げ方式の傾斜配分弁済を行う権利変更条項が一般的である。

　また、一定額以下の少額債権については免除をせずに全額について弁済を行う例も多い。特に、少額債権を弁済禁止の保全処分の対象から除外した場合や、再生手続開始決定後に一定額以下の少額債権について弁済許可（85条5項）を受けた場合には、当該金額を超える再生債権のうち当該金額までの部分については全額弁済とする条項を設けるなどの配慮が必要である。

　傾斜配分の方法としては、少額債権の全額弁済とそれを超える額の一律弁済の場合、少額債権の全額弁済とそれを超える額の中で債権額の区分に応じた免除率を定める例、あるいは、少額債権の全額弁済とそれを超える再生債権の中で債権額の区分に応じて弁済時期に差を設ける例など様々な例がある。

　このように、債権区分に応じて弁済率に差異を設けることにより、比較的金

額の小さい多くの債権者の保護を厚くすることが可能となり、再生計画可決のための頭数要件（172条の3第1項1号）を確保するために有用である。なお、このような差異を設けても、実質的衡平を害しない限り平等原則違反にはならないが（155条1項但書）、弁済率の乖離が大きいと平等原則に違反し違法であると判断される可能性があるため、再生計画案の立案段階において、裁判所及び監督委員の意見を聞いておくことが望ましい。

(ハ) 同意による不利益扱い　権利変更条項は平等原則に適う必要があるが、不利益を受ける再生債権者の同意がある場合には、別異に取り扱うことが可能である（155条1項但書）。経営責任を果たす方法の一つとして、再生債務者の代表者が有する債権、あるいは代表者親族等関係者が有する債権の取扱いを不利益にすることで、再生計画案について再生債権者の同意を得やすくなるという観点から有用である（27、37参照）。

なお、不利益を受ける再生債権者の同意を得た場合には、再生計画案提出にあたって、その同意書を裁判所に提出する取扱いがなされている。

(ニ) 未確定債権の権利変更条項　再生計画立案時において未確定の再生債権（査定の申立てがある場合等）や別除権の行使によって弁済を受けることができない債権の部分が確定していない別除権付再生債権がある場合には、再生債権が確定したり、別除権の不足額が確定したりした場合の権利行使に関する適確な措置を定めることが要求される（159条・160条1項。適格条項）。また、根抵当権の元本が確定している場合には、その根抵当権の被担保債権のうち極度額を超える部分について、権利変更の一般的基準に従って、仮払いの定めをすることができる（160条2項）。

(ホ) 特殊な債権の権利変更条項　実務上、債権の性質に応じて、一般条項とは異なる権利変更条項が定められることがある。これらの特別な定めも、平等原則等に違反しない限り有効であるが、これら権利変更条項が平等原則に違反するとして再生計画認可決定が取り消された事例（東京高決平成16年7月23日金判1198号11頁）もあり、十分な注意が必要である。

(i) 敷金返還請求権　再生債務者が賃貸人となっている事例で賃借人に対し敷金（保証金）返還請求権を負担する場合が多い。敷金（保証金）は賃貸借契約終了後明渡しまでに生じる債権を担保するものであり、その返還請求権

は，明渡完了時に未払賃料等の被担保債権を控除した残額について初めて具体的に発生する停止条件付債権であるとされる（最判昭和48年2月2日民集27巻1号80頁参照）。また，敷金返還請求権は民事再生法92条3項により認められる範囲内において，共益債権化されることにも注意が必要である（⑱，㊲参照）。

かかる敷金返還請求権の権利変更条項には，滞納賃料等の充当の順序，共益債権化の順序等の考え方によって，様々なバリエーションがある（詳しくはQ＆A120頁参照）が，記載例（資料39）では，代表的な2つの権利変更条項（当然充当先行型及び権利変更先行型）を紹介した。

　(ⅱ)　ゴルフ会員の有する債権　　預託金制度のゴルフ場運営会社の再生計画においては，預託金返還請求権を有するゴルフ会員債権者についての取扱いが問題となる。ゴルフ場の再生計画事例は，多数の実例があるため，これら実例を参考に，当該事例に適応した権利変更条項を策定することが必要である（ゴルフ場の再生計画案の紹介が豊富な文献としては，服部弘志監修『ゴルフ場企業民事再生計画案集』，『シリーズ第二巻　ゴルフ場企業民事再生計画集』（いずれも一季出版）がある）。

　(ヘ)　その他付随条項　　その他権利変更及び弁済に関する付随的条項として，免除における端数処理のための条項，分割弁済における端数処理のための条項，弁済方法に関する条項，弁済期限が休日である場合の条項，再生債権移転の場合の処理のための条項，再生債権者が確定債権と未確定債権を有する場合の条項などが設けられることが多い。いずれも細部の疑義を解消するための付随条項である。

(2)　共益債権及び一般優先債権の弁済に関する条項

共益債権（119条等）及び一般優先債権（122条）は，再生手続によらずに随時弁済されることから（⑫参照），再生計画の内容や遂行可能性の判断に不可欠であるために記載が義務付けられている（154条1項2号）。具体的には，再生計画案提出時点に近接する一定時点における共益債権及び一般優先債権の残高と支払時期（通常は「随時弁済」となる）を明示することで足りる。

(3)　開始後債権に関する条項

開始後債権（123条1項。新注釈上675頁以下，条解637頁以下参照）の記載は破産手続への移行などに備えた再生債権者への情報開示のために記載が要求されるものである（154条1項3号）。再生手続開始時から再生計画で定められた弁済期間

が満了するまで，その権利行使が認められない（123条2項）ため，債権の内容のみの記載をすることで足りる。開始後債権が存在することはほとんどない。

(4) 資本構成の変更に関する条項

スポンサー型再生においてスポンサーがいわゆる減増資を望む場合や株主責任を明確にする手法として減増資を行う場合には，再生計画による増減資を行うことが可能である（154条3項・4項・161条・162条）。この場合には，あらかじめ裁判所の許可を得る必要があり（166条・166条の2），株主に対する送達手続との関係で，遅くとも再生計画案提出期限の1ヵ月以上前に許可申立てをすべきことに留意する必要がある（詳細は46参照）。

Ⅲ 再生計画案補足説明書作成に際しての留意点

(1) 意　義

大阪地裁では，先述のとおり，法定の記載事項のみを記載した再生計画案を説明するための書類として，再生計画案補足説明書を別途作成することが推奨され，裁判所から再生計画案とともに再生債権者へ送付されている。

再生債権者に対しては監督委員の作成による再生計画案に対する調査報告書（意見書）（又はその要旨）も送付されるが（43参照），再生計画案補足説明書は，再生債務者の立場で再生債権者に対し，再生計画案の説明を行い，その賛同を求めるための資料として，有用な文書である。

(2) 記載内容

再生計画案補足説明書は，再生計画案の適法性や合理性を説明し，再生債権者の再生計画への賛否を判断する資料として重要なものであり，その記載内容は，その賛否判断の基礎資料となる情報を記載すべきである。

一般的には，①再生手続開始に至る経緯，②再生計画案の基本方針，③破産配当率との比較，④事業計画の内容，⑤弁済資金の調達方法及び資金計画，⑥別除権の処理，⑦再生計画案の遂行可能性，⑧役員責任，株主責任に関する事項，⑨会社組織の変更に関する事項，⑩関連会社の処理に関する事項などを適宜記載し（資料40），事業計画書（例えば，資料41の事業計画案総合表）や財産評定時の清算貸借対照表などの参考資料も添付するのが一般である。

42 再生計画の立案④──清算型再生計画

I 清算型再生計画案

　民事再生法42条1項の事業譲渡の許可により再生計画外で事業譲渡を行った場合の再生計画案は，事業譲渡代金（及び事業譲渡後に再生債務者に残った資産の換価代金）により弁済する旨の清算型再生計画案となるのが通常である。

　また，収益弁済型の自力再生を断念し，スポンサーも現れなかったような事案では，再生手続内において破産や特別清算手続に類似した清算型再生計画案を提出し，清算していく場合がある。

　このように，清算型再生計画案には，①事業譲渡代金を弁済原資とする事業譲渡による清算型再生計画案と，②再生債務者の事業及び資産を徐々に整理清算する純粋清算型再生計画案がある。いずれの場合も法人格は，解散後，清算手続の終了により消滅する。なお，会社分割後も①と同様の清算型再生計画案となる（45参照）。

II 事業譲渡による清算型再生計画案

(1) 留意点

　事業譲渡には，再生計画案提出前の早期段階で事業譲渡を実施する（42条1項）パターンと再生計画に基づいて事業譲渡を実施するパターンがある。また，それぞれのパターンにおいて，事業の一部譲渡が行われ，残る事業を整理清算するパターンの清算型再生計画案もあり，いろいろなバリエーションが考えられる。もっとも，いずれの場合においても，その事業譲渡代金及び譲渡対象外とされた資産の換価処分代金が再生債権者への弁済原資になるという点では，何ら変わりはなく，再生計画案における弁済条項に大きな違いはない。

　事業譲渡による清算型再生計画案の弁済条項においては，その事業譲渡代金から清算に要する費用等を差し引いた金額相当額を，再生計画認可後できる限り早期に弁済をする条項が設けられるのが一般である。

また，清算型再生計画案の特徴として，再生計画案においては，最終的な弁済原資が確定できないという特徴がある。収益弁済型再生計画案（41参照）と異なり，再生債務者のすべての資産を換価したうえで，最終的な弁済額が定まるからである。また，権利変更条項においては，免除の効果発生時期を段階的に設定したり，早期清算終了が予定される場合には，最終弁済時に免除の効果を発生させる等の工夫をしている（事案によっては，再生計画認可決定確定時に免除の効力を生じさせ，後日，最終弁済が可能となった場合に当該弁済額につき免除の効力を撤回する方法もある）。

(2) 債務免除益課税対策

　平成22年度税制改正により清算所得課税を廃止するものとされたので，債務免除益課税に注意が必要である（欠損金の損金算入については40参照）。

(3) 一般条項の記載例

1　権利の変更
　① 開始決定日以降の利息・遅延損害金の全額について，再生計画認可決定が確定した時に，免除を受ける。
　② 第2回弁済を完了した時点で，上記免除後の債権額から既弁済額（第1回及び第2回弁済額の累計額）を控除した残債権額全額について，免除を受ける。

2　弁済の方法
　① 第1回弁済
　　再生計画認可決定が確定した日から2ヵ月後の日の属する月の末日までに，上記1①の免除後の確定再生債権額のうち債権額10万円以下の部分の全額及び債権額10万円を超える部分のうち5パーセントに相当する金額を支払う。
　② 第2回弁済
　　すべての未確定債権者について不足額又は再生債権額が確定し，再生債務者の所有するすべての財産（又は，「換価可能な積極財産」）の換価が終了し，かつ，再生債務者において解散の決議を行った後3ヵ月以内に，以下に定める計算基準に従って，支払う。

ア　再生債務者の財産の換価終了による残余財産から，共益債権，一般優先債権その他清算手続に必要となる諸経費を弁済して，最終弁済原資を確定する。
　　イ　最終弁済原資を，確定再生債権額のうち上記１①の免除及び上記２①の弁済後の金額に応じて，按分弁済する。

Ⅲ　純粋清算型再生計画案

　事業譲渡をすることなく単に資産を換価処分した代金を弁済原資とする純粋清算型の再生計画案が，実務上認められている（東京地裁の純粋清算型の再生計画案につき，運用指針402頁参照）。これは，破産手続あるいは特別清算手続を改めて行うことについて経済的あるいは時間的損失が大きいために純粋清算型の再生計画案によって早期かつより多くの弁済を行うことを意図したものである。破産手続では，事業の停止を原則としているため，保有資産が直ちにスクラップ価格となってしまううえ，生きていた事業が突然停止されることによる取引先等への悪影響が懸念される。そこで，一定期間にわたり営業を続けることによって，資産価値をできる限り維持したまま換価処分を行うことが可能となるうえ，取引先等への影響を少なくする措置を講ずる猶予時間を確保できるという点が，純粋清算型再生計画の利点である。
　実務上，あまり事業維持に手間のかからないテナント事業などにおいて，より高額にて不動産売却を行うため，あるいは管理型再生事件において純粋清算型再生計画案が採られることが多い。
　純粋清算型再生計画案における権利変更条項及び弁済条項の立案についての留意点は，ほぼ先に述べた内容と同様である。異なる点は，一定期間の事業継続が前提とされることが多いため，収益弁済型と同様に定期的弁済が実施されることもあるという点である。

43　再生計画案に対する監督委員の意見

I　監督委員の調査報告書（意見書）の重要性

　再生債務者が提出した再生計画案に対し，監督委員は，民事再生法174条2項記載の不認可事由の有無につき調査し，裁判所に報告する。この調査報告書（意見書）は，裁判所が再生計画案の付議決定を行う際の重要な判断資料となるだけでなく（169条1項3号），再生債権者にその写しを提供（裁判所から再生債権者に送付される再生計画案等に同封）することにより，再生債権者の議決権行使の際の参考資料となる（資料42は参考書式であり，事案に応じて作成する）。
　このように監督委員の調査報告書（意見書）は重要であるが，大阪地裁の場合，再生計画案の提出から原則2週間以内に提出することになっており（Q＆A160頁参照），実務上，再生計画案提出前からその作成作業に着手している。

II　調査報告事項

(1)　不認可事由の有無の調査

　監督委員として調査報告するのは，①再生手続又は再生計画案が法律の規定に違反するものか（174条2項1号），②再生計画案が遂行される見込みがないか（同項2号）及び③再生計画案の決議が再生債権者の一般の利益に反するか（同項4号）の3点である（同項3号の「再生計画の決議が不正の方法によって成立するに至ったとき」は，調査報告の時点では不明で，除外している）。また，必要に応じて役員の責任につき報告している（詳細は27参照）。

(2)　再生手続又は再生計画案の適法性の確認

　(a)　再生手続の適法性の確認　　再生手続の各種手続が法律の規定に違反していないか，違反していた場合にその不備を補正することができないものか確認する（条解918頁，伊藤1014頁参照）。ただし，当該違反の程度が軽微であるときは不認可事由に該当しないので（174条2項1号但書），それを踏まえた監督委員としての意見を述べている。
　(b)　再生計画案の適法性の確認　　再生計画案（41参照）の必要的記載事項

(154条)の記載があるか，権利変更が平等原則（通常再生では実質的平等。155条1項）に反していないか確認する（運用指針323頁，条解918頁参照）。

(3) 再生計画案の遂行の見込みの検討

収益弁済型の場合，再生債務者の作成した事業計画案の内容の検討を行う（事業譲渡後の清算型の再生計画案の場合は，清算業務を行うのみで，特に事業計画案は作成していない）。この検討の際，多くの事案で補助者の公認会計士の協力を得ている。事業計画案は将来の事業収支予測をまとめたもので（㊴参照），債務免除益対策（㊵参照）も含め，作成の前提条件を確認したうえで，不合理なものではないか検討する（疑問点は再生計画案提出1ヵ月前面談等の正式な提出前の段階で適宜指摘するようにしている）。

「再生計画が遂行される見込みがないとき」（174条2項2号）と定められているように，内容が不合理とまでいえない場合には，遂行される見込みがないとまではいえないので，再生債権者の判断に委ねることになる。

(4) 清算価値保障原則との関係

再生計画案における弁済は，破産配当を上回っていることが求められるため（清算価値保障原則），再生債務者が財産評定（㉕参照）において算定した清算配当率につき，検討する。財産評定の際の評定の方針を確認し，その内容が不合理でなければ，その清算配当率と再生計画案における弁済率を比較し，後者が上回っていれば清算価値保障原則には反していないことになる。なお，清算価値の基準時については，原則的に財産評定の求められている再生手続開始時を基準とすることで足りるが，事案によっては，検討すべき場合がある（詳細は㉕，㊶参照）。

Ⅲ 調査報告書（意見書）の提出

監督委員の調査報告書（意見書）に補助者の公認会計士の調査報告書（前記Ⅱ(3)と(4)につき）を添付して提出することが多い（ただ，補助者の調査報告書については再生債権者には送付していないので，再生債権者への情報提供の意味で必要な部分は監督委員の調査報告書（意見書）内に適宜引用等している）。裁判所に提出する際，調査報告書（意見書）の正本とは別に再生債権者に送付用の副本（事案によっては，調査報告書の要約版の場合もある）も用意している。なお，申立代理人にも参考資料として裁判所提出分と同じものを渡している。

44　再生計画案の決議の方法

I　再生計画案の決議の方法の選択肢

　再生計画案の決議の方法としては，①債権者集会の期日において議決権を行使する方法（集会型），②書面等投票により裁判所の定める期間内に議決権を行使する方法（書面型），③①，②の方法のうち議決権者が選択するものにより議決権を行使する方法（併用型）がある（169条2項）。この決議方法は，裁判所が付議決定において定めるが（同項），再生債務者代理人としても，事案に応じてどの方法により決議を行うことが適当であるかについて検討をし，再生計画案の提出に際して裁判所にその点の意向を伝えることが重要である。

II　集会型のメリットとデメリット等

　集会型のメリット及びデメリット等として，以下のような点が挙げられる。
　(1)　メリット
　①　債権者集会において再生計画案の説明を行い，債権者に質疑の機会を設けることにより，再生計画案についての理解を得て投票がなされる機会が確保されること（なお，集会型においても，債権者説明会の開催，個別説明等により，債権者に集会前に再生計画案について理解を得る努力をするべきことはいうまでもない）。
　②　債権者集会において可決されない場合においては，一定の要件のもとに，債権者集会を続行することができ（172条の5），また，債権者集会（続行された債権者集会を含む）において再生計画案の変更を行うことができること（172条の4）。
　(2)　デメリットないし留意点
　①　債権者集会の会場準備，進行準備，投票の集計等について，準備作業及び準備コストの負担が発生すること。
　②　事前に票数を予想することや，債権者集会当日に出席できない債権者の

投票の機会確保のために，債権者代理人弁護士を別途用意し，その弁護士宛の委任状の提出を勧誘するといった活動を要すること。

Ⅲ 書面型のメリットとデメリット

書面型のメリットとデメリットは，概ね債権者集会方式の反面として，以下のとおりである。

(1) メリット
① 債権者集会の準備，運営の負担がないこと。
② 債権者代理人を準備して委任状の勧誘を行う必要がないこと。
③ 出席が困難な債権者にとって，議決権の行使が容易であること。

(2) デメリットないし留意点
① 債権者に対して再生計画案を直接説明する機会が確保されていないため，別途書面での説明，債権者説明会の開催，個別面談による説明等により理解を得る努力を要すること。
② 債権者集会の続行，再生計画案の変更をする機会がなく，再生計画案が否決されたときは，再生手続が廃止され，破産手続に移行するとの事態に陥ること（172条の5・191条3号・250条1項）。民事再生法においては，会社更生法と比較しても権利保護条項による認可の制度が極めて限定されているために，この点は重要である（174条の2，会更200条）。
③ 総債権額について裁判所が評価した額の10分の1以上に当たる債権を有する債権者その他所定の要件を満たす者からの申立てがあると，債権者集会の開催を要することとなること（169条5項・114条）。
④ 議決票が裁判所に提出されたが，議決票の記載に不備があり無効票となるような場合においても，再生債務者が主導して議決票の補正を行うことが本来許されないこと。また，書面投票の賛否の状況を再生債務者が集会まで把握し得ない場合もあること（なお，裁判所の運用上，再生債務者において議決票の補正をなし得る場合，賛否の状況を知り得る場合もあるが，あくまで裁判所の内部情報であるので取扱いに特段の注意を要する。この点，東京地裁では，再生債権者の一部が再生計画案に反対する投票の呼びかけを行っているなど，再生債務者において議決票の送付を受けることが相当でない場合を除き，原則として，

再生債権者が書面投票する場合の議決票の送付先を再生債務者代理人気付で返送してもらう扱い（いわゆる「気付扱い」）が取られている（運用指針420頁参照））。
⑤　投票期間経過後に議決票が裁判所に届いた場合の議決権行使の効力について疑義が生じ得ること（有効となし得るとの取扱いもある。運用指針420頁参照）。

IV　併用型のメリットとデメリット

併用型は，平成14年改正により導入され，基本的に両方式のメリットのうち一定部分（集会型のメリット①，②，書面型のメリット②，③）を兼ね備えているといえる。ただし，集会型において委任状を勧誘する方法と比較した場合のデメリットとして書面型のデメリットの④及び⑤と同じデメリットがある点に注意を要する。

V　具体的な事案における検討の視点

上記のメリットとデメリットを勘案し，一般的には，集会型（＋委任状による議決権の代理行使の勧誘）ないし併用型を検討することが適当であろう。万一の場合に備えて，債権者集会の続行や再生計画案の変更の余地がある集会型ないし併用型のメリットは大きい。東京地裁においては併用型が原則とされている（運用指針452頁参照）。大阪地裁においても原則として債権者集会が開催されている（6民実務362頁参照）。

もっとも，債権者集会期日の続行，再生計画案の変更の手続があるものの，続行には厳しい要件があること（172条の5第1項），続行期日は最初の期日から原則として2ヵ月以内でなければならないこと（同条2項・3項），また，続行は原則的に1回のみとの運用もあること（運用指針455頁参照），続行集会の開催や，再生計画案の変更により容易に可決に転じるわけではないことなどに留意し，集会前に十分に債権者の理解を得る努力をすべきである。

大口債権者の賛成の見込みが確実であり，頭数要件にも問題がない等，可決要件を満たすことが十分に確保できる事案においては，書面方式によることも考えられる。この場合には，集会型にもまして，債権者説明会の開催，個別面談等により，入念に再生計画案の内容を債権者に説明して理解を求めることが

必要となろう。

　なお，併用型ないし書面型を採用する場合には，再生債務者において，書面投票を集会前に集計し，不備のあるものについて補正を促すことが可能かどうかについて，予め裁判所に確認をしておくことも必要であろう。

Ⅵ　再生計画案の決議と信義則

　再生計画案の否決が見込まれる状況の下で，再生手続開始申立ての直前に債権の一部譲渡を行い，当該債権の一部の譲受人が議決権を行使したことで民事再生法172条の3第1項1号の頭数要件を充足した事例において，再生計画の決議は同号の少額債権者保護の趣旨を潜脱し，信義則に反する行為によって成立するに至ったものといわざるを得ず，再生計画の決議は不正の方法によって成立したとしたものがある（最判平成20年3月13日民集62巻3号860頁）。

　また，再生債務者が，実際には存在しない親族からの借入金債務を債権者一覧表に記載するなどして再生計画案を可決に至らしめた疑いがあった小規模個人再生の事例で，当該借入金債務につき一般異議申述期間又は特別異議申述期間を経過するまでに異議が述べられなかったとしても，再生債務者の公平誠実義務に照らして，再生計画案の可決が信義則に反する行為に基づいてされた疑いが存するとしたものがある（最決平成29年12月19日民集71巻10号2632頁）。

45 会社分割

I　会社分割手続のメリット

　ある企業に対してスポンサーが資金供与して，事業を承継しようとする場合，事業譲渡や，株式譲渡，いわゆる減増資の手法を利用する以外に，会社分割を利用する方法がある。

　会社分割には次のようなメリットがあるといわれる（Q&A249頁参照）。

① 　会社分割による事業の承継は包括承継であるから，事業譲渡と異なり，承継すべき債務や契約上の地位について，法律的には，債権者や契約の相手方の同意を個別に得る必要がない。また，雇用契約についても，労働契約承継法（会社分割に伴う労働契約の承継等に関する法律）により，一定の要件を満たす労働者については，個別の同意なしに承継することができる。

　　ただし実務的には，スポンサーから，個々の契約の相手方からの個別同意を要求されることも珍しくない。また契約によっては，経営権の変更を契約解除事由とする条項（チェンジ・オブ・コントロール）が存在するケースもあるので注意を要する。

② 　株式譲渡・いわゆる減増資の手法と異なり，分割後の設立会社（承継会社）を分割会社の偶発債務や簿外債務から遮断できる。

③ 　分割会社の許認可を承継できる（もっとも許認可の種類によっては，会社分割について主務大臣の許認可が必要である。また，事実上，行政庁が設立会社（承継会社）への許認可の承継を認めないこともあるので注意が必要である。例えば産業廃棄物処理業の許可は，会社分割手続によっても承継が認められないケースが多い）。

④ 　債務免除益課税対策をとりやすいとされる（事業再生研究機構編『新版再生計画事例集』（商事法務）11頁以下参照）。また会社分割は，消費税法上は不課税取引とされており，資産の移転時の課税関係は生じない。さらに，不動産取得税を節約できる場合がある。

Ⅱ 再生手続において会社分割を利用する場合の事業再建スキームのパターン

会社分割を事業承継の手段として利用する場合には，大別して，①新設分割により新設会社に事業を承継させた上，再生債務者が取得した新設会社の株式をスポンサーに譲渡する方法（新設分割を行わず再生債務者があらかじめ設立した子会社に事業を吸収分割させる場合もある），②吸収分割によりスポンサー又はスポンサーの関連会社に事業を承継させ，再生債務者が分割の対価として現金を取得する方法がある（運用指針300頁参照）。新設分割，吸収分割のいずれの場合も，再生債務者である分割会社は，分割の対価を債権者への弁済原資とする清算型の再生計画案を立てるのが一般的であるとされる（運用指針374頁参照）。

Ⅲ 再生手続において会社分割を利用する場合の手続

(1) 会社法所定の手続を履践することの必要性

民事再生手続の中で会社分割を行う場合には，会社法所定の株主総会の特別決議を経る必要がある（会783条1項・795条1項・804条1項・309条2項12号。会社分割そのものについては，43条のような代替許可の定めがない）。したがって，大株主の反対がある場合には会社分割を利用することは難しいといえる。

(2) 再生手続において要求される手続

次に民事再生法上，会社分割については，事業譲渡に関する民事再生法42条のように，特別に裁判所の許可を要するという規定は設けられていない。しかし，事業再生のスキームとして会社分割を利用する場合には，対価の相当性の問題等，事業譲渡の場合と同様の問題が生じる場合がある。このような理由から，再生手続で会社分割を利用するスキームでは，その適正さを担保するため，実務上，裁判所の許可や監督委員の関与・同意，さらには債権者に対する情報提供が必要とされている。

第1に，最近の東京地裁及び大阪地裁の実務では，会社分割契約の締結は，「事業の維持再生の支援に関する契約」に該当するとして，監督委員の同意事項の1つとされている。また，会社分割に関する基本合意書の締結についても，監督委員の同意を得るのが相当とされている（手引61頁，6民実務94頁，[21]参照）。

第2に，東京地裁の運用では，事業譲渡と会社分割との類似性に鑑み，再生

手続開始決定の際に，民事再生法41条1項10号に基づき「会社分割（再生計画による場合を除く）」を裁判所の許可を要する行為と指定することとされており，新設分割計画の策定又は吸収分割契約の締結は，裁判所の許可を停止条件とするものとされている（運用指針304頁，手引216頁参照）。一方，大阪地裁では，会社分割自体について民事再生法41条1項10号の許可に係らせる運用はとられていないとされる（6民実務233頁参照）。

第3に，東京地裁の運用では，会社分割の許否に先立ち，監督委員の同席を得て債権者説明会を開催し，再生債権者に対する十分な情報提供をすることを求めている（運用指針43頁参照）。

IV 子会社株式の譲渡を伴う場合の手続

会社分割を利用した事業承継では，分割手続の後に子会社の株式が譲渡されてスキームが完成する場合が多い（上記II①の方法参照）。このような場合には，上記IIIとは別の観点から裁判所の許可が必要となるケースがある。

すなわち再生債務者の子会社の株式の譲渡により，再生債務者が当該子会社等の議決権の総数の過半数の保有を失う場合には，裁判所の許可が必要となる（42条1項2号）。もっとも，譲渡する株式等の帳簿価額が財産評定のときに作成した貸借対照表（124条2項）上の総資産額の5分の1を超えないとき等は，許可は不要であるが（42条1項2号イ），その要件に照らすと，会社分割後の子会社の株式の譲渡については，上記の許可が必要となるケースは多いと思われる（6民実務233頁，資料54参照）。ちなみに東京地裁では，株式譲渡を伴う会社分割の場合，両者の許可申立ては，「会社分割及び株式譲渡の許可申立て」として一体的になされる運用がなされており，株式譲渡の許可申立ても，会社分割手続の前に行う必要があるとされている。また，この際，東京地裁では，債権者の意見聴取期日を開催することが求められる模様である（運用指針44頁，301頁，305頁参照）。

なお，会社分割そのものと異なり，子会社の株式の譲渡については代替許可の制度がある（43条1項）。

V 濫用的会社分割について

濫用的会社分割とは，典型的には，債務超過会社が新設分割により，優良な事業やこれに必要な資産のみを新設会社に承継させる一方，新設会社に債務が承継される債権者と，債務が承継されない債権者とを恣意的に選別し，その結果，承継されない債権者が十分に債務の弁済を受けることができないようなケースをいう。

会社法では，承継されない債務の債権者を害することを知って会社分割がなされた場合，当該債権者は新設会社ないし承継会社に債務の履行を請求することができるとされている（会764条4項・759条4項等）。また，民法上の詐害行為取消権の行使により，濫用的会社分割の取消しを認めた判例として最判平成24年10月12日民集66巻10号3311頁がある。

Ⅵ 対価の相当性について

会社分割によって再生債務者が取得する対価の金額（子会社株式を譲渡する手法をとる場合は子会社株式の譲渡代金）は，再生計画案における弁済原資の多寡に直結する問題であって，事業譲渡による再建スキームの場合と同様，極めて重要である。

通常，申立代理人は，公認会計士等の協力を得て，会社分割によって承継する事業価値の算定を行い，取得する対価の相当性を説明することが考えられる。もっとも実際には，事業再建を支援するスポンサーが投資可能と判断する金額に影響されることは否めない。

申立代理人は，会社分割により承継される事業の対価の相当性について，事業価値算定の手法，スポンサー選定の方法・理由等を踏まえて，譲渡代金が決定された経緯を，合理的に説明することが重要である。

46 減増資型

I 減増資型の再生について
(1) スポンサー型再生
　再生債務者が自力での収益確保が困難で，弁済原資を確保できない場合には，スポンサーの援助を得て再建するしか方法がない。スポンサーの支援を得る方法としては，前述の事業譲渡の方法と並んで，再生債務者が既存株式を100％無償取得・無償消却し併せて資本金の額を減少したうえで（以下，「減資等」という），スポンサーに対する第三者割当増資を行うことにより（以下，本稿では便宜上「減増資」という），スポンサーが，再生債務者の地位（資産，負債，雇用関係，取引関係等）をそのまま引き継ぎ，事業再生を図る方法がとられることがある。そして，スポンサーが，出資金のほかに別途再生債務者に融資を行うなどして，弁済原資を準備し，再生債務者が債権者に弁済する場合と，スポンサーが事業に必要な資金のみを出資若しくは貸付，その後の事業収益から弁済を行う場合があり，一般的に，前者の場合は，早期の一括弁済，後者の場合は，長期の分割弁済となることが多い。

(2) 減増資型のメリット・デメリット
　減増資型の場合，事業譲渡型と異なり，個々の再生債務者の財産の譲渡手続（大量の不動産がある場合等，その登録免許税等の移転コストは無視できない）や取引先等の契約上の地位の移転作業等が不要であり，許認可等も承継されるといったメリットがある。また，スポンサーの立場からみた場合，事業譲渡のように初期段階で多額の支出を必要とせず，再生債務者の資金繰りや債務返済計画に応じて，適宜資金の捻出が可能であるというメリットもある。そして，何よりも，再生債務者について多額の繰越損失があり，これを繰り延べて損金として計上できる場合，税務上のメリットが大きい。実務的に減増資型の手続がとられるケースの多くは，このような税務上のメリットがあるケースと思われる。一方で，減増資型の場合，開始決定後の偶発債務のような簿外債務を承継

するリスクや再生手続開始前の労働債務の未払金（時間外手当の未払い，退職金の未払い等）のリスクがあるとともに，多額の債務免除益が発生した場合の対応が必要になる（40参照）等のデメリットがある。

　いずれにせよ，減増資型か事業譲渡型かは，再生債務者の財産・負債の状況に応じて，スポンサー側の意向によって決定されるのが通常と思われる。とりわけ，減増資型による場合には，前述のとおりスポンサーが再生債務者の簿外債務も承継する可能性があることから，再生債務者とスポンサーとの間で秘密保持契約等を締結のうえ，相当詳細なデュー・デリジェンス（財務，法務，経営）が実施されるのが通常であろう。すなわち，会社法に対する適合性，帳簿の内容の真実性，店舗や事業拠点の権利関係・契約内容（継続できるかどうか），重要な取引先との契約内容（取引が継続できるかどうか，終了した場合に予想される損失・債務），簿外債務の有無（保証・念書，役員個人の単独取引，特に労働債権），環境法への適合性（産業廃棄物処理の方法，アスベスト対応）等が調査されるものと思われる。

(3)　減増資型におけるスポンサー提案の比較の際の留意点

　減増資型の場合は，事業譲渡型における事業譲渡の対価のように，スポンサーの支援額が明確にならないことも多い。スポンサーからは，別除権や優先債権を全額支払うとともに，一般の再生債権者に対して，清算価値を上回る弁済を行えるだけの資金を最低限拠出してもらうほか，日々の事業活動に必要な資金，今後の設備投資等に必要な資金を拠出してもらう必要がある。また，再生計画外での事業譲渡が完了している場合と異なり，再生計画が可決・認可されなければ，事業の継続が難しくなるため，債権者の納得を得られるだけの弁済を行う必要がある。

　減増資型のスポンサー提案の優劣を判断する際には，名目上の拠出額が多くても，そのほとんどは，中長期的な視点に立っての資金拠出の約束であることも多く，将来確実に実行されるような取り決めがなされていなければ，その実効性が乏しい場合もある（将来にわたる多額の設備投資を約束しながら，株式をすべて手中に収め，再生会社を支配した後は，必要な資金拠出を行わない等の場合も想定しうる）ということに注意する必要がある。したがって，減増資型スキームに関して，複数のスポンサーが名乗りを上げている場合は，支援総額のみならず，

資金の拠出予定時期，内容等もよく精査したうえで，より有利な提案であるかを判断する必要がある。また，複数のスポンサー候補から，減増資型及び事業譲渡型の異なるスキームによる支援の提案がなされている場合には，それぞれのスキームのもとにおける事業再生の確実性，債権者への弁済率と弁済時期，履行の確実性，従業員の雇用の確保の程度等を十分に吟味する必要がある。

II 減増資型の再生計画の内容について

(1) 減資等の手続

(a) 裁判所の許可　平成17年1月1日以降に申し立てられた再生手続に関して，再生債務者の株式の取得に関する条項，株式の併合に関する条項，資本金の額の減少に関する条項，発行することができる株式の総数についての定款変更に関する条項（以下，これらを「減資等」という）については，裁判所の事前の許可を条件に，会社法447条所定の株主総会の特別決議等（減資の場合の債権者保護手続を含む）を経ることなく，再生計画案に定めることができる（166条1項・154条3項・183条）。この計画案の提出は，再生債務者のみならず，管財人や届出再生債権者においても可能である。

株式会社である再生債務者がその財産をもって債務を完済することができない場合，すなわち債務超過の場合に限って，裁判所は，減資等の条項を再生計画案に盛り込むことの許可をすることができる（166条2項）。債務超過の場合，株式の価値は実質的にゼロであり，一部債権放棄を求める債権者よりも劣後する株主の権利を保護する必要はないからである。かかる裁判所の許可を事前に受けずに，減資等の条項を含む再生計画案を提出した場合は，（補正の可能性もなければ）再生手続が法律に違反するものとして，不認可事由に該当する可能性がある（174条2項1号）ので，かかる許可申請を忘れないように注意が必要である。

減資等の効力は，認可された再生計画の定めによって生じるため，再生計画に効力発生日の定めがあればそのときに，定めがなければ，再生計画認可決定確定時にその効力が生じる。

(b) 許可申請を行う際の留意点　ここでいう「債務超過」の判断は，事業譲渡の場合の代替許可（43条1項）の場合と同様，継続企業価値による資産の

評価を前提とし（規則56条1項但書参照），単に，簿価において負債が資産を上回ることではない。また，評価の基準時は，再生手続開始の時と解されている（伊藤991頁）。通常であれば，財産評定（124条）の段階で，債務超過か否かは明らかになっているものと思われるが，再生債務者が債務超過の状態にあるとは認められないという理由で，減資等を含む再生計画案の提出が許可されなかった例もある（東京高決平成16年6月17日金法1719号58頁）ので，慎重に判断する必要がある。

また，裁判所の許可決定は，株主に送達又はこれに代えて官報公告を行わなければならないが，株主は，債務超過ではないことを理由に即時抗告（166条4項等）が可能である。しかも，執行停止効（18条，民訴334条1項）が認められているため，即時抗告により許可の効力が生じず，裁判所は，再生計画案の付議決定はともかく，認可決定を行うことはできないと解されている。

したがって，再生債務者による財産評定後に債務超過は通常判明するので，上記即時抗告期間や官報公告に要する期間等も考慮したうえ，可及的速やかに許可申請を行うべきであろう。

(2) **再生計画における具体的な減資等の定め方**

(a) 減資を行う場合

① 減少する資本金の額
　金○○円
② 減少する資本金の額の全部又は一部を準備金とするときは，その旨及び準備金の額
③ 資本金の額の減少がその効力を定める日
　平成○年○月○日（or 募集株式と引換えにする金銭の払込期間において募集株式の引受人が出資の履行をした日）

(b) 株式の取得を行う場合

① 再生債務者が取得する株式の数（種類株式発行会社においては，株式の種類及び種類ごとの数）

発行済株式総数○○株全部
② 再生債務者が株式を取得する日
平成○年○月○日（or 募集株式と引換えにする金銭の払込期間において募集株式の引受人が出資の履行をした日）

(c) 株式の併合を行う場合

① 併合の割合
○株を1株に併合する
② 株式の併合が効力を生じる日
平成○年○月○日（or 募集株式と引換えにする金銭の払込期間において募集株式の引受人が出資の履行をした日）
③ 種類株式発行会社である場合は，併合する株式の種類

(d) 発行可能株式総数について定款変更を行う場合

定款の一部を以下のとおり変更する。

変更前	変更後
定款第○条	定款第○条
当会社の発行可能株式総数は，△株とする。	当会社の発行可能株式総数は，○株とする。

(3) 増資等の手続

(a) 裁判所の許可　　従来，増資については，商法所定の手続によって実施することが想定されていたことから，再生債務者と債権者側が対立している場合，債権者側から減増資を前提とする再生計画案を提出することはできず，また，大株主が減資やスポンサー参入に反対している場合も，これを実施することができなかった。

しかし，平成17年1月1日以降に申し立てられた再生手続に関して，非公開会社においては，①再生債務者が債務超過であることに加えて，②当該募集株

式を引き受ける者の募集が「再生債務者の事業の継続に欠くことのできないものであると認める場合」に限り，株主総会の特別決議を経ることなく，募集株式を引き受ける者の募集に関する条項を定めることができるようになった（166条の2第1項～3項・154条4項・183条の2）。ただし，減資等と異なり，管財人や届出再生債権者は，かかる条項を含む計画案を提出することはできない。

増資の効力発生時期については，払込期日（会209条）であり，再生手続において，100％減資，増資を行う場合は，発行済み株式総数がゼロとなる時期が生じないよう，再生計画において減資の効力発生時期を定める必要がある。

(b) 許可申請を行う際の留意点　債務超過の意味については，減資等の場合と同様である。

「事業の継続に欠くことのできない場合」とは，募集株式を引き受ける者の募集をしたほうが，事業の再生がより確実であり，再生債権者や従業員のためにも利益がある場合をいうと解される。

許可決定に対して，株主が即時抗告できる点も減資等の場合と同様であるが，債務超過でないことのみならず，事業継続に不可欠とはいえないことも理由に争える点が異なる。

許可に先立ち検討すべき事項として，具体的な増資の方法としては，発行済みの全株式を取得した上で，

　ア　取締役会決議でこれを消却し，募集株式を発行する方法

　イ　取得した株式を処分する方法（資本金の額・発行済株式総数は変動しない）

の2つが考えられる。

アの方法による場合，資本金の額が増加する部分について登録免許税が課せられてしまうデメリットがある。一方，イの方法による場合，取得する株式について，株券提出公告及び株券の無効に関する規定（会219条）の適用がないため，株券をすべて回収できない場合，従前の株主の株券が無効にならないまま流通する可能性があり，取得する株式の株券の再発行ができるのかについて疑義が残るほか，取得する株式の瑕疵があった場合のリスクが残るというデメリットがある。スポンサー側の意向によるが，かかるリスクが残る場合は，アの方法によらざるを得ない。

(4) 再生計画における具体的な増資等の定め方

具体的には，以下のような事項を定める（162条，会199条1項）。

① 募集株式の数
　　○○○株
② 募集株式の払込金額又はその算定方法
　　1株につき○万円
③ 金銭以外の財産を出資の目的とするときは，その旨並びに当該財産の内容及び価額
④ 募集株式と引換えにする金銭の払込み又は③の財産の給付の期日又はその期間
　　平成○○年○○月○○日（又は，再生計画認可決定が確定した日から○週間が経過した日より再生計画認可決定が確定した日から○週間が経過した日まで）
⑤ 株式を発行するときは，増加する資本金及び資本準備金に関する事項
　　資本金　　　○○○○万円
　　資本準備金　○○○○万円

47 監督委員の業務

I 総　論

　再生債務者の自主的な再建を原則とする再生手続においては，監督委員は必要的機関ではない（54条1項参照）が，実務上，基本的に全事件について監督命令が発令され，監督委員が選任されている（Q＆A329頁参照）。

　監督委員は，主として再生債務者からの同意申請に対応したり（54条2項），調査権限（59条）を行使する等して，再生手続全般について後見的監督を行う。また，事案によっては，再生債務者の求めに応じて，監督委員から再生手続の適正，円滑な進行のための事実上の助言がなされることもある（その他，具体的には，財産評定，債権認否，再生計画案の作成，履行等の各局面で監督委員の業務のあり方が問題となるが，これらは個別に説明する）。

　監督委員の法的性格については，裁判所の補助機関であると同時に，具体的な権能の行使が認められる独立の第三者機関であると捉えるのが一般的である（新注釈上310頁以下，条解297頁以下，Q＆A148頁参照。なお，監督委員は，裁判所の監督を受けると同時に（57条），自ら善管注意義務を負っている（60条））。

　昨今，当該再生事件の事案の内容や，再生債務者及び申立代理人の再生手続に対する姿勢，経験・力量等に応じて，監督委員が後見的地位に留まることなく，積極的に監督の程度を高めるケースがあるとされている（6民実務92頁，運用指針31頁，監督274頁以下参照）。しかし，あくまで再生手続は，再生債務者に事業の遂行や財産の管理処分権を委ねたまま，その再建を図ることを本来の目的とするものである（DIP型，38条1項）。したがって，再生債務者が円滑に再生手続を進行させようと努力しているのに，合理的な理由なく監督委員がこれを尊重しない態様で手続に介入することは差し控えられるべきである（規則1条3項）。

Ⅱ　再生手続開始決定までの監督委員の業務

(1)　再生手続開始決定までに監督委員がなす業務

監督委員が再生手続開始決定までになすべき業務は主として以下の3つである。

①　再生手続開始の申立棄却事由（25条）の有無の調査と報告書の提出
②　共益債権化の承認（120条）と承認後の裁判所への報告書の提出
③　債権者説明会（規則61条）へのオブザーバーとしての出席

上記の3つの業務のうち，ここでは①と③を中心に説明する（②の詳細は13参照）。

(2)　報告書（意見書）の作成・提出

(a)　報告書（意見書）作成のための調査の手法　　再生手続開始申立てから再生手続開始決定までは概ね1〜2週間程度であり，裁判所は監督委員の報告書（意見書）の提出を踏まえて再生手続開始決定を行うのが通例である（事案にもよるが，申立ての当日に開始決定の場合もある）。監督委員は限られた時間内に，再生手続開始の申立棄却事由（25条）の有無を調査し，特に問題がなければ，報告書（意見書）はA4判1枚の定型のもので足りるとされている（資料24）。

(b)　申立書類の検討や再生債務者関係者へのリサーチ　　監督委員は，民事再生法25条の申立棄却事由を意識しながら，申立書及び添付書類を検討し，申立てに至った経緯や，再生計画立案の大まかな見通し（収益弁済型か事業譲渡型（スポンサー型）か等）を調査する。その過程で，申立書に添付された資金繰り表に明らかな無理がないか等もチェックしておくほうがよい。

また，申立書類を検討する中で不明な点が出てくれば，必要に応じて申立代理人，さらには再生債務者代表者や主要な従業員から事情聴取することも考えられる（実務上，監督命令発令の前後に，裁判所で監督委員（候補者）と再生債務者関係者の顔合わせがなされることも多いので，再生債務者関係者への事情聴取については，この機会を利用するとよい）。例えば，過去数期の税務申告書に大きな数字の変動があれば，この点について必要な範囲で質問することが考えられるし，商業登記簿上，申立直前に組織再編や役員の大幅な変更等がなされている事実が認められれば，その経緯・理由について質問することが考えられる。

(c)　債権者説明会への出席や主要な債権者の動向のリサーチ　　監督委員

は，再生手続開始の申立直後に開催される債権者説明会（規則61条1項。5参照）には，できるだけオブザーバーとして出席して，再生手続開始申立時点での債権者の考え方を知っておくほうがよい。また事案によっては，監督委員が債権者集会で各債権者にアンケート用紙を配布する等して，債権者の意向を確認する場合もある（Q＆A150頁参照）。もっとも民事再生法25条3号が定める申立棄却事由は，再生計画案の作成や可決又は再生計画の認可の見込みがないことが「明らかであるとき」である。また，当初は再生手続に強硬に反対していた債権者が，その後の経営環境の変化や，再生債務者の努力等によって，最終的には賛成に転じる事案も少なくない。したがって，監督委員としては，申立直後の債権者の意向を過度に重視した結果，本来は再生可能性がある事案（再生可能性が一切認められない事案のほうがむしろ稀である）についてまで，申立棄却事由ありとの意見を述べることのないよう注意を払う必要がある。

　なお，債権者説明会においては，債権者から再生手続における監督委員の地位，権限等を誤解されないよう，発言内容のみならず着席位置等についても配慮しておく必要がある。また，債権者説明会の結果は，再生債務者がその結果の要旨（議事録の要旨）を裁判所に報告することが義務付けられているので（規則61条2項），再生債務者がこれを失念することのないよう注意を促しておく（議事録には，質疑応答の内容が詳しく記載されていることが望ましい。資料21参照）。

Ⅲ　同意申請に対する監督委員の対応

　監督命令において，監督委員の同意を得なければ再生債務者がすることができない行為が指定される（54条2項）。これは，再生債務者の一定の行為に対して監督委員に同意権限を与えることで，再生債務者の業務遂行及び財産の管理処分を適正に行わせようとするためのものである。同意権限の適正な行使は，監督委員の重要な職務の一つである（21参照）。

　再生債務者から同意申請がなされた場合，監督委員は，当該行為が再生債務者の資金繰りに支障を与えないか，あるいは一部の再生債権者を利する結果とならないか等に留意しつつ，同意するか否かを決定する。この過程で，再生債務者の説明が不十分と思われる場合には，再生債務者に対して追加資料の提出等を求めることもある。もっとも再生手続は，再生債務者に事業の遂行や財産

の管理処分を委ねて再生を図ることに最大の特徴がある（38条1項）。したがって，経営判断に関わるような事項について同意申請がなされた場合，当該申請の内容に特段不合理な事由がないと考えられるのであれば，監督委員は，基本的には再生債務者の判断を尊重すべきである。監督委員が同意してはならないのは，申請の内容が明らかに違法な場合や再生債務者の裁量を著しく逸脱しているような場合であると考えられる（監督86頁参照）。

IV　月次報告についての監督委員の関与

　裁判所は，再生手続開始決定において，再生債務者に対し，毎月1回，業務及び財産の管理状況を書面をもって報告することを命じる（125条2項。22参照。なお，各地裁の運用等はQ＆A340頁参照）。この報告書類は一般に月次報告書と呼ばれる。なお，月次報告書は，監督委員にも提出される。

　月次報告書には，当月の業務の状況や財産の管理状況を簡潔に記載したうえで，月次試算表あるいは資金繰り実績表を添付するのが一般的である（資料29）。

　監督委員は，月次報告書を通じて，再生債務者の現状，具体的には，①資金繰りに問題がないか，②業務は順調に進んでいるか，③資産は適切に管理されているか等をチェックする。同時に，監督委員は，補助者の公認会計士にも月次報告書を交付し，問題点の有無についてチェックを求めるのが通常である。

　このようなチェックの過程で，監督委員が再生債務者の資金繰り等に問題点を発見したときは，適宜，再生債務者に注意を促すほか，事案によっては，今後の受発注の見込み等について報告を求めることがある。また，月次報告書は，再生債務者の現状を知るために重要な資料であるから，所定の期限に提出されない場合には，監督委員から再生債務者に対して早期の提出を促すこともある。

V　財産評定への監督委員の関与

(1)　財産評定の重要性

　財産評定は，再生債務者の正確な財産状況を，債権者及び利害関係人に適切に開示することを目的に行われる（124条）。財産評定は，再生債務者の財産状況の正確な把握の資料になるとともに，再生計画案について，債権者が賛否を判断し，裁判所が清算価値保障原則を充足しているか否かを判断するための資

料として，重要な機能を有する（詳細は25参照）。

(2) 監督委員の関与の仕方

　監督委員は，再生計画案について不認可事由（174条2項各号）の有無を調査し，意見を述べることになっているから，清算価値保障原則（同項4号）の判断資料となる財産評定が適正に行われているかをチェックする必要がある（43参照）。財産評定の内容に疑義があるとき等は，裁判所は，職権又は申立てにより評価人を選任して，再生債務者の財産の評価を命じることができるが（124条3項），実際に評価人が選任されることはほとんどない。実務上は，監督委員補助者の公認会計士が再生債務者の財産状況を調査し，その報告を受けた監督委員が必要に応じて再生債務者に対して，追加資料の提出を求めたり，再生手続の進行に関する協議の一環として指導・助言することがある（Q&A163頁参照）。

VI　債権調査への監督委員の関与

　再生手続は，DIP型の手続であり，届出のあった再生債権に対する債権認否も，再生債務者自身が行う（101条）。監督委員は，監督命令で定められた事項についてのみ監督権限を有するにすぎず，実務上も，監督命令の内容に債権調査に関する事項が盛り込まれているわけではない（Q&A336頁参照）。

　大阪地裁等一部の裁判所では，再生債務者の認否書提出期限から数日内に，監督委員に対して認否書のチェックを求めることがある。しかし，監督委員が債権調査に主体的に関与することは法律上予定されていない。また，監督委員は，再生債務者の業務状況について詳細な情報を持っているわけではなく，個々の債権の認否のチェックのために与えられた時間も限られている。したがって，監督委員が認否書のチェックをするとしても，一見して内容に問題があることが明らかな場合等に限定されるであろう（37，38参照）。

VII　事業譲渡型再生についての監督委員の関与

　事業譲渡型再生において，監督委員は，事業譲渡に関する裁判所の許可（42条1項1号）や事業譲渡等を内容とする再生計画案について，調査報告書（意見書）を提出するという形で関与することが一般的である（資料53）。また，近時，東京地裁や大阪地裁における標準的な監督命令における同意事項には，ス

ポンサー選定手続におけるスポンサーとの契約締結等も含まれており（運用指針93頁，6民実務106頁，㉑参照）。監督委員は，スポンサー選定過程の公正性や譲渡代金の相当性につき調査報告をするにあたり，スポンサー選定手続の段階から，再生債務者，申立代理人と，手続の進め方やスケジュール等について十分な情報交換をするよう努めることになる。スポンサー選定過程の公正さに疑義が生じ得るケースでは，申立代理人と監督委員が情報交換・協議のうえ，適宜，手続の是正を図る場合もある。

Ⅷ 再生計画案に対する監督委員の意見

監督委員は，再生債務者の提出した再生計画案に対し，民事再生法174条2項記載の不認可事由の有無につき調査し，調査報告書（意見書）（資料42）を提出する。これは，監督委員の中心的業務である（詳細は㊸参照）。

実務上は，調査報告書の作成前に，監督委員と再生債務者との間で質疑応答がなされることが多い。また，監督委員が，決議のための債権者集会にも出席し，調査報告書の内容について，必要に応じて補足説明する場合もある。

Ⅸ 役員責任の調査・追及の際の監督委員の関与

再生手続において，役員責任の調査・追及は，再生債務者が行う（㉗参照）。ただし，事案によっては，監督委員自身が，役員の違法行為の有無について調査し，必要に応じて，申立代理人に調査を求めたり，自らの調査結果を再生計画案についての調査報告書（意見書）に記載することがある。

Ⅹ 否認権の行使

民事再生法では否認権の行使権者は，DIP型では，否認権限の付与を受けた監督委員とされている（135条・56条）。再生手続の透明性を確保するために，監督委員として否認権を行使する必要性が生じる事案もあるので，監督委員は，このような点にも注意して業務を行う必要がある。ただし，監督委員が否認権行使をした結果として，その相手方と再生債務者が敵対関係に陥り，再生手続の進行に障害を与えるケースもあり，破産管財人が否認権を行使する場合とは別異の留意事項もあるので注意を要する（㉘参照）。

XI 監督委員による再生計画の履行監督

再生計画認可決定が確定した場合，監督委員は再生債務者の再生計画の遂行を監督することになる（186条2項。なお，監督委員による再生計画の遂行の監督は再生計画認可決定確定後，最長3年間である。188条2項参照）。

再生計画の弁済期ごとに，再生債務者から弁済の報告があるので（資料57），これを確認した後に，裁判所にその旨報告する（48参照）。

再生債務者が再生計画どおりの弁済を行っている場合，監督委員の監督の程度は，それほど厳しいものである必要はない。しかし，再生計画の適正な履行に疑問が持たれる場合（例えば，再生債務者側から弁済に関する連絡がなされないとか，再生計画の履行中に申立代理人が解任された場合）には，監督委員から再生債務者側に状況報告を求めて，その結果を裁判所に報告する等，積極的な行動が要求されるケースもあると思われる（Q＆A167頁参照）。

XII 再生手続の終結申立てに対する監督委員の意見

再生債務者の再生手続の終結申立て（188条2項）に対し，裁判所から監督委員の意見を求められた場合は，意見書を提出することになる。監督委員が選任されている場合の再生手続の終結事由は，①再生計画が遂行されたとき，又は②再生計画認可決定確定後3年を経過したときである。

なお，再生手続終結決定があった場合，監督命令は，その効力を失う（同条4項）。

XIII 個人の通常再生

通常の再生手続は，個人（自然人）でも可能であり（2条1号参照），個人再生手続が利用できない場合（いわゆる無担保再生債権の総額が5000万円を超える場合）などで利用されることがある。個人の通常再生では，予納金の低廉化が図られているほか（運用指針60頁，6民実務21頁，11参照），スケジュールや履行監督等でも一定の配慮がされている（運用指針533頁以下，6民実務12頁以下参照）。

48 再生計画の履行

I 再生計画の履行
(1) **再生計画に基づく弁済と弁済報告**

再生計画認可決定確定により,再生債務者には速やかに再生計画を遂行する義務が課せられ,再生計画の定めに従った弁済が必要となる(186条1項)。

再生債務者は,債権者に再生計画に基づく弁済を行う旨を通知し,振込先を確認し,第1回の弁済を行えば,振込明細等の資料(ただし,そのまま提出すると,債権者の銀行口座が明らかになってしまうので,配慮が必要である)を添付し,監督委員に報告する。その後,監督委員が裁判所に報告する。第2回以降の弁済についても同様である。なお,代位弁済や債権譲渡に伴う債権者の変動や,別除権の不足額確定等の報告も併せて行っておく。

(2) **再生債権者が受領しない場合**

再生計画における弁済の履行地を再生債務者の住所地や申立代理人の事務所所在地としておくことで,供託場所が債権者の住所地とならないようにし,また,取立債務とすることで,債権者と連絡が取れなくなった場合でも,受領遅滞として必ずしも供託を要しないようにしておく。ただ,早期の終結を望む場合(188条2項「再生計画が遂行されたとき」)は,弁済供託せざるを得ないであろう。

II 定期報告

再生計画認可後は,定期報告が2ヵ月に1度になり,監督委員宛となる。

III 再生計画の変更
(1) **有利変更**

例えば,「毎年3月末日までに」として10年分割払いする再生計画で,各期限を前倒しして再生債権の弁済を行う場合は,再生債務者側で期限の利益を放

棄して弁済するだけであり，計画変更申立ては不要である（187条1項。なお，この点につき，新注釈下174頁，伊藤1035頁を参照）。

また，事業譲渡後の清算型の再生計画で，例えば，第1回弁済後，第2回弁済を清算終了後の最終弁済としていたが，清算業務に時間がかかり，その間に第2回弁済を行うことにするような場合には，債権者にとって有利な変更であり，裁判所に再生計画変更申立てを行い，変更決定を受け（187条1項），第2回弁済を行う。再生計画の変更は，再生手続終了までの間に限られる。

(2) 不利益変更

債権者に不利益な変更を行う場合には，再生計画案の決議と同様の手続が必要となる（187条2項。44参照）。ただし，不利益を受ける債権者についても，従前の再生計画に同意し，かつ，変更計画案について議決権を行使しない者は，同意したものとみなされる。例えば，期限を前倒しして再生債権を弁済する際に，中間利息控除を行う旨の変更は，不利益変更に該当する。なお，当初の再生計画の中に，裁判所の許可を得て中間利息控除後の一括払いをすることがある旨の定めを入れておく工夫もあり得る。

また，収益弁済型の再生計画を履行中に，事業譲渡・一括弁済型に変更する場合も不利益変更となり得る（条解230頁参照）。

IV 再生手続の終結

再生計画を遂行した場合，又は，認可決定確定後3年経過後，再生債務者から再生手続終結の申立てを行う（資料58）。再生計画が10年分割払いであっても，認可決定確定後3年経過により裁判所は再生手続終結決定を行い，再生手続は終了することになる。これに伴い，監督委員の任務も終了する。ただ，申立代理人としては，顧問契約を継続する等して，その後の履行確保のために必要に応じて債務者に助言することになる。

V 再生計画の取消し

再生計画認可確定後，再生債務者が履行を怠った等の事由がある場合には，再生債権者の申立てにより，裁判所は再生計画の取消決定を行うことができる（189条1項）。再生計画の取消しの申立てには再生債権者の認識や時期の制限が

あり（同条2項），再生計画の履行を怠ったことを理由とする再生計画の取消しの申立てのためには，権利の全部について裁判所が評価した額の10分の1以上に相当する債権者であること等の要件がある（同条3項）。再生計画の取消しの決定が確定した場合には，再生債権は原状に復するので，再生計画に基づく権利変更がなかったものと扱われることになる。また，再生債務者に破産原因があれば，牽連破産となる（250条。49参照）。

VI 再生手続の廃止

再生計画認可確定後に再生計画が遂行される見込みがないことが明らかになったときは，裁判所は，再生債務者，監督委員らの申立てにより，又は，職権で再生手続廃止決定を行うことになる（194条）。廃止決定が確定すると再生手続が終了し，牽連破産となる（250条。49参照）。

49 再生手続から破産手続への移行・手続廃止後の事業譲渡

I はじめに

　再生手続が廃止等された場合，牽連破産の可能性が生じる（250条）。その際の混乱を防ぐために，申立代理人の果たすべき役割は非常に重要である。事業の再生の見込みがなくなったにもかかわらず再生手続を漫然と継続して手続廃止のタイミングを逸し，再生手続から破産手続へスムーズに移行されないような事態が生ずると，その間に再生債務者の財産が事実上散逸し，また，租税等の共益債権者による差押えにより再生債務者の財産が減少する危険が大きい。

　牽連破産としての破産手続開始決定は，①再生手続開始決定前（再生手続開始申立ての棄却，25条・250条），②再生手続開始決定後再生計画認可前（再生手続廃止，再生計画不認可，174条・191条以下・250条），及び，③再生計画履行中（再生手続取消し，再生手続廃止，189条・194条等・250条）の各段階でなされ得る。この点，上記①～③の棄却，廃止等の決定が確定するまでは，職権での破産手続開始決定ができないため，再生債務者の財産を保全・管理することから，職権で保全管理命令（251条1項，破91条2項）が発令される。以下では，まず，もっとも典型的な②の場面について述べ，必要に応じて，①，③の場面について触れる。

　また，実務上，スポンサー候補者が現れたものの，当該候補者から提示された事業譲渡代金額を前提とすると，再生計画案を立案することができず，再生手続の廃止を検討せざるを得ないケースもある。この点，再生手続を廃止するとしても，スポンサー候補者が存在するのであれば，廃止決定後，保全管理人あるいは破産管財人による事業譲渡という方法で事業を再生することも可能なので（具体的なスポンサー候補者が存在しない場合でも，保全管理人あるいは破産管財人による事業譲渡に向けた活動の可能性もある），申立代理人としては，必ずしも，再生手続廃止＝廃業と考えずに，あらゆる選択肢を検討すべきである（後記V）。

Ⅱ 再生手続開始決定後，再生計画認可前の破産手続への移行

(1) 基本的事項

再生手続開始決定後，再生手続廃止の決定が確定した場合は，牽連破産に移行し得る（250条1項）。再生手続廃止の決定がなされる場合としては，①決議に付するに足りる再生計画案の作成の見込みがないことが明らかになったとき，②裁判所の定めた期間内に再生計画案の提出がないとき等，③再生計画案が否決されたとき等である（191条）。

なお，再生手続廃止決定がなされた場合に，職権による破産手続開始決定をなし得るのは，再生手続廃止決定が確定した場合に限られるが，その確定前であっても，破産手続開始の申立てをすることはできるので（249条1項），早期に破産手続開始決定を得る必要がある場合には，その申立ても検討する。

(2) 監督委員及び裁判所との早期の協議と廃止上申

再生手続中に，再生手続廃止の事由が生じるおそれがある場合は，申立代理人としては，事業再生への可能性を追求する意気込みを持ちつつも，他方で，再生手続廃止の時期を逸しないように配慮することも重要である。また，再生債務者代表者らとも十分に意見交換をして，場合によっては，廃止を上申せざる得なくなることについて，理解を得ておくことも重要である。

このような場合には，申立代理人は，監督委員及び裁判所に早期に報告して協議を行い，破産手続への移行がスムーズに実現できるように努める。そして，廃止原因が具体的に生じた段階では，直ちに廃止上申を行うこととなる。

(3) スムーズに破産手続に移行できるように申立代理人がなすべき事項

(a) 従業員の解雇その他事業所閉鎖に伴う対応　再生手続の廃止がなされる際には，従業員を集める等して経緯を説明したうえで解雇通知をし，事業所を閉鎖して，現状の保全に努める必要がある。従業員を解雇する際には，できる限り解雇予告手当や日割賃金（の一部）を支払う原資を確保しておきたい（これらの債権は，開始決定後のものであれば，いずれも共益債権である，119条2号。開始決定前のものについては，122条1項，⑩参照）。また，離職票の作成，社会保険関係手続その他退職に伴う諸手続が迅速に進められるように対応し，再生手続に協力してきた従業員のその後の生活への配慮をする。賃金，退職金の支払資金が不足する場合には，独立行政法人労働者健康安全機構の未払賃金立替払

制度の利用も検討する（ただし，未払賃金等の立替払請求に際して作成する未払賃金の証明書は，再生債務者代表者名又は破産管財人名にて作成することを要し，保全管理人名で作成することができない。賃金の支払の確保等に関する法律施行規則17条2項，12条1号柱書，民事再生法2条2号。なお，解雇予告手当は立替払制度の対象とならない。同制度の詳細は，吉田清弘＝野村剛司『未払賃金立替払制度実務ハンドブック』（金融財政事情研究会）参照）。また，破産手続における財団債権と優先的破産債権の区分にも留意する（252条5項，破149条1項）。例えば，再生手続廃止の局面において，①廃止決定前に退職するか，②廃止決定後の保全管理期間中に退職するかによって，従業員の退職金請求権の処遇が異なる可能性がある（実務331頁参照）。

従業員に解雇通知をすると，再生手続廃止の情報が一挙に取引先，関係者に伝わることになりやすいので，直ちに事業所を閉鎖して，再生債務者の財産の現状を保全するよう努めるべきである。

上記各手続を円滑に進めるためには，情報管理に十分に留意しつつも，再生債務者人事担当者の協力を得て，各種手続の必要書類及び情報整理作業を，予め進めておくことが必要となる場合もある。

（b）財産の保全　申立代理人は，廃止決定時点の再生債務者の財産をできる限り保全し，保全管理人（251条，破91条2項）に円滑に引き継ぎ，保全管理業務，ひいては破産管財業務が円滑に進行するよう十分配慮する必要がある。

例えば，建築請負会社の再生事件において，再生手続開始後の仕掛工事があり，破産手続開始決定により工事を中止する場合，その工事についての下請負先に対する下請負代金債務は，再生手続上は共益債権であるが，破産手続に移行した場合は財団債権となり（252条6項），再生債務者が工事請負人として仕事をした出来高は破産財団に帰属するので，申立代理人は，その下請負代金債務及び出来高を確定しておくことが望まれる。この作業が杜撰であると，財団債権について不必要な混乱を招き，また出来高について適正な回収を図れない可能性がある。すなわち，破産管財人が破産法53条を有効に活用できないこととなる（⑲参照）。

（c）財産目録等の整備　次に，再生債務者の財産等についての，保全管理人への引き継ぎが申立代理人の重要な業務となる。その際，債権者一覧表及び

財団債権者一覧表等の作成と財産目録を作成することが必要であるが，その中で，とりわけ重要となるのは，正確な財産目録の整備である。

上記のとおり，再生手続廃止決定が確定するまでは職権の破産手続開始決定ができないので，再生手続廃止決定と同時に，保全管理命令がなされる（251条1項1号，破91条2項）。通常の運用では，監督委員がそのまま保全管理人に任命される。しかし，監督委員は，その段階では，再生債務者の財産等について，詳細に把握できていないことが多い。なぜなら，その段階では，財産評定（124条）がなされていない場合もあるし，財産評定がなされていたとしても，廃止決定までの間に変動があり得るからである。その段階で，再生債務者の財産等を最もよく把握しているのは，再生債務者本人（代表者）を除いては，申立代理人のみである。したがって，申立代理人は，保全管理人に速やかに，かつスムーズに再生債務者の財産等を引き継ぐべく，再生債務者の正確な財産目録を整備し，保全管理人に提出すべきである。これが遅れると，保全管理人は，再生債務者の財産の管理を円滑に始めることができず，財産散逸の危険が増大する。申立代理人は，通常の破産申立てと同様の財産目録を整備して，保全管理人に提出すべきである。

これは，保全管理人から引き継ぎを受ける破産管財人にとっても重要である。なぜなら，破産管財業務は，初動が肝要であり，初動いかんによって破産財団の形成が左右される場合が多く，破産管財人が初期の段階で迅速に換価を開始するためには，財産目録が整備されていることが特に重要だからである。

(d) 包括的禁止命令等の検討　再生債務者に税金等の滞納があり，差押え等の危険がある場合は，申立代理人は，裁判所に包括的禁止命令を発令してもらうことも検討すべきである（251条1項1号，破25条2項。運用指針514頁，6民実務402頁参照）。

また，リース物件の返却等の手続に，早めにとりかかることも検討する。

なお，保全管理人は，破産手続開始決定後，管理にかかる再生債務者の財産等を破産管財人に引き継ぎ，裁判所に報告書を提出するが（破94条），その内容は，保全管理期間中の財産目録及び収支計算書が中心となる。

(e) 手続の合理化と手続相互の調整　牽連破産の場合，破産裁判所は，一定の要件の下，相当と認めるときは，先行していた再生手続で再生債権として

届出のあった債権については，破産手続において破産債権としての届出を要しない旨の決定をすることができ（253条1項），手続を合理化できる。

また，破産手続における相殺禁止及び否認との関係においては，再生手続開始申立てをもって破産手続開始申立てとみなす旨の規定がある（252条，破71条・72条・160条・162条等）。他方，再生手続上，債権届出期間を経過して相殺権を行使し得なくなっていた債権者（92条1項）は，破産手続においてその制約から解放され，新たに相殺権を行使し得る余地が生じる。

Ⅲ　再生手続開始申立後，再生手続開始決定前の破産手続移行

(1)　再生手続開始申立取下げの制限

再生手続開始決定前であれば，再生手続開始申立ての取下げは可能であるが，再生手続開始決定前でも，他の手続の中止命令（26条1項），包括的禁止命令（27条），その他の保全処分（30条1項），担保権実行手続中止の命令（31条1項），監督命令（54条1項），保全管理命令（79条1項）及び否認権のための保全処分（134条の2第1項）等がされた後は，取下げについて，裁判所の許可を得なければならない（32条）。

通常の運用では，再生手続開始申立てと同時に弁済禁止等の保全処分の申立てがなされ，その日のうちに弁済禁止等の保全処分及び監督命令が発令されるので（7参照），再生手続開始申立ての取下げには裁判所の許可が必要となる。また，裁判所が取下げの許可を出さずに，再生手続申立棄却決定（以下「申立棄却決定」という）をした場合，再生債務者に破産手続開始原因があると認められるときには，申立棄却決定確定後に，職権にて，破産手続開始決定を行うことができる（250条1項）。

(2)　審尋及び送達への協力

以上の状況で，破産手続開始決定がなされる場合に，まず，申立代理人として留意するべきことは，申立棄却決定にあたっての，再生債務者への裁判所の審尋及び申立棄却決定の送達に協力することである。

破産手続開始決定は，申立棄却決定確定後でないとできないので（250条1項），申立棄却決定が，再生債務者に送達されないと，同決定は確定せず，その後の手続が進まない。また，通常の運用では，再生債務者の審尋を経て申立

棄却決定がなされるという手順が踏まれる。そのため，審尋及び申立棄却決定の送達がスムーズに行われる必要がある。

再生手続開始を申し立てたものの，その後の事情により，再生手続が開始されないような事案では，再生債務者が動揺・混乱している場合が多いので，再生債務者の審尋への出頭の確保及び申立棄却決定の再生債務者への送達が，重大な問題となり得る場合も多く，裁判所・監督委員が工夫を凝らす場合がある（例えば，再生債務者の審尋への出頭の確保のため，申立代理人が，再生債務者代表者との裁判所への同行方法に，特別に工夫を凝らす場合もあるし，再生債務者への送達の確保のため，審尋後，送達の段取りが済むまでの間，再生債務者代表者に，裁判所において，そのまま待機してもらう場合もある）。その際に，再生債務者に最も近い立場にいる申立代理人の役割は非常に重要である。

(3) 従業員の解雇等

申立棄却決定がなされることが不可避となった状況の下では，速やかに従業員への解雇通知の実施時期について検討する。その際，解雇予告手当，未払賃金の支払原資の確保及び退職に伴う諸手続等，上記Ⅱ(3)(a)で記載した点に配慮することを要する。

(4) 財産保全への協力等

再生手続開始申立てを棄却する決定がなされると，ほとんどの場合，同時に保全管理命令等の保全処分が発令される（251条1項1号，破91条2項）。申立代理人として，再生債務者の財産を保全し，速やかに保全管理人に引き継ぐべきこと等は，上記Ⅱの場合と同様である。

Ⅳ 再生計画履行中の破産手続移行

(1) 基本的事項

再生計画認可後においても，再生手続の係属中に再生計画が遂行される見込みがないことが明らかになった場合等には，再生手続が廃止され，破産手続に移行する場合がある（194条・250条）。また，再生手続終結後を含め，再生債務者等が再生計画の履行を怠った場合等には，再生債権者の申立てにより再生計画が取り消され，破産手続に移行する可能性が生じる（189条・250条。48参照）。

(2) 申立代理人の留意事項

破産手続開始決定が，再生計画履行中になされる場合も，申立代理人が果たすべき役割は，前述と同様であるが，破産手続開始決定が，再生計画履行中になされる場合は，財産評定時から相当な時間が経過しているので，破産手続開始決定時の財産目録の内容と，財産評定の内容に違いが生じている場合が通常である。そして，不動産の任意売却等，重要な財産の譲渡・処分は，業務遂行状況報告書を通じて，監督委員に報告されているが，そうでない財産の移動の詳細までは，報告されていない。その場合，申立代理人は，その移動の詳細についての経緯及び理由を保全管理人及び破産管財人に説明することを要し，またそのことが，その後の手続進行において重要なこととなる。この点，破産管財人は，必ず，財産目録と財産評定後の財産の移動の経緯及び理由を調査するが，申立代理人によるそれらの点の説明が不十分であると，破産管財人が，債務者（破産者）に対して無用の疑心を抱く元となりかねず，調査に長時間を要して破産手続を長引かせることにもなりかねない。

　なお，再生計画取消決定が確定した場合には189条7項により，また，再生手続廃止決定の確定により破産手続開始の決定がなされた場合等には190条1項により，再生計画により変更された再生債権は原状に復し，これに関連して権利関係が複雑となる点に留意すべきである（48参照）。

V　再生手続廃止後の事業譲渡

　再生手続を廃止せざるを得ない場合であっても，一応，スポンサー候補者が存在するのであれば，申立代理人としては，裁判所及び監督委員に対し，経緯の詳細を報告し，事業再生の可能性として，再生手続廃止後の保全管理人あるいは破産管財人による事業譲渡を検討すべきである（具体的なスポンサー候補者が存在しない場合でも，保全管理人あるいは破産管財人による事業譲渡に向けた活動の可能性もある）。再生手続廃止後の保全管理人あるいは破産管財人による事業譲渡については，手引466頁の事例紹介が参考になる。

　なお，保全管理人による事業譲渡について，再生債務者が株式会社の場合は，株主総会の特別決議による承認（会467条1項1号・2号・309条2項11号）が必要である（手引446頁参照）。

50 国際事案の取扱い

I 総論

　日本国内において民事再生を申し立てようとしている会社について，海外に資産や子会社が存する場合がある。そのような場合，日本国において民事再生手続が開始された場合，当該会社の海外の資産にその効力が及ぶのか，海外の子会社の処理が必要な場合にいかなる手続が考えられるか，といったことが問題となる。いわゆる国際倒産が問題となるケースである。

　国際倒産とは，複数の国に財産を所有し，又は事業活動を行っている自然人又は法人が，その複数の国の1つ以上の国で法的倒産処理手続に入った状態をいうとされている（実務352頁参照。外国倒産処理手続の対内的効力，並行倒産については運用指針526頁以下参照）。

II 海外に資産がある場合

　民事再生法38条1項括弧書は，国内でとられた再生手続の対外的効力について，属地主義ではなく，普及主義をとり，再生債務者，保全管理人，（再生）管財人の財産処分権については，日本国内にあるかどうかを問わないとしている。しかし，日本の民事再生法においてかかる規定がなされているからといって，同法の規定による効力が他国に存する在外資産に当然に及ぶものではない。在外資産について，債権者による回収を防ぐためには，当該資産が存する国において，日本で開始された再生手続の承認援助手続をとる必要がある。また，当該国において承認援助手続が存しない場合には，当該国における倒産処理手続の申立てを検討する必要もある。

　一方，在外資産の価値や当該承認援助手続をとるコスト，あるいは，当該国における承認援助手続，倒産処理手続の申立ての可否及びコストから，特段の手続をとらないことも考えられる。そのような場合に，再生手続開始の決定後に再生債権者が当該資産から弁済を受けた場合には，他の再生債権者が自己の

受けた弁済と同一の割合の弁済を受けるまでは，再生手続により弁済を受けることができない（ホッチポット・ルール。89条2項）とされており，公平性を図ることができる。なお，再生債権者が再生計画に基づく弁済を受けた後に，再生債務者の在外資産に対して権利を行使して再生債権について弁済を受けた場合は，再生計画に基づく弁済額のうち在外資産による弁済額に相当する金員の支払を無効なものとし，再生債務者は，当該再生債権者に対し当該金員の返還を求めることができると再生計画で定めた事例があるとのことである（運用指針523頁参照）。

Ⅲ 海外に子会社がある場合

在外子会社がある場合，日本国内の会社の再生手続開始の申立てにより，当該在外子会社の事業継続に影響があるか否かを検討する必要がある。その上で，影響がある場合には，それを受けての対応策を検討する必要がある。選択肢としては，当該在外子会社について，当該国において倒産処理手続を申し立てる，国内の再生事件と事実上一体として処理する，当該在外子会社を売却する，などが考えられる。在外子会社の倒産処理手続や売却については，現地の法制度の理解が不可欠であるため（法制度の確認なく現地に行くことについてリスクがある場合もある），当該国の専門家の協力が必要である。もっとも，コストが高くなる場合もあるため，方針決定においては，事前に見積りをとるなどして，コストを把握することも必要である（その他在外資産や海外子会社の問題点についてはNBL1107号60頁以下，1108号58頁以下参照）。

Ⅳ 債権者が海外にいる場合

外国債権者も，再生債権者として扱われ，債権届出書は日本語で記載することを要し（裁74条），添付資料には日本語の訳文を添付する必要がある（規則11条，民訴規138条）。再生手続開始決定の通知も日本語のものを送れば足りるが，実務的には，事案に応じて英語の訳文を添付していると思われる（外国債権者の債権届出については運用指針528頁以下参照）。

51 債権者によるDIP型再生手続の是正

I DIP型手続としての再生手続の基本的な枠組み

　再生手続では，再生債務者は業務の遂行権及び財産の管理処分権を保持し続けて行使するのが原則である（38条1項，DIP型）。もっとも，再生債務者はこれら業務遂行権及び財産管理処分権を無制約・無制限に行使できるわけではなく，債権者に対して公平誠実にこれらの権利を行使して再生手続を遂行する義務を負う（38条2項，公平誠実義務）。また，これら権利の行使状況等について，裁判所や監督委員は再生債務者に対して報告等を求めることができる（125条2項・59条，なお，再生債務者が監督委員に対する報告を拒む等したときの刑事罰について258条）。さらに，再生債務者がその常務に含まれない財産の処分や譲受けその他裁判所が定める一定の行為をするには，裁判所の許可又はこれに代わる監督委員の同意を得なければならない（41条1項・42条及び54条2項）。裁判所の許可ないしこれに代わる監督委員の同意を要する行為を債務者がこれらの許可ないし同意を得ないで行った場合，その再生債務者の行為は無効とされ（41条2項本文・54条4項本文），裁判所は監督委員等の申立て又は職権で再生手続廃止の決定をすることができる（193条1項2号）。

II 再生債務者の違法・不適切な権利行使とその是正

　つまり，業務遂行権及び財産管理処分権は再生債務者に保持・行使させることとした上で，その権利行使に一定の制約・制限を課するというのが再生手続の原則的・基本的な枠組みであり，再生債務者がこの枠組みの下で再生手続の円滑な進行に努める限り，その活動はできる限り尊重されなければならないものとされている（規則1条3項）。

　しかし，再生債務者やその代理人がその権利を適法・適正に行使せず，あるいは，そのおそれがある場合，手続を是正することが必要となる。

　この点，再生債務者による業務執行権及び財産管理処分権の行使について

は，裁判所及び監督委員が，再生債務者やその代理人による報告（125条2項・59条）や裁判所の許可やこれに代わる監督委員の同意（41条1項・42条・54条2項）といった手続を通じて適正化することがまずもって予定されている。そこで，債権者が再生債務者やその代理人の違法・不適切な行為ないしそのおそれを発見した場合，債権者としては，裁判所及び監督委員に対してその事実を報告する等して，裁判所及び監督委員がその権限を行使して違法・不当な行為を防止・是正するよう促すことが考えられるのであり，実際にも多くのケースはそれで足りると思われる。

　しかし，稀にではあるが，再生債務者が業務遂行権及び財産処分管理権を濫用して違法・不当な行為を繰り返すケースが存在する。このような場合に，債権者がより主体的・積極的に再生手続の是正を図る方法として，①債権者委員会の活用（117条），②管理命令の申立て（64条），③他の倒産手続の申立てといった対応が考えられる。

Ⅲ　債権者委員会の活用

　再生手続では，アメリカ連邦倒産法第11章を参考にして債権者委員会の制度を導入している（117条以下）。債権者が組織した債権者委員会について，裁判所は，利害関係人の申立てによって，当該委員会が再生債権者全体の利益を適切に代表していることその他法が定める要件（117条1項及び規則52条）に該当すると認定した場合，当該委員会が再生手続に関与することを承認することができる。この場合，債権者委員会には，裁判所等に対する意見表明（117条2項・3項）や報告命令の申立て（118条の3）その他の権限が認められ，これを通じて債権者は再生手続により深く関与することができる。もっとも，属性，債権額，保全状況等が異なる多数の債権者について，「債権者全体の利益を適切に代表」する債権者委員会の組成は容易でなく，債権者委員会はほとんど活用されていないのが実情である（制度の詳細は，23，伊藤827頁参照）。

Ⅳ　管理命令の申立て

　管理型の倒産手続である破産手続や会社更生手続と異なり，再生手続では，再生債務者は業務遂行権及び財産管理処分権を保持・行使し続けるのが原則で

あるが（38条1項，DIP型），再生債務者が再生債務者に与えられた業務遂行権あるいは財産管理処分権を濫用して違法・不当な行為を繰り返すケースについては，Ⅱ及びⅢの対応・対処には限界があるといわざるを得ない。

この点，再生手続は，再生債務者が公平誠実義務（38条2項）を遵守せずに業務遂行権や財産管理処分権を濫用する場合，再生債務者からこれらの権利を剥奪する制度を用意している。つまり，裁判所は，再生債務者の財産の管理又は処分が失当であるときその他再生債務者の事業の再生のために特に必要があると認めるときは，利害関係人の申立てにより又は職権で，再生手続開始決定と同時に又はその決定後，再生債務者の業務及び財産に関し，管財人による管理を命ずる処分をすることができる（64条，管理命令）。管理命令が発せられた場合，再生債務者は業務遂行権及び財産管理処分権を剥奪され，これらの権利は管財人に専属する（66条1項）。

以上のとおり，再生債務者が業務遂行権や財産管理処分権を濫用して違法・不当な行為を繰り返すケースについては，債権者は管理命令の申立てにより，手続の是正を図ることができる。この管理命令の申立ては，債務者が申し立てる再生手続の開始決定の前でも後でも行うことができる。

Ⅴ 他の倒産手続の申立て

以上に対して，そもそも，債務者が申し立てた再生手続に基づく処理が適当でないと債権者が考える場合，まずは，債務者による再生手続開始申立てを棄却すべきことを裁判所及び監督委員に対して意見表明することが考えられるが，さらに，債権者自らが他の倒産手続を申し立てることも考えられる。

(1) 事業の収益性・継続性が認められない場合

まず，債務者事業に収益性・継続性が認められず速やかに清算すべきであるにもかかわらず，債務者が再生手続を濫用して現金預金その他債権者の回収の引当てとなるべき資産を徒らに散逸，毀損するおそれが高いと見込まれるような場合，債権者は自ら破産手続開始を申し立て（破18条），債務者資産の管理処分を裁判所が選任する破産管財人に委ねることができる（破31条1項・78条1項）。もっとも，債務者が申し立てた再生手続の開始決定があった後は破産手続を申し立てることはできない（39条1項）。また，債務者が申し立てた再生手

続と債権者が申し立てた破産手続が競合する場合，原則として再生手続が優先することになるので，債権者は破産手続によることが債権者の一般の利益に適合することを立証しなければならない（25条2号）。なお，債権者による破産手続開始の申立ては，債務者事業を速やかに清算すべき場合だけでなく，ある程度の譲渡対価をもって債務者事業を譲り受けて雇用や取引関係を引き継ぐ者の存在が見込まれるケースについて，破産管財人による早期の事業譲渡（破78条2項3号）を図ることが債権者一般の利益に適合すると認められるような場合にも有効な手段となり得る。

(2) 事業の収益性・継続性が認められる場合

他方，債務者事業には収益性・継続性が認められるものの，債務者に業務遂行権及び財産管理処分権を保持・行使させることが適当でない場合，債権者は管理型の再生手続又は会社更生手続の開始を申し立てることができる。管理型の再生手続について，債権者は，再生手続開始と併せて管理命令を申し立てることができる（21条2項・64条1項）。もっとも，債務者が申し立てた再生手続の開始決定がなされると，債権者はこれと別の再生手続開始を申し立てることはできない（39条1項。なお，債権者は，債務者が申し立てた再生手続について管理命令を申し立てることはできる（Ⅳを参照））。また，裁判所は，再生債務者の財産の管理処分が失当であるときその他再生債務者の事業の再生のために特に必要があると認めるときに限って管理命令を出すことができるので（64条），管理型の再生手続を求める債権者は，この要件を立証しなければならない。他方，債権者による更生手続開始の申立ては，債務者が株式会社でなければならず（会更1条），申立債権者の債権額にも制限があるが（会更17条2項1号），債務者が申し立てた再生手続の開始決定が出た後であっても申し立てることができるし（39条1項），債務者が申し立てた再生手続と債権者が申し立てた会社更生手続が競合する場合にも再生手続が債権者一般の利益に適合すると認められない限りは会社更生手続が優先することとなる（会更41条2号）。

52 経営者保証ガイドラインの活用

I 経営者保証ガイドラインの活用

　法人の債務を民事再生手続の利用により整理する場合，経営者の保証債務も整理する必要が生じる。従前，経営者が自己破産や自身の民事再生の申立てを行い保証債務の整理をすることが多かった。もっとも，自身の債務について法的手続を申し立てることは経営者にとってはプレッシャーであり，かえって法人の早期事業再生の着手の阻害要因となっているとの指摘もあった。

　そのような声を受けて，平成25年12月，「経営者保証に関するガイドライン研究会」において，経営者保証に関するガイドライン（以下「ガイドライン」という）が策定・公表され，翌26年2月より適用が開始されている。これによって，一定の要件のもと，法的手続を申し立てることなく，保証債権者との合意により，保証債務を整理することが可能となり，その実例も積み重ねられつつある。

　民事再生手続の申立てを行った上で保証債務を整理する場合には，私的整理手続による場合に比して，リース債権者や取引債権者で保証債権者となる者が対象債権者となる可能性があり，成立のためにクリアすべき課題は多くなるが，法人の経営者にとっての保証債務の整理は大きな関心事でもあり，ガイドラインを利用することで保証債務の整理についてもソフトランディングを図ることが期待される。

II ガイドライン利用のメリット

(1) 法的倒産手続の回避

　ガイドライン利用によるメリットとして，自己破産・民事再生などの法的倒産手続を免れる点が何より大きい。また，ガイドラインによる債務整理ができた場合，信用情報機関への事故情報登録も回避されることもメリットである。

(2) インセンティブ資産の留保

　また，法人が破産手続を選択した場合と比較した場合の増加額を基準に，保

証債務者において，自由財産相当分とは別にインセンティブ資産を留保して弁済計画を立案することができる点もメリットがある。インセンティブ資産として，一定期間の生計費に相当する現預金，「華美でない自宅」などがある。

現預金は，雇用保険の給付期間の考え方を参考に目安が示されており，自己破産の際の自由財産相当額99万円に加え，最長期間に該当すれば，11ヵ月分の363万円（1ヵ月33万円）が加算され合計462万円を残存資産とすることが可能となる。これは目安であり，事案に応じてさらなる増額も可能である。

また，自宅の担保設定がされていない場合，これを留保することができ，大きなメリットがあるといえる。担保設定がされている場合でも，これを「公正な価額」で一時停止等の後に保証債務者において取得する財産により，5年程度で弁済が可能であれば受け戻すことも考えられ，一方，そのような弁済が困難な場合には，担保権者の理解も得たうえで，親族等に売却することで，居住を確保する方策がとられていることが多いと思われる。

Ⅲ 留意点

(1) 全対象債権者からの同意取付け

本手続は，対象債権者全員の同意が必要となり，成立までのハードルは，法的手続に比して高いことは否めない。前記のとおり，私的整理手続の場合に比して，銀行等以外にリース債権者等の保証債務が対象債権となるケースが多く，対象債権者の数，属性が多岐で，同意を得るのに苦労することが多い。もっとも，ガイドラインの制度の説明や，弁済計画の経済合理性を丁寧に説明すれば，同意が得られる可能性は十分あり，粘り強い説得活動が期待される。同意が得られない債権者がごくわずかな場合，特定調停手続のいわゆる17条決定（民調17条）を求める方策を検討することもある（①参照）。

(2) 再生会社に粉飾があった場合

再生会社に粉飾決算があった場合，主たる債務者の適格要件として，特に弁済についての誠実性，適時適切な財産状況の開示といった要件（GL 7項(1)イ・3項(3)）を欠くのではないか，という点が議論となるが，要件を形式的硬直的に判断せず，ガイドラインによる保護を与えるのが相当ではないと考えられる程度の悪質性や重大性を備えるものに限ると解釈されるべきとされている（小林信明「経営者保証ガイドラインの特徴と利用上の問題点」『ニューホライズン事業再生と金融』（商事法務）53頁，GL QA 3-3，7-4-2参照）。

(3) その他の論点

その他，資産調査の進め方と表明保証，担保資産の処理方法，残余資産の範囲の算定，経済合理性の考え方，インセンティブ資産の算出法，保証債務者の固有債務の取扱い等多数の論点がある。これらも十分検討しながら進める必要がある（詳細は，小林信明＝中井康之編『経営者保証ガイドラインの実務と課題』（商事法務）参照）。

Ⅳ 手続の進め方

(1) 支援専門家としての活動

保証債務者の側に立ち金融機関調整を行う専門家を支援専門家という。再生会社との利害対立がなければ，申立代理人が支援専門家となるケースも多い。

(2) 早期着手の必要性

主たる債務の整理手続の終結後は，インセンティブ資産が認められないため，法人の民事再生手続中でも，経営者の資産調査は早期に着手し，遅滞なく手続を進める必要がある。保証債務者は，資産調査結果の表明保証を行い，支援専門家も保証債務者の表明保証の適正性について確認を行う必要があるので，通帳その他の資料を収集し，評価の必要な資産の評価資料の徴求が必要である。

(3) 整理手続

資産調査後，弁済計画案の作成を進め，特定調停手続による整理を行う場合は，支援専門家において，一時停止等の要請を行った上，申立てに進み，同手続内での成立を目指す（特定調停は，原則として簡易裁判所に申し立てることになるが，再生手続と一体的に手続を進めるために，再生手続と同じ地方裁判所に申し立てることも検討できよう）。中小企業再生支援協議会スキームによる場合は，利用申請を行い，これが認められると中小企業再生支援協議会と債務者の連名で返済猶予等の要請がなされ，弁済計画案に対する専門家アドバイザーによる調査報告書が提出され，同手続内での成立を目指す（前掲『経営者保証ガイドラインの実務と課題』参照）。

なお，全保証債権者から同意が可能であれば，準則的私的整理手続によらず支援専門家等の第三者の斡旋により成立を図ることも可能である（GL QA 7-2）。

第 4 編

書式・資料集

【資料1】委任契約書

委任契約書

株式会社○○○○（以下「甲」という。）と弁護士○○○○（以下「乙」という。）は，本日，以下のとおり合意し，本委任契約を締結した。

第1条（事案等の表示と受任の範囲）
1. 甲は，乙に対して，下記事件（以下「本件事件」という。）の処理を委任し，乙は，これを受任した。
   ① 事件名の表示
      事件名　民事再生手続開始申立事件
   ② 受任内容・範囲
      再生計画の認可決定確定に至るまでの法律手続その他それに関連する一切の法律事務
      但し，再生計画の認可決定確定前に再生手続が廃止された場合は，委任期間は廃止された時点までとする。
2. 甲は，裁判所その他に対する手続に必要な場合には，乙の代理権限を明らかにするための委任状を作成し，乙に交付する。
3. 乙は，本件事件の処理にあたり，乙の所属事務所の複数の弁護士とともに，甲の再生手続の申立代理人弁護士として誠実にその職務を遂行し，甲に対し，前1項の業務の進捗状況，内容等について適宜報告を行うものとする。

第2条（弁護士報酬・支払時期）
1. 甲及び乙は，本件事件に関する弁護士報酬等について，下記の金額に消費税・地方消費税相当額を加算した金額を弁護士報酬等とすることに合意し，甲は，乙に対して，下記に定める時期に，各報酬等を支払うものとする。

記

・着手金　　　　再生手続開始申立日の前日まで　　　　金○万円

・月額業務費用　　再生手続開始申立日の属する月から再生計画
　（ランニングフィー）認可決定の確定日の属する月まで　毎月末日限り

　　　　　　　　　　　　　　　　　　　　　　　　　月額　金○万円

・成功報酬　　再生計画認可決定の確定又は事業　　金○万円
　　　　　　譲渡許可決定のいずれか早い時

2. 再生計画認可決定確定前に再生手続が廃止された場合にも，前項の着手金及び月額業務費用については，乙は，甲に返還することを要しない

ものとする。

第3条(実費等)
　乙の第1条に基づく受任業務の遂行に要した実費(交通費,宿泊費,会場設営費等)については,甲の負担とし,乙が立て替えて支払った場合は,甲は,乙の請求により,速やかに,乙に対してこれを支払うものとする。

第4条(事案処理の中止等)
 1. 甲が弁護士報酬等または実費等の支払いを遅滞したときは,乙は,本件事件の処理に着手せず,又はその処理を中止することができる。
 2. 前項の場合には,乙は,速やかに,甲にその旨を通知する。

第5条(秘密保持・目的外使用の禁止)
　甲及び乙は,本件事件等の処理のために相手方から開示される一切の情報(以下「秘密情報」という。)につき,善良なる管理者の注意義務をもって取り扱うものとし,秘密情報を第三者に開示又は漏洩し,あるいは本件事件の処理以外の目的のために使用してはならない。

第6条(その他の業務)
　第1条に定める受任内容・範囲以外の再生計画認可決定確定後の再生債権者に対する弁済業務等については,必要に応じて,甲と乙との間で,別途委任契約を締結し,乙の受任の内容,費用等について定めるものとする。

第7条(誠実協議)
　本契約に定めのない事項については,甲及び乙は誠実に協議の上,円満かつ適切に解決するものとする。

　甲及び乙は,本委任契約の合意内容を十分理解したことを相互に確認し,その成立を証するため本契約書を2通作成し,各自1通ずつ保管するものとする。

　平成　　年　　月　　日

　　　　　　　　　　甲

　　　　　　　　　　乙　　〇〇市〇〇区××〇丁目〇〇

　　　　　　　　　　　　　弁護士　〇　〇　〇　〇

【資料2】民事再生事件の予納金（法人）

■東京地裁／予納金基準額　〔運用指針60頁参照〕

負債総額	基準額
5千万円未満	200万円
5千万円以上1億円未満	300万円
1億円以上5億円未満	400万円
5億円以上10億円未満	500万円
10億円以上50億円未満	600万円
50億円以上100億円未満	700万円
100億円以上250億円未満	900万円
250億円以上500億円未満	1000万円
500億円以上1000億円未満	1200万円
1000億円以上	1300万円

(注)　申立時に6割、開始決定後2ヵ月以内に4割の分納を認める。
　　　残り4割の納付については、2回までの分納を認める。
　　　関連会社は1社50万円とする。
　　　ただし、規模によって増額する場合がある。

■大阪地裁／予納金の目安（監督委員選任型の場合）　〔6民実務20頁参照〕

負債総額	申立時の予納金額	履行監督費用に係る追納金額
1億円未満	300万円以上	80万円以上
1億円以上5億円未満	400万円以上	80万円以上
5億円以上10億円未満	400万円以上	100万円以上
10億円以上20億円未満	400万円以上	120万円以上
20億円以上25億円未満	400万円以上	150万円以上
25億円以上50億円未満	500万円以上	150万円以上
50億円以上100億円未満	600万円以上	160万円以上
100億円以上250億円未満	800万円以上	180万円以上
250億円以上500億円未満	900万円以上	180万円以上
500億円以上1000億円未満	1000万円以上	200万円以上
1000億円以上	1100万円以上	250万円以上

(注)1．実際の金額は具体的な事案に応じて異なります。
　　2．「履行監督費用に係る追納金額」とは、再生計画の履行監督の費用として、再生計画認可時点において追加納付を求める金額です。
　　3．監督委員に否認権を行使する権限を付与する場合（民事再生法56条1項）には、別途、費用が必要となります。
　　4．関連法人については、上記基準の2分の1とします。ただし、関連性の程度（相互の株式保有率、役員の共通性）等を考慮し、事案により増減されることがあります。
　　5．なお、管理型の場合、上記基準より予納金を多く納めていただくことがあります。

【資料3】準備・作成資料依頼リスト

準備でき次第，随時，担当弁護士へご提出ください。
なお，「ひな型あり」，との記載は，当方から書式をお渡しできるものです。

	資料名	備考	状況
1	委任状	2通	
2	現在事項全部証明書	直近1ヵ月以内	
3	取締役会議事録		
4	会社概要	パンフレットなど	
5	組織図，人員表	直近時点のもの	
6	定款		
7	就業規則，労働協約，退職金規定など		
8	株主名簿		
9	従業員名簿	労働組合がある場合はその名称，組合員の数，代表者の氏名，住所，ない場合は従業員の過半数を代表する者の氏名，住所も必要。ひな型あり。	
10	決算報告書・確定申告書	直近3期分，内訳書付きでお願いします。	
11	債権者一覧表	借入金／買掛金／手形債務／保証債務／リース／未払金／公租公課等に分類して，氏名・住所・郵便番号・電話番号・債権額・別除権の有無を記載したもの。ひな型あり。	
12	財産目録	現金・預貯金等分類して評価額を表示したもの。ひな型あり。	
13	（事業について，官庁その他の機関の許認可がある場合）その官庁等の名称及び所在地		
14	資金繰り実績表	月繰り・過去1年分。ひな型あり。	
15	資金繰り予定表	月繰り・申立後6ヵ月分。日繰り・申立後3ヵ月分。なお，再生債権(銀行借入)の支払は行わない，手形は振り出すことができない前提で作成する。ひな型あり。	
16	営業所の所在一覧表	他に営業所があれば作成。	
17	係属中の訴訟に関する資料，裁判所・事件番号・当事者・事件名を記載した一覧	該当事項があれば作成。	
18	関連会社一覧	資本関係，債権債務関係，経営関係，営業内容等がわかるように。	
19	不動産の登記簿謄本		
20	不動産の固定資産評価証明書		
21	不動産鑑定書	鑑定を取ったことがある場合。	

【資料4】申立前後の社内外対応スケジュール・人員配置等（例）

日付	時間	項目	対応者等	社長	A取締役	B取締役	甲弁護士	乙弁護士	丙弁護士	丁弁護士	戊弁護士	備考
前日		申立て前の最終打合せ		○	○	○	○	○	○	○	○	
当日	9:00	取締役会開催	会社	○	○	○						
	9:00	再生手続開始申立て	弁護士				○	○				
	9:30	裁判所による審尋	弁護士事務所	○			○	○				
	9:30	予納金納付手続	弁護士事務所									
		保全命令・監督命令の発令										
保全発令後	10:00	金融機関に対する書面及び保全命令FAX送信	本社	○			○					
	10:00	管理職に対する説明	本社	○								
	10:30	従業員に対する説明	本社・支店・工場	本社	支店	工場	本社	本社	支店	支店	工場	
		一般債権者に対する書面FAX送信	会社		○							
		取引先に対する書面FAX送信	会社									
		金融機関・取引先に対するアポイント調整			○							
		電話対応・債権者対応	本社・支店・工場		支店	工場	本社	本社	支店	支店	工場	
	午後	金融機関訪問		○				○	○			
	午後	取引先訪問			○		○		○			
	午後	本社・支店・工場における対応				工場		本社		支店	工場	
翌日	全日	取引先訪問			○		○			支店		
	全日	本社・支店・工場における対応	本社	本社		工場	本社	本社		支店	工場	

連絡先　社長　　　090-〇〇〇〇-〇〇〇〇
　　　　A取締役　090-〇〇〇〇-〇〇〇〇
　　　　甲弁護士　090-〇〇〇〇-〇〇〇〇

【資料5】再生手続開始申立書

再生手続開始申立書

平成○年○月○日

○○地方裁判所　第○民事部　○係　御中

　　　　　　　　　　　〒　　－　　　○○市○○区○○　○丁目○○番○○号
　　　　　　　　　　　　　　　　　　申立人　株式会社○○○○
　　　　　　　　　　　　　　　　　　代表者代表取締役　　○　○　○　○
　　　　（送達場所）
　　　　　　　　　　　〒　　－　　　○○市○○区○○　○丁目○○番○○号
　　　　　　　　　　　　　　　　　　○○ビル○階
　　　　　　　　　　　　　　　　　　○○○○法律事務所
　　　　　　　　　　　　　　　　　　申立人代理人弁護士　○　○　○　○
　　　　　　　　　　　　　　　　　　TEL　　－　　　－
　　　　　　　　　　　　　　　　　　FAX　　－　　　－

添　付　書　類

　　　疎明資料　　　　　　　　　　　　各1通
　　　履歴事項全部証明書　　　　　　　1通
　　　取締役会議事録　　　　　　　　　1通
　　　委任状　　　　　　　　　　　　　1通

第1　申立ての趣旨
　　　申立人について，再生手続を開始する
　　との決定を求める。

第2　申立人の概要
　1　会社の目的
　2　事業の内容及び状況等
　　【主たる取引先の状況，業界における地位などを含む。】
　3　会社の経歴
　4　役員構成
　5　資本関係（資本金額，株式及び株主の状況）
　6　本支店，営業所，工場等の状況
　7　従業員の状況
　　【正社員，パート，アルバイトなどの区分ごとの人数等を記載する。】
　8　労働組合の状況

【その名称，主たる事務所の所在地，組合員の数及び代表者の氏名を記載する。】
　9　監督官庁
　　【監督官庁の有無，名称，所在地を記載する。】
　10　関連会社・子会社の状況
　　【資本関係，取引の有無など再生債務者との関係を記載する。】

第3　申立人の資産・負債・その他の財産の状況等
　1　直近3期の貸借対照表
　　申立人の直近3期の貸借対照表の概要は，次のとおりである。
　　…………
　2　直近3期の損益計算書
　　申立人の直近3期の損益計算書の概要は，次のとおりである。
　　…………
　3　資産の内容
　　申立人の資産の内容は，財産目録のとおりであり，主な資産の状況等は，以下のとおりである。
　　(1)　不動産
　　(2)　リース物件
　　(3)　売掛債権

　4　負債の状況
　　申立人の負債の内容は，債権者一覧表のとおりであり，その概要は，以下のとおりである。また，担保の設定状況は不動産・担保一覧表のとおりである。
　　(1)　金融機関（○名，合計約○円）
　　　　A銀行　約○円
　　　　B銀行　約○円
　　　　C銀行　約○円
　　(2)　リース債権者（○名，合計約○円）
　　(3)　一般債権者（仕入先等）（○名，合計約○円）
　　(4)　従業員関係（○名，合計約○円）
　　(5)　公租公課（○名，合計約○円）

第4　会社財産に関してされている他の手続又は処分
　　該当なし

第5　社債管理者の有無
　　該当なし

第6　関連事件の有無
　1　関連事件

(1)　事件の表示
　　　(2)　再生債務者等の名称
　　2　外国倒産処理手続
　　　　該当なし

第7　再生手続開始の原因となる事実等
　　1　総論

　　2　本申立てに至る経緯
　　　【会社が窮境に陥った原因を特定し，詳細に記載する。】

　　3　開始原因

　　4　小括
　　　　以上より，申立人において，破産手続開始の原因となる事実の生ずるおそれがあり，また，申立人が事業の継続に著しい支障を来たすことなく弁済期にある債務を弁済することができないことは，明らかである。

第8　清算配当率の試算

第9　再生計画案作成の方針についての申立人の意見
　　1　再建の方法
　　　【自力再建型かスポンサー型か，など，申立て時点で想定している再建の方法について記載する。
　　　　自力再建型であれば，開始申立てに至った原因の解消方法や事業計画などについて言及する必要があり，スポンサー型であれば，想定しているスポンサー選定手続などについて言及する必要がある。但し，ある程度，抽象的な記載になることはやむを得ない。】

　　2　今後の資金繰りの予定
　　　【資金繰り表を引用して，申立後の資金繰りについて記載する。】

　　3　債権者，従業員及び主要取引先の協力の見込み

　　4　予想される債権者の権利変更の内容（弁済計画）の骨子
　　　【申立時点において，具体的な弁済率等を明示することは困難なことが多いので，例えば，自力再建型の場合は，将来の収益によって，長期の分割弁済になることを示し，スポンサー型の場合は，スポンサーによる支援（事業譲渡，減増資など）によって一括弁済を行う，という弁済方法を示しつつ，弁済率については，「清算配当率を上回る弁済が可能である」という程度の記載になることはやむを得ない。】

5 申立人の意見

第10 結語
　以上のとおり，申立人には再生開始の原因となる事実が存在するが，申立人の事業の再生は，十分可能であるから，本申立てに及んだ次第である。

以　　上

疎　明　資　料

甲第1号証	履歴事項全部証明書
甲第2号証	定款
甲第3号証	申立人の会社案内（パンフレット）
甲第4号証	株主名簿
甲第5号証の1	会社の組織図
甲第5号証の2	営業所及び工場の所在一覧表
甲第6号証の1～3	直近3期の貸借対照表及び損益計算書
甲第7号証の1	直近3期の比較貸借対照表
甲第7号証の2	直近3期の比較損益計算書
甲第8号証	財産目録
甲第9号証の1～○	不動産登記簿謄本
甲第10号証の1～○	債権者一覧表
甲第11号証	公租公課一覧表
甲第12号証	清算貸借対照表
甲第13号証	資金繰り実績表（月次）※申立て前1年間分
甲第14号証	資金繰り予定表（月次）※申立て後6ヵ月分
甲第15号証	資金繰り予定表（日繰り）※申立て後3ヵ月分
甲第16号証	就業規則

【資料6】清算貸借対照表

(単位：円)

	H○.○.○ (帳簿価額)	H○.○.○ (清算価額)	備　考
現金及び預金			H○.○.○現在(うち○○○○円は相殺予定)
受取手形			H○.○.○現在
うち割引手形			
売掛金			H○.○.○現在
製品			H○.○.○簿価の○％評価
仕掛品			H○.○.○簿価の○％評価
・			・
・			・
流動資産合計			
有形固定資産			
建物			H○年固定資産評価額を時価の70％として計上
構築物			資産価値なしと評価
機械装置			H○.○.○簿価の10％評価
工具・器具・備品			資産価値なしと評価
土地			H○年固定資産評価額を時価の70％として計上
・			・
・			・
無形固定資産			
電話加入権			資産価値なしと評価
投資その他の資産			
保証金			原状回復義務の履行に全額充当と想定
有価証券			時価で算定
・			・
固定資産合計			
資産の部合計			
支払手形			
買掛金			
短期借入金			
・			
他社保証債務			
・			
リース料債務			
原状回復費用			新工場の原状回復費用を暫定的に計上
廃棄物処理費用			換価不能な製品・仕掛品・原料の廃棄費用
解雇予告手当			H○.○月分の支給額を計上
退職金			
流動負債合計			
長期借入金			
固定負債合計			
負債の部合計			
資本金			
・			
・			
未処理損失			
資本の部合計			
負債及び資本の部合計			

　　　　　　　　　　　資産総額　　負債総額
A　処分価額　　　　　　　　　　　　F　配当可能資産（A－E）
B　別除権実行・相殺予定額　　　　　G　優先的破産債権
C　財団債権　　　　　　　　　　　　H　一般破産債権
D　清算費用
E　計（B＋C＋D）　　　　　　　　　配当率（一般）試算＝（F－G）／H

【資料7】日繰表

（単位：　　）

	収入						収入合計	支出						支出合計	資金残高	摘要
	現金売上・売掛金の現金回収	受取手形の期日入金	借入金増加	手形割引	資産売却	その他入金		現金仕入	買掛金支払	給料手当・退職金	支払家賃	その他経費	税金・社会保険料	リース料	その他支出			
1日																		
2日																		
3日																		
4日																		
5日																		
6日																		
7日																		
8日																		
9日																		
10日																		
11日																		
12日																		
13日																		
14日																		
15日																		
16日																		
17日																		
18日																		
19日																		
20日																		
21日																		
22日																		
23日																		
24日																		
25日																		
26日																		
27日																		
28日																		
29日																		
30日																		
31日																		
合計																		

＊1　収支項目をまとめることにより内容の理解が困難になる場合には、摘要欄を設けて主な収支の内容を記載することにより補うことができる。
＊2　民事再生法申立後発生する可能性が低い項目（例えば、手形割引など）については、適宜削除する。

[日本公認会計士協会近畿会作成]

【資料8】 取締役会議事録

取締役会議事録

　平成○年○月○日午後○時○分より，○○において，以下のとおり，取締役会を開催した。

　　　　　　　　取締役総数　　　○名
　　　　　　　　出席取締役数　　○名

以上のとおり出席があり，本会は適法に成立した。
　よって，代表取締役○○は，議長席につき開会を宣し，下記の議案につき審議に入った。

　　　　　　第1号議案　当社民事再生手続開始申立ての件

　議長は，当社における最近の事業状況を詳細に説明し，民事再生手続開始の申立てをせざるを得なくなった事情を述べた上，その可否につき諮ったところ，全員，異議なく賛成し，上記議案は承認可決された。

　上記の決議を明確にするため，この議事録を作成し，出席取締役及び監査役全員が，これに記名押印する。

　　　　平成○年○月○日
　　　　　　　　　　　　　　○○市○○区○○
　　　　　　　　　　　　　　株式会社○○○○　取締役会

　　　　議長・代表取締役　　○　○　○　○　（印）

　　　　取締役　　　　　　　○　○　○　○　（印）

　　　　取締役　　　　　　　○　○　○　○　（印）

　　　　取締役　　　　　　　○　○　○　○　（印）

　　　　監査役　　　　　　　○　○　○　○　（印）

【資料9】保全処分申立書(1)――弁済禁止

保全処分申立書

平成○年○月○日

○○地方裁判所　第○民事部　○係　御中

　　　　　　申立代理人弁護士　　○　○　○　○

当　事　者　の　表　示
　　　　別紙当事者目録記載のとおり
申　立　て　の　趣　旨
　申立人は，あらかじめ当裁判所の許可を得た場合を除き，下記の行為をしてはならない。
記
　　平成○年○月○日までの原因に基づいて生じた債務（ただし，租税その他国税徴収法の例により徴収される債務，申立人とその従業員との間の雇用関係に基づき生じた債務，水道光熱費，通信にかかる債務及び金○万円以下の債務を除く。）の弁済及びこれに係る担保の提供
との裁判を求める。
申　立　て　の　理　由
　申立人（再生債務者）は，本日御庁に対して再生手続開始の申立てを行ったが，申立人には，多数の債権者がおり，これらの債権者が債務者本社に殺到し，強引な取立てや担保の要求が行われれば，事業の継続は困難となり，ひいては，再生手続の円滑な進行が困難になるおそれがある。
　また，○万円以下の少額の債権者数は，現状判明している限りでは，別紙のとおり，○名（債権額合計約○万円，平成○年○月○日現在）と，総債権者数の○％程度にのぼるため，このままだと手続が煩雑である。また，かかる少額債権者の債権総額は，わずか約○万円程度であり，資金繰り上も何ら問題はない（甲○）。
　以上の理由により，上記申立ての趣旨のとおり申立てを行う。
疎　明　資　料
　再生手続開始申立書添付の疎明資料を援用する。
添　付　書　類
　1　委任状　　　　　　　　　　　　　　1通

【資料10】 保全処分申立書(2)——譲渡通知禁止

保全処分申立書

平成○年○月○日

○○地方裁判所　第○民事部　○係　御中
　　　　申立代理人弁護士　　○　　○　　○　　○

当 事 者 の 表 示
別紙当事者目録記載のとおり

申 立 て の 趣 旨

1　別紙債権者目録記載の債権者（以下「本件債権者」という。）は，申立人から債権譲渡を受けた債権（以下「本件各譲渡債権」という。）の債務者らに対し，本件各譲渡債権について，譲渡の通知をし，又は譲渡の承諾を求めてはならない。
2　本件債権者及び申立人は，本件各譲渡債権について，動産及び債権の譲渡の対抗要件に関する民法の特例等に関する法律第8条に基づく債権譲渡登記の申請を行ってはならない。
との裁判を求める。

申 立 て の 理 由

1　申立人株式会社○○○○（以下「再生債務者」という。）は，本日，御庁に対し，再生手続開始申立てを行った。
2　再生債務者は，上記申立以前において，本件債権者に対して，本件各譲渡債権の債務者ら（以下「本件債務者ら」という。）に対する本件各譲渡債権を，再生債務者が本件債権者に対して負担する債務等の担保の目的のために譲渡した。ところが，当該債権譲渡については，動産及び債権の譲渡の対抗要件に関する民法の特例等に関する法律（以下「動産・債権譲渡特例法」という。）第8条による債権譲渡登記はなされておらず，また，再生債務者が把握する限り，確定日付ある通知又は承諾（民法467条）もなされていない。よって，本件各譲渡債権の譲渡については，いまだ第三者対抗要件が具備されていない状態にある。
3　ところで，再生債務者は，その名義による譲渡通知文書及び債権譲渡登記申請書類を本件債権者に交付している。そのため，再生債務者が，再生手続開始申立てをしたことが知れるや，本件債権者は，急遽本件各譲渡債権の対抗要件を具備するべく，事前に再生債務者から預かった書類に基づき，確定日付ある通知を行い，債権譲渡登記申請を行い，又は，本件債務者らから承諾を得ようとする可能性が高い。
4　仮に，再生手続開始決定前に上記確定日付ある通知又は承諾がなされ，又は債権譲渡登記がなされれば，形式上本件各譲渡債権の譲渡が再生手続開始後の再生債務者に対して対抗されることとなり，あとは対抗要件否認等（民事再生法129条）の制度により対応するほかなくなる。その場合，再生債務者としては，監督委員を通じての否認権限の行使により本件各譲渡債権が解放されるまでの間，その取り立てをすることができず，再生債務者の資金繰り及び事業継続に対して，極めて深刻な影響を与えるおそれがある。
5　よって，上記のとおり，申立てに及ぶ次第である。

以　上

疎 明 方 法
再生手続開始申立書添付の疎明方法を援用する。
添 付 資 料 （略）

【資料11】包括的禁止命令申立書

強制執行等の包括的禁止命令の申立書

平成○年○月○日

○○地方裁判所　第○民事部　○係　御中

　　　　　申立代理人弁護士　　○　　○　　○　　○

　　　　当事者目録　　別紙当事者目録記載のとおり

申　立　て　の　趣　旨

　すべての再生債権者は，申立人の財産に対し，再生手続開始の申立てにつき決定があるまでの間，民事再生法26条1項2号に規定する再生債権に基づく強制執行等の手続をしてはならない
との裁判を求める。

申　立　て　の　理　由

1　申立人（再生債務者）は，平成○年○月○日，御庁より監督命令及び保全処分決定を受けた。
2　申立人が，今後営業を継続するにあたり，運転資金は不可欠であるところ，現在ゴルフについてはオフシーズンであり，来場者数・売上ともに1年で最も少ない時期であるにもかかわらず，再生手続開始の申立てに伴い，仕入れについて現金決済を余儀なくされているため，DIPファイナンスを受けるなどして（同月○日付同意等申請書参照），必要な運転資金を確保した。
3　しかるに，申立人には，債務名義を取得している預託金債権者が約○○名おり，強制執行が頻繁に行われている。例えば上記再生手続開始の申立後も，平成○年○月○日付で，売上に相当するクレジットカード会社に対する債権譲渡代金について，債権差押命令が出されている（添付資料○）。
　申立人としては，個別に中止命令を受けて対応することも考えられるが，上述のとおり，債務名義を取得している預託金債権者が約○○名もいる現状からすれば，個別に対応することが困難であり，必要な運転資金を差し押さえられてしまえば，資金繰りに影響してしまい，中止の効力しかない個別の中止命令によっては目的を達成できない。
　かかる事態を招けば，申立人の再建の目的を達することができない事態を招くおそれがある。
4　よって，再生手続開始決定があるまでの間，クレジットカード会社に対する債権譲渡代金や現金について差押えなどがなされることがないように，強制執行等の包括的禁止命令の発令を求める。

添　付　書　類
（略）

【資料12】銀行宛書面

平成○年○月○日

お取引先銀行　各位

株式会社○○○○
代表取締役社長　○　○　○　○
申立代理人弁護士　○　○　○　○

民事再生手続開始申立てのご連絡

拝　啓

　貴行益々ご清祥のこととお慶び申し上げます。
　弊社は，皆様方のご支援のもと事業を継続してまいりましたが，今般，売上減少にともなう資金繰りの悪化により，民事再生手続開始の申立てをするほか途はないとの結論に達し，本日，○○地方裁判所に対して，上記申立てを行い受理されました（申立代理人弁護士は，下記のとおりです。）。また，本日，裁判所から，弁済禁止の保全処分決定及び監督命令が発せられ，監督委員として，○○○○弁護士が選任されました（保全処分決定の内容は，本書添付のとおりであり，監督委員の所属事務所・連絡先は，下記のとおりです。）。
　つきましては，弁済禁止の保全処分に基づき，今後一切の
　① 弊社振り出しの手形及び小切手の支払
　② 弊社口座からの他社口座への送金手続（過去に依頼したすべての自動口座振替を含む。）
を中止して頂きたく，お願い申し上げます。なお，上記の手形及び小切手の支払拒絶は，民事再生法上の保全処分に基づくものでありますので，0号不渡として処理することとなり，不渡届提出は不要です。
　また，今後，弊社名義の口座に入金があった場合，当該入金にかかる弊社の預金債権については，相殺禁止の対象となりますので，ご留意ください。

　お取引先銀行の皆様方に対して大変ご迷惑をおかけすることは誠に忍びがたいことですが，弊社の事業の再生を図り，皆様方へのご迷惑を最小限に食い止めるための唯一の方法と考え，今回の申立てに至った次第です。
　お取引先銀行の皆様方には，弊社が民事再生手続開始申立てを行ったことを一刻も早くお知らせするため，取り急ぎ，本書面にてご連絡させていただきます。
　なお，本来であれば民事再生手続開始申立てに至る経緯及び弊社の現状等

の事情につき，個別にご説明すべきところ，申立直後には多数の債権者の皆様に対して十分なご説明をする時間的・人員的余裕に乏しいため，下記の日時・場所において，債権者説明会を開催致しますので，ご出席のほどよろしくお願い申し上げます。
　今回の申立てにより，お取引先銀行の皆様には多大なるご迷惑をおかけすることになったことをお詫び申し上げるとともに，何卒，本民事再生手続にご協力いただきますよう，お願い申し上げる次第です。

敬　具

記

【民事再生手続申立代理人弁護士】
　　　　　弁護士　○　　○　　○　　○
　　　　　同　　　○　　○　　○　　○
　　　　　同　　　○　　○　　○　　○
　　　　　同　　　○　　○　　○　　○

　　　事務所　○○法律事務所（担当事務局：○○）
　　　〒○○○-○○○○　　○○市○○区○○×丁目○番○号
　　　　　　　　ＴＥＬ　○○-○○○○-○○○○
　　　　　　　　ＦＡＸ　○○-○○○○-○○○○

【監督委員】
　　　　　弁護士　○　　○　　○　　○
　　　　　事務所名　○○法律事務所
　　　　　　　　〒○○○-○○○○　　○○市○○区○○×丁目○番○号
　　　　　　　　ＴＥＬ　○○-○○○○-○○○○
　　　　　　　　ＦＡＸ　○○-○○○○-○○○○

【債権者説明会の開催日時，場所】
　　　　日時　平成○年○月○日（○）　午後○時から午後○時まで
　　　　場所　○○○○センター○階
　　　　　　　○○市○○区○○　○-○-○○
　　　　　　　※アクセスについては，添付の地図をご参照ください。

以　上

【添付書類】
　1　弁済禁止の保全処分決定（写し）
　2　債権者説明会の会場の地図

【資料13】債権者宛書面

平成○年○月○日

債　権　者　各　位

株式会社○○○○
代表取締役社長　○　○　○　○
申立代理人弁護士　○　○　○　○

民事再生手続開始申立てのご連絡

拝啓

　貴社益々ご清祥のこととお慶び申し上げます。
　弊社は，皆様方のご支援のもと事業を継続してまいりましたが，今般，売上減少にともなう資金繰りの悪化により，民事再生手続開始の申立てをするほか途はないとの結論に達し，本日，○○地方裁判所に対して，上記申立てを行い受理されました（申立代理人弁護士は，下記のとおりです。）。また，本日，裁判所から，弁済禁止の保全処分決定及び監督命令が発せられ，監督委員として，○○○○弁護士が選任されました（監督委員の所属事務所・連絡先は，下記のとおりです。）。
　債権者の皆様方には大変ご迷惑をおかけすることは誠に忍びがたいことですが，弊社の再生をはかり，皆様方へのご迷惑を最小限に食い止めるための唯一の方法と考え，今回の申立てに至った次第です。
　今回の申立てにより，債権者の皆様に多大なご迷惑をおかけすることになったことを，お詫び申し上げるとともに，何卒，従来にも増して，ご支援とご鞭撻を賜りますよう心からお願い申し上げます。
　なお，本来であれば民事再生手続開始申立てに至る経緯及び弊社の現状等の事情につき，個別にご説明すべきところ，申立直後には多数の債権者の皆様に対して十分なご説明をする時間的・人員的余裕に乏しいため，下記の日時・場所において，債権者説明会を開催いたしますので，ご出席のほどよろしくお願い申し上げます。

敬具

記

【民事再生手続申立代理人弁護士】
　（略）
【監督委員】
　（略）
【債権者説明会の開催日時】
　（略）

以　上

【資料14】取引先宛書面

平成○年○月○日

お取引先の皆様

株式会社○○○○
代表取締役社長　○　○　○　○

拝　啓

　貴社益々ご清祥のこととお慶び申し上げます。
　さて，弊社は，平成○年○月○日，○○地方裁判所に対して，民事再生手続開始の申立てを行い，受理されました。
　弊社は，今後，事業の再生に向けて，民事再生法に基づく手続を進めていくことになりますが，本日以後も，従前と同様に営業を継続しますので，お取引先の皆様におかれましては，引き続き，一層のご愛顧のほど，よろしくお願い申し上げます。

【※　以下の文章は，振込口座の変更が必要な場合に追記する。】

　つきましては，大変お手数をおかけいたしますが，今後の弊社に対するお支払につきましては，下記の銀行口座にお振り込みいただきますようお願い申し上げます。なお，振込口座の変更のために本書のほかに，貴社において必要な書類（貴社所定の「振込口座変更届出書」等）がございましたら，早急に作成の上，提出いたしますので，ご一報をお願いします。

記

　　　　金融機関　　○○銀行　○○支店
　　　　預金種別　　普通
　　　　口座番号　　○○○○○○○
　　　　口座名義　　株式会社○○○○
　　　　　　　　　　（カ）○○○○）

以　上

【資料15】従業員宛書面

平成○年○月○日

従 業 員 各 位

　　　　　　　　　株式会社○○○○
　　　　　　　　　　代表取締役社長　　○　○　○　○
　　　　　　　　　　申立代理人弁護士　○　○　○　○

民事再生手続開始申立てのご連絡

拝　啓
　さて，当社は，従業員の皆様のご協力のもと事業を継続してまいりましたが，売上減少にともなう資金繰りの悪化により，民事再生手続開始の申立てをするほか途はないとの結論に達し，本日，○○地方裁判所に民事再生手続開始の申立てを行いました（申立代理人弁護士は，下記のとおりです。）。また，本日，裁判所から，弁済禁止の保全処分決定及び監督命令が発せられ，監督委員として，○○○○弁護士が選任されました（監督委員の所属事務所・連絡先は，下記のとおりです。）。
　このような法的手続をとらざるを得なかったことは，経営陣の経営判断の甘さに由来するものであり，従業員の皆様に多大なご迷惑をおかけする結果となりましたことを，深くお詫び申し上げます。会社を再建させるには，従業員の皆様のご理解とご協力が不可欠です。何卒，よろしくお願いいたします。
　以下，民事再生に至った経緯，従業員の皆様の待遇について，要点をご説明いたします。

1．民事再生に至った経緯について
　当社は，これまでに会社再建のための方策を種々検討してきましたが，○月○日の資金繰りの目処がつかなくなりましたので，民事再生手続開始の申立てを選択しました。
　従業員の皆様には，仕入先様等へ情報が伝わることにより，申立直前直後において，混乱が生じることを回避する必要があるとの申立代理人からの指導もあって，本日まで，お伝えすることができませんでした。この点について，深くお詫び申し上げます。

2．申立後の業務について
　民事再生申立後も，現在の経営陣が会社の経営を行います。もっとも，一定の重要な行為をなすには裁判所の許可，監督委員の同意が必要になります。そのため，経営方針が今までとは変更されることもあります。
　従業員の皆様においても，上記の点でご迷惑をおかけいたしますが，基本的には，通常業務についてはこれまでと同様に進めていただくことになりま

す。どうぞ安心してこれまでどおり業務に励んでいただきたいと思います。

3．従業員の皆様の待遇等について
(1) 給与等の支払について
　給与はこれまでどおりに支給されます。
　賞与については，一般的には，民事再生を申し立てた会社において支給されないことも多いのですが，再建状況によっては支給されるケースもあります。今後の営業状況の推移を踏まえて裁判所等との協議のうえ決定されますので，ご理解のほど，よろしくお願いいたします。
　会社の消耗品購入費，交通費，旅費等の立替金等の精算は行います。
(2) 雇用契約の継続について
　早期退職優遇制度の適用や整理解雇等のリストラは，今後，検討する可能性は否定できませんが，現時点では考えておりません。
　また，仮に，従業員の皆様が退職することを希望される場合には，従来通りの手続により，自己都合退職していただくことになりますので，失業保険についても，給付開始時期，期間，金額等で差異が出るので注意してください。
(3) その他の待遇について
　健康保険や厚生年金基金は，従来通り，変更はありません。借り上げ社宅にお住まいの方は当面，居住を継続していただいて結構ですが，将来的に会社再建の観点から見直しが必要な場合，契約条件の変更や退去をお願いさせていただく場合もあるかもしれません。その場合も，できる限り，皆様の不利益にならないよう配慮させていただくようにいたします。

敬　具

記

【民事再生手続申立代理人弁護士】
　　　　　弁護士　　○　　○　　○　　○
　　　　　同　　　　○　　○　　○　　○
　　　　　同　　　　○　　○　　○　　○
　　　　　同　　　　○　　○　　○　　○
　　事務所　○○法律事務所（担当事務局：○○）
　　〒○○○-○○○○　○○市○○区○○×丁目○番○号
　　　　　　　　　TEL　○○-○○○○-○○○○
　　　　　　　　　FAX　○○-○○○○-○○○○

【監督委員】
　　　　弁護士　　○　　○　　○　　○
　　　　事務所名　○○法律事務所
　　　　　　　　〒○○○-○○○○　○○市○○区○○×丁目○番○号
　　　TEL　○○-○○○○-○○○○・FAX　○○-○○○○-○○○○

以　上

【資料16】 従業員用対応マニュアル

民事再生手続開始申立てについて
（従業員用手続概要説明資料）

第1 はじめに

　平成○年○月○日付で，貴社（以下，単に「会社」といいます。）は，事業の再建を行うため，○○地方裁判所に対し，民事再生手続開始の申立てを行いました。

　民事再生とは，破産とは違い，従前と変わりなく（むしろ従前以上に力を入れて）営業を続けながら，会社の再建を図る手続です。

第2 申立直後における債権者・取引先などに対する対応方針

　1 債権者への対応に当たっての基本事項

　　民事再生申立後は債権者等から民事再生の手続の進行に応じて様々な質問等受けることがあります。基本的には，配布しました「電話等対応Q＆A」に従ってご対応お願いいただければ結構です。よくわからない質問等に対しては，申立代理人弁護士に電話するよう伝えていただいて結構です。

　2 弁済に関する基本事項

　　(1) 弁済禁止

　　　ア ○月○日以前（保全命令以前，同日を含みます。）の以下の債務は支払うことができません。

　　　　① ○月○日以前に発注して納品済みの商品の対価
　　　　② ○月○日以前に配送された運賃
　　　　③ ○月○日以前に借り入れた金員
　　　　④ ○月○日以前に契約したリース契約（再リース契約を含みません。再リース契約については個別におたずねください。）
　　　　⑤ ○月○日以前に振り出した手形及びそれに関する債務
　　　　⑥ その他○月○日以前の諸費用

　　　イ 例外

　　　　　一方，例外的に，○月○日以前であっても支払える債務は以下のとおりです。

　　　　　ただし，例外に該当するかどうかについても，本社と相談のうえ，ご判断ください。また，お支払も本社決済を通じて行うことになりますので，ご注意ください。

　　　　㋐ 租税その他国税徴収法の例により徴収される債務
　　　　㋑ 従業員との間の雇用関係により生じた債務
　　　　㋒ 水道光熱費，通信に係る費用
　　　　㋓ 1社当たりの総債務額が○○万円以下の場合における当該債権者に対する債務（㋓のみは，開始決定が出るまでしか弁済できません。開始決定が出ると，別途，裁判所の許可が必要となります。）

　　　ウ 補足

　　　　　例えば，○月○日以前（保全命令以前，○月○日を含みます。）に購入した物品の買掛債務は弁済できません（<u>弁済期が○月○日以</u>

前という意味ではありません。取引などの原因行為が○月○日以前という意味です。)。懇意な取引先等の理由で，例外的な取扱いはできませんので，ご注意ください。

(2) 共益債権化できる再生債権

○月×日以降（保全命令以降）の原因（取引）に基づいて生じた債務については保全命令後も支払うことができますが，開始決定が出るまでに支払わない場合は，再生債権となってしまい，支払うことができなくなります。

そこで，保全命令以降の取引については，現金決済をするか，リストを監督委員に提出して共益債権化（開始決定後も支払うことができる債務に変更してもらう。なおこの手続ができるのは保全命令以降開始決定までの間の債務だけです。）手続が必要となりますので，保全命令以降の取引は，別途リストを作成してください。

(3) 共益債権

開始決定後の原因（取引）に基づいて生じた債務は，共益債権として随時支払うことができます（簡単にいえば，再生手続の影響を受けません。）。

(4) 債権者への対応

・○月○日以前（○日を含みます。）の取引についての債権は，「裁判所の命令によって支払えない，申し訳ない」，開始決定後は，「再生債権となり法律上支払えない（再生計画に従ってしか弁済できない），申し訳ない」と繰り返し説明する。
・○月○日以前か×日以降かは，納品ベースで考える（請求書作成日，送付日，締め日等ではありません）。発注をしてまだ代金をまったく支払っておらず，商品も受け取っていない場合は，再発注の形を取る。
・今後の取引（○月×日以降）については確実に支払うことを粘り強く説明の上，取引を継続してもらう。場合によっては，現金決済を行ってもよい。
・どうしても仕入れ（下請）業者が納得しない場合は，別の仕入れ（下請）業者を使うことも検討する。別の業者でも対応できない場合などは，弁護士にご相談ください。
・○月分の請求書は，再生債権となる申立日までの分と，通常どおり支払える申立日の翌日以降の分とに分けて作成した上で送付してもらうよう依頼する。

もっとも，支払をなさない場合，翌日からの会社への納品を拒むことが考えられます。また，とりわけ債権者は，申立直後は，会社に押

しかける，居座るなどして，再生債権の支払を求めてくることも想定されます。
　ご理解を得ることは難しいですが，申立前の取引についての債務は法律上支払えないこと，今後の取引については間違いなく支払えることをねばり強く説明し，納得してもらえるようご説明ください。対応の基本は，お怒りの言葉に対して，誠意をもって聞いていただき，問い合わせについては適切にお答えいただくことです。
　なお，場合によっては今後の取引について現金決済を求められる場合がありますが，現金決済をすること自体は民事再生法上禁止されていませんので，資金繰り等を勘案の上，担当弁護士と協議の上，対応してください。どうしても納得が得られない場合は，別の仕入（下請）業者に発注することも検討してください。
　非常に重要な取引先であり，事業の継続上代替不可能にもかかわらず，上記説明による理解が得られない場合は，弁護士にご相談ください。
3　現場の保全について
(1)　仕入業者（下請）業者・リース会社への対応
　ア　商品，リース物件の無断の持ち出しは認めないこと。
　　債権者などが勝手に持ち出せば窃盗罪（刑法235条）に該当し，犯罪となります。持ち出そうという人がいた場合，その旨説明するとともに，これらの商品やリース物件の持ち出しを阻止した上，速やかに弁護士に連絡し，対応を協議してください。
　イ　リース業者との協定
　　なお，必要なリース物件は，弁護士においてリース業者と交渉の上，一定の協定を締結する予定ですので，弁護士に連絡するよう伝えていただいて結構です。
(2)　債権者による不審な行動を発見した場合の対応
　ア　不審者を特定（会社名，担当部署，氏名の確認）する。
　イ　許可なく会社物件に立ち入り，製品等を搬出すれば，犯罪行為になる旨を説明する。
　ウ　説明しても不審行為を中止しない場合は，担当弁護士と協議の上，対応する。
　　悪質な場合（制止を聞かずに搬出行為を続ける，暴力行為を行うなど）には，最寄りの警察署，交番などに通報してください。

第3　申立代理人弁護士の連絡先
　　　〇〇市〇〇区〇〇　〇-〇-〇　〇〇〇〇ビル
　　　TEL 〇〇-〇〇〇〇-〇〇〇〇 / FAX 〇〇-〇〇〇〇-〇〇〇〇
　　　〇〇法律事務所
　　　　弁護士　〇　〇　〇　〇
　　　　弁護士　〇　〇　〇　〇
　　　　弁護士　〇　〇　〇　〇
　　　　弁護士　〇　〇　〇　〇

以上

【資料17】 民事再生手続の概要

第1 民事再生手続とは

民事再生手続とは，経済的に窮境にある会社について，裁判所の関与の下，事業を継続しながら，会社の事業の再建を図る法的手続です。この点，事業を清算するための手続である破産とは異なります。

第2 民事再生手続の流れ

再生手続開始の申立て ……（○月○日）
↓
保全処分 ……（○月○日）

裁判所が発令する「弁済禁止の保全処分」により，○月○日以前の原因に基づいて支払うべき買掛金などを，弁済することが法的に禁止されています。

↓
監督命令 ……（○月○日）

裁判所が，会社の重要な財産上の行為等（財産の譲渡，譲受け，借財，手形の割引など）について監督を行う監督委員を選任する命令です。○○○○弁護士（○○市○○区○○×番××ビル○階　○○○○法律事務所）が監督委員に選任されています。

今後行う仕入や今後行う仕入の支払，給与の支払などの通常業務（これを「常務」といいます。）については通常どおり行うことができます。

↓
再生手続開始決定 ……（数日～2週間程度）

民事再生手続に従った手続を開始するのが相当と裁判所が判断した場合に，裁判所により再生手続開始決定がなされます。

↓
再生債権届出期限 ……（6～8週間程度）

裁判所から債権者に対して，再生債権届出書が送付され，債権者のほうで必要事項を記入の上，裁判所に送付する手続です（民事再生法94条）。

↓
財産目録，貸借対照表，報告書提出期限 （6～8週間程度）

会社の一切の財産について，再生手続開始の時における価額を評定し，財産目録及び貸借対照表を作成し，裁判所に提出します（民事再生法124条1項・2項）。また，再生手続開始に至った事情など，法定の事項について調査した報告書を裁判所に提出します（民事再生法125条）。

↓
認否書提出期限 ……（10～12週間程度）

再生債権者からの債権届について，その内容及び議決権について，認めるか認めないかを記載した認否書を作成し，裁判所に提出します（民事再生法101条）。
↓
再生債権の調査期間　……（12～14週間程度）
↓
再生計画案提出期限　……（4～5ヵ月程度）
事業計画や再生債権に対する弁済率，支払時期等について定めた再生計画案を作成し，裁判所に提出します（民事再生法163条）。再生計画案は，遂行の見込みが必要です（民事再生法169条1項3号・174条2項2号）。なお，提出期限は，延長される場合があります（民事再生法163条3項）。
↓
再生計画案の付議決定　……（5～6ヵ月程度）
↓
再生計画案の決議　……（6～7ヵ月程度）
再生計画案について，再生債権者の賛否を決議するため，債権者集会が開催されます（書面等投票により行う場合などもあります（民事再生法169条2項））。再生計画案が可決されるには，以下のいずれの同意も満たすことが必要です（民事再生法172条の3）。
　① 集会に出席又は書面投票した議決権者の過半数の同意
　② 議決権者の議決権の総額の2分の1以上の議決権を有する者の同意
否決された場合には，再生手続廃止の決定がなされ，通常，破産手続へ移行することになります（民事再生法191条・250条）。
↓
再生計画案の認可決定　……（6～7ヵ月程度）
再生計画案が可決された場合に，裁判所が再生計画認可の決定をします（民事再生法174条）。
↓
再生計画案の認可決定確定…（7～8ヵ月程度）
↓
再生計画の遂行　　　　……（計画の定めによる）
↓
再生手続の終結　　　　……（認可決定確定後3年）
再生計画が遂行されたとき，又は再生計画認可の決定が確定した後3年を経過したときです（民事再生法188条2項）。

以上

〔編注〕再生手続開始の申立てからの日数は，事案により異なりますので，適宜修正してください。

【資料18】 従業員用電話等対応Q＆A

電話等対応Q＆A

　よくわからない質問が出た場合には，そのまま回答せず，下記の担当弁護士まで遠慮なく問い合わせください。

1　民事再生手続について

Q1　民事再生手続とはどのような手続ですか。破産手続とは何が違うのですか。
A1　民事再生手続は，事業を継続し，その再建・立て直しを図りながら，債権者の皆様へ弁済を行う手続であり，破産手続では，会社の事業を停止し清算したものを債権者の皆様へ分配するところが異なります。
　　＊　会社の事業が経済的に行き詰まり，負債の弁済が困難となった場合，法は，当該会社を清算してその資産を債権者に分配する手続と，会社を清算するのではなく，事業の継続を図りながら，負債を弁済しつつ，当該事業の再生・立て直しを目指す手続を準備しています。前者の代表的な手続が破産で，後者に属するのが民事再生です。

Q2　今後の会社の営業はどのようになるのですか。
A2　通常と変わりなく営業は継続いたします。今後ともよろしくお願いいたします。
　　＊　営業について，従前どおり，変わらず継続していることをご説明ください。

Q3　民事再生手続は，どのような場合にとられる手続なのですか。また，どのようなスケジュールで進行するのですか。
A3　破産によって清算した場合よりも多くの債務を返済することができ，かつ事業を継続することができることが見込まれる場合にとられる手続です。
　　スケジュールについては，概ね半年強で再生計画に関する賛否が問われるものとされていますが，こうした手続のスケジュールは，延期される場合もあります。
　　＊　会社に不動産等換価価値のある物件があるものの，もはや事業継続が不可能な場合には破産選択もやむを得ないことはいうまでもありません。
　　　しかし，債権者の方々の理解と協力を得て，現在の債務を圧縮し，会社の経営を継続していくことが可能であれば，破産手続によって微々たる配当を受けるより債権者の皆様にとっても利益になる場合があることはご理解いただけると思います。
　　　スケジュール（見込み）については，従業員の皆様へ配布した「民事再生手続の概要」をご参照ください。

Q4　再生計画は，どのようなものになる見込みですか。また，弁済率はどのくらいになる予定ですか。
A4　申立代理人からは，いずれも，現在，検討中であると聞いています。債権者の皆様の意向も踏まえつつ，4～5ヵ月先に提出期限が定められると聞いています。

＊　再生計画とは，主として，債権者の方々へどの程度の弁済をどのタイミングで行うかについて定めたものを指します。これについては，現在，検討中ですので，その旨ご回答ください。また，前問と同様，スケジュールについては，従業員の皆様へ配布した「民事再生手続の概要」をご参照ください。

Q5　民事再生計画案はどのような場合に可決されるのですか，また，否決された場合には，今後の手続はどうなりますか。

A5　債権者の過半数（債権者集会出席者の過半数及び総議決権額の2分の1以上）が再生計画案へ同意した場合に可決されます。なお，再生計画案が否決されると，当社は破産により消滅することになります。このような事態を避けるためにも，是非とも，皆様にご賛成いただけるよう全力を尽くしてまいります。

　　　＊　会社が再生計画案を提出したのち，裁判所は，再生計画案が破産の場合より多い配当となっているか，再生計画案が遂行される見込みはどうかなどについて検討した上で，債権者集会へ付議する旨の決定を行います。

　　　　債権者集会では，再生計画案が可決されるためには，①議決権者で出席した者の過半数が賛成し，かつ，②議決権者の議決権の総額の2分の1以上の議決権を有する者が賛成することが必要です。すなわち，簡単にいえば，①集会出席者（委任状提出者を含む）の頭数の過半数の賛成，及び，②債権者の総債権額の半額以上の賛成が必要となります。

　　　　再生計画案が否決された場合は，裁判所が民事再生手続を廃止する旨の決定をし，民事再生手続は終了します。それと同時に，裁判所は，当社に対し，職権で破産手続開始決定をし，破産手続が始まります。

　　　　破産手続では，破産管財人が当社の財産を順次売却します。売却した代金から破産管財人への報酬等の清算費用，及び，税金・労働債権等の優先債権を支払い，さらに余ったお金がある場合に，債権者の皆様に対し，債権額に応じて金銭分配することになります。

　　　　しかしながら，申立時点での試算によれば，破産手続によって債権者の方々にお返しできる金額は，非常に低い数字となっております。

　　　　このような事態を避けるためには，皆様のお力で，再生計画案を可決していただかなければなりませんので，是非とも，ご協力をお願いいたします。

Q6　保全処分決定とは何ですか。

A6　保全処分決定は，特定の債権者だけに支払をすると債権者間の不平等が生じるとともに再生自体が困難になることから，保全手続期間中，債務の弁済をしてはならないと裁判所が禁止するという命令です。保全手続期間中は，一部の例外を除き，申立前の会社の債務を弁済することが制限されることになります。

Q7　監督委員とは何をするのですか。

A7　再生手続においては，原則として現経営陣が引き続き業務執行・財産の管理処分を行います。そのような業務執行や財産の管理が適正に行われているのかを監視・監督するべく裁判所から選任されるのが監督委員です。会社は，監督命令により，常務（通常の業務）を除いて，財産の譲渡，譲受け，借財などについて，監督委員の同意を得て行うこととされていますので，監督委

員の適正な監督に従って，再生手続を遂行することになります。

2 取引に関係した質問について

Q8 当社の債権は支払ってもらえるのですか。
A8 保全処分決定が出される以前（○月○日，同日を含みます。）の債務は保全命令により当面の間お支払いできません。今後，策定される再生計画に基づいて弁済されることになります。大変ご迷惑をおかけして申し訳ございません。これに対して，その翌日以降に発生するお支払については共益債権として保護されますので，全額お支払いいたします。
 * 保全処分決定が出される以前に発生した債務であっても，例外的に支払が可能なものもあります。詳細は，「従業員用手続概要説明資料」に記載してありますので，こちらを確認してください。なお，債権者の方に対して，支払ができないことをご説明いただくことをお願いすることは非常に心苦しいことではあります。債権者の方も当社の支払がないことにより，非常にお困りになられることも重々理解しておりますが，法律上の手続であり，お支払いできない状況にある点について，ご説明のほど，よろしくお願いいたします。また，説明していただいてもどうしてもご納得いただけない債権者の方がいらっしゃいますようでしたら，債権者説明会でお問い合わせください，とご回答いただきご案内頂く，申立代理人へ連絡を入れて質問してほしいと説明していただく，などしていただいて結構です。

Q9 今後の取引はどのようになるのですか。また，今後の取引についての支払に関する取引条件を変更してほしいのですが。
A9 今後当社が発注した取引にかかる代金は，共益債権として，これまでどおりお支払いさせていただきますので，その点につきましてはご心配なく，引き続き，取引を継続していただきますようよろしくお願いします。
 取引条件につきましては，基本的には，これまでどおりの条件でお願いいたします。
 * 取引品の代替性の有無，取引金額を考慮するとともに，会社の資金繰り状況等を考慮して，取引条件の変更に応じる必要があるケースもあるかと思いますので，そのようなケースについては，申立代理人と検討しますとご回答いただき，本社○○様へ情報集約をお願いいたします。

Q10 共益債権とは何ですか。
A10 再生計画によらないで，随時弁済されることが法律上認められている債権です。簡単にいえば，再生手続による制限を受けないで弁済が可能な債権です。

Q11 当社の債権額は少ないので先に支払ってほしいのですが。
A11 （原則）保全命令によって，お支払いすることは禁じられており，今後，策定される再生計画に従って弁済されることになります。
 （債権額を確認し，少額債権として，保全命令の対象外となっている金額の場合）貴社の債権は，その額が少額のものとして保全命令の対象外とされております。お支払いすることが可能ですので，対応させていただきます。

＊　なお，開始決定後に，裁判所と協議のうえ，一定の金額以下の債権について，再生計画による弁済に先だって許可を得て，弁済をする可能性がございます。この制度をご存じの債権者の方からは，少額債権の弁済はないのか等の質問がなされる可能性もございます。

　　これにつきましては，当社の資金繰りその他の事情を総合的に考慮して決せられるので，現時点では確実なことを申し上げることができません。裁判所の許可を得て弁済することが可能な場合は，申立代理人から別途連絡がなされることになりますとご説明ください。

Q12 当社の納品した商品（原料）で，代金をもらっていないものがあるので持って帰ってもよいでしょうか。

A12 誠に申し訳ございませんが，一旦納入を受けたものは理由のいかんを問わずお返しできません。会社・倉庫にあるものは，勝手に持ち帰ることはできません。裁判所からも命令によりお取引先には商品を渡せないこととされています。

（どうしても持ち帰るとおっしゃる会社様に対しては）

　　無理やりに持ち帰られる対応は，窃盗罪にもなって警察へ通報することもある旨，弁護士からも説明するよう指示を受けております。誠に申し訳ございませんが，ご容赦くださいますようお願いいたします。

＊　お取引先の中には会社や工場，倉庫へ直接来られて，無理に持ち帰ろうとされる方もいらっしゃるかもしれませんが，その場合も，毅然とお断りするようにしてください。

　　それでもなお持ち帰ろうとされる場合には，お取引先の行為は明らかに違法な行為であり，場合によっては窃盗になることを告げて，仕入先の方の写真を撮影して早急に本社○○さんと対応を協議してください。

　　いずれにしても，返品を要求しに来た仕入先の方の会社名，担当者名を控えた上で早急に本社○○さんに連絡するようお願いします。弁護士と協議の上対応をいたします。

Q13 裁判所から債権届けが届いたがこれは提出する必要があるのですか。

A13 民事再生法上，債権の存否及び金額を調査するために債権届出が必要となりますので，説明書きに従ってご記入いただいた上，債権届出期間内に裁判所にご提出ください。ただ，この届出はあくまで債権の調査のためのものですので，この届出によってそのまま債権が確定するとか，全額が支払われるといったものではありませんので，よろしくお願いいたします。

Q14 当方にも買掛金があって，そちらに対する売掛金もあるので，これを相殺してもよいでしょうか。

A14 法律上，一定の要件に従ってするのでなければ，有効な相殺にはならないと聞いておりますが，私自身もよくわかっておりません。恐縮ですが，御社の顧問弁護士さんなどにご相談いただいて対応をお決めいただくようお願いするよう指示を受けております。

＊　会社としては，できれば相殺をせずに，当方の売掛金はお支払をお願いしたい立場にありますので，有効に相殺していただくための説明・アドバイスというのはなかなかしにくい状況にあります。そういった事情も含めて，債権者様には，

上記のような対応をお願いすることとなっています。
　　とはいえ，ご理解いただくことが難しいようであれば，申立代理人においても説明いたしますので，ご案内ください。

Q15　リース債権者だが，当社のリース品について持ち帰らせてもらってもよいでしょうか。現物の確認をするだけですので，工場の中に入れてもらえませんか。

A15　法的手続に入っておりますので，申立代理人のほうで，対応させていただきます。現地の確認も含め，申立代理人の弁護士のほうへご連絡をお願いできませんでしょうか。

　＊　リース物件につきましては，引き揚げていただいてかまわないもの，引き続きお願いして交渉により使用させていただかなければならないものによって，債権者の方との協議事項が異なってまいりますので，いったん，申立代理人において，貴社と協議のうえ，整理をして対応することとさせていただきます。
　　　また，申立直後には，様々な方が会社を訪問されてそれぞれに対応することも大きな負担となりますので，申立代理人へ連絡いただくようご説明ください。

Q16　なぜ倒産してしまったのですか，経営者は責任をとって辞めるのでしょうか，個人の資産等を提供してでも返すべきではないでしょうか。

A16　詳細については，債権者説明会にて説明があるとうかがっております。経営者責任等についても，説明会の席等でご質問いただけますでしょうか。
　　　誠に申し訳ございませんが，よろしくお願いいたします。

　＊　債権者説明会については，以下の日時，開催場所で行うこととなっていますので，質問・問い合わせがあればご説明ください。なお，こちらは，当社の債権者でなければ出席できませんので，取引先様その他債権者以外の関係者の方，マスコミ等には案内されないようくれぐれもお願いいたします。

```
日　時：平成○年○月○日（○）
　　　　午後○時　開場，受付開始
　　　　午後○時　開始
　　　　午後○時　終了予定
場　所：○○○○センター○階
　　　　○○市○○区○○　○-○-○○
ＴＥＬ：○○-○○○○-○○○○
　　　　　　　　　　　　　　　　　　　　　　以上
申立代理人弁護士の連絡先
　　　　○○市○○区○○　○-○-○　○○○○ビル
　　　　ＴＥＬ○○-○○○○-○○○○
　　　　ＦＡＸ○○-○○○○-○○○○
　　　　○○法律事務所
　　　　　　弁護士　○　○　○
　　　　　　弁護士　○　○　○
　　　　　　弁護士　○　○　○
　　　　　　弁護士　○　○　○
```

【資料19】債権者説明会（式次第）

株式会社○○○○債権者説明会

開催日時：平成○年○月○日　午後1時〜午後3時
開催場所：○○会館○階　第1集会室

式　　次　　第

1　開会
2　進行説明
3　社長挨拶
4　民事再生手続開始申立てに至った経緯及び現状・今後の手続等の概略説明
5　質疑応答
6　閉会

登　壇　者

代表取締役　　　　　　　○○○○
民事再生申立代理人　弁護士　○○○○
　　　　　　　　　　　同　○○○○
　　　　　　　　　　　同　○○○○（司会進行）
監督委員　　　　　弁護士　○○○○（オブザーバー）

配　付　資　料

1　式次第（本書面）
2　資料1　民事再生手続開始申立てについて（概要）
3　資料2　民事再生手続の概要
4　資料3　保全処分決定（写し）
5　資料4　監督命令（写し）

【資料20】 民事再生手続開始申立てについて（概要）

民事再生手続開始申立てについて（概要）

第1　会社概要

商号	株式会社○○○○
本店所在地	○○市○○区○○　×丁目○番○号
設立年月	昭和○○年○月
代表取締役	○　○　○　○
資本金	○○○○万円
従業員	○○名（うち正社員は○○名）
業務内容	○○○の製造，販売等

第2　民事再生手続開始申立てに至った経緯
　1　民事再生手続開始申立てに至った主な原因は以下の3点です。
　　(1)　新工場への移転による資金繰りの悪化
　　(2)　直近数年間の財務状態の悪化
　　(3)　自主再建に向けた対策の不奏功
　2　新工場への移転による資金繰りの悪化
　　　当社は，生産性の向上・経営改善のため，平成○年○月，旧工場から○○市○○　××番地所在の新工場へ移転しました。
　　　新工場への移転費用として約○億円を要し，これを金融機関からの融資により融資を申し込みましたが……
　3　直近数年間の財務状況の悪化
　　(1)　原材料費の高騰
　　　　……
　　(2)　金融機関からの借入金の増加
　　　　……
　4　自主再建に向けた対策の不奏功
　　　　……
　　　しかし，取引先・金融機関の協力を得て講じてきた上記の対策も限界に達し，平成○年○月○日に弁済期が到来する債務について弁済を行うことができないことが明らかとなり，やむなく，同月○日に○○地方裁判所に民事再生手続開始の申立てを行うに至りました。

第3　申立人の財務状況
　　申立て時点における概算値は，下記のとおりと見込まれており，別除権付債権者の債権が存することも考慮すると清算配当率は極めて低い数値となることが見込まれます。
　　なお，現時点における申立人の資産・負債の状況については精査中であり，今後財産評定・債権調査の手続により確定されることになり，下記はあくまでも申立時における概算値であることをご了承ください。

流動資産	○円	買掛金・支払手形等	○円
		長期借入金	○円
固定資産	○円	短期借入金	○円
		その他	○円
計	○円	計	○円
（再生債権者		○名	○円
うち別除権付債権者		○名	○円）

第4　民事再生手続について
　　（【資料17】「民事再生手続の概要」を参照）

第5　今後の方針（自主再建を基本方針とした再生計画）
　　現時点では，申立人が従来どおり事業を継続していくこと，すなわち自主再建を基本方針として，再生計画を作成する方針です。
　　申立後においても，取引先各位には従来どおりの取引の継続をお願いし，従来の売上を維持するよう努めます。
　　また，経費節減等経営の見直しを行い，販売費・一般管理費の削減に努める一方，原材料や製品在庫の管理を徹底し，在庫の増加を防止し，初年度から経常利益を確保した上で，債権者各位に対する弁済原資を確保していく方針です。
　　再生計画においては，債権者の皆様からの一定割合の債務免除を受け，残額を上記の弁済原資により分割して返済する方針です。
　　ご迷惑をおかけしますがご協力のほどよろしくお願い申し上げます。
以　上

【資料21】 債権者説明会議事録要旨

債権者説明会議事録要旨

平成○年○月○日
午後1時～午後3時
於 ○○会館2階 第1集会室

第1 出席者紹介
　　申立人代表取締役　　○○○○
　　申立人代理人弁護士　○○○○
　　　　同　　　　　　　○○○○
　　　　同　　　　　　　○○○○
　　監督委員　　　　　　○○○○（オブザーバー）

第2 社長挨拶

第3 民事再生手続開始申立てに至った経緯及び現状・今後の手続等の概略説明
　　当日配布資料1「民事再生手続開始申立てについて（概要）」，資料2「民事再生手続の概要」のとおりである。

第4 質疑応答要旨
　1 予想弁済率について
　　＜質問＞
　　　弁済率はどの程度になる見込みか。
　　＜回答＞
　　　現在，検討中である。破産した場合の配当率を上回らなければならないことが民事再生法上も求められているが，今後の再生手続の中で，債権者の皆様の意向も踏まえつつ，4～5ヵ月先に定められる提出期限までに確定させていきたいと考えている。

　2 資金繰り及び今後の取引について
　　＜質問＞
　　　○月までの資金繰りは，大丈夫との話であったが，本当に大丈夫か。また，取引条件の見直しというのは現在どのように検討しているのか確認したい。
　　＜回答＞
　　　当面の資金繰りについては，民事再生により一定程度，取引量が減少することもある程度織り込んで試算して資金繰りを作成している。
　　　また，取引条件の見直しについては，……（略）……。

3　DIPファイナンスについて
　　＜質問＞
　　　DIPファイナンスとはどういうことか。
　　＜回答＞
　　　……（説明略）……。

4　リース債権について
　　＜質問＞
　　　リース契約についてはどう考えているか。
　　＜回答＞
　　　リース契約については，一般的にいわれているように別除権付の債権と認識している。最終的には個別の各契約を確認してから裁判所，監督委員と協議することになる。

5　関連会社の動向について
　　＜質問＞
　　　子会社に株式会社○○があったと思うが，これも清算するのか。
　　＜回答＞
　　　現時点では，……（略）……。

6　経営陣の責任等について
　　＜質問＞
　　　会社が，民事再生の申立てをすることを決めたのはいつか。代表者は，今回の責任をとって辞めるべきではないか。
　　＜回答＞
　　　会社が最終的に民事再生手続の申立てを行うことを確定させたのは，……（略）……。代表者の責任についてはいろいろな意見があると思う。当社の場合は，……（略）……。

7　少額債権について
　　＜質問＞
　　　少額債権の弁済予定はあるか。
　　＜回答＞
　　　開始決定後，資金繰り状況も見ながら，検討を行いたいが，裁判所・監督委員との協議を踏まえて判断することになる。

第5　閉会

　　　　　　　　　　　　　　　　　　　　　　　　　　　　　以上

【資料22】保全処分解除許可申請書

平成○年（再）第○号　再生手続開始申立事件
再生債務者　株式会社○○○○

平成○年○月○日

保全処分解除許可申請書（　　）

○○地方裁判所　第○民事部　○係　御中

上記再生債務者代理人
弁護士　○　○　○　○

第1　許可を求める事項
　　平成○年○月○日付保全処分決定のうち，申立人が△△株式会社に対して負担する支払債務の内金○万円についてなされた弁済禁止の保全処分を解除すること。

第2　許可を求める理由
　1　保全処分命令
　　　申立人は，平成○年○月○日，再生手続開始の申立てを行い，同日，同月○日までの原因に基づいて生じた債務について弁済禁止の保全処分が発令されている。
　2　必要性
　　　申立人は，△△株式会社（以下「△△社」という。）から○を仕入れ，□□株式会社（以下「□□社」という。）から発注を受けた○工事を請け負う事業を行っている。
　　　そして，△△社は，申立人に対し，再生債権として金○万円の約束手形金債権を有しているところ，△△社からの○を仕入れることができなければ，□□社からの受注工事がストップしてしまう関係にある。そして，当該○は注文生産品であって，他に発注したとしても，納品に○日以上かかり，□□社からの受注工事が不能となってしまう状況にある。なお，当初の納品予定日は，本年○月○日である。
　3　許容性
　　　△△社は，申立人が再生手続開始申立前に代金を支払った○を留置して，再生債権の支払を求めている。
　　　そして，留置された上記機器の仕入額は○万円であるところ，△△社と交渉した結果，金○万円を支払うことで当該留置物を受け戻すことに合意できる見込みとなっており，申立人にとって有利な結果であると思料する。
　4　まとめ
　　　よって，申立人が△△社に対して負担する金○万円の支払債務のうち，金○万円についてなされた弁済禁止の保全処分を解除されたく，本許可申請をする次第である。

以上

添付書類
　1　和解契約書（案）
　2　手形代金お支払お願いの件と題する書面

〔監督委員意見〕
　　本申請は，妥当であると判断する
平成○年○月○日
監督委員　○　○　○　○

【資料23】 共益債権承認申請書

平成○年（再）第○号　再生手続開始申立事件
再生債務者　株式会社○○○○

（監督委員意見）
　下記申請につき，承認する。
　　平成○年○月○日
　　　　　　　監督委員　弁護士

平成○年○月○日

承　認　申　請　書

監督委員　弁護士　○　○　○　○　殿

　　　　　上記再生債務者代理人　弁護士　○　○　○　○

第1　承認を求める事項
　　　再生債務者が負担する以下の債務を，民事再生法120条に基づく共益債権とすること。

　　　総額○円の範囲内で，平成○年○月○日以降再生手続開始決定前に新たに負担する別紙共益債権化リスト（略）記載の債務及び下記の種類の債務。
記
　　　仕入代金，買掛金，通信費，水道光熱費，賃借料，ソフト利用料，保守料，○，○，○及びその他再生債務者の常務に関わる経費

第2　承認を求める理由
　1　上記各債権は，再生債務者が事業活動を行うために必要不可欠な取引から生じた債権である。また，いずれも再生手続開始申立後開始決定までの間の取引によって生じる債権である。
　2　再生債務者は，再建のために，従来どおりの事業継続を行う必要があり，そのためには，資金繰りとの関係からも，別紙共益債権化リスト記載の相手方との間では，従前どおりの支払条件で取引の継続を求めることが不可欠である。しかし，前記各債権は，いずれも開始決定までに，支払期日が到来せず，共益債権としての承認がなされなければ，再生債権となり，再生計画による支払を受けるほかなくなり，各債権者に不測の損害を与え，再生債務者の信用を失うことになる。再生債務者が，取引の継続を求めるためには，上記承認により共益債権化を図り，法律上確実に支払える債権とすることが不可欠である。
　3　再生債務者は，日々事業継続中であり，本承認申請時点では，すべての債権の集約作業を行うことが困難な状況にある（既に把握できている分は別紙共益債権化リストとしてまとめている。）。承認後，集計でき次第，速やかに明細を添付して報告する予定である。○円を上限としているが，別紙共益債権化リストの合計が約○円であり，この範囲内であれば十分と見込まれる。また，再生債務者の資金繰り上も上記債権を共益債権としても何ら支障は生じない。
　　　よって，民事再生法120条1項の裁判所の許可に代わる承認を求めるものである。

以上

【資料24】再生手続開始に関する報告書(監督委員)

平成○年(再)第○号　再生手続開始申立事件
再生債務者　株式会社○○○○

再生手続開始に関する報告書

平成○年○月○日

○○地方裁判所　第○民事部　○係　御中

監督委員
弁護士　○　○　○　○

頭書事件につき,下記のとおり報告する。

記

　申立書及びその添付資料を精査し,債権者説明会への出席,申立代理人等からの事情聴取等を行ったところ,現時点において,申立人について,民事再生法25条各号所定の事由は見当たらなかった。

以上

【資料25】 同意申請書（双方未履行の双務契約解除）

　平成○年（再）第○号　再生手続開始申立事件
　再生債務者　株式会社○○○○

> （監督委員意見）
> 　下記申請につき，同意する。
> 　　　平成○年○月○日
> 　　　　　　　　監督委員　弁護士

　　　　　　　　　　　　　　　　　　　　　　　平成○年○月○日

　　　　　　　　契約解除同意申請書（同意申請第　　号）

監督委員　弁護士　○　○　○　○　先生

　　　　　　　　　　　　　申立代理人弁護士　○　○　○　○
　　　　　　　　　　　　　　ＴＥＬ　　　－　　　－

第１　同意を求める事項
　１　再生債務者が，○○○○株式会社との間で締結した別紙物件目録記載の建物の賃貸借契約を民事再生法49条１項に基づいて解除すること

第２　同意を求める理由
　１　再生債務者は，○○○○株式会社から，別紙物件目録記載の建物（以下「本件建物」という）を賃借し（以下「本件賃貸借契約」という），再生債務者の○支店として利用してきた。
　２　○支店は，……であり，経費削減の一環として，この度，閉鎖することを決定した。そこで，今後の賃料負担を免れるためにも，速やかに本件建物の賃貸借契約を解除し，原状回復のうえ，明渡しを完了させる必要がある。
　　　そこで，民事再生法49条１項に基づき，本件賃貸借契約を解除したい。
　３　よって，同意を求める事項記載の同意を求めるべく，本申請を行うものである。

　　　　　　　　　　　　添　付　書　類
　　　　　　１　不動産賃貸借契約書　　　　　　　１通

【資料26】 少額債権弁済許可申立書（85条5項前段）

平成○年（再）第○号　再生手続開始申立事件
再生債務者　株式会社○○○○

平成○年○月○日

少額債権弁済許可申立書（民事再生法85条5項前段）

○○地方裁判所　第○民事部　○係　御中

上記再生債務者代理人
弁護士　○　○　○　○

第1　申立ての趣旨
　　　以下の許可を求める。
　1　再生債権のうち，10万円以下の少額債権に対する弁済をなすこと
　2　再生債権の金額が10万円を超える場合であっても，10万円の支払を受けることにより，10万円を超える部分を放棄することを申し出ている債権者に対して，10万円の弁済をなすこと

第2　申立ての理由
　1　再生債務者に対する再生債権のうち，その債権額が金10万円以下のものは，再生債権者数○名にのぼる反面，その債権の合計は，僅か金○万円にすぎない。
　2　しかるに，上記の債権額が10万円以下の債権者を再生手続に参加させる場合は，むしろ，その手数，諸費用等に多くを要することとなり，再生手続の円滑な進行の妨げとなるものである。
　　　また，金10万円を超える再生債権者であっても，その再生債権者が金10万円を超える部分を放棄することにより金10万円以下の再生債権者と同様な弁済を希望することが考えられ，そのような場合にもこれを弁済することにより再生手続の円滑な進行を図ることができる。
　3　他方，再生債務者は，平成○年○月末日時点，約○万円の現預金を有しているので，上記の債権者に対する弁済をなしても，その資金繰りに支障を生じることはなく，また，上記の債権総額が再生債権総額に対して占める割合も僅少であることから，他の債権者に対する弁済にはほとんど影響しない。なお，仮に，添付書類1以外のすべての債権者○名全員が，10万円を超える部分を放棄して，10万円の弁済を求めてきたとしても，その弁済に要する総額は，○万円なので，十分に弁済可能である。
　4　よって，民事再生法85条5項前段に基づき，頭書の許可を求める次第である。

以上

添付書類
　1　10万円以下の債権者一覧表
　2　平成○年○月の資金繰り実績表

〔監督委員意見〕
　　　本申立てを許可するのが妥当であると判断する
平成○年○月○日
監督委員　○　○　○　○

【資料27】少額債権弁済許可申立書（85条5項後段）

平成○年（再）第○号　再生手続開始申立事件
再生債務者　株式会社○○○○
　　　　　　　　　　　　　　　　　　　　　　　　　　平成○年○月○日

　　　　　　　少額債権弁済許可申立書（民事再生法85条5項後段）

○○地方裁判所　第○民事部　○係　御中
　　　　　　　　　　　　　　　　　　　上記再生債務者代理人
　　　　　　　　　　　　　　　　　　　弁護士　　○　○　○　○

第1　申立ての趣旨
　　　再生債務者が，再生債権のうち，下記の再生債権を弁済することについて許可を求める。
　　　　　　　　　　　　　　（略）

第2　申立ての理由
　1　少額の要件
　　　再生債務者の総再生債権者数は○名，総再生債権額は○円であるところ，再生債務者が本申立書によって弁済許可を求める再生債権は，その額が○円から○円であり，その合計額は○円に過ぎない。また，当該債権を弁済しても，資金繰り上は問題ない（添付資料1）。
　2　弁済の必要性
　　　再生債務者は，○の製造業を営んでおり，その原材料である○及び○の調達は事業の継続において不可欠であり，これを欠くと再生債務者の事業の継続に著しい支障を来すところ，第1記載の再生債権者は，いずれも，当該再生債権の弁済がない限り，今後の○の納入は行わない旨を通告してきた。
　　　この点，○については，○であり，代替先を直ちに探すことは困難である。また，○についても…
　3　結語
　　　よって，民事再生法85条5項後段に基づき，頭書の許可を求める次第である。
　　　　　　　　　　　　　　　　　　　　　　　　　　　　　　　以上

添付書類
　1　資金繰り予定表

〔監督委員意見〕
　　本申立てを許可するのが妥当であると判断する
　　　　　　　　　　　　　　　平成○年○月○日
　　　　　　　　　　　　　　　監督委員　○　○　○　○

【資料28】 同意証明申請書（不動産登記用）

平成○年（再）第○号　再生手続開始申立事件
再生債務者　株式会社○○○○

同意証明申請書（○○-○）

平成○年○月○日

監督委員　弁護士　○　○　○　○　先生

申立代理人弁護士　○　○　○　○

　頭書事件について，平成○年○月○日，下記のとおり同意をいただいたことを証明願います。

記

（同意を求める事項）
　再生債務者が所有する別紙物件目録記載の不動産を次の買主に売却し，所有権移転登記手続を行うこと。

　　　　　　買　主　○○市○○区○○　○丁目○○番○○号
　　　　　　　　　　○○○○株式会社
　　　　　　　　　　代表取締役　○　○　○　○

以上

　　　上記証明する。

　　　　平成○年○月○日

　　　　　監督委員　○　○　○　○

【資料29】月次報告書

平成○年（再）第○号　再生手続開始申立事件
再生債務者　株式会社○○○○

月 次 報 告 書
（平成○年○月）

平成○年○月○日

○○地方裁判所　第○民事部　○係　御中

再生債務者代理人　弁護士　○　○　○　○

　頭書事件について，民事再生法125条2項所定の事項につき，以下のとおり，報告します。

第1　業務の状況
　　再生債務者は，従前どおり業務を遂行しており，事業に支障を来たすような事象は生じていない。
　　　……
　　当月は，収入が約○円，支出が約○円であり，○月末日の現金残高も約○円であり，資金繰りに窮する状況ではない。

第2　財産の管理状況
　　平成○年○月○日現在の再生債務者の財産状況については，添付の平成○年度○月度の試算表（貸借対照表・損益計算書）記載のとおりである。
　　　……

第3　その他
　　※重要な事項や別除権協定の状況などを適宜報告

添　付　資　料
　平成○年○月度　試算表（貸借対照表・損益計算書）

【資料30】財産評定（貸借対照表・財産目録）

貸借対照表（資産の部）

×××××株式会社

開始決定日：　年　月　日現在　　　　　（単位：××円）

資産の部	帳簿残高	清算残高
流動資産		
現金及び預金		
受取手形		
売掛金		
製品及び商品		
短期貸付金		
前払費用		
繰延税金資産		
………		
その他		
貸倒引当金		
固定資産		
有形固定資産		
建物		
構築物		
機械及び装置		
工具,器具及び備品		
土地		
………		
無形固定資産		
ソフトウエア		
のれん		
………		
その他		
投資その他の資産		
関係会社株式		
投資有価証券		
長期貸付金		
長期前払費用		
………		
その他		
追加項目		
リース資産		
………		
資産合計		A

予想清算配当率の計算

　A清算残高　　資産合計
　　　　　　控除
　　B　　　相殺・別除権債権支払
　　C　　　共益・優先債権支払
D＝B＋C　　　　　控除計
E＝A－D 差引一般再生債権配当原資
　　F 一般再生債権額
　　E÷F 予想清算配当率　　〔日本公認会計士協会近畿会作成〕

貸借対照表（負債の部）

×××××株式会社

開始決定日： 　年　月　日現在

（単位：××円）

負債の部	帳簿残高	清算残高 合計(4)=(1)+(2)+(3)	内　　訳　注3 相殺・別除権債権(1)	共益・優先債権(2)	一般再生債権(3)
支払手形					
買掛金					
長短借入金					
未払金					
賞与引当金（未払賞与金）					
社債					
退職給付引当金（未払退職金）					
……					
その他					
追加項目					
リース債務			注1		
保証債務					
解雇予告手当等清算費用					
概算別除権不足見込額			注2		
……					
負債合計			B	C	F

注1：リース取引については便宜上相殺・別除権欄に計上し，リース資産価値相当額を控除した額を概算別除権不足見込額に含めることとしている。

注2：概算別除権不足見込額欄を利用する場合には，下のBの額（合計額）と上からの合計額との差額が不足見込額となる。その見込額を別除権債権1の列でマイナス計上し，同額を右の一般再生債権3の列に計上する。

注3：帳簿残高と清算残高を対比することは有用であるから，債権の種類への組み替えを表示している。ただし，別の表で行った結果を記載することも考えられる。

概算別除権不足見込額欄を利用する場合のイメージ表

	帳簿残高	清算残高	相殺・別除権債権	共益・優先債権	一般再生債権
支払手形					
㈱Z商事	270	270	270		
……	500	500			500
合計　①	770	770	270		500
買掛金					
㈱Z商事	420	420	420		
……	100	100			100
合計　②	520	520	420		100
長短借入金					
Y銀行―○○分	1000	1000	1000		
Y銀行―△△分	3000	3000	3000		
代表者X	200	200			200
合計　③	4200	4200	4000		200
①+②+③=④	5490	5490	4690		800
別除権合計額⑤			700		
概算別除権不足見込額⑤-④=⑥			-3990		3990
合計額④+⑥					4790

財産目録と貸借対照表をミックスして表現しているが，上の貸借対照表へはイメージ表の各合計欄を移記する。（①②③⑤⑥欄）

この例では，別除権合計額⑤の700は，70+30+600の加算により算出しているが，その前提及び記入の考え方は次のとおりである。

　㈱Z商事は取引保証のために定期預金70に質権設定している。（財産評定時においては支払手形と買掛金のいずれの弁済に充当されるか特定できないので，債務の全額である270と420を「相殺・別除権債権」欄に記載する。

　Y銀行は相殺対象となる預金を30と土地に対する抵当権を有しておりその概算評価額は600である。（財産評定時においては支払手形・買掛金の説明と同じく，どの借入金に充当されるか特定できないので債務の全額である1000と3000を記載する。）

　最終的に相殺・別除権債権の合計（上の表のB欄）には相殺見込みの預金や売掛金などの金額，別除権対象資産の評価額の合計額が記載され，対象となる負債の額との差額が不足額として注2の欄にマイナスで記載され，一般再生債権の欄に移記される。

　この表示であると，別除権者の債権総額が一見でき，協定の重要性が理解しやすい。相殺や別除権の対象となる債権が複数ある場合には，概算別除権不足見込額欄を設けると，別除権相当額などを各負債項目に割り付ける必要がなく簡便である（各債権者別の割付などの試算は別途考慮することになる）。相殺・別除権相当額を表の上で各負債項目に直接割り付ける場合には概算別除権不足見込額の欄を設ける必要はない。

〔日本公認会計士協会近畿会作成〕

財産目録（財産評定内訳書）

×××××株式会社

開始決定日：　　年　月　日現在　　　　　（単位：××円）

勘定科目	区分	帳簿残高	清算残高	摘要	相殺・別除権
現金及び預金	現金				
	本社				
	営業所				
	工場				
	預金				
	当座預金				
	A銀行○○支店				相殺××円
	定期預金			定期預金のうち，……については，デリバティブ金融商品であるため……	
	B銀行○○支店				
	現金及び預金合計				××円

勘定科目	相手先	帳簿残高	清算残高	摘要	相殺・別除権
売掛金					
	C株式会社				
	D有限会社			相手先Bについては，民事再生法を申し立てていることから，……を見込んで……	
	E株式会社				相殺××円
	売掛金合計				××円

勘定科目	区分	帳簿残高	清算残高	摘要	相殺・別除権
土地					
	F市				別除権××円
	G町			鑑定評価額	別除権××円
	土地合計				××円

相殺・別除権合計（負債の部のB欄へ）　　××円
注：資産の部の相殺・別除権の合計額が負債の部のB欄へ移記される。

勘定科目	相手先	帳簿残高	清算残高	摘要	相殺・別除権・共益・優先債権
長短借入金					
	H銀行				相殺・別除権あり
	I銀行				相殺あり
	長短借入金合計				

勘定科目	相手先	帳簿残高	清算残高	摘要	相殺・別除権・共益・優先債権
未払金					
	J株式会社				反対債権あり
	K有限会社			申立後に発生した運賃の未払で，共益債権化されたものである。	共益債権
	L社会保険事務所				優先債権
	未払金合計				

勘定科目	相手先	帳簿残高	清算残高	摘要	相殺・別除権・共益・優先債権
保証債務					
	M社			履行を求められる可能性が高いので計上したものである。	
	保証債務合計				

注：不渡りの可能性が高い割引手形が存在する場合は，保証債務の例示のように記載することが望ましい。

〔日本公認会計士協会近畿会作成〕

【資料31】125条報告書

平成○年（再）第○号　再生手続開始申立事件
再生債務者　株式会社○○○○

民事再生法第125条の報告書

平成○年○月○日

○○地方裁判所　第○民事部　○係　御中

再生債務者代理人　弁護士　○　○　○　○

第1　再生債務者の概要
　　（記載省略。①再生債務者の経歴（沿革），②資本・株式に関する事項，③役員に関する事項，④従業員に関する事項，⑤事業の概要，⑥支店，営業所，工場等の営業拠点に関する事項などの概要を記載する）

第2　再生手続開始に至った事情
　1　民事再生手続開始申立てに至った主な原因は次の3点であり，以下において，その説明を行う。
　　(1)　新工場への移転による資金繰りの悪化
　　(2)　直近数年間の財務状態の悪化
　　(3)　自主再建に向けた対策の不奏功
　2　新工場への移転による資金繰りの悪化について
　　（略）

第3　再生債務者の業務及び財産に関する経過及び現状
　1　業務の経過及び現状
　　（略）
　2　財務状況の現状
　　（略）

第4　役員責任に伴う保全処分・査定の裁判を必要とする事情の有無
　　（略）

第5　その他再生手続に関して必要な事項
　　（略）

添　付　資　料

　1　直近3期の比較貸借対照表及び比較損益計算書
　2　平成○年○月度　試算表（貸借対照表・損益計算書）

【資料32】認否結果通知書

平成○年（再）第○号

届出債権の認否結果通知書

平成○年○月○日

○○○○　殿

再生債務者　　　株式会社○○○○
上記代理人弁護士　○　○　○　○
電話　　　－　　　－

　貴社（貴殿）の届出された再生債権に対する再生債務者の認否の結果は下記のとおりです。「認否の結果」欄の「認めない」欄記載のとおり，認めない旨を通知いたします。

記

【債権不存在の場合の記載例】

受付番号		債権者名	届出債権				認否の結果			
番号	枝番		種類	内容	別除権の有無	議決権額	認める		認めない	
							債権額	議決権額	債権額	議決権額
○		○○○○	貸付金	1,000,000	無	1,000,000	0	0	1,000,000	1,000,000

〔理　由〕　債権不存在

【リース債権の場合の記載例】

受付番号		債権者名	届出債権				認否の結果			
番号	枝番		種類	内容	別除権の有無	議決権額	認める		認めない	
							債権額	議決権額	債権額	議決権額
○		○○○○	リース債権	2,000,000	無	2,000,000	2,000,000	1,800,000	0	200,000

〔理　由〕　別除権付債権として認否

〔注　意〕
　再生債務者が認めない再生債権の内容については，法定の期間（債権調査期間の末日から1か月）内に，○○地方裁判所に対し，再生債務者を相手方とする査定の申立てを行うことができます（民事再生法105条以下）。なお，議決権額のみを認めない場合は，査定の申立てを行うことはできません。

【資料33】別除権協定書(1)――不動産

別除権協定書

　株式会社○○銀行（以下「甲」という。）と再生債務者株式会社○○○○（以下「乙」という。）とは，乙の○○地方裁判所平成○年（再）第○号再生手続開始申立事件（以下「本再生事件」という。）につき，以下のとおり，合意した。

第1条（債権債務の確認）
　　甲及び乙は，甲の乙に対する下記の債権が別除権付再生債権であることを相互に確認する（以下「本件債権」という。）。
記
　　　　平成○年○月○日付金銭消費貸借契約に基づく債権
　　　　　　貸付金残元金　　○円
　　　　　　利息　　　　　　○円
　　　　　　遅延損害金　　　○円
　　　　　　開始決定以後の遅延損害金　額未定

第2条（担保権の確認）
　　甲及び乙は，本件債権について，別紙物件目録（略）記載の不動産（以下「本件不動産」という。）を目的として，別紙担保権・被担保債権目録（略）記載の根抵当権（以下「本件別除権」という。）が設定されていることを相互に確認する。

第3条（担保物件の評価）
　　甲及び乙は，本件不動産の評価額が，下記のとおりであることを確認する。
記
　　　① 別紙物件目録（略）記載1の土地　○円
　　　② 別紙物件目録（略）記載2の建物　○円
　　　　　合　計　　　　　　　　　　　　○円

第4条（別除権の受戻し）
1　乙は，甲に対して，前条の評価額の合計○円を下記のとおり分割して，甲の指定する銀行口座に振込送金する方法により支払い，もって本件別除権の目的である本件不動産を受け戻す。なお，振込手数料は乙の負担とす

る。
                    記
　　① 第1回　　　　弁済額　○円
　　② 第2回ないし第5回まで　　　　弁済額　○円
　　本再生事件の再生計画認可決定確定日の属する月の翌月の末日を第1回の弁済期として，第2回以降の弁済期は，第1回の弁済期が属する年の翌年以降の毎年○月末日とする。
 2　甲は，前項の弁済を受けたときは，当該弁済日に，当該受領金を，本件債権の残元金に充当するものとする。
第5条（不足額の確定）
　　甲及び乙は，本件債権の別除権の不足額は，下記（略）のとおり確定することを確認する。
第6条（担保権不行使）
　　甲は，第4条に定める弁済の合意に従った支払が行われることを条件に，本件別除権を行使しない。
第7条（担保解除）
　　第4条の弁済が完済された場合，甲は，本件別除権を解除し，その設定登記の抹消登記手続を行う。なお，抹消登記手続費用は，乙の負担とする。
第8条（解除条件）
　　甲及び乙は，本再生事件につき，再生計画認可決定の効力が生じないことが確定すること，再生計画不認可決定が確定すること，又は，再生手続廃止決定がなされることを解除条件として，本協定を締結する。
第9条（停止条件）
　　本協定は，本再生事件の監督委員の同意を停止条件として，効力を生じる。
第10条（権利義務の確認）
　　甲及び乙は，本件債権及び本件別除権については，本協定書で定めるほかは，何らの債権債務を有しないことを相互に確認する。

　　　　　　　　　　　平成○年○月○日
　　　　　　　　　　　　甲　株式会社○○銀行

　　　　　　　　　　　　乙　株式会社○○○○
　　　　　　　　　　　　　　代理人

【資料34】別除権協定書(2)――リース

別除権協定書

　〇〇リース株式会社（以下「甲」という。）と再生債務者株式会社〇〇〇〇（以下「乙」という。）とは，乙の〇〇地方裁判所平成〇年（再）第〇号再生手続開始申立事件（以下「本再生事件」という。）につき，以下のとおり，合意した。

（債権債務の確認）
第1条　甲及び乙は，甲が乙に対し，別紙（略）記載のリース契約（以下「本件リース契約」という。）に関し，金〇円の別除権付再生債権（以下「本件債権」という。）を有することを確認する。

（担保権の確認）
第2条　甲及び乙は，甲が，本件債権を被担保債権とし，別紙（略）記載のリース物件（以下「本件リース物件」という。）を担保目的物とする担保権（以下「本件別除権」という。）を有することを確認する。

（担保物件の評価）
第3条　甲と乙は，本件リース物件の評価を金〇円とすることに合意する。

（本件別除権の受戻し）
第4条　乙は，甲に対して，本件債権の元本の弁済として，前条の担保物件の評価額を支払い，もって，本件別除権の目的物である本件リース物件を受け戻す。

　2　乙は，甲に対し，前項の金員を，下記のとおり分割して，甲の指定する銀行口座に振込送金する方法をもって支払う。なお，振込手数料は，乙の負担とする。

記

①　平成〇年〇月〇日限り　〇円
②　平成〇年〇月〇日限り　〇円
③　……以下略……

3　甲と乙は，乙が前項の支払を完済した時点で，乙が本件リース物件について，何ら担保権の付着していない所有権を取得することを確認する。
　　4　甲及び乙は，乙が，支払期限を遅滞することなく，第2項の支払を継続する限り，本件リース物件を利用することができる（甲は本件別除権を行使しない）ことを確認する。
（不足額の確定）
第5条　甲及び乙は，本件債権のうち第3条規定の評価額を超える○円が，本再生事件における無担保の再生債権として確定し，本再生事件の再生計画に基づき弁済されるべきものとなることを確認する。
（解除条件）
第6条　甲及び乙は，本再生事件につき，再生計画認可決定の効力が生じないことが確定すること，再生計画不認可決定が確定すること，または，再生手続廃止決定がなされることを解除条件として，本協定を締結する
（停止条件）
第7条　本協定は，監督委員の同意を受けることを停止条件としてその効力を生じる。
（清算条項）
第8条　甲及び乙は，本協定書に定めるほか，本件リース契約及び本件リース物件につき，何らの債権債務のないことを確認する。

　　　　　　平成○年○月○日

　　　　　　　　甲　○○リース株式会社

　　　　　　　　乙　株式会社○○○○
　　　　　　　　　　代理人

【資料35】 別除権協定書(3)――所有権留保

別除権協定書

　株式会社○○（以下「甲」という。）と再生債務者株式会社○○○○（以下「乙」という。）とは，乙の○○地方裁判所平成○年（再）第○号再生手続開始申立事件（以下「本再生事件」という。）につき，以下のとおり，合意した。

（担保権等の確認）
第1条　甲及び乙は，甲が乙に対し，別紙在庫品目録（略）に記載する在庫品に関して所有権留保権を有することを確認し，甲が乙に対して，下記の別除権付再生債権を有することを確認する。
記
（略）

（所有権留保権の実行の留保）
第2条　甲は，平成○年○月○日まで，前条の所有権留保権を実行しない。

（受戻し）
第3条　乙は，甲に対し，本件在庫品の受戻金として，金○円を，平成○年○月○日限り，甲指定の口座に振込送金して支払う。ただし，振込に要する費用は乙の負担とする。
　2　乙が前項の受戻金を支払ったときは，第1条の所有権留保権は全部消滅するものとする。

（取引継続）
第4条　甲及び乙は，本合意により，甲乙間の商品売買取引を再開するものとし，その取引条件等は，別途協議の上定めることを確認する。

（停止条件）
第5条　本協定は，監督委員の同意を受けることを停止条件として，効力を生じる。

　以上の合意の成立を証するため，本書2通を作成し，甲乙互いに記名押印の上，各1通これを保有する。

　　　　平成○年○月○日

　　　　　甲　株式会社○○

　　　　　乙　株式会社○○○○
　　　　　　　代理人

【資料36】担保権の実行手続の中止命令申立書

平成○年（再）第○号　再生手続開始申立事件
申立人（再生債務者）　株式会社○○○○

担保権の実行手続の中止命令の申立書

平成○年○月○日

○○地方裁判所　第○民事部　○係　御中

申立代理人弁護士　　○　○　○　○

当　事　者　　別紙当事者目録記載のとおり

申　立　て　の　趣　旨

　相手方が申立人に対し，別紙物件目録記載の不動産に対してした○○地方裁判所平成○年(ケ)第○号担保不動産競売開始決定申立事件の競売手続を，3ヵ月間中止する。
との決定を求める。

申　立　て　の　理　由

第1　民事再生手続開始決定
　　　申立人については，平成○年○月○日，御庁に対し，再生手続開始の申立てを行い，同年○月○日○時，再生手続開始の決定がなされた（平成○年（再）第○号）。
第2　中止命令を求める担保権の実行手続の内容
　1　相手方は，○○地方裁判所に対し，別紙担保権・被担保債権・請求債権目録記載の根抵当権に基づき，別紙物件目録記載の不動産につき担保不動産競売開始の申立てをなし，平成○年○月○日，○○地方裁判所により担保不動産競売開始決定がなされ（平成○年(ケ)第○号。以下「本競売手続」という。），差押登記がなされている。

2　本件不動産の担保権設定状況は，以下のとおりである。
　　　……
　　3　本競売手続の進捗状況は，……。
第3　相手方との交渉状況
　　　……
第4　再生債権者一般の利益に適合すること
　　　……
第5　相手方に不当な損害を及ぼすおそれがないこと
　　　……
第6　結語
　　　以上より，民事再生法31条1項に基づき，本競売手続の中止命令を求める次第である。

疎　明　方　法

　　1　競売開始決定（写し）　　　　　　　　1通
　　2　陳述書（写し）　　　　　　　　　　　1通
　　3　……

添　付　資　料

　　1　全部事項証明書（土地・建物）　　　　○通
　　2　履歴事項全部証明書　　　　　　　　　1通
　　3　疎明方法写し　　　　　　　　　　　各1通

物件目録（略）
担保権・被担保債権・請求債権目録（略）

【資料37】 担保権消滅の許可の申立書

平成○年（再）第○号　再生手続開始申立事件
申立人（再生債務者）　株式会社○○○○

担保権消滅の許可の申立書

平成○年○月○日

○○地方裁判所　第○民事部　○係　御中

申立代理人弁護士　○　○　○　○

　　当　　事　　者　　別紙当事者目録記載のとおり（略）
　　目　的　不　動　産　　別紙物件目録記載のとおり（略）
　　担保権・被担保債権　　別紙担保権・被担保債権目録記載のとおり（略）

申　立　て　の　趣　旨

　申立人が，裁判所に対し，金○円を納付して，前記目的不動産に設定されている前記担保権・被担保債権目録記載の担保権を消滅させることを許可する
との決定を求める。

申　立　て　の　理　由

第1　再生手続開始の申立て
　　申立人は，平成○年○月○日，御庁に対し，再生手続開始の申立てをなし，同月○日，再生手続開始決定を得た。
第2　本件不動産の概要
　　申立人所有の別紙物件目録記載の不動産（以下「本件不動産」という。）は，申立人が営む○○事業に関する工場不動産であり，申立人は同所にて，○○を行っている。
第3　担保権の設定

　　　　申立人は，本件不動産を上記再生手続開始の時において所有しており，現在も所有している。そして，本件不動産には，再生手続開始の時において，別紙担保権・被担保債権目録記載の担保権（以下「本件担保権」という。）が設定されている。
　　　　なお，本件不動産の担保権設定状況の概要は，以下のとおりである。
　　　　……
　第4　消滅請求価額
　　　　……
　第5　本件不動産が事業継続に欠くことができないこと
　　　　申立人の事業は，本件不動産における○○事業のみであるところ，本件担保権の実行により，申立人が本件不動産の所有権を失えば事業継続は不可能であり，本件不動産が事業継続に欠くことができないことは明らかである。
　　　　……
　第6　結語
　　　　よって，申立人は，民事再生法148条1項に基づき，申立人が金○円を納付して，本件不動産に設定されている前記担保権・被担保債権目録記載の担保権を消滅させることについての許可の申立てを行うものである。

　　　　　　　　　　　　疎　明　方　法
　甲第1号証　　　　全部事項証明書（土地）
　甲第2号証　　　　全部事項証明書（建物）
　甲第3号証　　　　固定資産評価額証明書
　甲第4号証　　　　評価書

　　　　　　　　　　　　添　付　書　類
　1　申立書副本　　　　　　　　　　　　　　○通
　2　履歴事項全部証明書　　　　　　　　　　○通

【資料38】否認権限付与申立書

平成○年（再）第○号　再生手続開始申立事件
再生債務者　株式会社○○○○

否認権限付与申立書

平成○年○月○日

○○地方裁判所　第○民事部　○係　御中

申立代理人弁護士　○　○　○　○

申立ての趣旨

　再生債務者株式会社○○○○がした別紙（略）記載の行為を否認する権限を監督委員○○○○に付与する。
との決定を求める。

申立ての理由

1　当事者
　(1)　○○○○株式会社（以下「再生債務者」という。）は，平成○年○月○日に再生手続開始申立てを行い，同月○日，再生手続開始決定を受け，監督委員として○○○○弁護士が選任されている。
　(2)　株式会社○○（以下「○○」という。）は，××××を目的とする株式会社であり，再生債務者と○○に関する取引を○年来行ってきた大口取引先の一つである。

2　否認該当行為について
　　当職の調査により，再生債務者は，平成○年○月○日，○○に対して，別紙物件目録記載の各不動産に別紙登記目録記載の内容で，抵当権の設定を行った。
　　再生債務者は，○月○日の時点において，以下の事情により支払不能状態となっており，○○は，同事実を既に知って，上記抵当権設定行為に及んでいる。

3　まとめ
　　以上より，再生債務者の○○に対する担保供与行為については，民事再生法127条の3第1項1号イに該当する行為であり，否認すべきものと思料する。
　　よって，当職に本件担保供与行為を否認する権限を付与されたく本申立てに及ぶ。

添付書類
（略）

【資料39】再生計画案（収益弁済型）

平成○年（再）第○号

再　生　計　画　案

平成○年○月○日

○○地方裁判所　第○民事部　御中

　　　　　　　　　　　　　　再生債務者　株式会社　○　○　○　○
　　　　　　　　　　　　　　再生債務者代理人　弁護士　○　○　○　○

第1　再生債権に対する権利の変更及び弁済方法
　1　再生債権
　　　再生債権者総数，確定債権等は，次のとおりである。
　　(1)　再生債権者総数　　○○○名
　　(2)　確定再生債権総額　○○億○○○○万○○○○円及び額未定
　　　（内訳）
　　　　　元本　　　　　　○○億○○○○万○○○○円
　　　　　再生手続開始決定日の前日までの利息・遅延損害金
　　　　　　　　　　　　　　○○○万○○○○円
　　　　　再生手続開始決定日以降の利息・遅延損害金
　　　　　　　　　　　　　　○○万○○○○円及び額未定
　2　一般条項
　【　一律弁済型の権利変更条項の記載例　】
　　(1)　権利の変更
　　　　　再生計画認可決定が確定した時に，元本及び開始決定日の前日までの利息・遅延損害金の合計額の70パーセント，並びに，開始決定日以降の利息・遅延損害金の全額について，免除を受ける。
　　(2)弁済の方法
　　　　　再生債権について，前記(1)による免除後の金額を，10回に分割して，平成○年から平成○年まで毎年○月末日限り，その10分の1に相当する金額を支払う。
　【　債権額に応じた段階的権利変更条項（傾斜配分型弁済条項）の記載例　】
　　(1)　権利の変更
　　　　　再生計画認可決定が確定した時に，次の金額について，免除を受け

る。
    ア　再生手続開始決定日以降の利息・遅延損害金の全額
    イ　元本及び再生手続開始決定日の前日までの利息・遅延損害金（以下，「元本等再生債権」という。）のうち次のとおり算出した額
        ①　10万円以下の部分については，0パーセント
        ②　10万円を超えて100万円以下の部分については，50パーセントに相当する金額
        ③　100万円を超える部分については，80パーセントに相当する金額
  (2)　弁済の方法
    ア　元本等再生債権が10万円以下の場合
        再生債権について，前記(1)による免除後の金額を，平成○年○月末日限り，全額支払う。
    イ　元本等再生債権が10万円を超える場合
        再生債権について，前記(1)による免除後の金額を，次のとおり，10回に分割して支払う。
            第1回　　平成○年○月末日限り，10万円及び前記(1)による免除後の金額から10万円を控除した額の10分の1に相当する金額（以下，「分割弁済額」という。）を合計した金額
            第2回以降　平成○年から平成○年まで毎年○月末日限り，分割弁済額を支払う。
【　同意による不利益扱いの条項の記載例　】
  (3)　同意による不利益扱い
        前記(1)にかかわらず，甲野一郎（債権番号1）の有する再生債権については，再生計画認可決定が確定した時，その全額の免除を受ける。なお，甲野一郎からはその免除について同意を得ている。
3　個別条項
  (1)　権利の変更
        別表1「再生債権弁済計画表」（一般再生債権）記載の再生債権については，同表「再生債権免除額」欄記載のとおり，再生計画認可決定が確定した時に，免除を受ける。
  (2)　弁済の方法
        免除後の金額を，別表1「弁済方法」欄記載のとおり支払う。
4　再生債権額が確定していない再生債権に対する措置
  (a)　査定手続中の債権（別表2－1）
        4-a　再生債権者Aの再生債権について

ア　大阪地方裁判所に再生債権査定申立事件が係属している。
　　　イ　再生債権者Ａの再生債権が確定したときは，前記２（一般条項）の定めを適用する。
　　　ウ　前記２（一般条項）の適用にあたって，当該再生債権が確定したときにおいて，既に再生計画認可決定が確定している場合には，免除の効果発生の時期は，当該再生債権の確定時とする。
　　　エ　前記２（一般条項）の適用にあたって，当該再生債権が確定したときにおいて，既に弁済期が到来している場合には，当該確定時から１ヵ月以内に前記２（一般条項）適用後の弁済期の到来した債権を支払うものとし，これに対する遅延損害金は付さないものとする。
　(b)　別除権付債権（別表２-２）
　　４-ｂ　再生債権者Ｂの再生債権について
　　　ア　別除権が行使されていない。
　　　イ　別除権の行使によって弁済を受けることができない債権の部分（以下，「不足額」という。）が確定したときは，前記２（一般条項）の定めを適用する。
　　　ウ　前記２（一般条項）の適用にあたって，再生債務者が不足額が確定した旨の通知を受けた日において，既に再生計画認可決定が確定している場合には，免除の効果発生の時期は，当該通知を受領した時とする。
　　　エ　前記２（一般条項）の適用にあたって，再生債務者が不足額が確定した旨の通知を受けた日において，既に弁済期が到来している場合には，当該通知を受けた日から１ヵ月以内に前記２（一般条項）適用後の弁済期の到来した債権を支払うものとし，これに対する遅延損害金は付さないものとする。
　(c)　根抵当権の場合の仮払条項（別表２-３）
　　４-ｃ　再生債権者Ｃの再生債権について
　　　ア　別除権が行使されていない。
　　　イ　別除権の行使によって弁済を受けることができない債権の部分（以下，「不足額」という。）が確定したときは，前記２（一般条項）の定めを適用する。ただし，不足額が確定する前であっても，根抵当権の元本が確定している場合には，再生債権である被担保債権が極度額を超える部分について，前記２（一般条項）の定めに従って仮払いする。
　　　ウ　イの仮払いにおいては，その免除の効果は発生させないものとし，イの仮払い後，不足額が確定した旨の通知を受領した時に，免

エ　イの仮払い後，再生債務者が不足額が確定した旨の通知を受けた場合は，当該通知を受けた日までに弁済期の到来した債権の合計額を確定した不足額に基づいて算出し，算出された額とイの仮払額との差額を，当該通知を受けた日から1ヵ月以内に精算するものとする。なお，この場合，精算金に対する遅延損害金は付さないものとする。
5　敷金返還請求権についての条項（別表3）
　【　当然充当先行型の記載例　】
　　5-a　敷金等債権
　　ア　再生債務者との間の賃貸借契約が終了し，賃借人が賃貸目的物を明け渡した時に，次のとおり，その権利変更および弁済を行う。
　　　①　再生債務者との間の賃貸借契約に従って，賃料債権，賃料相当損害金その他賃貸借契約により再生債務者が賃借人に対して取得することのあるべき一切の債権の額の控除をした残額（以下，「暫定返還額」という。）を算出する。
　　　②　暫定返還額のうち，民事再生法92条3項に基づき共益債権とされる部分については，共益債権として免除をせず，その全額を賃貸借契約に従って，支払う。
　　　③　暫定返還額のうち，民事再生法92条3項に基づき共益債権とされない部分については，前記2（一般条項）の定めを適用する。
　　イ　当該賃貸借契約の賃貸目的物が任意売却（事業譲渡）され，賃貸目的物の買主が当該債権につき債務引受をした場合には，その債務引受金額の全額につき免除を受けるものとし，前項の規定を適用しない。
　　ウ　前記2（一般条項）の適用にあたって，停止条件が成就した時において，既に再生計画認可決定が確定している場合には，免除の効果発生の時期は，停止条件成就時とする。
　　エ　前記2（一般条項）の適用にあたって，賃貸借契約が終了し，賃借人が賃貸目的物を明け渡した時において，既に弁済期が到来している場合には，停止条件成就時から1ヵ月以内に前記2（一般条項）適用後の弁済期の到来した債権を支払うものとし，これに対する遅延損害金は付さないものとする。
　【　権利変更先行型の記載例　】
　　5-a'　敷金等債権
　　ア　敷金等債権については，再生計画認可決定の時に，次のとおり，その権利変更及び弁済を行う。

① 敷金等債権のうち，民事再生法92条3項に基づき共益債権とされる部分については，免除をしない。
　　　② 敷金等債権のうち，民事再生法92条3項に基づき共益債権とされない部分については，前記2（一般条項）の定めを適用する。
　　　③ 再生債務者との間の賃貸借契約が終了し，賃貸目的物を明け渡した時に，①及び②による権利変更後の金額から，再生債務者との間の賃貸借契約に従って，賃料債権，賃料相当損害金その他賃貸借契約により再生債務者が賃借人に対して取得することのあるべき一切の債権の額（以下，「滞納賃料等」という。）の控除をした残額を算出する（以下，「要返還額」という。）。この場合，滞納賃料等の充当は②による権利変更後の金額より行うものとする。
　　　④ 要返還額のうち，①による共益債権部分については，賃貸借契約に従って支払うものとし，②による権利変更後の金額については前記2（一般条項）の定めに従って支払う。
　　イ　再生債務者との間の賃貸借契約終了までに当該賃貸借契約の賃貸目的物が任意売却（事業譲渡）された場合に，賃貸目的物の買主が債務引受する債権額は敷金債権額全額（ア①の共益債権部分及び②の再生債権部分を含む）とし，賃貸目的物譲渡時に再生債務者はその債務引受金額の全額につき免除を受ける。
　　ウ　前記2（一般条項）の適用にあたって，再生債務者との間の賃貸借契約が終了し，賃貸目的物を明け渡した時において，既に弁済期が到来している場合には，その明け渡しの時から1ヵ月以内に前記2（一般条項）適用後の弁済期の到来した債権を支払うものとし，これに対する遅延損害金は付さないものとする。
6　弁済に関するその他の事項
　(1)　免除における端数の処理
　　　再生債権の免除をする際に生じる免除額の1円未満の端数は切り捨てる。
　(2)　分割弁済における端数の処理
　　　再生債権に対する分割弁済において生じる1円未満の端数は，最終弁済期日の分割弁済分以外は，それぞれ切り捨て，最終弁済期日の前回までの分割弁済額の合計額を総弁済額から控除した金額を，最終弁済期日の弁済額とする。
　(3)　弁済の方法
　　　再生計画における弁済は，再生債権者が弁済日の2週間前までに文書により指定する金融機関の口座に振り込む方法により支払う。な

お，振込手数料は再生債務者の負担とする。ただし，再生債権者が振込先の金融機関を指定しなかった場合は，再生債務者の本店において支払う。
　(4)　弁済期日が休日の場合の取扱い
　　　弁済期日が金融機関休業日に該当するときは，当該弁済期日の翌営業日をもって弁済期日とする。
　(5)　反対債権がある場合の処理
　　　再生債務者は，再生債権者に対して前記1ないし5の定めに従って弁済する際，相殺適状にある反対債権を有するときは，これを控除して弁済することができる。
　(6)　再生債権移転等の場合の処理
　　　再生計画提出日（平成○年○月○日）以降，再生債権等の譲渡又は移転があったときは，譲渡又は移転前の債権額を基準として権利を変更し弁済する。一部譲渡又は一部移転の場合，権利の変更による免除額は，新旧債権者双方がその債権額に按分して負担する。
　(7)　再生債権者が確定債権と未確定債権を有する場合
　　　再生債権者が確定債権と未確定債権を有する場合には，再生債権額が確定していない再生債権が確定したときに，両再生債権の合算額について，前記2の定めを適用する。
　　　ただし，未確定債権が確定したときにおいて，既に弁済期が到来している弁済金については，当該確定時から1ヵ月以内に支払う。
第2　共益債権の弁済方法
　　平成○年○月○日時点における共益債権の未払残高は，合計約○○万円であり，その内訳は，○○○○である。
　　未払共益債権及び同日の翌日以降に発生する共益債権は，随時支払う。
第3　一般優先債権の弁済方法
　　平成○年○月○日時点における一般優先債権の未払残高は，約○○円であり，その内訳は，○○○○である。
　　未払一般優先債権及び同日の翌日以降に発生する一般優先債権は，随時弁済する。
第4　開始後債権
　　平成○年○月○日までに発生した開始後債権は存在しない。
　　　　　　　　　　　　　　　　　　　　　　　　　　　以　　上

【資料40】再生計画案補足説明書

平成○年（再）第○号

　　　　　　　　　　　再生計画案補足説明書

　　　　　　　　　　　　　　　　　　　　　　　　　　平成○年○月○日
○○地方裁判所　第○民事部　御中

　　　　　　　　　　　　　　　　再生債務者　株式会社　○　○　○
　　　　　　　　　　　　　　　　再生債務者代理人　弁護士　○　○　○

第1　再生債務者の概要及び再生手続開始申立てに至る経緯
　1　再生債務者の業務内容及び沿革
　　　……
　2　申立てに至った経緯
　　　……
第2　民事再生申立後の状況
　1　仕入先の状況
　　　再生手続開始申立て後，一時的な混乱はあったものの，再生債務者は，○において債権者説明会を実施するなど，申立てに至る状況，現状の説明及び再建への協力を求め，現在では，ほぼ供給元の各社から協力が得られるに至っている。
　2　販売先の状況
　　　大多数の販売先からは，今後も再生債務者の製品を購入するとの協力をいただき，取引を継続することで了承が得られている。
　3　営業所の縮小
　　　再生債務者は，○営業所については面積を従来の約3分の2に縮小し，賃料として合計月約○円を削減した。今後，本社機能（総務部門等）を○工場内へ移転するなどして，さらに経費削減を図る予定である。
第3　再生計画案の概要
　1　事業計画
　　(1)　製造への特化
　　　　再生債務者は，自主再建を目指すことから経費を徹底的に削減して利益体質を強化していく。以上の事業運営方針をもとに立案した事業

計画案（別表A（省略）参照）の基本的な考え方は，以下のとおりである。
(2) 売上高
……
(3) 売上総利益
……
(4) 販売費及び一般管理費
……
(5) 営業外損益
……

2 弁済計画
　以上の事業計画をもとに立案した弁済計画案（別表B（省略）参照）の概要は，以下のとおりである。
(1) 再生債権者への弁済
　　再生債権は，再生債務者が策定した事業計画に基づく収益弁済となる。後述するとおり，予想清算配当率は〇％であり（別表C（省略）参照），再生債権については再生債務者の今後の事業活動によるキャッシュフローを前提とした弁済計画に基づき，大幅な免除をお願いせざるを得ず，別除権者への弁済や免除益課税等を考慮して確保できる弁済原資から，平均〇％程度の弁済率となる。
　　免除後の弁済金額が〇円以下の債権（以下，「少額債権」という。）については，再生計画認可決定確定後〇年間で弁済することとし，その余の再生債権者に対しては，10年間での分割弁済とする。
(2) 予想清算配当率
　　再生債務者の清算を前提とした貸借対照表（平成〇年〇月〇日現在，別表C（省略）参照）では，資産総額は〇円であり，これは共益債権，別除権（担保権）及び優先債権等の総額〇円に満たないため，仮に再生債務者が破産するに至った場合には，再生債権の配当は見込めないことが必至である。
　　従って，上記のとおり再生債務者の今後10年間の事業活動によるキャッシュフローを前提とした弁済計画を立案することにより，再生債権者に対する弁済原資の最大化を図ることとしたい。
(3) 別除権等について
　　……

以　上

[資料41] 事業計画表（総合表）

事業計画案　総合表

××××株式会社
（単位：××円）

<利益計画>

損益計算書		実績		計画					
		直前々期 年月期	直前期 年月期	1期目 年月期	2期目 年月期	3期目 年月期	4期目 年月期	5期目 年月期	6期目 年月期	7期目 年月期
(1)	売上高									
(2)	売上原価									
(3)＝(1)－(2)	売上総利益									
(4)	販売費及び一般管理費									
(5)＝(3)－(4)	営業利益									
(6)	営業外収益									
(7)	営業外費用									
(8)＝(5)＋(6)－(7)	経常利益									
(9)	特別利益									
(10)	特別損失									
(11)＝(8)＋(9)－(10)	税引前利益									
(12)	法人税等									
(13)＝(11)－(12)	当期利益									
	総人員数									

<資金計画>
（単位：××円）

資金収支		実績		計画							弁済額計
		直前々期 年月期	直前期 年月期	1期目 年月期	2期目 年月期	3期目 年月期	4期目 年月期	5期目 年月期	6期目 年月期	7期目 年月期	
(14)	期首資金残高										
(15)	当期利益										
	非資金項目加減算：										
(16)	減価償却費										
	その他										
(17)＝(15)±(16)	非資金項目計										
(18)	設備投資額										
(19)	資産売却収入等										
(20)	その他収入（借入、増資等）…										
(21)＝(14)＋(13)＋(17)－(18)＋(19)＋(20)	弁済原資計										
(22)	再生債権弁済										
(23)	少額債権弁済										
(24)	別除権債権弁済										
(25)	優先債権弁済										
(26)	その他支出…										
(27)＝(21)－(22)－(23)－(24)－(25)－(26)	期末資金残高										

（注）別除権債権弁済は、「別除権目的の受戻し」である。

（日本会計士協会近畿会作成）

【資料42】再生計画案に対する調査報告書（監督委員）

平成○年（再）第○号　再生手続開始申立事件
再生債務者　株式会社○○○○

調 査 報 告 書

平成○年○月○日

○○地方裁判所　第○民事部　○係　御中

監督委員
弁護士　○　　○　　○　　○

第1　はじめに

　　頭書事件に関し，再生債務者が提出した再生計画案（以下「本再生計画案」という。）について，御庁平成○年○月○日付監督命令○項に基づき，民事再生法（以下「法」という）174条2項各号に掲げる事由の有無を調査したので，問題になり得る部分に重点を置いて，次項以下のとおり報告する。

　　なお，当職は，本件の調査にあたり，監督委員補助者として○○○○公認会計士・税理士の補助を受けたものであり，詳細な分析がなされた，平成○年○月○日付報告書（以下「○○公認会計士報告書」という）の提出を受けているので，本意見書の添付資料として併せて提出する。

第2　再生手続又は再生計画が法律の規定に違反していないか否か（法174条2項1号）
 1　再生手続が法律の規定に違反していないか否か
　　再生手続開始申立書，報告書（法125条1項）の提出，財産評定書（法124条2項）の提出，債権調査，再生計画案の提出，裁判所への報告（法125条2項），監督委員への同意申請・承認申請及び監督委員への報告，債権者説明会など，再生債務者の今日までの諸手続の履践状況を見ると，特に不認可事由となる再生手続の違法は認められない。
 2　再生計画が法律の規定に違反していないか否か
　(1)　本再生計画案第1の2(1)によれば，……とされているが，これらが再生債権者間の平等を害することはない（法155条1項）。
　(2)　本再生計画案第1の2(2)によれば，再生債権の弁済時期は，……と定められており，再生計画認可決定の確定から10年を超えない範囲で期限が定められているので，法155条3項の定めは遵守されている。
　(3)　また，本再生計画案○において別除権者の権利に関する定めもなさ

れており，不足額が確定したときは一般再生債権と同様の定めを適用するというものであり，法160条も遵守されている。
　(4)　以上(1)ないし(3)も含めその他にも特段の問題点は認められないから，本再生計画案は法の規定に則った適法な内容で定められているものと思料する。
第3　再生計画の遂行の見込みについて（法174条2項2号）
　1　前提となる会計書類の検証，財務諸表の分析など
　　　まず，再生計画の遂行の見込みを検討する前提として，再生債務者の財務諸表や商業帳簿の内容，会計組織の状況などの点について検証する必要があり，これらは○○公認会計士報告書において実施されている。……，特に問題は見当らない。
　2　再生計画案の前提となる事業計画案について
　　　再生債務者の事業計画案の骨子は，以下のとおりである。
　　　……
　3　事業計画案の履行可能性について
　　　……
　4　タックスプランニング（債務免除益課税等）について
　　　……
　5　まとめ
　　　本再生計画案はその遂行の見込みがないとまではいえない。
第4　再生計画が再生債権者の一般の利益に反しないか否かについて（法174条2項4号）
　　　再生債務者は再生手続開始決定日である平成○年○月○日現在での財産評定を行っている。そこでは清算した場合の予想配当率が○パーセントとされている。
　　　前述のとおり，その評価については，概ね妥当な評価がされており，評価の方法により，若干の前後はあるとしても，大幅な変動はないと考えられる。
　　　本再生計画案における弁済額は，……と予定されており，前述した再生債務者の財産評定で見込んだ清算配当率を上回っていることから，いわゆる清算価値保障原則を充足している。
　　　従って，本再生計画案は，再生債権者の一般の利益に反するものとは認められない。
第5　その他
　　　……
第6　結論
　　　以上の考察から，本再生計画案につき，法174条2項各号の事由があるとは認められない。
　　　　　　　　　　　　　　　　　　　　　　　　　　　　　　以上

【資料43】事業譲渡スケジュール

事業譲渡のモデルスケジュール（計画提出前の事業譲渡）

① フィナンシャル・アドバイザーとのスポンサー選定手続に関する業務委託契約の締結
（監督委員の同意を要するか否か監督委員と要協議）
↓
② スポンサー候補リストアップ（リストアップする数はケースにより数社～数十社）
↓
③ スポンサー候補に対する入札手続実施の通知と意向確認
（1週間程度）
④ 入札手続に参加させるスポンサー候補の確定
（1週間～2週間程度）
⑤ デュー・デリジェンス（財務・法務・税務・ビジネス）の実施
（デュー・デリジェンスの開始までに秘密保持誓約書の提出を受ける。1週間～2週間程度）
（デュー・デリジェンスの期間は全体で2週間～1ヵ月程度）
⑥ 入札（スポンサー候補による支援条件の提示）
（ケースにより⑤及び⑥の手続を1～3回程度行う）
↓（1週間～2週間程度）
⑦ スポンサーの決定と通知
↓（1週間～数週間程度）
⑧ 基本合意の締結
↓（2週間～1ヵ月程度）
⑨ 最終合意の締結
↓
⑩ 株主総会の特別決議による営業譲渡の承認　OR　法43条に基づく同承認に代わる許可の申請
↓
⑪ 法42条に基づく営業譲渡の許可の申請
↓
⑫ 債権者に対する説明（説明会方式・個別訪問方式・書面方式）
↓
⑬ 裁判所による債権者・労働者に対する意向聴取手続
（10日～数週間）
⑭ 監督委員による裁判所に対する意見書の提出
↓
⑮ 法42条の許可決定
（⑪の許可申請後2週間～1ヵ月程度）
⑯ 別除権の受戻し交渉，従業員に対する説明・交渉，賃借不動産にかかる賃貸人に対する説明・交渉，取引先に対する説明・交渉など事業譲渡実行に向けた準備手続
（⑨の最終合意締結後速やかに手続を進める）
↓
⑰ 事業譲渡の実行
（⑨の最終合意締結後1ヵ月～数ヵ月）

【資料44】 スポンサー募集案内文

平成○年○月○日
再生債務者　株式会社○○○○
代理人弁護士　○　○　○　○

スポンサー選定に関するご案内

　拝啓　時下益々ご清祥のこととお慶び申し上げます。
　さて，この度は，株式会社○○○○（以下「当社」といいます。当社の概要については，別紙をご参照ください。）の民事再生手続におけるスポンサー選定（以下「本件」といいます。）についてご関心をお示しいただき，誠にありがとうございます。
　当社は，本件についてご関心をお示しいただいた方々に対し，本書を送付しております。まずは，お手数ですが，平成○年○月○日（必着）までに，同封の「秘密保持誓約書」及び「意向証明書」に必要事項を記入し，記名押印の上，後記の連絡先宛てに，ご返送をお願いします（簡易書留郵便にてご送付ください。）。
　その上で，当社は，「秘密保持誓約書」及び「意向表明書」を提出していただいた方々に対して，下記の資料を送付いたします。なお，具体的な入札手続については，下記の入札要綱をご確認ください。なお，本件に関するお問合せにつきましては，後記の連絡先宛てにお願いいたします（後記の連絡先以外の当社の役員，従業員その他の関係者に対する連絡につきまして，固くお断りいたします。）。

記

① 入札要綱
② インフォメーション・メモランダム

以　上

【本件の連絡先】
　〒○○○-○○○○　○○市……………………
　　再生債務者　株式会社○○○○　申立代理人弁護士　○　○　○　○
　　ＴＥＬ　○○-○○○○-○○○○　　ＦＡＸ　○○-○○○○-○○○○
　　電子メールアドレス：（略）

以下 別　紙

【当社概要】
　所在地：（略）
　設立　：（略）　　　　　　　　資本金：○円
　　主たる事業：（略）　　　　　株主構成：（略）
　取締役：○名　　　　　　　　　従業員：○名（内訳：略）
　事業所・営業所：○箇所
　関連会社：（略）
【事業概要】（略）
【財務情報】直近３期の貸借対照表及び損益計算書の概要　（略）

以　上

【資料45】秘密保持誓約書

平成○年○月○日

株式会社○○○○　御中

住所
会社名
代表者名
代表者　　　　印

秘密保持誓約書

　当社は，貴社との間で，株式譲受，事業譲受，資本参加，業務提携その他の企業提携（以下，「企業提携」といいます。）の可能性を検討する目的（以下，「本件目的」といいます。）で，貴社が当社に開示する情報の取扱いに関し，以下のとおり取り扱うことを誓約いたします。

第1条
　当社は，本件目的に関し，貴社より，直接又は第三者を介して，開示又は提供される一切の情報（本書作成日現在，既に開示又は提供されている情報を含みます。）が，本書に定める秘密保持義務の対象となる秘密情報（以下，「秘密情報」といいます。）に該当することを確認します。ただし，下記の情報は，本書に基づく秘密保持義務の対象である秘密情報から除かれるものとします。

記

(1)　開示の時点において公知の情報
(2)　開示後，当社の責めによることなく公知となった情報
(3)　開示の時点において当社が既に保持していた情報
(4)　開示後，当社が第三者から守秘義務を課されることなく正当に取得した情報
(5)　秘密情報を使用することなく当社が独自に開発した情報

第2条
　当社は，秘密情報の機密を保持するとともに，秘密情報及び秘密情報を記録又は記載した文書，図面，磁気テープ・ディスクその他の媒体（以下，「秘密文書等」といいます。）の管理，保管及び廃棄にあたっては，当社の秘密情報を取扱うと同等以上の厳重な注意（ただし，善良なる管理者の注意義務を下回ることはありません。）を払うものとします。

第3条
　当社は，開示を受けた秘密情報を本件目的以外には使用しません。

第4条
　当社は，下記の場合を除き，貴社の事前の書面による承諾なく，秘密情報を第三者に開示又は漏洩しません。下記の(1)ないし(3)に該当し，若しくは貴社の事前の承諾を得て秘密情報を第三者に開示する場合，当社は，当該第三

者に対し，本書に定める秘密保持義務と同等の義務を課して，その義務を遵守させるものとし，また，当該第三者においてその義務の違反があったときには，当社による義務の違反として，貴社に対し，直接責任を負うものとします。

記
(1) 本件目的のために，当社の取締役，執行役，執行役員，監査役又は従業員に対し情報を開示する必要がある場合。
(2) 本件目的のために，当社が弁護士，公認会計士，税理士，司法書士等，法律によって機密保持義務を負っている専門家に相談する必要がある場合。
(3) 本件目的のために，当社のアドバイザーに対し情報の開示をする必要がある場合において，当該アドバイザーから本書と同等の秘密保持義務を定める秘密保持契約書の提出を受けた場合。
(4) 裁判所その他公的機関（以下，「公的機関等」といいます。）から強制力のある開示の命令を受けた場合。

第5条
　当社は，貴社から受領した秘密文書等について，本件目的のために必要のある場合に限り，必要最小限の範囲において，複写又は複製することができます。当社は，複写，転写又は改変された秘密情報を本契約に定める秘密情報として取り扱うものとします。

第6条
　当社は，本書の有効期間中において，貴社より請求のあった場合，貴社から受領した秘密文書等（秘密文書等を複写又は複製している場合はその複写物及び複製物を含む。）を，貴社の指示に従い，当社の費用により貴社に返還するか，又は，秘密文書等の全部又は一部の返還に代えて，適切な方法により，自己の責任をもってそれらの廃棄を実行し，その結果を貴社の指定する書式に従って，書面にて貴社に対し報告するものとします。

第7条
　当社は，本書の作成日から起算して〇年間，貴社並びに貴社子会社を含むグループ会社の役員及び従業員を，自己又は自己の関係会社の役員又は従業員とするべく勧誘を行わないものとします（ただし，当社が自社の通常の従業員求人広告を行う場合を除きます。）。

第8条
　当社は，本書に定める義務に違反した場合，直ちに，当該違反行為の改善を図り，かつ，当該違反により貴社が被った一切の損害を賠償します。

第9条
　本書は，企業提携の成立の如何を問わず，作成日から起算して〇年間有効とします。

第10条
　本書は，日本法を準拠法とし，本書の法律関係に関する訴訟は，〇〇地方裁判所をもって，第一審の専属的合意管轄裁判所とします。

以上

【資料46】 スポンサー募集入札要綱

平成○年○月○日

スポンサー候補　各位

　　　　　　　　　　　　　　　　　再生債務者　株式会社○○○○
　　　　　　　　　　　　　　　　　代理人弁護士　○　○　○　○

株式会社○○○○のスポンサー選定に関する入札要綱

拝啓　時下益々ご清祥のこととお慶び申し上げます。

　貴社におかれましては，株式会社○○○○（以下「当社」といいます。）の民事再生手続おけるスポンサー選定（以下「本件」といいます。）についてご関心をお示しいただき，誠にありがとうございます。本書は，本件に関する入札手続についてご説明するものです。なお，本書は，貴社よりご提出いただいている秘密保持誓約書第1条に規定する対象情報に含まれるものであり，貴社におかれましては本書送付の事実及び本書に含まれる情報について厳に秘密を保持いただきますよう，お願い申し上げます。

1　本件の概要

　　本件は，当社の民事再生手続において，後記2記載の事業を対象として，スポンサーの支援を得て，当該事業の再生を図ることを目的とする手続（以下「本件取引」といいます。）です。なお，当社は，平成○年○月○日，○○地方裁判所に対して，民事再生手続開始を申し立て，同年○月○日，再生手続開始決定を受けています。

　　当社は，入札方式によりスポンサーを選定する予定であり，スポンサー候補の方々に対して，データルームにおける資料閲覧，当社経営陣に対するヒアリング等を含むデュー・デリジェンスの機会を設定させていただき，その上で，入札書をご提出いただく予定です。

2　本件取引の概要

　(1)　本件取引における対象事業及び取引スキーム

　　　（略）

　(2)　当社の希望事項

　　　（略）

3 デュー・デリジェンスについて

　デュー・デリジェンスの具体的内容，スケジュール，質問方法及び各種ルール等につきましては，別途配布する「デュー・デリジェンス案内書」をご参照ください。

4 入札提案の内容

　入札に際しては，下記の個別事項について，できる限り詳細，かつ具体的な提案内容を記載した入札書を提出いただきますようお願いいたします。

記

① 貴社の概要
② 事業承継後の方針
③ 事業価値評価額
④ 入札資金の調達方法，調達額及び調達先
⑤ ……（略）

5 今後の予定スケジュール

　　デュー・デリジェンス期間　　：　〇月〇日（〇）〜〇月〇日（〇）
　　最終入札書の提出期限（予定）　：　〇月〇日（〇）
　　最終契約書の締結（予定）　　　：　〇月〇日（〇）
　　クロージング（予定）　　　　　：　〇月〇日（〇）

6 質問等の受付について

　本書に関するご質問については，本書の末尾に記載している担当者までご連絡ください。

　なお，いかなる場合でも本件に関して，当社及びそのグループ会社の経営陣又は従業員に対して，貴社及び貴社のアドバイザーなど本件関係者が直接コンタクトすることは，固くお断りいたします。

7 留意事項

　当社は，いつでも本件のプロセスを変更する権利を留保しています。また，当社は，どのスポンサー候補に対しても，理由を明示する義務を負うことなく，当該スポンサー候補による入札提案の検討を中止する権利を有します。

　当社は，スポンサー候補に伝達した情報について，書面又は口頭であるかを問わず，随時，修正する権利を有しています。また，当社は，スポンサー候補に提供した一切の資料及び情報について何らの責任を負うものではなく，一切の提供された情報について，それらが書面又は口頭であるか

を問わず，その正確性，完全性，網羅性又は妥当性については，明示，黙示を問わず，何らの表明・保証を行いません。スポンサー候補は，この入札手続で取得する情報について，自らの判断でその正確性を確認していただきます。したがって，情報の不正確性・不完全性等を原因として，スポンサー候補が何らかの損害を被ったとしても，当社に対する損害賠償請求その他の一切の請求は認められません。

　当社は，理由の如何を問わずスポンサー候補が本件に要した一切の費用（デュー・デリジェンス費用を含む。）を負担いたしません。

　当社は，入札手続の結果，契約交渉その他のプロセスを特定の最終候補者と排他的に進めるとは限りません。

　当社は，本件の実行を何らコミットするものではなく，本入札手続により提示される内容などから総合的に判断して，事前に通知することなく，本件の検討を一方的に打ち切り，又は，本件を中止するなど，手続の進行方法及び候補先の決定について，完全な裁量権を留保するものとします。なお，本件のスポンサーは，入札金額のみによって決定されるのではなく，従業員の雇用確保や取引先との関係維持などの要素も含めた総合的な判断に基づいて決定されることにご留意ください。

　本件に関し，当社はスポンサー候補を含む何人に対しても損害賠償責任，費用負担義務等一切の義務を負いません。

8　入札書の提出先
　　〒○○○-○○○○
　　○○市……………………
　　再生債務者　　　○○○○株式会社
　　　代理人弁護士　○　○　○　○
　　　電話番号：
　　　ＦＡＸ番号：
　　　電子メールアドレス：

【本件のお問合せ先】
　　8に同じ。

｛※入札手続について，ＦＡに委託する場合は，入札書の提出先及び質問の問合せ先をＦＡの担当者とすることになる。｝

【資料47】デュー・デリジェンス資料一覧

資料名	対象期間	備考
1．基本情報		
1　会社案内，経歴書	直近分	
2　会社沿革	直近分	
3　取扱商品等説明資料	直近分	
4　事業所一覧（事業所用地の所有・賃貸の別を含む）	直近分	
5　会社組織図（組織別人員数を含む）	直近分	
6　商業登記簿謄本	直近分	
7　会社定款	直近分	
8　議事録（株主総会，取締役会，その他経営会議）の写し	過去3期及び直近中間期	
2．財務関連		
2-1．財務諸表		
1　連結と単体の財務諸表及び付属明細書	過去3期及び直近中間期	
2　単体の月次試算表（貸借対照表及び損益計算書）	今年度実績分	
3　単体の税務申告書一式（法人税及び消費税，事業税）	過去3期	
4　連結精算表	過去3期及び直近中間期	
2-2．損益計算書の明細		
1　売上・売上原価明細	過去3期及び直近中間期	
2　販管費明細	過去3期及び直近中間期	
3　事業別の損益計算書明細	過去3期及び直近中間期	
4　主な特別利益・特別損失の内容及び金額	過去3期及び直近中間期	
2-3．貸借対照表の明細		
1　投資有価証券・出資金の明細及び時価情報	過去3期及び直近中間期	
2　短期・長期貸付金の明細	過去3期及び直近中間期	
3　設備投資の内容及び金額	過去3期及び直近中間期	
4　リース資産明細	過去3期及び直近中間期	

5	所有不動産の明細及び時価情報	過去3期及び直近中間期	
6	固定資産減損検討資料	過去3期及び直近中間期	
7	各種引当金の計上基準及び根拠資料（賞与引当金，他）	過去3期及び直近中間期	
8	借入金の明細	過去3期及び直近中間期	
9	棚卸資産の評価規定	直近分	
10	棚卸資産の明細	過去3期及び直近中間期	
11	固定資産台帳	過去3期及び直近中間期	
12	その他の勘定科目明細	過去3期及び直近中間期	
13	滞留債権の一覧	直近分	
14	破産債権，再生債権等について内容がわかるもの	過去3期及び直近中間期	
15	貸倒実績，及び貸倒リスクの高い債権の一覧	過去5期	
16	繰延税金資産・負債の計上根拠	過去3期及び直近中間期	
17	直近の非上場株式等に係る投資先の決算書	直近分	
18	賃貸契約書	現在有効な契約	

3．予算・事業計画

1	事業計画書	将来3-5期分	
2	過去の予算・実績対比表（PL,BS,CF）及び実績の分析資料	過去3期及び直近中間期	
3	資金繰実績・予定表	過去3期及び来期予定	

4．ビジネス関連

4-1．ビジネス全般

1	事業ごとのバリューチェーンや商流を示した資料	直近分	
2	現在の経営環境についての分析資料	直近分	
3	競合他社並びに競合状況に関する分析資料	直近分	
4	マネジメントによる事業分析及び事業戦略	直近分	
5	業務運営マニュアル	直近分	
6	特許，許認可に関する資料	直近分	

4-2. 事業・組織再編及びアライアンス
1	過去に実行したM&A（買収，合併，株式売却，事業譲渡，会社分割，株式交換，株式移転，増減資等）の一覧及びその内容	
2	過去に実施した組織変更の内容	
3	業務提携先一覧	直近分
4	ライセンス・技術援助契約一覧	直近分
5	株主間契約一覧	直近分

4-3. 生産・物流
1	拠点の一覧及び概要	直近分

4-4. 仕入先
1	事業ごとの仕入先別仕入高（上位10社）及び主要仕入項目，条件	過去3期及び直近中間期
2	事業ごとの仕入先別支払債務（買掛金・支払手形）残高（上位10社）	過去3期及び直近中間期

4-5. 販売先
1	事業ごとの販売先別販売高（上位10社）及び主要販売項目，条件	過去3期及び直近中間期
2	事業ごとの販売先別売掛債権（売掛金・受取手形）残高（上位10社）	過去3期及び直近中間期

4-6. 人事
1	役員名簿	直近分
2	事業ごとの従業員数及び平均人件費の推移	過去3期及び直近中間期
3	人事規程（就業規則，給与規程，退職金規程，役員報酬規程，役員退職慰労金規程等）	直近分
4	労働組合の有無，概要	直近分
5	労使関係に関する特記事項	直近分
6	ストックオプションに関する規定類	直近分

4-7. その他
1	現在係争中若しくは将来そのおそれのある案件，クレーム等の一覧	過去及び直近
2	不良資産の一覧	直近分
3	その他の偶発債務の一覧	直近分
4	コンプライアンスマニュアル	直近分
5	環境問題の一覧	直近分
6	監査法人に提出した経営者確認書	過去3期及び直近中間期
7	監査法人からのマネジメントレター	過去3期及び直近中間期

【資料48】基本合意書

基　本　合　意　書

　株式会社○○○○（以下「甲」という。）と＿＿＿＿＿＿＿＿＿＿＿＿＿＿＿（以下「乙」という。）は，甲の営む事業のうち第1条2項所定の事業（以下「本件事業」という。）の再生の支援に関し，以下のとおり，基本合意（以下「本基本合意」という。）を締結する。

第1条（目的）
　1　甲と乙は，甲の民事再生手続（○○地方裁判所平成○年（再）第○号）に関して，本件事業の再生のため，乙がスポンサーとして甲を支援することを目的として，本基本合意を締結することを，相互に確認する。
　2　甲と乙は，本件事業として，甲が営んでいる事業のうち○○事業と指定する。
第2条（支援方法・支援内容等）
　1　甲は，乙又は乙が指定する第三者（以下併せて「乙等」という。）に対し，甲と乙が合意によって定めたクロージング日をもって，事業譲渡の方法により，本件事業にかかる一切の資産，権利及び契約上の地位を譲渡する（以下「本件事業譲渡」という。）。ただし，本件事業譲渡の対象の詳細は，次条に規定する事業譲渡契約（以下「本件事業譲渡契約」という。）において決定する。
　2　本件事業譲渡の譲渡価格は，金＿＿＿＿＿＿＿＿＿＿＿円とする。
　3　乙等は，原則として，本件事業に従事する従業員（正社員，パート，アルバイト等の別を問わない。以下「本件従業員」という。）を承継して雇用する。
　　　なお，乙等は，本件従業員を承継して雇用するについては，乙等の中途採用規定等相当な基準に従うものとする。
　4　乙等は，原則として，本件事業の各仕入先との取引関係を維持する。
　5　乙等は，原則として，本件事業にかかるリース契約を承継する。ただし，甲と乙等は，本件事業譲渡契約において，本件事業の継続に不要であるリース物件を承継対象から除外することができる。
第3条（本件事業譲渡契約の締結）
　1　甲と乙は，本基本合意に定める趣旨に基づき，可及的速やかに，第2条に定める支援方法・支援内容等を基礎として，本件事業譲渡の最終条件について誠実に協議し，確定したうえ，平成○年○月末日を目処として本件事業譲渡契約を締結するものとする。
　2　前項の締結期限は，甲乙協議のうえ，合意によって延長することがで

きる。
第4条（民事再生法42条の許可申請）
　　甲は，乙との間で本件事業譲渡の契約を締結した場合には，遅滞なく，民事再生法第42条が規定する許可申請手続に入る。
第5条（守秘義務）
　　甲と乙は，本件事業譲渡の検討・締結に際して得た互いの営業上の秘密にかかる情報について，本件事業譲渡の検討・締結以外の目的に使用してはならず，また，第三者に対して一切開示してはならないものとする。ただし，本基本合意の締結については，甲と乙は，双方が合意した時期，内容，方法にて，報道機関等に発表するものとする。
第6条（解除条項）
　　甲と乙は，本件事業譲渡の契約締結のため相当期間にわたって誠実に協議・交渉するも，その契約締結の現実的可能性が消滅した場合，又は，本基本合意締結後クロージングまでの間に天災地変その他不可抗力により本件事業譲渡の対象の全部又は主要な部分に重大な変動が生じた場合に限り，甲乙協議のうえ本基本合意を解除できるものとする。
　　ただし，本基本合意が解除された場合にも，前条規定の守秘義務は互いに免れられないものとする。
第7条（その他援助）
　　乙は本件事業譲渡の契約締結に必要な限りにおいて，甲に対し，商品供給，資金援助あるいは人材の派遣等必要な援助を行う。
第8条（規定外事項の協議）
　　甲及び乙は，本基本合意に定めのない事項若しくは本基本合意の解釈に疑義を生じた場合には，本基本合意第1条の目的に従って，誠実に協議のうえ決定するものとする。
第9条（合意管轄）
　　本基本合意に関する一切の紛争については，○○地方裁判所を第一審の専属的管轄裁判所とする。
第10条（停止条件）
　　本基本合意は，甲の民事再生事件の係属裁判所の許可又は同事件の監督委員の同意を停止条件とする。
　　（※裁判所許可事項，同意事項となった場合に記載する。）

　以上，本基本合意の成立を証するため，本基本合意書2通を作成し，甲，乙各自1通をそれぞれ保有するものとする。

　　　　　平成　　年　　月　　日
　　　　　　　　　　　　　甲

　　　　　　　　　　　　　乙

【資料49】事業譲渡契約書

事業譲渡契約書

　○○○○株式会社（以下「甲」という。）と株式会社○○○○（以下「乙」という。）は，本日，以下の条項を内容とする事業譲渡契約（以下「本契約」という。）を締結する。

（事業の譲渡）
第1条　乙は，乙の○○事業及びこれに付帯する事業（以下「本件事業」と総称する。）を，本契約に定めるところに従って，甲に譲渡し，甲はこれを譲り受ける（以下「本件事業譲渡」という。）。
　2　甲は，①本件事業譲渡が，乙の民事再生手続（○○地方裁判所平成○年（再）第○号，以下「本件再生手続」という。）に基づく裁判所の許可を要する行為であること，②乙が，本件事業譲渡後，清算手続に入ることを十分に認識した上で，乙に対して，本件事業譲渡及び本件再生手続（乙の清算手続を含む。）が円滑に進行するように本契約の定めに従い協力することを確認する。
　3　甲及び乙は，本契約締結日以後，本件実行日（以下に定義される。）の前後を問わず，本件事業譲渡が円滑に進行するように，相互に，最大限協力することを確認する。

（事業譲渡の実行日）
第2条　本件事業譲渡の実行日（以下「本件実行日」という。）は，平成○年○月○日とする。ただし，甲及び乙は，双方の書面による合意によって，本件実行日を変更することができる。

（譲渡資産の範囲及び引渡し）
第3条　本件事業譲渡に基づき，乙から甲に譲渡される資産（以下「本件譲渡資産」という。）は，別紙「譲渡資産目録」（以下「譲渡資産目録」という。）記載のとおりとする。
　2　乙は，本件実行日において，甲に対して担保権等の負担のない本件譲渡資産の完全な所有権を移転させる。ただし，本契約第8条1項に定める譲渡リース物件等については，本件実行日において乙がリース会社等から所有権を取得していないときは，この限りではない。
　3　乙は，本件実行日において，本契約第4条に規定する本件譲渡代金の支払と引換えに，甲に対して，本件譲渡資産（ただし，本契約第8条1項に定める譲渡リース物件等については，乙が，本件実行日においてリース会社等から所有権を取得していないものを除く。）を現状有姿に

て，それぞれの所在場所において引き渡すとともに，本件譲渡資産に関する契約書，証書，帳簿等のすべての関連書類，並びに本件譲渡資産の譲渡手続に必要なすべての書類を甲に交付するものとする。
　4　乙から甲への本件譲渡資産の引渡は，本契約で特に定めるものを除き，甲乙間で別途合意された方法による。
　5　本件譲渡資産の所有権及び危険負担は，本条3項に定める引渡しが完了した時に，乙から甲に移転する。
　6　甲及び乙は，本件実行日において乙が負担する債務及び義務について，本契約で特に定めるものを除き，甲が債務及び義務を一切承継しないことを相互に確認する。
（事業譲渡代金）
第4条　甲は，乙に対して，本件実行日において，本契約第3条3項に基づく本件譲渡資産（ただし，本契約第8条1項に定める譲渡リース物件等については，乙が，本件実行日においてリース会社等から所有権を取得していないものを除く。）の引渡しと引換えに，本件事業譲渡に係る譲渡代金（以下「本件譲渡代金」という。）として，○○億円を支払うものとする。
　2　本条前項の本件譲渡代金にかかる消費税については，本条前項の本件譲渡代金とは別に，甲から乙に本件実行日に支払われるものとする。
（譲渡資産の管理義務）
第5条　乙は，本契約締結後，本件実行日まで善良な管理者の注意をもって，本件事業の執行をなし，かつ，本件譲渡資産の管理を行うものとし，重要な財産の処分その他本件事業譲渡に影響を及ぼす事項に関しては，予め，甲の書面による承認を得たうえで，これを行うものとする。
（譲渡資産の対抗要件具備）
第6条　本件事業譲渡の対象である物件の引渡し，債権その他の権利の乙から甲への移転に関して，第三者に対抗するための要件を具備するために必要な手続は，本件実行日後遅滞なく，甲乙協力して行うものとする。なお，手続に必要な費用等は，甲の負担とする。
（譲渡資産の調査）
第7条　甲は，本契約締結後，本件事業及び本件譲渡資産について，いつでも，物件，帳簿書類その他必要な資料を精査し，閲覧・謄写し，及び乙に事前に通知して乙の本社，工場，営業所等に立ち入って，財産状況を調査することができ，乙はそれに最大限協力する。
（リース物件等の承継）
第8条　乙は，本件再生手続上の監督委員から同意を得て，本件譲渡資産に含まれるリース物件及び第三者所有物件（以下「譲渡リース物件等」という。）について，リース契約又は賃貸借契約を解除し，リース会社及

び賃貸人（以下「リース会社等」という。）から譲渡リース物件等の所有権を取得したうえ，本件実行日に，本契約第3条3項に従って譲渡リース物件等を甲に対して引き渡す。ただし，譲渡リース物件等の所有権取得のためのリース会社等の承諾に要する費用等は，乙の負担とする。

（顧客の引継ぎ，仕掛品の処理）

第9条　乙は，本契約締結後直ちに，別紙「顧客目録」記載の顧客に対して，本件事業を甲に譲渡する旨通知し，さらに，本件実行日以後甲が同顧客から注文を受けることができるよう，本件実行日の前後を問わず，最大限の努力をしなければならない。

2　乙は，本件実行日時点において別紙「顧客目録」記載の顧客からの注文にかかる仕掛品が万一存在する場合には，甲に対して必要な業務を委託する等，仕掛品を適切に処理できるよう，甲との間で誠実に協議して対処するものとする。

（公租公課の取扱い）

第10条　本件譲渡資産に対する公租公課は，納税通知を受領した当事者が全額負担する。

（従業員等の処遇）

第11条　乙は，本件実行日の前日をもって，本件事業に従事する乙の従業員のうち甲乙間で別途合意する従業員目録記載の者（以下「雇用対象従業員」という。）を全員解雇し，甲は，本件実行日までに，雇用対象従業員に対し，本条第2項に定める雇用条件による本件実行日からの雇用（ただし，本件事業譲渡が実行されることを条件とする。）を申し込むものとし，乙は，本件実行日までに，雇用対象従業員のすべてから，当該雇用条件に従った甲による雇用についての同意を取得するよう，最大限努力する。ただし，同意の取得に要する費用等は，乙の負担とする。

2　本条前項の甲における新規雇用の条件については，乙における雇用条件を考慮しつつ，甲の就業規則・賃金給与規程を適用して甲が決定するものとする。

3　乙が従業員に対して負担する退職金を含むすべての債務については，本契約にて特に定めるものを除き，乙の費用と負担にて処理するものとし，甲はこれを承継しない。

4　本条に基づく従業員の承継に関する細目については，甲乙間にて別途協議のうえこれを定めるものとする。

（表明・保証）

第12条　乙は，本契約締結日から本件実行日までのすべての時点において，以下各号の表明・保証を行うものとする。

①　乙は，適法に設立され，有効に存在し，その事業を遂行するために

必要な権利能力を有している。
② 乙による本契約の締結及び履行は，乙の権利能力の範囲内であり，乙は，乙に適用される法令上又は乙の社内規則上必要とされる一切の手続を履践している（ただし，乙の株主総会における特別決議を除く。）。乙による本契約の締結及び履行は，本件再生手続における裁判所による事業譲渡の許可（民事再生法第42条），株主総会決議に代わる代替許可（同法第43条），及び監督委員の同意（同法第54条2項）を除くほかは，いかなる政府機関その他第三者の許認可，承諾，同意，登録，届出その他の手続も要しない。
③ ………………（以下省略）
2　甲は，以下の表明・保証を行うものとする。
① ………………（以下省略）

（本契約の停止条件）
第13条　本契約は，本件再生手続において，本件事業譲渡についての民事再生法第42条及び第43条に基づく裁判所の許可決定がなされ，かつ確定していることを停止条件として，その効力を生じる。

（甲の義務の履行の前提条件）
第14条　本件事業譲渡における甲の義務の履行は，本件実行日において，以下の各条件のすべてが充足されていることを条件とする。
⑴　本契約第11条1項の定めに従い，別紙「必要従業員リスト」記載の者（以下「必要従業員」という。）のうち各部門の最低必要人数として定める人数以上の者から，甲の決定する雇用条件に従った本件実行日からの甲における雇用について，書面による同意を取得していること。
⑵　本件実行日以前に履行されるべき乙の義務・行為等が，すべて履行されていること。
⑶　本契約第13条1項各号に定める乙の表明・保証が，すべての重要な点において正しいこと。
⑷　本契約締結後本件実行日までの間に，本件事業及び本件譲渡資産の状況に重大な変動が生じていないこと。
2　平成○年○月○日までに本条前項各号記載の条件の全部又は一部が成就しないことによって本件事業譲渡が実行されないときは，甲は，乙に通知することによって，本契約を直ちに解除することができる。

（秘密保持義務）
第15条　甲及び乙は，本契約に関して知り得た相手方の技術上，業務上の資料及び知識その他一切の情報を，本契約の終了後といえども，相手方の書面による承諾なくして第三者に漏洩してはならない。
ただし，次の一に該当する情報はこの限りではない。

① 公知の情報，若しくは甲又は乙の責めによらずに公知となった情報
　　　② 甲又は乙が本件事業とは無関係に独自に開発した情報
　　　③ 甲又は乙が第三者から適法に入手した情報
　２　本条前項の規定にかかわらず，本件実行日以後は，本件事業に関する一切の情報について，甲は本条前項に基づく秘密保持義務を負わず，乙は甲の書面による承諾なくして第三者に漏洩してはならず，本契約の履行以外の目的で使用してはならない。

（解除）
第16条　甲又は乙は，相手方に本契約上の義務違反があった場合で，その是正を求める書面による通知後7日以内に当該違反が是正されないときは，直ちに本契約を解除することができる。この場合，違反者は，相手方に対し，解除により相手方の被った一切の損害，損失，債務又は費用（弁護士等の専門家報酬を含み，以下「損害等」という。）を賠償しなければならない。

（補償）
第17条　乙の本契約上の義務違反又は表明・保証違反に起因して，甲が損害等を負担した場合，乙は，これを補償するものとする。

（競業避止義務）
第18条　乙は，本件実行日以後，本件事業と同一又は類似の事業を行わない。なお，乙は，甲が本件事業を行うに際し，乙の商号と同一又は類似の名称をもって事業を行うことを承諾する。

（合意管轄）
第19条　本契約に関して紛争が発生した場合には，○○地方裁判所を第一審の専属的合意管轄裁判所とする。

（協議事項）
第20条　本契約に定めなき事項については，当事者間で誠意をもって協議し，解決するものとする。

　　　平成○年○月○日

　　　　　　甲

　　　　　　乙

【資料50】 事業譲渡許可申請書（42条1項1号）

平成○年（再）第○号　再生手続開始申立事件
再生債務者　株式会社○○○○

事業譲渡許可申請書

平成○年○月○日

○○地方裁判所　第○民事部　○係　御中

申立人（再生債務者）代理人
弁護士　○　　○　　○　　○

第1　許可を求める事項
　　再生債務者が，○○○○株式会社との間で，別紙「事業譲渡契約書」記載の事業譲渡契約を締結し，金○○億円で再生債務者の「○○事業」を譲渡することの許可を求める。
第2　許可を求める理由
　1　事業譲渡の必要性・プロセス
　(1)　再生債務者は，監督委員の同意を得て，○○株式会社に対して，スポンサー選定に関するアドバイス業務の提供を委託し，国内外の多数の事業会社及びファンド（事業会社：○社，ファンド○社）に対して，スポンサー選定手続への参加を募った。
　　　　再生債務者は，主たる事業である「○○事業」のほか，付随的事業として，○○事業を行っているところ，各部門間において特段のシナジーもないので，スポンサー選定作業においては，個別売却を前提として，対応した。
　(2)　○○業界は，世界的経済不況の影響もあり，今期に入り，業績の大幅な下方修正を余儀なくされ，マイナス成長となり，その影響で，○○市場も収縮している。
　　　　その結果，再生債務者の平成○年○月の全部門の売上は，○○百万円となり，同じく○月の全部門の売上は，○○百万円となっており，急激に落ち込んでいる。
　(3)　再生債務者が，○○事業を継続するには，別除権の対象となるリース物件である○○装置につき，その評価額相当額を弁済して，これを受け戻すことが不可欠であり，さらに，その後，継続的に，○○装置の更新が必要になる。しかし，上記(2)のとおり，再生債務者の業績は急激に悪化しており，自力で，別除権対象物件を受け戻すための原資を捻出し，今後の装置更新の費用を確保することは，不可能である。

したがって，再生債務者の事業を再生するためには，適切な譲渡先に対して，当該事業を譲渡することが必要である。
(4) そこで，再生債務者は，上記(1)のとおり，多数の候補先に対し，スポンサー選定手続の参加を募り，1次入札及び最終入札を経て，今般，スポンサーに内定した〇〇〇〇株式会社との間で，「〇〇事業」に関する事業譲渡契約を締結する段階に至った。
(5) なお，再生債務者のその他の事業である〇〇事業については，事業譲渡の可能性がなくなったので，早期に事業を廃止し，固定資産等を処分する予定である。

2 事業譲渡の概要
(1) 再生債務者は，下記の概要にて，事業譲渡の方法によって，〇〇〇〇株式会社に対して，〇〇事業を譲渡する（以下「本件事業譲渡」という。）。

記

① 引継拠点　〇〇工場のみ
② 引継従業員　〇〇名程度
③ 事業譲渡の対価　〇〇億円（後記④を含む。）
④ 取得するファイナンスリース物件の評価額　〇億円
⑤ 事業譲渡の実行日（クロージング日）　平成〇年〇月〇日

(2) 〇〇〇〇株式会社の概要は，下記のとおり，再生債務者と同種の事業を行う有力な事業会社であり，譲渡先として問題はなく，円滑な事業継続が期待できる。他方，本件事業譲渡は，上記1のプロセスを適切に経ており，〇〇〇〇株式会社以外に，譲渡先を探すことは困難である。

記

設　立　　昭和〇年〇月〇日
資本金　　〇〇億円
代表者　　代表取締役社長　〇〇〇〇
売上高　　〇〇億円（平成〇年3月期）
従業員数　〇〇名
事業内容　〇〇

(3) そこで，再生債務者は，〇〇〇〇株式会社との間で，条件面で交渉を重ねたところ，別紙「事業譲渡契約書」記載のとおり，〇〇工場を拠点として，同工場における事業継続に必要な固定資産，〇〇装置（ファイナンスリース物件を含む。），知的所有権等につき，それぞれ簿価等をベースにして，譲渡価格を定め，これに相当の営業権を加味して，合計〇〇億円で譲渡することで交渉が成立した。

3 本件事業譲渡のメリット
(1) 再生債務者の従業員のうち，〇〇工場で稼動する者を中心として，約〇〇名が，〇〇〇〇株式会社に引き継がれる予定であり，従業員の雇用を確保することができる。
(2) 〇〇〇〇株式会社に対して，顧客との間の取引を円滑に承継させ，

事業継続が可能になる。
(3) 再生債務者は，本件事業譲渡の譲渡代金のうち別除権協定に基づく弁済に充てる原資（原則として，別除権の目的物の評価額である○億円を想定している。）を除いた金額，その他の事業の譲渡代金及び事業譲渡の対象とならなかった資産の処分代金を原資として，共益債権・優先債権の弁済額及び清算費用等を控除した上で，再生債権者に対する弁済を行う予定である。

　　仮に，再生債務者が，本件事業譲渡を行うことなく，破産した場合，事業の継続性が失われ，事業価値が喪失し，資産の個別売却しか換価方法がなくなるところ，本件事業譲渡によれば，事業を継続しながら，営業権を維持して，一体として事業を譲渡できるので，譲渡の対価が増加し，その分，再生債権者に対する弁済率が向上する。

　　なお，再生債務者は，現在，債権認否を行っているところであり，再生債権の総額が未定であり（なお，届出債権の総額は，約○○億円である。），また，今後，○○事業及び○○事業を売却し，その他の資産を換価する予定であって，再生債権者に対する弁済原資の額も流動的ではあるが，仮に，再生債務者が破産した場合は，一般債権者に対する配当が見込めないところ，本件事業譲渡を行えば，弁済率は未定ではあるものの，少なくとも再生債権者に対する弁済は可能になる見込みである。

4　今後の手続等
(1) 現在，再生債務者は，○○○○株式会社が取得を希望しているリース物件にかかる各リース会社に対して，個別に，本件事業譲渡の概要を説明し，当該物件の評価額に基づいて，別除権の受戻しを行うべく交渉しているところである。
(2) また，再生債務者は，平成○年○月○日，金融機関及び○○装置等のリース会社向け説明会を行う予定である。なお，再生債務者の従業員は，本件事業譲渡によって，退職金の支払が確保されることもあり，基本的には，これに同意している。
(3) 再生債務者は，再生債権者に対する弁済を行い，その後，清算する予定である。

5　まとめ
　　よって，本件事業譲渡は，再生債務者の事業継続に必要であり，また，再生債権者の利益に合致するのみならず，従業員，取引先等にとっても有利であるから，○○○○株式会社に対して，別紙「事業譲渡契約書」のとおり，金○○億円で，再生債務者の○○事業を譲渡するのが妥当であると考え，民事再生法42条1項1号に基づき本件許可申請に及んだ次第である。

以　上

【資料51】代替許可申請書（43条）

```
平成○年（再）第○号　再生手続開始申立事件
再生債務者　株式会社○○○○
```

代替許可申請書

平成○年○月○日

○○地方裁判所　第○民事部　○係　御中

再生債務者代理人
弁護士　○　○　○　○

第1　許可を求める事項
　　再生債務者の○○○等の製造及び販売事業を，別紙事業譲渡契約概要書のとおり，○○○○株式会社へ譲渡することについて，会社法467条1項に規定する株主総会の決議による承認に代わる許可を求める。

第2　許可を求める理由
　1　債務超過
　　再生債務者の資産状況は，平成○年○月○日時点の清算処分価値による貸借対照表（資料1）及び帳簿価額による貸借対照表（資料2）のとおり，清算処分価値，帳簿価額のいずれによっても著しい債務超過の状態にあり，その財産をもって債務を完済することができない状態にある。

　2　事業譲渡の必要性
　　再生債務者が，①来期の備蓄資金の負担が発生する時期であるにもかかわらず資金が極めて乏しく来期向けの備蓄のための仕入が単独再建では困難であること，②事業再建のためには来期の受注が不可欠であるが今期の納期遅れ等から信用補完を受けることなく受注を維持することが困難であること等からすれば，再生債務者にとっては，得意先及び仕入先に対する信用補完を可能とするスポンサーが必要である。また，再生債務者の事業価値の毀損を可及的に防ぎ，事業を継続するためには，早期に事業譲渡を行うことが必要不可欠である。
　　また，スポンサーとして決定した○○○○株式会社も，迅速に事業再生を行い，コスト削減等によって事業の収益体質を改善するために，事業譲渡型による関与を求めるとの意向を有している。

　3　事業譲渡契約の内容
　　事業譲渡契約の内容は，別紙事業譲渡契約概要書記載のとおりである。

　4　まとめ
　　よって，民事再生法43条1項に基づき，本許可申請に及んだものである。

以上

添　付　資　料

　　　資料1　　貸借対照表（清算処分価値）
　　　資料2　　貸借対照表（帳簿価額）

【資料52】 文書閲覧等の制限申立書

平成○年（再）第○号　再生手続開始申立事件
再生債務者　株式会社○○○○

文書閲覧等の制限申立書

平成○年○月○日

○○地方裁判所　第○民事部　○係　御中

申立代理人弁護士　○　○　○　○

当 事 者 の 表 示
別紙当事者目録記載のとおり

第1　申立ての趣旨
　　　平成○年○月○日付け事業譲渡許可申請の別紙「事業譲渡契約書」の別紙「譲渡資産目録（工具備品等）」，別紙「譲渡資産目録（特許）」，別紙「譲渡機械等目録」，別紙「顧客目録」及び別紙「必要従業員リスト」につき，閲覧若しくは謄写，その正本，謄本若しくは抄本の交付又はその複製を請求することができる者を再生債務者に限る
　　との決定を求める。
第2　申立ての理由
　　　平成○年○月○日付け事業譲渡許可申請の別紙「事業譲渡契約書」の別紙「譲渡資産目録（工具備品等）」，別紙「譲渡資産目録（特許）」，別紙「譲渡機械等目録」，別紙「顧客目録」及び別紙「必要従業員リスト」の記載内容は，再生債務者の「営業秘密」に属するものであり，これが第三者に知られた場合，再生債務者の事業の維持再生に著しい支障を生ずるおそれがあり，また，再生債務者の財産に著しい損害を与えるおそれがある。
　　　よって，再生債務者は，民事再生法17条1項に基づき，申立ての趣旨のとおり，閲覧等の制限を申し立てる次第である。

以上

【資料53】事業譲渡に関する意見書（監督委員）

平成○年（再）第○号　再生手続開始申立事件
再生債務者　株式会社○○○○

事業譲渡に関する意見書

平成○年○月○日

○○地方裁判所　第○民事部　○係　御中

監督委員
弁護士　○　○　○　○

　頭書事件につき，再生債務者の平成○年○月○日付事業譲渡許可申請について，監督委員の意見は，下記のとおりである。
　なお，当職の調査に当たっては，補助者として○○○○公認会計士に依頼し，その調査の結果は，当職宛の調査報告書をもって報告を受けている。

記

第1　本件事業譲渡の概要等
　1　本件事業譲渡は，○○○○株式会社に対し，再生債務者の全事業を金○億円の対価をもって譲渡することを内容としている。
　2　当職は，本件事業譲渡に関し，①譲受人（スポンサー）の選定手続の公正・適正性，及び，②対価その他譲渡条件の相当性を中心に調査，検証を行った。
　　本意見書は，これらの検証結果を踏まえて，本件事業譲渡の相当性，及び，民事再生法42条1項後段所定の要件の適合性について，意見を述べるものである。
第2　スポンサー選定過程の公正・適正性
　1　スポンサー選定過程の概要

　　　　…………………
　　2　監督委員の関与
　　　　…………………
　　3　検討結果
　　　以上の検証の結果，本件スポンサー選定手続における，スポンサー候補者の募集，スポンサー候補者に対する企業情報の開示，各入札段階における先行対象者の選定，その他スポンサー選定手続の各過程は，いずれも公正中立に実施されていることが確認された。
　　　また，本件スポンサー選定手続において，○○○○株式会社が提示した支援条件は，他の入札者が提示した支援条件と比較して，支援金額（譲渡対価）はもとより，その他の事業承継条件（従業員雇用の確保，従前事業の継続等）を総合的に考慮しても，再生債務者にとって最も有利な条件であることに疑義はなく，○○○○株式会社をスポンサー企業として選定することは，相当であると判断された。
第3　事業譲渡対価の相当性
　　1　入札手続による対価
　　　前述したとおり，本件事業譲渡の対価は，適正な競争入札手続を経て形成された価額であり，それ自体，市場原理を反映して形成された価額として合理性を有するものと認められる。
　　2　継続企業価値の観点による検討
　　　この点，補助者の○○○○公認会計士の補助のもと検証を行った。
　　　　…………………
　　　その結果，○法による評価額が○億円～○億円，○法による評価額が○億円～○億円と，各々試算されるところ，本件事業譲渡対価は，これらの試算額の範囲内にあり，その相当性が裏付けられた。
　　3　清算価値保障原則の観点による検討
　　　この点も同様に補助者の補助のもと，再生債務者作成の財産評定における財産目録，貸借対照表をベースとして，検討した。
　　　　…………………
　　　その結果，清算価値としては，金○億円と試算されるところ，本件事業譲渡対価は，当該試算額を上回るものであり，その相当性が裏付けられた。

4 検討結果

以上のとおり，本件事業譲渡の対価は，適正な競争入札手続を経て形成された価額である上，継続企業価値の観点からも相当であるとともに，清算価値保障原則も充足しており，相当であると認められる。

第4 本件事業譲渡に関する債権者の意向
　1 債権者説明会の開催
　　　‥‥‥‥‥‥‥‥

　2 意向聴取手続
　　　‥‥‥‥‥‥‥‥

第5 本件事業譲渡に関する従業員の意向
　　　‥‥‥‥‥‥‥‥

第6 本件事業譲渡に関する株主の意向

再生債務者は，平成○年○月○日，臨時株主総会を開催し，本件事業譲渡につき特別決議による承認決議を得ている。

【注）株主総会の承認手続を経ている場合は，民事再生法43条1項の代替許可の手続は不要となる。】

第7 本件事業譲渡に関する意見

以上のとおり，本件事業譲渡にかかるスポンサー選定手続は公正・適正に実施されたものと認められ，本件事業譲渡の対価も相当であると認められる。

また，債権者，従業員，株主その他利害関係人からも，本件事業譲渡について反対する意見は出されていない。

さらに，本件再生手続においては，再生手続開始当初来，債権者の多数から経営者責任を明確にすべき旨の意見が出されており，現経営者のもとで自主再建を図ることは著しく困難であることが明らかであるといえ，本件事業譲渡を実行することが，再生債務者の事業の再生のために必要であると認められる（民事再生法42条1項後段）。

よって，本件事業譲渡については，これを許可するのが相当であると思料する。

以上

【資料54】子会社株式譲渡許可申請書（42条1項2号）

平成○年（再）第○号　再生手続開始申立事件
再生債務者　株式会社○○○○

子会社株式譲渡許可申請書

平成○年○月○日

○○地方裁判所　第○民事部　○係　御中

再生債務者代理人
弁護士　○　○　○　○

第1　許可を求める事項
　　再生債務者が，○○○○株式会社との間で，別紙「株式譲渡契約書」記載の株式譲渡契約を締結し，金○○億円で，再生債務者の完全子会社である株式会社○○の株式を譲渡することの許可を求める。
第2　許可を求める理由
　1　株式譲渡の必要性・プロセス
　　（略：【資料50】事業譲渡許可申請書（42条1項1号）第2の1参照）
　2　株式譲渡の概要
　⑴　再生債務者は，新設分割により○○事業を切り離して株式会社○○に移転し，株式会社○○の株式を譲渡する方法によって，スポンサーである○○○○株式会社に○○事業を譲渡する（以下「本件株式譲渡」という）。株式会社○○に移転する○○事業の概要は下記のとおりである。

記

①　移転する拠点　　　○○工場のみ
②　移転する従業員　　○○名程度
③　株式譲渡の対価　　○○億円
④　株式譲渡の実行日　平成○年○月○日

なお，事業譲渡スキームではなく上記のスキーム（新設分割＋株式譲渡スキーム）による理由は，スポンサーである〇〇〇〇株式会社との交渉の結果によるものであり，具体的には，〇〇工場で取得している許認可を円滑に承継させるためである。

(2)　（略：【資料50】事業譲渡許可申請書（42条１項１号）第２の２(2)参照）

(3)　再生債務者は，〇〇〇〇株式会社との間で，条件面で交渉を重ねたところ，〇〇工場を拠点として，同工場における事業（〇〇事業）の継続に必要な各資産等につき，それぞれ簿価等をベースにして譲渡価格を定め，これに相当の営業権を加味して，上記のスキーム（新設分割による〇〇事業の切離しと新設会社の株式譲渡）により，合計〇〇億円で〇〇事業を譲渡することで交渉が成立した。

（以下略：【資料50】事業譲渡許可申請書（42条１項１号）第２の３及び４参照）

3　まとめ

　　よって，本件株式譲渡は，再生債務者の事業継続に必要であり，また，再生債権者の利益に合致するのみならず，従業員，取引先等にとっても有利であるから，〇〇〇〇株式会社に対して，別紙「株式譲渡契約書」のとおり，金〇〇億円で，株式会社〇〇の株式を譲渡するのが妥当であると考え，民事再生法42条１項２号に基づき本件許可申請に及んだ次第である。

　　　　　　　　　　　　　　　　　　　　　　　　　　　　　　以上

【資料55】再生計画案への賛同のお願い

再生計画案への賛同のお願い

債 権 者 各位

平成○年○月○日

再生債務者　株式会社○○○○
代表取締役　○　○　○　○
上記代理人
弁　護　士　○　○　○　○

謹啓　時下ますますご清祥のこととお慶び申し上げます。

　弊社は，債権者の皆様のご支援のもと，平成○年○月○日，再生計画案を提出し，今般，「債権者集会期日呼出状」記載のとおり，裁判所の主催により債権者集会が開かれることとなりました。

　本再生計画が可決，認可されると，例えば，元本等再生債権額が○○万円の債権者の方には，平成○年○月から平成○年○月にかけて，○万円ずつ，合計○万円をお支払いすることとなります。再生計画が可決，認可されることにより，当社の事業の再生を実現し，債権者の皆様への弁済を実施することが可能となりますので，何卒，ご理解を賜りますようお願いいたします。

　ところで，本件では多数の債権者様がおられますので，債権者集会の迅速な運営を図るために，再生計画案につき<u>ご賛同いただける方には，債権者集会へのご出欠の如何にかかわらず，あらかじめ同封の議決票を下記の要領にて記載のうえ，弊社の推薦する代理人弁護士宛にご送付くださいますよう，お願い申し上げる次第です。</u>

　末筆ながら，皆様のますますのご健勝をお祈り申し上げます。

謹白
記

[議決票の記載要領について]

　同封の議決票の記載要領に基づき，同意・不同意のいずれかを○で囲んだ

上で，本人又は代理人の署名若しくは記名押印をお願いします。

［議決票のご提出先］　※返信用封筒を同封しています

　　　　事　務　所　　〒000-0000　　○○市○○区○○×丁目○○ビル○階
　　　　　　　　　　　○○法律事務所

　　　　氏　　　名　　弁護士　　○○○○

　　　　電話番号　　○○-○○○○-○○○○

※本書は，裁判所の正式な書面ではありませんが，裁判所のご了解を得て同封させていただくものです。

【資料56】認可決定確定証明申請書

平成○年（再）第○号
再生債務者　株式会社○○○○

再生計画認可決定確定証明申請書

　　　　　　　　　　　　　　　　　　　　　　　平成○年○月○日

○○地方裁判所　第○民事部　○係　御中

　　　　　　　　　　　　　　　　　申立代理人弁護士　○　○　○　○

　頭書事件について，御庁の平成○年○月○日付再生計画認可決定は，平成○年○月○日に確定したことを証明願います。

　　　　　　　　　　　　　　　　　　　　　　　　　　　　　　以上

上　記　証　明　す　る。

　　　平成　　年　　月　　日

　　　　　○○地方裁判所　第○民事部

　　　　　裁判所書記官

【資料57】再生債権弁済報告書

```
平成○年（再）第○号　再生手続開始申立事件
再生債務者　株式会社○○○○
```

弁　済　報　告　書

平成○月○月○日

監督委員　弁護士　○　○　○　○　殿

再生債務者代理人
弁護士　　○　○　○　○

　頭書事件につき，再生計画に基づく弁済を平成○年○月○日までに実施いたしましたので，下記のとおりご報告いたします。

記

1　概要
　　再生計画第○の○（○）に基づき，別紙弁済表（略）記載のとおり，合計○名の再生債権者に対し総額○円の弁済を平成○年○月○日までに実施した（資料○）。
2　特記事項
(1)　債権放棄をした債権者について
　　　整理番号○（自認○）○○○○株式会社については，債権全額を放棄したため弁済は実施しない（資料○）。
(2)　破産手続開始決定を受けた債権者について
　　　整理番号○（届出番号○）株式会社○○○○は破産手続開始決定を受けたため，破産管財人に対して弁済を行った（資料○）。
(3)　債権譲渡がなされた債権者について
　　　整理番号○（届出番号○）株式会社○○○○の債権は，平成○年○月○日付で○○○○株式会社に全額譲渡されたため，○○○○株式会社に対して弁済を行った（資料○）。

以　上

添付資料
（略）

【資料58】再生手続終結申立書

平成○年（再）第○号　再生手続開始申立事件
再生債務者　株式会社○○○○

再生手続終結の申立書

平成○年○月○日

○○地方裁判所　第○民事部　○係　御中

申立代理人弁護士　○　○　○　○
TEL　　-　　-
FAX　　-　　-

申立ての趣旨

　本件再生手続を終結する
との決定を求める。

申立ての理由

　頭書事件について，平成○年○月○日，再生計画認可決定が確定し，平成○年○月○日，同決定確定後3年が経過したので，再生手続の終結を申し立てるものである。

以上

事項索引

〔主要な頁は太字で，第4編の頁は下線付きで表示しています〕

あ

相対方式……………………78
相手方の催告権…………174
青色欠損金………………277
赤字部門の分離・閉鎖……58
預り金（テナントの売上金）
　………………………162
頭数要件…………**69**, *168*, *283*

い

異議
　――の訴え（再生債権の
　　査定）……………*267*
　――の訴え（役員の責任
　　の査定）…………*214*
　――の撤回…………*267*
意見聴取…………………*258*
委託販売………………119, 178
一時停止通知……………112
一部未履行………………174
一律弁済型………………282
一定期間の生計費に相当す
　る現預金……………330
一般条項…………………*279*
一般調査…………………*261*
一般調査期間……………*266*
一般的基準……………*269*, **279**
一般優先権………161, *264*, *284*
委任契約書……………46, *335*
委任状（議決）…………*292*
委任状（決議）……………67
委任状（申立代理人）……46
違法貸付…………………*213*
違法配当…………………*213*
違約金………………………229
違約金条項………………184
医療法人…………………122
印　鑑………………………67
印鑑証明……………………68
印紙（申立書）……………47

う

インセンティブ資産……329

請　負………………………153
請負契約……………………185
受取手形……………………131
受戻し……193, **222**, *246*, *251*
打合せメモ…………………203
写しの備置き………………200
訴えの提起…………………193
売掛金…………………**39**, *207*
運送業者……………………133

え

営業損益……………………30, 34
ADR……………………………225
枝番（認否書）………………*265*
閲覧制限……87, *196*, *203*, *426*
閲覧・謄写………124, *200*, *203*
FA（フィナンシャル・ア
　ドバイザー）………**74**, 79
M&A…………………………74

お

オブザーバー（債権者説明
　会）……………………144

か

会計帳簿…………………*269*
会計方針…………………*207*
外国通貨での債権………*264*
解雇通知…………………317
解雇予告手当……153, *208*, 317
解　散………………………93
開始後債権………………161, *284*
開始後の利息・遅延損害金
　………………………*262*
開始時現存額主義………*262*
会社案内……………………31
会社更生手続……32, **108**, 157
会社組織図…………………31

会社都合の退職金
　…………………**59**, *91*, *208*
会社分割…………………295
解　除………………………173
解除条件…………………225
概要記録事項証明書……240
価額決定請求……………*253*, *256*
価額返還請求権…………173
確定証明書…………………70
額未定（遅延損害金）……*262*
可決要件………………**68**, **69**
掛け取引…………………133
瑕疵修補請求権…………188
貸倒損失計上……………277
貸付金……………………*207*
ガスの供給契約…………176
学　校……………………123
華美でない自宅…………330
株　式
　――の取得………………301
　――の併合………………301
株主構成……………………30, 93
株主責任……………………*285*
株主総会の特別決議………89
株主名簿……………………31
仮登記担保権……………*253*
仮払いの定め（根抵当権）
　…………………………*283*
簡易再生…………………112
管　轄………………………41
管財人……………………327
監視義務違反……………*213*
鑑定（書）………207, *224*, *254*
監督委員…………………144, **306**
　――の調査報告書（意見
　　書）（再生計画案）
　　…………*289*, *311*, *403*
　――の調査報告書（意見
　　書）（事業譲渡）
　　……………88, *310*, *427*
　――の同意………156, **193**

438　事項索引

――の同意を要する行為
　　………………………… 193
――の報告書（意見書）
　（開始決定時）
　　………………… 53, 307, 373
監督委員証明書…………… 251
監督命令…………… 56, 193, 306
元本確定…………………… 283
管理処分権………………… 54
管理命令…………… 216, 326
関連会社の債権…………… 263

き

機　械……………………… 231
議決権……………………… 260
議決権額…………………… 263
議決権額要件……………… 69
議決票………………… 67, 292
　　――の補正…………… 292
期　限
　　――の猶予……… 158, 279
　　――の利益喪失約款
　　　……………… 234, 264
期限切れ欠損金…………… 277
期限付債権………………… 264
帰属清算…………………… 234
気付扱い（議決票）……… 293
基本合意書（事業譲渡）
　　…………………… 85, 415
キャッシュオンデリバリー
　　………………… 39, 51, 133
キャッシュフロー………… 129
窮境原因…………………… 31
吸収分割…………………… 296
求　償……………………… 153
求償権……………………… 262
給与カット………………… 150
共益債権………… 161, 173, 228,
　　　　　　243, 264, 284, 317
共益債権化…… 115, 162, 165
　　――の承認
　　　……………… 52, 155, 165, 307
共益債権化（敷金）
　　………………… 181, 263, 284
共益債権承認申請書
　　……………… 52, 53, 166, 372

共益費……………………… 182
供給契約…………………… 176
業種別の留意点…………… 118
強制執行の禁止…………… 157
業績（売上）連動………… 182
競争入札方式……………… 83
競争方式…………………… 78
供　託………………… 71, 313
協定型……………………… 110
業務委託…………………… 153
業務遂行権………………… 156
極度額……………………… 283
許認可………………… 91, 295
金額不確定の金銭債権…… 264
銀行宛書面………… 48, 141, 350
銀行取引約定……………… 247

く

偶発債務…………… 295, 299
繰越欠損金………………… 277
繰越残高…………………… 134
繰越損失…………………… 299
黒字体質…………………… 58
クロージング日…………… 85

け

経営会議…………………… 149
経営者保証ガイドライン
　　………………… 33, 105, 329
経営責任…………………… 32
経営判断…………………… 309
計画外事業譲渡…………… 86
形式的平等………………… 64
軽自動車…………………… 233
傾斜配分型（弁済条項）
　　………………… 170, 282
継続企業価値
　　……………… 90, 205, 206, 301
継続的供給契約……… 119, 176
競　売……………………… 257
警備契約…………………… 177
契約の解除………………… 193
決議（再生計画案）……… 69
　　――の方法…………… 66
決算報告書………………… 31
月次資金繰り表…………… 134

月次試算表………………… 134
月次報告…………………… 57
月次報告書
　　…57, 134, 197, 198, 309, 378
月次報酬…………………… 46
原因債権…………………… 262
減価償却費………………… 274
現金回収…………………… 58
現在事項全部証明書……… 31
原材料等の供給契約……… 177
減資等……………………… 301
原状回復義務……………… 183
建設協力金………………… 181
源泉所得税………………… 133
減増資……………………… 285
減増資型の再生…………… 299
現存利益…………………… 173
建築請負業者……………… 120
現場保全…………………… 185
権利の譲渡………… 193, 251
権利変更条項……… 279, 282
権利変更先行型…………… 284
牽連破産……… 68, 70, 95, 316

こ

後見的監督………………… 306
行使期間（否認権）……… 217
工事続行…………………… 185
更正処分…………………… 268
更生手続…………………… 157
公正取引委員会…………… 92
公正な事業価値…………… 83
拘束預金…………………… 131
公租公課……………… 39, 208
公租公課庁………………… 158
交通費……………………… 153
公認会計士…… 36, 271, 277, 310
　　――の調査報告書…… 290
公平誠実義務……… 32, 54, 144,
　　　　　　　156, 212, 281, 327
工務店……………………… 185
小売業……………………… 119
子会社株式譲渡許可申請書
　（42条1項2号）
　　………………… 297, 430
子会社株式の譲渡………… 297

事項索引 *439*

国際事案 ……………… *323*
国際倒産 ……………… *323*
個人財産 ……………… *215*
個人再生 ……………… *215*
個人事業者 …………… *265*
個人の通常再生
　………………… *156, 215, 312*
固定化 ………………… *241*
固定資産税 …………… *133*
固定資産評価額 ……… *207*
個別条項 ……………… *279*
個別訪問 ……………… *48*
コベナンツ …………… *241*
雇用関係の整理・調整 … *91*
ゴルフ会員債権者 …… *284*
ゴルフ場 ……………… *121*

さ

在外子会社 …………… *324*
在外資産 ……………… *323*
債権額の上限（共益債権化
　の承認）……………… *167*
再建型私的整理手続 … *103*
再建型整理手続 ……… *34, 103*
再建協力金 …………… *150*
債権者
　——に対する情報開示
　………………………… *199*
　——に対する通知 …… *48*
債権者宛書面 …… *48, 141, 352*
債権者委員会 ……… *202, 326*
債権者一覧表 ……… *40, 127*
債権者集会 …………… *67*
債権者説明会
　……… *44, 51, 139, 200, 307*
　——の会場 ………… *140*
債権者説明会（式次第）
　………………… *51, 142, 366*
債権者説明会議事録要旨
　………………… *144, 308, 369*
債権者対応 …………… *50*
債権者向け通知書 …… *46*
債権譲渡 ……………… *268*
債権譲渡通知 ………… *268*
債権譲渡登記 ………… *241*
債権調査 ………… *60, 260, 310*

債権届出 ………… *60, 260*
　——の追完 ………… *268*
債権届出書綴り ……… *266*
債権認否 ……………… *260*
債権放棄 ………… *170, 268*
催告権 ………………… *174*
在庫商品（在庫品）
　………………… *207, 234*
財産状況報告集会 …… *210*
財産の管理処分権 …… *156*
財産評定（貸借対照表・財
　産目録） …… *59, 200, 205,*
　　207, 225, 309, 379
財産保全 ……………… *321*
財産目録 ……… *59, 207, 318, 381*
再生計画
　——の遂行 ………… *312*
　——の取消し ……… *314*
　——の変更 ………… *313*
　——の履行 …… *70, 313*
再生計画案 ……… *63, 201, 279*
　——に対する監督委員の
　意見 ……………… *289, 311*
　——に対する調査報告書
　（監督委員）
　……………… *66, 289, 311, 403*
　——の可決要件 …… *69*
　——の決議 ………… *291*
　——の決議と信義則 … *294*
　——の決議方法 …… *66, 291*
　——の作成の方針 … *126*
　——の修正 ………… *66*
　——の遂行の見込み … *290*
　——の変更 ………… *68*
　——への賛同のお願い
　…………………… *67, 432*
再生計画案（収益弁済型）
　………… *61, 64, 183, 268,*
　　279, 282, 284, 394
再生計画案提出期限の伸長
　………………………… *65*
再生計画案提出前面談 … *65*
再生計画案補足説明書
　………… *65, 201, 279, 285, 400*
再生計画認可決定 …… *70*
再生計画不認可 ……… *316*

再生債権
　——と共益債権の区分
　………………… *159, 163*
　——の査定申立て …… *267*
　——の弁済禁止
　………………… *55, 155, 159*
　——の弁済禁止の例外
　………………………… *156*
再生債権一部取下書 …… *251*
再生債権移転の場合の処理
　………………………… *284*
再生債権者の一般の利益
　………………………… *205*
再生債権弁済報告書
　………………… *71, 312, 435*
再生債務者の第三者性 … *157*
再生手続
　——の終結 …… *71, 314*
　——の廃止 ………… *315*
再生手続維持型 ……… *96*
再生手続開始
　——に関する報告書（監
　督委員） …… *53, 307, 373*
　——の原因となる事実
　………………………… *125*
再生手続開始決定 …… *53, 155*
　——の効果 …… *54, 155*
再生手続開始申立書
　………………… *38, 43, 124, 340*
再生手続開始申立取下げの
　制限 ………………… *320*
再生手続開始申立ての棄却
　………………………… *316*
再生手続終結申立書
　………………… *71, 314, 436*
再生手続廃止 ……… *95, 316*
再生手続廃止型 ……… *96*
再生手続廃止決定
　………………… *70, 98, 317*
再生手続申立棄却決定 … *320*
財団組入れ …………… *251*
財団組入額 …………… *250*
財団債権 ……………… *318*
裁判所
　——との事前協議（事前
　相談） ……………… *41*

440　事項索引

――の許可に基づく事業
　　譲渡……………………86
債務超過
　　………90, 205, 218, 301, 303
債務の減免…………………279
債務免除益…………………276
債務免除益課税対策
　　………………63, 276, 287, 295
再リース（契約）……228, 229
詐害行為……………………218
査定の申立て（再生債権）
　　……………………267, 283
査定の申立て（役員の責任）
　　……………………………214
三角相殺……………………192

し

仕入価額……………………236
支援者の選定業務に関する
　　契約の締結………………193
支援条件………………………83
　　――の相当性………………76
支援専門家…………………331
資格証明書……………60, 265
敷金・保証金返還請求権
　　………181, 207, 248, 263, 283
事　業
　　――の維持再生の支援に
　　　関する契約……193, 296
　　――の継続………………255
事業価値の毀損………………34
事業計画……………………270
事業計画案……………………63
事業計画書…………………285
事業計画表（総合表）
　　………………63, 271, 285, 402
事業継続不可欠要件………256
事業再生 ADR……32, 103, 172
事業収益力…………………281
事業所一覧……………………31
事業譲渡
　　………72, 100, 151, 204, 286
　　――に関する意見書（監
　　　督委員）………88, 310, 427
　　――に関する調査報告書
　　　（意見書）（監督委員）

　　……………………88, 310
　　――による清算型再生計
　　　画案…………………286
　　――の許可………………286
　　――の実行…………………91
事業譲渡型………………72, 299
事業譲渡型再生……………310
事業譲渡許可申請書（42条
　　1項1号）……………87, 422
事業譲渡契約書…………85, 417
事業譲渡スケジュール
　　……………………80, 405
事業譲渡代金…………………89
資金繰り…31, 35, 58, 112, 129
資金繰り実績表………38, 130
資金繰り表………32, 38, 129
　　――の更新………………134
資金繰り見込表………38, 130
資金ショートの見込み……129
資金の確保……………………40
事後求償権…………………192
自己破産……………………215
資産の評価損………………277
試算表…………………………31
自主再建型…………………270
支障部分……………………203
事前協議………………………41
事前相談………………………41
下請契約の処理……………187
質　権…………244, 248, 253
質権者………………………184
実回収額……………………207
執行裁判所への上申………259
実質的平等……………64, 281, 290
実績数値……………………134
私的整理…29, 32, 74, 103, 110
　　――から民事再生手続へ
　　　の移行………………110
私的流用……………………213
自動車（のリース）………230
自動引落し…………………230
自認債権…………60, 265, 269
　　――の撤回………………268
支払サイト……………58, 133
資本金額の減少……………301
資本構成の変更……………285

資本的な支出………………274
事務機器……………………229
社会保険料…………………133
借　財………………………193
社内プロジェクトチーム
　　………………35, 44, 49
社内ミーティング……………49
社内預金……………………153
収益弁済型……………29, 270
集合型（再生計画案の決議
　　方法）………………66, 291
従業員宛書面……48, 146, 354
従業員説明（会）……43, 47
従業員対応…………………146
従業員用対応マニュアル
　　………48, 139, 147, 230, 356
従業員用電話等対応 Q&A
　　……………48, 139, 147, 361
終結決定……………………314
集合債権譲渡担保
　　………………39, 123, 239
集合動産譲渡担保…………119
周知措置……………………200
充　当………………………284
17条決定……………106, 330
住民税………………………133
熟慮期間……………………174
受訴裁判所…………………158
主たる営業所…………………41
主要債権者……………………43
主要債権者一覧………………32
純粋清算型再生計画案……288
純粋な私的整理……………105
準備・作成資料依頼リスト
　　……………………38, 338
ジョイントベンチャー
　　（JV）……………121, 187
少額債権
　　……117, 156, 161, 163, 264
　　――の弁済許可
　　………55, 117, 163, 168, 187
少額債権弁済許可申立書
　　（85条5項後段）
　　……………55, 171, 376
少額債権弁済許可申立書
　　（85条5項前段）

事項索引　*441*

消化仕入……………… *119*, *178*
商業施設………………… *162*
商業登記簿……………… *196*
商業登記簿謄本………… *31*
承継届出………………… *268*
商事留置権…… *119, 133, 189,*
　　　　　　　　244, 253, 257
譲渡禁止特約…………… *239*
譲渡代金………………… *89*
　――の相当性………… *311*
譲渡担保…… *133, 234, 239, 257*
商取引債権者…………… *34*
商取引債権の保護……… *114*
承認援助手続…………… *323*
商品券……………… *115*, *120*
情報開示…………… *113*, *199*
常　務…………………… *193*
賞　与…………………… *150*
将来債権………………… *39*, *239*
将来の求償権…………… *262*
嘱託登記………………… *196*
助言（監督委員）……… *306*
除斥期間（否認権）…… *217*
処分価額…………… ***205***, *255*
処分権限………………… *235*
処分清算………………… *234*
書面型（再生計画案の決議
　方法）………………… *66*, ***291***
書面投票………………… *292*
所有権説（リース）…… *229*
所有権留保………… ***234***, *257*
所有権留保（自動車）… *233*
自力救済………………… *230*
人員削減………………… *150*
信義則（再生計画案の決
　議）…………………… *294*
人材派遣………………… *153*
新設分割………………… *296*
信託的構成……………… *154*
信販会社………………… *233*
信用供与…………… *157*, *165*
信用状…………………… *235*
信用情報会社…………… *141*
診療報酬債権…………… *123*

す

随時弁済………………… *161*
水道光熱費……………… *133*
水道の供給契約………… *176*
スクラップ価格………… *288*
スクラップバリュー…… *207*
スケジュール管理……… *53*
スポンサー……………… *72*
スポンサー型（再生）
　………………………… ***72***, *299*
スポンサー契約…… *75*, *84*
スポンサー候補…… ***72***, *83*
　――の紹介…………… *143*
スポンサー選定過程の公正
　性………………… *76*, *311*
スポンサー選定手続… *78*, *80*
スポンサー募集案内文
　………………………… *81*, ***406***
スポンサー募集入札要綱
　………………………… *409*

せ

生活給…………………… *150*
税金倒産………………… *276*
清　算…………………… *93*
清算型再生計画案
　………………… *92*, *97*, ***286***
清算型整理手続………… *34*
清算価値基準時………… *208*
清算価値保障原則
　…………… *64, 83, 87, 126,*
　　205, 208, 280, ***290***, *310*
　――の基準時………… *280*
清算所得課税…………… *287*
清算貸借対照表
　……… *59, 126,* ***128***, *285*, *344*
清算配当率…… *126*, *143*, *280*
清算費用…………… *59*, *208*
製造業…………………… *119*
製造供給契約…………… *174*
清掃契約………………… *177*
整理解雇………………… *151*
税理士……………… *36*, *277*
接待交際費……………… *273*
設　備…………………… *231*

設備投資………………… *274*
ゼネコン…… *120*, ***185***, *187*, *247*
善意の第三者…………… *157*
善管注意義務（監督委員）
　………………………… *306*
善管注意義務（役員）… *212*
宣伝広告費……………… *273*
専門家…………………… *36*
占有改定………………… *235*
占有確保………………… *186*

そ

早期回収可能額………… *207*
早期処分価額…… *205*, *223*, *225*
倉庫業者………………… *133*
相　殺… *39, 181, 190, 207, 262*
相殺禁止…………… ***190***, *262*
相殺権…………………… *190*
相殺通知………………… *262*
相殺適状………………… *190*
増　資…………………… *303*
相当の期間……………… *174*
双方未履行双務契約
　………………… *173*, *180*, *230*
遡求権…………………… *262*
即時抗告…………… *256*, *259*
訴訟の中断……………… *158*
続行期日…………… *70*, *293*
続行集会………… *68*, *70*, *293*
　――の申立て………… *70*
損益計算書……………… *128*
損金算入………………… *277*

た

代位弁済…………… ***262***, *268*
対応マニュアル………… *146*
対価の相当性（会社分割）
　………………………… *298*
対抗問題………………… *157*
対抗要件…………… *235*, *240*
対抗要件具備禁止の保全処
　分………… *138*, *240*, *348*
対抗要件否認…………… *240*
第三者性…………… *54*, *157*
第三者保護要件………… *157*
貸借対照表… *59*, *128*, *207*, *379*

退職金……………91, 152, 208
代替業者………………… 235
代替許可………………89, 205
代替許可申請書（43条）
　………………………89, 425
滞納公租公課…………37, 276
滞納処分………………37, 158
代表者らの債権
　………………216, 264, 283
代表者らの破産………… 264
タックスプランニング
　…………………63, 270, 276
立替払制度（未払賃金）
　………………………153, 317
立替費用（従業員）…… 153
他の手続の中止命令… 137
たより（従業員に対する）
　………………………………150
段階的権利変更条項……… 282
団体交渉………………… 150
担保価値維持義務……241, 248
担保価値保持義務……… 241
担保権実行手続………… 257
　　──の中止命令……… 257
　　──の中止命令申立書
　　……………………… 389
担保権消滅許可
　　──の申立て………… 224
　　──の申立書…63, 254, 391
担保権消滅手続
　……………90, 110, 253, 257
担保権・被担保債権目録
　………………………… 256
担保設定行為…………… 218
担保の提供……………… 159
担保不動産競売……181, 257
担保不動産収益執行…… 181
担保目的物の受戻し…… 222

ち

地域経済活性化支援機構
　（REVIC）………………32
チェンジ・オブ・コント
　ロール（条項）……… 295
遅延損害金（開始後の）
　…………………………… 262

着手金……………………46
中間利息控除…………… 314
中止期間………………… 258
中止期間伸長の上申…… 258
忠実義務（役員）……… 212
中止命令………………242, 257
中小企業再生支援協議会
　………………32, 103, 331
中小企業者が有する再生債
　権……………………… 156
中小企業者債権の弁済許可
　………………………… 163
中小企業退職金共済（中退
　共）…………………… 152
中途解約………………… 229
調査権限………………… 306
調査報告書（意見書）
　（監督委員）
　………88, 289, 311, 403, 427
朝礼……………………… 150
直近3決算期分の決算報告
　書…………………………31
直近の試算表………………31
賃金……………………… 152
賃借人の民事再生……… 183
賃貸借契約……………… 180
賃貸人の民事再生……… 180
賃料債権の差押え…181, 259
賃料債務との相殺……… 181

つ

通常清算……………………93
通信費…………………… 133
積み上げ方式…………… 282

て

DIP型………………212, 325
DIP型会社更生手続…… 109
DIPファイナンス
　………………73, 74, 223
TV会議システム……… 147
定款…………………………31
定期点検費用…………… 188
定期報告………………71, 313
DCF法……………………89
停止条件………………… 251

停止条件付再生債権…… 263
停止の手続（中止命令）
　………………………… 259
提出期限の伸長（再生計画
　案）………………………65
抵当権…………………… 253
定例ミーティング…………56
手形債権………………… 262
手形の表裏のコピー…… 262
手形割引……58, 131, 193, 246
　──の買戻請求権…… 262
適確条項………………281, 283
出来形の所有権………… 189
出来高…………………… 318
出来高査定……………… 186
手付金…………………… 179
手付金没収条項………… 179
手続選択………………33, 103
テナント事業…………… 288
テナントの売上金……… 162
デベロッパー……120, 189, 247
デュー・デリジェンス
　（DD）………………81, 300
デュー・デリジェンス資料
　一覧……………………82, 412
電気の供給契約………… 176
電話契約………………… 176

と

同意再生………………… 113
同意書…………………… 283
同意証明書……………57, 251
同意証明申請書（不動産登
　記用）…………57, 251, 377
同意申請………………56, 193, 308
同意申請書……………… 194
同意申請書（双方未履行の
　双務契約解除）
　………………56, 194, 374
同意による不利益扱い… 283
登記事項証明書…32, 240, 265
動産……………………… 207
倒産解約条項…………… 174
動産・債権譲渡登記…… 240
動産売買先取特権……179, 237
投資信託………………… 192

事項索引 443

投資ファンド……………81
当然充当先行型…………284
登　録……………………233
登録免許税………………299
得意先に対する通知………48
特定価格……………207, **224**
特定調停
　………32, 103, **106**, 110, 331
特別決議……………………89
特別清算…………**32**, 110, 157
特別調査…………………268
特別徴収…………………133
特別の先取特権………247, **253**
届出のなかった再生債権の
　取扱い…………………269
取消決定（再生計画）……314
取消事由（再生計画）……196
取下書（債権届出）………268
取締役会議事録……**46**, 346
取締役会の決議……………45
取立委任…………………246
取立債務………………71, 313
取引先宛書面…………48, **353**
取戻権……………………120

な

名寄せ……………………161

に

二次破綻…………………129
　——の回避……………281
二重届出…………………262
2段階発令方式（中止命
　令）……………………258
日本公認会計士協会近畿会
　………………**131**, 207, 271
日本不動産鑑定協会……206
任意売却…………………250
認可決定確定証明申請書
　……………………70, **434**
認否結果通知書
　………………61, 200, 266, **383**
認否結果の通知………61, **266**
認否書………61, 200, 261, 266
認否書提出後の債権変動
　…………………………268

認否書のチェック（監督委
　員）……………………310
認否の変更………………267

ね

根抵当権…………………283

は

売却価格の相当性………250
廃止事由…………………196
廃止上申…………………317
排除事由（再生計画案）
　…………………………196
売買契約…………………178
配付資料（債権者説明会）
　…………………………142
派　遣……………………153
派遣料……………115, 119, **153**
派遣労働者………………119
破産管財人による事業譲渡
　……………………316, 322
破産手続……………………32
端数処理…………………284
85条5項後段による弁済
　…………………………116
85条5項前段による弁済
　…………………………116
85条2項による弁済……116
バンクミーティング……113
販売会社…………………233

ひ

比較損益計算書…………128
比較貸借対照表…………128
引揚げ……………………230
引渡し……………………235
非金銭債権…………188, **264**
日繰（り）表
　……………38, **130**, 131, 345
日繰り実績表……………134
必要的記載事項…………289
非典型担保権……………257
否　認
　——の権限付与の申立て
　…………………………221
　——の請求……………220

否認権……………217, 311
　——の行使権者………217
　——の保全処分………138
否認権付与申立書
　……………………221, **393**
否認訴訟…………………220
秘密保持誓約書
　…………………**75**, 81, 82, **407**
125条報告書
　………60, 200, **210**, 214, **382**
費　用………………………33
病　院……………………122
評価人………206, 225, 255, 310
評価命令…………………208
評定の方針…………………59
平等原則
　…64, 170, **281**, 282, 283, 290
票読み………………………67
日割賃金…………………317

ふ

ファイナンス・リース
　…………**39**, **228**, 253, 257
ファクタリング…………132
フィナンシャル・アドバイ
　ザー（FA）…………74, 79
付議決定……66, 268, **289**, 291
付随条項…………………284
不正の方法………………294
不足額確定報告書………251
不足額の確定………**225**, 251
普通自動車………………252
物件引揚げ………………230
物件目録…………………256
物上代位……181, 236, 237, 257
不動産………………207, **222**, 250
　——の任意売却……63, **250**
不動産鑑定士…………**224**, 254
不動産デベロッパー……120
不動産登記簿謄本…………32
不認可事由
　……196, 280, **289**, 310, 311
不変期間…………………267
不法占拠…………………185
不利益変更（再生計画）
　…………………………314

ブレイクアップフィー……76
プレ DIP ファイナンス… 111
プレパッケージ型………76
プロラタ方式……………232
分割納税額………………133
分割払いの交渉…………158
文書閲覧等の制限申立書
　………………87, 204, 426
粉飾（決算）
　…………30, 213, 277, 330
分納（予納金）……………47

へ

併用型（再生計画案の決議
　方法）………………66, 291
別除権………………………281
　――の受戻し……………223
　――の受戻し合意…………90
別除権協定………39, 61, 222,
　　　　231, 234, 239, 244
別除権協定書――所有権留
　保……………62, 236, 388
別除権協定書――不動産
　………………62, 222, 225, 384
別除権協定書――リース
　…………………62, 232, 386
別除権者側の評価額………224
別除権者対応…………………61
別除権付再生債権……228, 263
変更許可申請（再生計画）
　……………………………68
変更決定（再生計画）……314
変更登記（別除権協定）
　……………………………227
弁護士費用………………33, 46
弁　済………………………159
　――による代位……………164
弁済禁止………………132, 155
　――の保全処分
　……………41, 114, 136, 159, 347
　――の保全処分の一部解
　　除………134, 162, 245, 371
　――の保全処分の例外
　　……………………………161
　――の例外…………………115
弁済計画……………………270

弁済猶予依頼通知………112
変動賃料…………………182
偏頗行為否認……………240
偏頗弁済…………………218

ほ

ポイント………………115, 120
包括承継……………………295
包括的禁止命令………137, 319
包括的禁止命令申立書
　………………………138, 349
報酬（申立代理人）…………46
法人税………………………276
法人の資格証明……………265
法定代位……………………233
法定福利費…………………274
法的再建型整理手続………107
法的整理………29, 32, 74, 107
　――への移行……………110
法的整理手続………………103
簿　価………………………236
簿外債務……………30, 295, 299
保守・点検…………………229
募集株式の引受け………85, 303
保証会社……………………262
保証協会……………………262
補助者（監督委員）
　………………………290, 310
保全管理人……………98, 318
保全管理命令…………98, 319
保全処分…………41, 136, 159
　――の一部解除
　………………134, 162, 245
　――の例外………………161
保全処分解除許可申請書
　………134, 136, 162, 245, 371
保全処分申立書――譲渡通
　知禁止………138, 240, 348
保全処分申立書――弁済禁
　止………………………136, 347
ホッチポット・ルール……324
ホテル…………………………121
ホームページ……………48, 54
本店所在地……………………41

ま

前受金………………………188
マスコミ……………………141
マネージメント・インタ
　ビュー……………………82
回り手形……………51, 133
マンションデベロッパー
　………………………121, 179

み

未確定債権…………………283
認めない理由の要旨………265
未払賃金立替払制度
　………………………153, 317
民事再生事件の予納金（法
　人）……………33, 42, 47, 337
民事再生手続…………32, 107
　――の概要
　………48, 51, 142, 147, 359
民事再生手続開始申立てに
　ついて（概要）
　………………51, 142, 367
民事調停……………………225
民事調停法17条に基づく調
　停に代わる決定………106
民事留置権…………………244

む

無委託保証人………………192
無効の治癒…………………196
無償行為否認………………218
名目役員……………………212

め

メインバンク………35, 43, 48
メーカー……………………119
メーリングリスト……………50
免除率………………………282
メンテナンス・リース……229
メンテナンス料金…………231

も

申立棄却事由………………307
申立書………………………124
　――の記載事項……………124

事項索引　*445*

　　──の添付書類…… *127, 130*
申立前後の社内外対応スケ
　　ジュール・人員配置等
　　（例）………… *43, 46, 339*
申立代理人としての心構え
　　………………………… *45*
申出額………………… *254*
黙示の新契約………… *178*
元請契約の処理……… *187*

や

役　員
　　──からの退任……… *216*
　　──の財産に対する保全
　　　処分………………… *214*
　　──の責任の査定手続
　　　……………………… *214*
役員査定申立てに係る保全
　　処分…………………… *138*
役員責任………… *211, 212*
　　──の調査…………… *311*
　　──の追及…………… *212*
役員報酬……………… *273*
約束手形……………… *246*

ゆ

有給休暇……………… *151*
遊休資産・不動産…… *257, 273*
郵　券………………… *47*
融通手形……………… *213*
優先的破産債権……… *318*

有利子負債…………… *30*
有利変更（再生計画）…… *313*

よ

預　金………………… *207*
預金相殺……………… *112*
与　信………………… *39*
預託金会員方式……… *121*
預託金返還請求権（ゴルフ）
　　……………………… *284*
予定納税……………… *133*
予定不足額………… ***227***, *263*
予納金………… *33, 42, 47, 337*
予備的債権届出…… *164, 264*
予備的自認債権…… *220*, ***265***

ら

濫用的会社分割……… *297*

り

利害関係人…………… *203*
履行可能性………… ***270***, *281*
履行監督……………… *312*
履行拒絶禁止………… *177*
履行選択……………… *173*
リスケジュール……… *112*
リストラ…………… *58*, ***150***
リースバック…… *63, 223*, ***250***
リース物件…………… *185*
　　──の処分価額……… *231*
リース料……………… *161*

リース料債権……… ***228***, *263*
利息（開始後の）……… *262*
留置権………………… *244*
流通業………………… *119*
留保所有権…………… *233*
利用権説（リース）…… *229*
旅　館………………… *121*

れ

REVIC………………… *32*
劣後化………………… *216*
連鎖倒産……………… *187*
連帯保証人………… *32*, ***156***
レンタル契約………… *229*

ろ

労働協約……………… *152*
労働組合………… *149, 150*
労働組合等の意見
　　……… *44, 48, 67, 87*, ***149***
労働契約……………… *152*
労働債権……………… *152*
労働者健康安全機構
　　……………… *153, 317*
録音（債権者説明会）…… *141*
路線価………………… *207*

わ

和　解………………… *193*

■監　修

　木内　道祥（弁護士）

■編著者

　軸丸　欣哉（弁護士）
　野村　剛司（弁護士）
　木村　真也（弁護士）
　山形　康郎（弁護士）
　中西　敏彰（弁護士）

民事再生実践マニュアル〔第2版〕

2010年10月5日	初版第1刷発行
2019年1月17日	第2版第1刷発行
2022年11月7日	第2版第2刷発行

　　　　　　　　　監修　　木　内　道　祥
　　　　　　　　　編著者　軸　丸　欣　哉
　　　　　　　　　　　　　野　村　剛　司
　　　　　　　　　　　　　木　村　真　也
　　　　　　　　　　　　　山　形　康　郎
　　　　　　　　　　　　　中　西　敏　彰
　　　　　　　　　発行者　逸　見　慎　一

発行所　東京都文京区本郷6丁目4－7　株式会社　青林書院

振替口座　00110-9-16920／電話03(3815)5897～8／郵便番号113-0033
ホームページ☞ http://www.seirin.co.jp

印刷／三松堂印刷　落丁・乱丁本はお取り替え致します。
Ⓒ2019　木内／軸丸＝野村＝木村＝山形＝中西
Printed in Japan

ISBN978-4-417-01754-7

〈出版者著作権管理機構　委託出版物〉

本書の無断複製は著作権法上での例外を除き禁じられています。複製される場合は，そのつど事前に，出版者著作権管理機構（電話 03-5244-5088，FAX 03-5244-5089，e-mail: info @ jcopy.or.jp）の許諾を得てください。